高等学校"十三五"规划教材

中国石油和化学工业优秀教材一等奖

化学信息学

第三版

谭 凯　主编

化学工业出版社

·北京·

《化学信息学》(第三版)以化学信息资源检索和化学结构信息可视化为重点,强调现代数据库检索技术的使用,全面介绍了化学信息与数据库检索的基础知识、常用文摘数据库、常用全文数据库、常用电子期刊、特种信息资源、常用化学事实数据库及文献数据的管理等内容。另外,本书重点介绍了化学结构的表示和可视化、分子模型的构建及著名的分子图形软件的使用。为了教学需要,也介绍了重要的印刷类化学文献信息。本书每章后附有习题,可进一步加强学习效果。

《化学信息学》(第三版)内容新颖,实用性强,适用面广,可作为高等院校有关专业本科生、研究生的教材,也可作为科学研究工作者、专业技术人员和图书情报工作者了解掌握信息检索与管理的学习参考。

图书在版编目 (CIP) 数据

化学信息学/谭凯主编. —3版. —北京:化学工业出版社,2017.6 (2025.2重印)
高等学校"十三五"规划教材
ISBN 978-7-122-29578-1

Ⅰ.①化… Ⅱ.①谭… Ⅲ.①计算机应用-化学-信息检索-高等学校-教材 Ⅳ.①G254.97

中国版本图书馆CIP数据核字 (2017) 第092763号

责任编辑:宋林青　　　　　　　　　　　　装帧设计:关　飞
责任校对:宋　玮

出版发行:化学工业出版社 (北京市东城区青年湖南街13号　邮政编码100011)
印　　装:三河市双峰印刷装订有限公司
787mm×1092mm　1/16　印张 17¾　字数 440千字　2025年2月北京第3版第9次印刷

购书咨询:010-64518888　　　　　　　　　售后服务:010-64518899
网　　址:http://www.cip.com.cn
凡购买本书,如有缺损质量问题,本社销售中心负责调换。

定　价:38.00元　　　　　　　　　　　　　　　　　　　　版权所有　违者必究

前　　言

　　化学信息学是一门化学、化工与信息科学、计算机科学交叉的新兴学科，它采用信息学方法来解决化学问题。由于计算机和网络已经广泛应用到各个化学研究领域，许多化学研究学科都与化学信息密切关联。大量的传统学科与信息科学结合发展成为新兴的交叉学科，共同构成了信息化社会的基础。近年来，借助于计算机和网络技术，在化学实验中使用大量的新仪器和新方法，从而得到了大量的实验数据。信息的急剧膨胀与人们有限的学习时间及吸收能力形成了巨大的矛盾，反过来又要求使用计算机和网络技术对海量信息进行高速和精确的处理和利用，对化学信息处理提出更高和更迫切的要求，以达到产生和处理的相对平衡。化学信息的收集、处理、管理和利用，必不可少地要借助信息学的方法和技术。于是，化学信息学随着计算机在化学中的广泛应用和化学信息网络化的不断发展而引起化学家的广泛关注和高度重视。今天，化学信息学已经成为药物和生命科学研究不可缺少的热门工具。

　　正由于人们认识到化学信息学对于现代化学研究的重要性，近年来国外部分大学正尝试在化学教育中系统地增加化学信息学课程。化学信息学的发展将推动传统的化学教育模式的改革。2003 年德国的 Johann Gasteiger 和 Thomas Engel 出版了"Chemoinformatics A Textbook"一书，该教科书系统、全面、深入浅出地介绍了化学信息学的各个研究领域，及其研究现状和今后的发展动向。2004 年，梁逸曾等将该书翻译成中文版，即《化学信息学教程》，由化学工业出版社出版。在国内，化学信息学的教学已经引起了高度重视，我国教育部化学类专业教学指导分委员会已将化学信息学列入高等学校化学类专业的化学教学基本内容。目前，已经有多所大学都已开设化学信息学或相关的课程，并出版了数种化学信息学教材。

　　化学信息学作为一门新的教学课程，其课程的要求、内容、教学方式和教材等是课程建设的一项新任务。国外化学信息学的教学侧重于专业方向教学，交叉性强，涵盖广。在国内，化学信息学作为化学系各专业方向的必修课程之一，由于课时的限制，其教学内容多侧重于化学文献学，其他相关内容多分别归属于另外的课程，并已经另有专著出版。本书以化学信息资源检索和化学结构信息可视化为重点，强调现代数据库检索技术的使用，全面地介绍了数据库检索的基础知识、常用文摘数据库、常用全文数据库、常用电子期刊、特种信息资源和常用化学事实数据库等内容。另外，本书重点介绍了化学结构的表示和可视化、分子模型的构建及著名的分子图形软件的使用。为了教学的需要，本书也介绍了重要的印刷类化学文献信息。

　　本书内容新颖，所介绍的应用软件大多是目前的最新版本，包括 Chem3D 12.0、ChemDraw 12.0、HyperChem 7.52、Reference Manager 11、EndNote x、DS ViewerPro 5.0 和 GaussView 5.0 等功能强大的著名软件。在本书所介绍的内容中，Reference Manager 和 EndNote 是著名的文献管理软件，Reaxys 是著名的数据库检索平台，而 DS ViewerPro 和 HyperChem 均是优秀的三维分子图形软件。对它们的使用，目前鲜有详细和全面的介绍。另外，本书详细介绍了 SciFinder 和 Web of Science 的使用。多数高等院校师生可方便地使用本书所介绍的大部分数据库、电子期刊和分子图形软件。本书具有较强的实用性和普及性，可作为高等院校的化学、化工和材料及相关专业本科生、研究生的教材，也可作为科学研究工作者、专业技术人员和图书情报工作者了解掌握信息检索与管理的学习参考。

本书在编写过程中部分内容由厦门大学化学系周朝晖教授、李耀群教授参与，也得到化学工业出版社编辑的热心支持和大力帮忙，在此表示衷心的感谢。由于时间短促，书中难免存在遗漏和不妥之处，敬请读者批评和指正。

编　者
2017 年 3 月

目 录

第一章 化学信息概论 … 1

第一节 化学信息与化学信息学 … 1
一、化学信息学的产生和发展 … 1
二、化学信息学的研究领域 … 2
三、信息资源检索的意义与作用 … 3
四、化学信息学的课程内容 … 4

第二节 电子信息和数据库 … 5
一、电子信息 … 5
二、数据库 … 6
三、在线化学数据库 … 9

第三节 信息检索的方法和步骤 … 13
一、信息检索方法 … 13
二、信息检索效果的评价 … 14
三、信息检索技术 … 16
四、信息检索步骤 … 18

第二章 印刷类化学文献信息 … 25

第一节 图书分类法简介 … 25
一、图书馆的重要地位和作用 … 25
二、图书馆图书的分类系统 … 25

第二节 重要工具书、专著和大全 … 28
一、工具书 … 28
二、专著和大全 … 31

第三节 重要化学期刊简介 … 33
一、综合性自然科学期刊 … 34
二、化学学科综合性期刊 … 34
三、专业性化学期刊 … 35
四、综论类期刊 … 38

第四节 化学文摘（Chemical Abstracts） … 39
一、CA 类目 … 40

二、文摘编排顺序和格式 ………………………………………… 41
　　三、文摘著录内容和格式 ………………………………………… 42
　　四、CA 中的索引 ………………………………………………… 44
　　五、CA 检索的注意事项 ………………………………………… 48

第三章　常用文摘数据库 ………………………………………… 52

第一节　科学引文索引（SCI） ………………………………… 52
　　一、科学引文索引简介 …………………………………………… 52
　　二、科学引文索引的检索体系 …………………………………… 53
　　三、学术水平的评价 ……………………………………………… 54
　　四、中国科学引文数据库 ………………………………………… 58

第二节　Web of Science 数据库 ………………………………… 58
　　一、Web of Knowledge 平台 …………………………………… 58
　　二、Web of Science 数据库简介 ………………………………… 62
　　三、Web of Science 数据库检索 ………………………………… 62
　　四、检索结果及处理 ……………………………………………… 69

第三节　Chemical Abstract 数据库 ……………………………… 72
　　一、化学文摘社（CAS） ………………………………………… 72
　　二、CA 网络版（SciFinder Scholar）数据库 …………………… 74

第四节　EI Village 数据库 ……………………………………… 83
　　一、数据库简介 …………………………………………………… 83
　　二、数据库检索 …………………………………………………… 84
　　三、检索结果及处理 ……………………………………………… 87

第四章　常用全文数据库 ………………………………………… 92

第一节　ProQuest 数据库 ………………………………………… 92
　　一、数据库简介 …………………………………………………… 92
　　二、数据库检索 …………………………………………………… 93
　　三、检索结果及处理 ……………………………………………… 94

第二节　EBSCO 数据库 …………………………………………… 95
　　一、数据库简介 …………………………………………………… 95
　　二、数据库检索 …………………………………………………… 96
　　三、检索结果及处理 ……………………………………………… 98

第三节　ScienceDirect 数据库 …………………………………… 99
　　一、数据库简介 …………………………………………………… 99
　　二、期刊/书籍浏览 ……………………………………………… 100
　　三、数据库检索 ………………………………………………… 100
　　四、检索结果及处理 …………………………………………… 102

第四节　中国期刊全文数据库 ··· 103
　　一、数据库简介 ·· 103
　　二、文献分类目录 ·· 104
　　三、数据库检索 ·· 105
　　四、检索结果及处理 ·· 107

第五章　常用电子期刊 ·· 111

第一节　SpringerLink ··· 111
　　一、概述 ·· 111
　　二、浏览 ·· 111
　　三、检索方法 ·· 111
　　四、检索结果及处理 ·· 112

第二节　Wiley Online ··· 113
　　一、概述 ·· 113
　　二、浏览 ·· 114
　　三、检索方法 ·· 115
　　四、检索结果及处理 ·· 116

第三节　American Chemical Society ··· 118
　　一、概述 ·· 118
　　二、浏览 ·· 119
　　三、检索方法 ·· 120
　　四、检索结果及处理 ·· 120

第四节　Royal Society of Chemistry ·· 121
　　一、概述 ·· 121
　　二、浏览 ·· 122
　　三、检索方法 ·· 122
　　四、检索结果及处理 ·· 123

第五节　American Institute of Physics ·· 124
　　一、概述 ·· 124
　　二、浏览 ·· 124
　　三、检索方法 ·· 125
　　四、检索结果及处理 ·· 125

第六章　特种信息资源 ·· 128

第一节　专利数据库 ·· 128
　　一、专利基础 ·· 128
　　二、中国专利数据库 ·· 130
　　三、美国专利数据库 ·· 131

四、欧洲专利数据库 ··· 136
　　五、专利搜索引擎-Google Patent（谷歌专利） ······························ 138
第二节　会议文献检索（Proceedings） ·· 139
　　一、会议文献概述 ··· 139
　　二、会议录引文索引（Conference Proceedings Citation Index） ·········· 140
　　三、中国重要会议论文全文数据库 ··· 141
第三节　学位论文检索 ·· 141
　　一、PQDT 博硕士学位论文数据库 ··· 142
　　二、CALIS 学位论文库 ··· 143
　　三、中国博士学位论文和优秀硕士学位论文全文数据库 ····················· 145
第四节　Reference Manager 的使用 ·· 145
　　一、RM 简介 ··· 145
　　二、文献数据的导入 ·· 145
　　三、RM 的检索 ·· 147
　　四、RM 与 Word 的结合使用 ··· 148
第五节　EndNote 的使用 ··· 151
　　一、EndNote 简介 ··· 151
　　二、EndNote 文献库的操作 ·· 152
　　三、EndNote 文献数据的导入 ··· 153
　　四、EndNote 的在线检索 ··· 155
　　五、EndNote 与 Word 的结合使用 ·· 157

第七章　常用化学事实数据库 ·· 162

第一节　Reaxys 数据库 ··· 162
　　一、数据库简介 ·· 162
　　二、检索程序界面 ··· 163
　　三、数据库检索（Query） ··· 164
　　四、检索结果及处理 ·· 165
　　五、应用实例 ··· 166
第二节　NIST Chemistry WebBook ·· 169
　　一、数据库简介 ·· 169
　　二、数据库检索 ·· 170
　　三、检索结果及处理 ·· 171
第三节　谷歌学术搜索（Google Scholar） ·· 173
　　一、概述 ··· 173
　　二、检索方法 ··· 173
　　三、检索结果 ··· 174
第四节　科学搜索引擎（Scirus） ··· 175

一、概述 175
　　二、检索方法 175
　　三、检索结果及处理 177
第五节　ChemFinder 178
　　一、概述 178
　　二、检索方法 179
　　三、检索结果 179

第八章　化学结构的可视化 181

第一节　化学结构的表示和可视化 181
　　一、化学结构的表示 181
　　二、二维化学结构的表示和可视化 182
　　三、三维化学结构的表示和可视化 183
　　四、大分子化学结构的表示和可视化 185
　　五、分子表面的显示 187
　　六、化学结构的网络表示 188

第二节　ISIS/Draw 的使用 192
　　一、简介 192
　　二、操作界面 192
　　三、分子结构图的绘制 194
　　四、电子转移和原子特征的表示 195
　　五、化学反应式的绘制 196
　　六、其他功能 196

第三节　ChemDraw 的使用 197
　　一、简介 197
　　二、操作界面 198
　　三、二维分子结构的绘制 202
　　四、其他功能 206

第九章　三维分子模型设计 209

第一节　分子力学和分子建模 209
　　一、分子力学基本原理 209
　　二、分子力场参数化 212
　　三、三维分子模型的构建 213

第二节　DS ViewerPro 的使用 214
　　一、简介 214
　　二、操作界面 215
　　三、分子模型的绘制 218

四、分子模型的显示 …………………………………………………… 218
　　五、其他功能 …………………………………………………………… 221
　第三节　Chem3D 的使用 ……………………………………………………… 224
　　一、简介 ………………………………………………………………… 224
　　二、操作界面 …………………………………………………………… 224
　　三、分子模型的操作 …………………………………………………… 228
　　四、分子构建 …………………………………………………………… 230
　　五、分子结构数据的测定 ……………………………………………… 232
　　六、分子的计算 ………………………………………………………… 233
　　七、分子表面和分子轨道图形的显示 ………………………………… 234
　第四节　HyperChem 的使用 …………………………………………………… 235
　　一、简介 ………………………………………………………………… 235
　　二、工具栏的使用 ……………………………………………………… 236
　　三、菜单命令 …………………………………………………………… 237
　　四、使用实例 …………………………………………………………… 257
　第五节　GaussView 的使用 …………………………………………………… 259
　　一、简介 ………………………………………………………………… 259
　　二、操作界面 …………………………………………………………… 260
　　三、分子模型的操作 …………………………………………………… 264
　　四、分子模型的构建 …………………………………………………… 265
　　五、分子结构数据的测定 ……………………………………………… 268
　　六、分子的计算 ………………………………………………………… 269
　　七、计算结果的显示 …………………………………………………… 269

参考文献 ……………………………………………………………………………… 274

第一章 化学信息概论

第一节 化学信息与化学信息学

一、化学信息学的产生和发展

信息是事物的存在方式和运动状态的记录，它精确地描述物体或事件，并且可借助于一定的物质载体进行存储和传播。计算机和网络技术，是现代信息技术的基础。随着科学技术的进步，现代信息技术逐步应用于各个科学研究领域，以其高速、精确的计算手段，处理巨大数量的研究信息，进一步推动了科学技术的发展。如今，与社会经济发展密切相关的信息科学、生命科学、材料科学、能源科学和环境科学等，已发展成为当今的热门学科。大量的传统学科与信息科学结合发展成为新兴的交叉学科，共同构成了信息化社会的基础。

化学是一门古老的实验性学科，它是由五千多年前青铜器时代的冶炼术逐步发展而来的。在长期的发展过程中，积累了大量的实验事实、数据与文献。化学家进行一系列的实验，分析实验结果，发现其共同点和不同点，并构建可能重现实验的模型，进行合理的推论，以新实验进行模型的检验、证实、证伪和修改。经过实验、数据分析、建模、再实验、再验证的不断完善过程，最后将感性的化学实验信息提升为理性的化学知识，这就是化学家成功的秘诀。

在信息时代，借助于计算机和网络技术，化学研究发展了许多新的实验方法，从而得到了海量的实验数据。目前已知的化合物有数千万之多，不同的化合物可使用不同方法合成，它们有不同的光谱图，表现出不同的物理、化学和生物学性质，由此产生和积累了极丰富的化学信息。另外，Internet 上有大量基于 Web 的化学信息网站和化学信息数据库，网络逐步成为各种信息资源传递的重要载体。信息的急剧膨胀与人们有限的学习时间及吸收能力之间形成了巨大的矛盾，反过来又要求使用计算机和网络对海量信息进行高速和精确的处理和利用，以达到产生和处理的相对平衡。化学信息的收集、处理、管理和利用，必不可少地要借助具有高效和共享性的计算机和网络。由此，化学、化工与信息科学、计算机科学交叉的新兴学科——化学信息学应运而生。1973 年在荷兰举办了"Computer Representation and Manipulation of Chemical Information" 会议。1975 年美国化学会将其期刊"Journal of Chemical Documentation"改名为"Journal of Chemical Information and Computer Sciences"，2005 年后又改名为"Journal of Chemical Information and Modeling"。化学信息学使用计算机和信息技术产生数据，将数据转换为信息，再将信息提升为知识，已达到解决化学问题的最终目的。化学信息学给新世纪的化学研究带来全新的面貌，它随着计算机在化学中的广泛应用和化学信息网络化的不断发展而引起化学家的高度重视。

化学信息学最通用的英文名称是：Chemoinformatics 或 Cheminformatics。由于化学信息学是新兴的学科，不同的学者对化学信息学进行了不同的定义。迄今为止，化学信息学还没有一个统一的被广泛接受的定义。1987 年，诺贝尔化学奖获得者法国化学家 J. M. Lehn 在获奖报告中首次提出了化学信息学概念，尽管他本人以后未进一步深入研究这些概念的本质。Frank K. Brown 于 1998 年把化学信息学定义为："化学信息学是将数据转化为信息和信息提升为知识的总称，其主要目的是在药物先导化合物的辨认及优化领域做出快速决定"。G. Paris 提出了一个更具一般性的定义："化学信息学是一个一般的术语，它包括化学信息的设计、建立、组织、管理、检索、分析、判别、可视化及使用"。缪强认为："化学信息学涉及化学、化工信息的获取、管理、处理与控制、计算推演与模拟和图形表示的技术与方法"。邵学广等人对化学信息学的定义为："化学信息学是近几年发展起来的一个新的化学分支，它利用计算机和计算机网络技术，对化学信息进行表示、管理、分析、模拟和传播，以实现化学信息的提取、转化与共享，揭示化学信息的内在实质与内在联系，促进化学学科的知识创新"。李梦龙等人对化学信息学的定义为："化学信息学是利用计算机和计算机网络技术，对化学信息进行表示、管理、分析、模拟和传播，实现化学信息的提取、转化与共享，揭示化学信息的内在实质与内在联系的学科"。英国谢菲尔德大学对化学信息学的表述是："化学信息学是创建、检索、组织、分发和处理数据库中的化学信息的一个令人激动的新学科"。J. Gasteiger 给出了一个通用的定义："化学信息学是应用信息学方法解决化学问题的学科"。

化学信息学作为一个化学与信息科学、计算机科学的交叉新学科，其定义及其基本内容均需要进一步的探讨。由于计算机和网络已经广泛地应用到各个化学研究领域，许多化学研究学科多多少少都与化学信息有关联。正是由于化学信息的这种广义性，对化学信息学的定义和内涵，目前国内外的学者有很大的争论。不少学者认为，自己所从事的与计算机和信息有关系的化学研究是化学信息学的一部分。因此，在解释化学信息学的名词和内涵时，都更多地强调自己原来的研究领域。但是有些研究学科在传统上都已经自成体系，并已经自有很多专著和教科书出版。正由于许多化学研究学科都广义地与化学信息有关联，对化学信息学进行确切的定义也不容易。因此，在化学学科的科研领域，对化学信息学的定义和内涵并非一定需要严格的界定。

二、化学信息学的研究领域

化学信息学应用现代信息技术构建信息处理系统，用于处理长期积累的大量化学信息资源，帮助化学家组织、分析和理解已知的科学数据，正确地预测化学物质的性质，开发新化合物、材料和方法。另外，化学信息学的研究，涉及分子模拟、化学结构的编码、检索、化学数据的可视化等研究领域。

对于化学信息学的研究内容的包涵范围，不同的学者也有不同阐述。缪强认为包括以下六个方面："化学、化工文献学；化学知识体系的计算机表示、管理与网络传输；化学图形学；化学信息的解析与处理；化学知识的计算机推演；化学教育与教学的现代技术与远程信息资源"。徐筱杰认为化学信息学内容包括："化学信息的组织、管理、检索和使用；分子结构的编码、描述、三维结构的构建；化学信息的加工、处理及深化；计算组合化学；化学体系中信息的交换及传递；分子的物理化学性质预测"。邵学广等人认为化学信息学的研究内容主要包括:"利用计算机技术和计算机网络技术对化学信息进行表示和管理;利用计算机网络技术对化学信息进行收集、传播和共享;化学体系的计算机模拟或建模;利用计算机技术对复杂的化学信息进行解析,以快捷方便的方式最大限度地提取和利用有用信息"。

化学信息主要来自于由实验测量或理论计算的数据的组合。这些数据包括化合物的物理、化学性质,成分,结构信息和光谱图形等。广义上说,使用信息学方法处理上述化学基本问题都是化学信息学研究领域。换言之,化学信息学所涉及的研究领域为:应用计算机科学方法或信息学解决化学问题,对化学信息进行有效的存储、操作和处理,使化学信息合理地提升为化学知识。学者们普遍认可计算化学、分子模拟与设计、化学计量学、数据挖掘与知识发现等研究领域。

生物信息学的主要研究集中于基因和蛋白质。基因和蛋白质作为化合物,也是化学家很感兴趣的研究对象。化学家在核酸和蛋白质的结构和功能的说明方面做出了实质性贡献,因此,化学信息学与生物信息学没有严格的区分。在传统上,化学信息学以小分子或中等分子(含数百或上千个原子)为研究对象,而生物信息学的研究对象是更大的分子。如果将化学信息学和生物信息学结合使用,将会更大地促进基因和蛋白质的结构、性质和功能的研究。例如在药物设计中,生物信息学可为新药开发提供识别蛋白质目标,而药物是小分子化合物,化学信息学方法可用于开发出新的先导结构并优化可能的新药。

三、信息资源检索的意义与作用

通过化学实验或理论化学计算可获取大量的化学信息。这些化学信息通过书籍、期刊、专利、数据库以及音像资料等媒体记录和传播,使后人得以享用。借助计算机技术和互联网通信技术,快速、高效地检索媒体形式的化学信息,是另一个获得化学信息的途径。

科学技术的发明创造需要依靠经验和知识的积累。任何一项创造发明或一个新的理论的建立,都是在人类已经取得成就的基础上,进行创新性的探索,这是事物发展的客观规律。信息资源既是过去经验的总结,又是未来工作的向导。古今中外一切有成就的科学家,都是在广泛吸收前人和同代人知识的基础上,受到启发而取得成功的。牛顿曾说过一句名言:"如果我比笛卡尔看得远些,那是因为我站在巨人们的肩上的缘故"。

学习化学信息学的目的,就是要培养学生的信息意识和提高获取信息的能力。化学信息的检索、管理和利用具有以下的重要意义与作用。

1. 启迪创造

科研工作具有继承和创新两重性,科学研究的两重性要求科研人员在探索未知进行创新之前,应该尽可能地继承和利用与之相关的信息。科研人员的工作投入会有相当多的时间是与信息密切相关的,信息检索是科学研究的重要前提,它在整个科研过程中占有重要的地位。科研人员在开始从事一项新科研项目时,都应该对该研究项目所涉及的研究范围进行全面的检索,系统地了解该研究项目的国内外研究现状,充分了解前人已取得的研究成果,认识已有研究工作的不足,对其发展动向作出判断,从信息的海洋获取新鲜营养,启发新颖的构思,周密地完成选题、立项、可行性论证等工作,避免重复他人的劳动,做到有所发现、有所创新、有所前进。

难度大的科研项目可能要经历漫长的研究过程。除了在选题、立项阶段进行全面的信息资源检索外,在整个研究过程中还要密切关注该研究项目的发展动态。对于影响项目进展的困难问题,需要再进行必要的信息检索,探讨解决困难的其他途径,修改已制定的研究方案。课题立项、具体实施、项目结题、成果鉴定等各阶段都需要信息检索。由于信息检索贯穿了科研工作的始终，因此它是科研工作的重要组成部分。

2．拓宽视野

21世纪是科学技术高速发展的时代。随着计算机、网络技术的普遍应用，信息与知识的积累日新月异，出现了大量的边缘科学和交叉科学。面对知识频繁更新的世界，狭窄的专业化教育已不适应飞速发展的新形势。科研人员只有接受终身教育，在不断的教育中更新知识、拓宽视野、适应环境的变化，才有可能不落伍。信息资源的检索、管理和利用是快速获取最新知识的最重要途径之一。

3．培养能力

现代教育的职能不单纯是知识的传授，还要大力进行各种能力的培养，其中包括自学能力、思维能力、研究能力、表达能力、创造知识能力、终生教育能力、组织管理能力和收集处理信息的能力（检索各种信息资源的能力、分析与综合利用信息资源的能力）。学习和掌握信息的检索、管理和利用，是提高这方面能力的重要途径之一，它引导学生发挥自己的创造力，为学生打开自己动手获取补充知识的大门。这将会对学生的事业发展产生极大的效益和深远的影响。

4．培养素质

素质教育是当前教育改革的热门话题。信息素质是信息化社会人才素质的重要组成部分，具备了优良的信息素质的人才具有比较强的判断力、决策力。信息素质主要是指信息能力和信息意识。信息能力是指信息搜集、检索、判断、选择、管理和利用能力。信息意识是指对信息的性质、地位、价值和功能的认识和反映，它直接影响对信息的捕捉、判断和利用的自觉程度。学生可利用教育信息化的环境，通过对信息的检索、收集、管理、利用，实现对知识的探索和发现，这对培养创新人才具有重要的意义。面向信息社会的跨世纪人才要掌握信息，具备信息意识，会使用信息系统获取自己所需的信息。信息素质是信息社会中每个人赖以生存、用于学习的基本能力，它是进入信息社会的通行证。

四、化学信息学的课程内容

由于人们逐渐认识到化学信息对于现代化学的重要性，因此，近年来国内外某些大学正尝试在化学教育中系统地增加化学信息学课程。化学信息学的发展，对改革传统的化学教育模式的巨大推动作用也是可以预期的。在国内的高等院校，化学信息学的教学已经引起高度的重视，化学教学指导委员会已将化学信息学列入化学教学的基本内容。许多大学都开设了化学信息学或相关课程，并出版了数种化学信息学教材。

英国谢菲尔德大学的化学系开设三年学士学位和四年硕士学位化学信息学专业，选择化学信息学专业的学生，除了需要学习和掌握坚实的各学科化学基础知识外，还必须学习相关的化学信息学必修课程，如：基础化学信息学、脚本语言、高级化学信息学、数据库设计和化学信息项目等。英国曼彻斯特理工大学设有硕士化学信息学专业，其中必修课包括：研究方法和可行性研究、化学信息源、分子模拟和设计Ⅰ、光谱学和晶体学中的化学信息、数据库设计和编程、分子模拟和设计Ⅱ、化学信息学的应用和生物信息学基础等。美国印第安纳大学的信息学学院（School of Informatics）设有化学信息学专业，该专业本科生的必修化学信息学课程包括：化学信息学Ⅰ、化学信息学Ⅱ（分子模拟），选修课有：化学信息资源和检索、化学信息的计算机资源。该专业硕士生的学习课程包括：信息学导论、信息管理、化学信息技术、计算化学和分子模拟。在 J. Gasteiger 和 T. Engel 出版的 "Chemoinformatics A Textbook"（化学信息学教程）中，其内容包括化合物的表示法、化学反应的表达、数据、化学数据库和数据资源、化学结构检索、物理和化学数据的计算、结构描述的计算、数据分析方法和应用。该书对物理和化学数据的计算、结构描述的计算和数据分析方法和应用部分只作简要的介绍，因为分子力学、量子化学、化学计量学、神经网络、模糊逻辑、遗传算法和专家系统等的详细描述本身就可编写成专著，而且已经另有专著出版。

化学信息学作为一门新的课程，其课程的要求、内容、教学方式和教材等是课程建设的一项新任务。通过分析和比较国内外化学信息学的课程，发现国外更多强调的是，将化学信息学视为一个专业方向。学生除了学习专业化学知识外，还必须学习数据库设计、程序的编写、分子模拟等方面内容，加强其计算机和理论化学的知识水平，当然也必须掌握有关化学信息的检索等基础化学信息学知识。其涉及的教学内容需要大量的课时，且大多属于计算机科学、化学计算和数据分析等领域，目前这类专门的课程已有大量教材出版。

在国内，化学信息学是化学系各专业方向的必修课之一。由于课时的限制，在教学内容和教科书的编写方面，较为狭义的化学信息学定义，应是更可接受的。化学信息学除了涉及化学信息的获取、管理、处理、推演和模拟外，近年来化学结构的可视化（以图形的方式对化学信息进行描述）是化学信息学最值得注意的成就之一。作为大学本科生和研究生的学习教材，本书的内容主要侧重于介绍高校师生可方便使用的信息资源，强调以数据库为基础的化学信息的存储、检索、管理和利用，作为化学信息检索的基本要求也介绍了印刷品化学信息的检索，还包括化学结构信息的可视化（图形）表示和分子结构图形的计算机模拟等内容。

学习化学信息学的目的，就是要培养学生的信息意识和提高获取信息的能力。当前使用化学信息学最多的是医药工业。学生通过本课程的学习，提高了化学信息的获取、管理和使用能力。具有坚实的化学信息学知识和熟练计算机技能的人才，可在制药、农用化学、生物工艺等领域开展开拓性研究工作，具有良好的从业条件。

第二节　电子信息和数据库

一、电子信息

传统的信息以纸介质作为载体。这种介质使用了很长时间，而且仍然会沿用下去，虽然它存在着很多固有的缺点，但仍然无法被完全取代，只是其重要性会日益降低，而正发挥着越来越大作用的电子信息将占据主要地位。

电子信息资源起始于 20 世纪 60 年代初，它以电子数据的形式，将文字、声音、图像等形式的信息存储在光、磁等介质上。电子信息以磁性介质和光介质作为信息存储载体，以现代信息技术作为记录手段，信息以数字化的形式存在，既可在计算机内高速处理，又可借助于通信网络进行远距离传送，使得全球资源共享得以实现。电子信息表现形式为文本、超文本、多媒体和超媒体。电子信息使得信息的组织方式发生了质的变化。信息单元可按照自身的逻辑关系组成网状结构，具有直接、相互联系、非线形的特点，便于进行计算机的检索与利用，提高了信息资源的利用价值。

电子信息资源主要是指通过计算机等设备以数字信号传递再现出来的信息资源。从信息检索的角度，电子信息资源可分为下列几类。

1．联机信息资源

联机信息资源始于 20 世纪 70 年代，用户使用检索终端设备，通过通信设施，与远程计算机相连，检索远程数据库中的信息资源，实现了电子信息资源的远距离传输，使信息资源在全球范围内得到广泛的传播和高度的共享。使用国际联机数据库可实时、快速地检索到全面和实用价值较高的电子信息，但是专用数据库的联机费用昂贵，一般用户难以承受，多为单位用户使用。著名联机信息服务系统 Dialog、STN 和 OCLC 数据库等，它们具有学科覆盖面广、信息资源丰富、信息追溯年代长和查准率高的特点。用户可实时、快速地进行人机对话式检索，可联机或脱机浏览、传送所检索结果，并可根据需求联机修改检索策略。

2．光盘信息资源

近年来快速发展起来的光盘存储技术，具有信息存储密度高、容量大和成本低等优点，用光盘作为信息存储载体的光盘数据库大大地降低了电子信息资源的使用成本，已经得到广泛的应用。目前，大多数著名的数据库公司都有商品化光盘产品，单机版光盘数据库只可进行单机检索，网络版的光盘数据库可进行局域网上检索，还可以与联机检索系统联网进行联机检索。光盘数据库的检索与联机数据库检索相似，但其信息量较少，更新周期较长，但使用费用大大低于联机检索费用。因此，在网速较慢、经费有限时，利用光盘数据库仍是一种获取信息的有效途径。

3．Internet 网络信息资源

Internet 使用 TCP/IP 标准通信协议将全世界的计算机和计算机网络互联，构成一个资源极丰富的信息库，它涵盖了各个领域、学科和种类的信息资源，信息资源更新速度快，而且大部分资源是免费的。无边无际的 Internet 资源已成为人类进行信息交流的最方便的共享空间。Internet 的所有信息的发布、获取以及反馈都可以在其没有国界的网络上完成。

WWW（World Wide Web）是 Internet 上最热门的资源，它采用客户机/服务器的模式，以超文本的方式链接分散在各地的其他服务器中的信息。用户通过浏览器可以方便地获取遍布世界各地的信息资源。WWW 信息服务的特点是可在网上进行多媒体信息的收集、分类、存放、发布和交流，并向网上的用户提供信息检索及其他交互式服务，在页面设计上具有结构合理、可读性强、用户界面友好、及时性强和使用费用低的优点。目前，许多数据库产品都有 Internet 在线产品。

二、 数据库

数据库是以特定方式合理地组织相互关联的数据集合。数据库以大容量的计算机为存储介质，它是计算机技术和信息检索技术相结合的产物。数据库是电子信息资源的最主要载体，它是信息检索和管理系统的核心部分。

（一）数据库结构

1．记录型文献数据结构

记录是组成文档的基本数据单位。一个记录又包含若干字段。字段是组成记录的基本数据单位。在书目数据库中，一条记录相当于一篇参考文献，常用的字段有：标题、作者、地址、期刊名、学科、文件类型、语种和摘要等。在有些字段中，又包含多个子字段，子字段

是字段的下级数据单位。文档是按一定结构组织的相关记录的集合。文档是书目数据库数据组织的基本形式，文档的组织方式与检索系统的硬件和软件功能密切相关。表 1-1 是具有 6 条记录和 6 个字段的文档，其字段分别是：记录号、标题、作者、地址、期刊和年/期。每条记录中信息量的多少和数据库中记录总数的数量是评价数据库的重要指标。不同的数据库，其记录中的字段数量、类型和长度是不同的。

表 1-1 具有 6 条记录和 6 个字段的文档

记录号	标题	作者	地址	期刊	年/期
0001	化学信息学发展现状	陈泓	四川理工学院化工系	化学研究与应用	2004/04
0002	化学信息学——药学教育的"新基石"	孟宪伟	哈尔滨医科大学分校	当代医学	2004/02
0003	漫谈化学信息学的产生与发展	彭彤	山东大学化学与化工学院	山东化工	2002/06
0004	化学信息学网络考试系统的构建	罗海彬	厦门大学化学化工学院	大学化学	2002/04
0005	化学信息学及其课程建设	邵学广	中国科学技术大学化学系	大学化学	2002/03
0006	化学信息学的涵义及教育	徐筱杰	北京大学化学与分子工程学院	大学化学	2002/01

2．记录的排序和索引

为了提高记录的检索速度，经常会使用排序和索引技术。在书目数据库中，文档结构主要分为顺排文档和倒排文档。

（1）顺排文档：将其记录按记录号顺序排列，记录之间的逻辑顺序与物理顺序是一致的，如表 1-1 所示。顺排文档是构成数据库的主体部分，但其他字段排列呈无序状态。进行检索时，必须以完整的记录作为检索单元，从头至尾逐条查询，检索时间长，实用性较差。

（2）倒排文档：将顺排文档中各个记录按照某一字段的值进行排列（如标题字段、作者字段和地址字段等）。使用标题字段进行倒排的文档，称为标题索引文档。索引是一种加快检索速度的有效手段，它不需要移动数据库中记录而占用大量的存储空间。计算机进行检索时，通过索引检索查找有关信息的对应记录号，然后再进入顺排文档按记录号查找完整的记录。

（二）数据库的类型

按所提供的化学信息内容，数据库主要可分为文献数据库、事实数据库和结构数据库等类型。

1．文献数据库

文献数据库是存储参考文献信息的专用数据库，用户在这些数据库中获取信息线索后，还需要进一步查找原文或其他资料。文献数据库包括书目数据库、全文数据库和专利数据库。

（1）书目数据库是存储二次文献的一类数据库，主要提供文献的标题、作者、地址、期刊名、学科、文件类型、语种和摘要等基本书目信息。题录数据库和文摘数据库等属于书目数据库，它们提供的信息内容与印刷型的题录、文摘相似。图书馆的目录数据库，除了具有标题、作者、出版项等书目信息外，还提供用户索取原始信息的馆藏信息。书目数据库提供了参考文献的确定信息来源，为用户指出了获取原始信息的线索。通过对文献摘要的浏览，用户可以先对文献有基本的了解和认识。书目数据库漏检率较高，要求用户具有较好的检索技术，还要另行获取原始信息，但其具有检索速度快、成本低的优点，目前仍然是文献数据库的主流。本书的第三章介绍了常用文摘数据库的检索。

（2）全文数据库是指存储文献全文或主要部分内容的一种数据库。全文数据库将全部文本内容都存储到计算机，构建成由篇、段、句、词和字组成的能被计算机识别和处理的文本。它不像记录型数据库那样由字段存储记录。在全文数据库中进行信息检索称为全文检索。全文检索可以根据需要检索出全文中有关章、节、段、句、词和类等的信息，也可进行各种统计和分析。早期的计算机文本检索系统，只能对有限的关键词进行搜索，而现在已可对全部文本数据进行快速准确的检索。相对于字段检索，全文检索需要更复杂的处理技术。

① 在检索系统中，词语是表达信息的最小单位。在英语的语句中，词语间有空格作为分隔符，识别词语比较容易。而汉语的词语间无分隔符，词语切分存在二义性。词语切分是中文全文检索的一项特别技术。词语切分要正确地将语句切分为可以识别的字符串（单词、数字、日期和时间等）。为了避免切分的二义性，进行切分操作时，需要利用上下文知识进行处理。

② 短语是词的组合。词的不同的组合会具有不同的含义，词的涵盖范围不同也会具有不同的意思。因此，短语的识别有助于提高信息检索的精度。不能正确地识别短语，就可能造成误检或漏检。

③ 在英语中，同一词干的词语代表相同的概念。对词语进行分析，找出各单词的词干，进行基于词干的信息索引，可增加查全率。

全文检索的明显优点是信息全面、漏检率低，但检索速度慢、数据库开发的成本高。本书的第四章介绍通用的全文数据库，第五章介绍的大部分电子期刊的检索也是全文检索，不过只对该电子期刊有效。

（3）专利数据库是专门存储专利信息的数据库。专利是知识产权的重要组成部分，快速准确地掌握专利的最新动态，对科学研究、产品开发等工作是至关重要的，它既可以避免重复劳动、提高研发水平和开发效率，同时对知识产权的确认、保护、合理利用和开发也有很大的促进作用。使用专利数据库进行专利资源检索与传统的通过印刷型检索工具相比，效率要高得多，不受时间、地点限制，也节省了许多费用。目前一些主要的专利数据库都可以通过 Internet 免费检索，相对于文献检索，专利数据库基本是免费的，专利数据库正在成为专利检索的重要途径。专利数据库提供专利的一些主要信息，如专利号、发明者、申请人、关键词或摘要等，从而使用户更容易地筛选所需专利和就近获取专利原文。本书的第六章介绍专利数据库的检索。

2．事实数据库

事实数据库主要用于存储和检索化合物的原始数据。它是能够直接为用户提供原始资料或具体数据的一种数据库。事实数据库表示的信息以数值为主。与书目数据库比较，数值数据库是对信息进行深加工的产物，可以直接提供所需的数据信息。数值数据库除了一般的检索功能外，还具有准确数据运算功能、数据分析功能、图形处理功能及对检索输出的数据进行排序和重新组织等方面的功能。事实数据库主要有以下几种。

（1）数值数据库是指专门提供以数值方式表示的一种数据库。它包含化合物的数值数据，例如，物理化学数值和测量值等。此外，它还带有参考文献或提供获取原文的超链接。典型的数值数据库有：Reaxys、DETHERM 和 WebBook 等。

（2）光谱数据库是专门收集和利用光谱的数据库，可以进行光谱数据检索、结构解析和谱图预测等功能。例如，SpecInfo。

（3）化合物目录数据库是电子版的化合物目录。例如，ChemBlink、MRCK 等。

(4) 研究计划数据库收集了不同学科领域的研究报告和摘要。例如，UFORDAT、FEDRIP 等。

3．结构数据库

(1) 化学结构数据库中存储了化合物的化学结构信息，它包括分子中各原子的三维坐标及构成化学键的连接形式。晶体结构具有准确的分子结构信息（晶胞参数和坐标），以及分子间相互作用的信息，使用分子图形软件可将分子结构信息可视化。著名的结构数据库有：ICSD、CSD 和 PDB 等。

(2) 化学反应数据库是提供单步、多步化学反应的反应物、产物和反应条件等信息。内容包括化学反应的类型、反应机理、反应活性、反应的交叉索引及反应的理化参数等。著名的 Reaxys 包含了大量的化学反应信息，这些反应信息也基本上与化学结构有关。

三、在线化学数据库

在线数据库是可以通过 Internet 进行实时检索的数据库。由于数据库的数据变化很快，难以统计完全和最新的数据库信息。以下简单介绍化学和生物化学最重要和最有用的在线数据库。

1. CA

CA（http：//www.cas.org）由美国 Chemical Abstracts Service 出版。CA 是书目数据库，每周更新，内容为化学、化工、生物化学信息，数据来源于 9000 多种期刊、37 个专利局专利、会议论文、书籍等，数据库共有超过 2100 万种化合物和 2500 万个序列。提供商品光盘和在线检索，可通过 STN 进行检索。

2. PubMed/Medline

PubMed/Medline（http：//www.nlm.nih.gov）由 National Library of Medicine，USA（美国国家医学图书馆）出版。PubMed/Medline 是书目数据库，每四周更新，内容为医药、生命科学信息。数据来源于 4600 多种期刊，数据库记录数超过 1300 万，是免费资源，可以通过 STN、SciFinder、MDL 进行检索。

3．柯克-奥斯姆化学工艺百科全书（Kirk-Othmer Encyclopedia of Chemical Technology）

柯克-奥斯姆化学工艺百科全书（http：//onlinelibrary.wiley.com/book/10.1002/0471238961）由 John Wiley & Sons 公司出版，不定期更新，内容为化学工艺信息。

4. SCI

SCI（http：//isiknowledge.com/portal）由美国 Thomson Reuters 出版。SCI 是书目和文献数据库，每周更新，内容为科学、技术等信息。数据来源于 5900 多种期刊，数据库记录超过 2000 万，提供商品光盘和在线检索，可通过 ISI Web of Science、DIALOG、ORBIT、DIMDI、DataStar、STN 进行检索。

5．乌尔曼工业化学百科全书（Ullmann's Encyclopedia of Industrial Chemistry）

乌尔曼工业化学百科全书（http：//onlinelibrary.wiley.com/book/10.1002/14356007）由 Wiley-VCH 公司出版，内容为化学工艺信息。

6. Reaxys

Reaxys 由 Elsevier 出版（http：//www.elsevier.com/solutions/reaxys），整合了 Crossfire Beilstein、Gmelin 和 Patent Chemistry 数据库，数据库已包含超过 3500 万个反应、约 2200 多万种物质、2100 多万条文献。同时，Reaxys 还集成 eMolecules 和 PubChem

数据库内容，提供统一检索和访问。

7. DETHERM

DETHERM（http：//i-systems.dechema.de/detherm/）由 Dechema E.V.，FIZ Chemie Berlin GmbH 出版。DETHERM 是数值、书目和事实数据库，每半年更新。内容为热力学性质信息。数据来源于期刊、专利、会议论文和书籍。数据库共有超过 44200 条记录及 57000 条参考文献，提供单机检索，可以通过 STN 进行检索。

8. ChemFinder

ChemFinder（http：//www.ChemFinder.com）由 CambridgeSoft 公司出版，可以免费查询化合物基本性质与结构信息。它有一个分布式的统一的化学数据查询接口，可以通过化合物的英文名称、商品名称、分子量、CAS 登录号、化学分子式或者化学结构式进行免费查询。该数据库中包含了各种化合物的基本物性常数，如熔点、沸点、闪点、密度、溶解度、提供分子结构图和数据的原始文献等。它还与网上的一些数据库相连，通过链接可以获得它们提供的该化合物的其他信息。

9. Webbook

Webbook（http：//webbook.nist.gov）由 National Institute of Standards and Technology 出版。Webbook 是数值数据库。内容为热化学和光谱信息。数据库共有超过 22300 种物质，提供在线检索。

10. SpecInfo

SpecInfo 是数值和结构数据库，定期更新。内容为光谱数据信息。数据库共有超过 15 万种物质，8 万个 ^{13}C-NMR 数据、850 个 ^{15}N-NMR 数据、670 个 ^{17}O-NMR 数据、1750 个 ^{19}F-NMR 数据、2000 个 ^{31}P-NMR 数据、17000 个 IR 数据、65000 个 MS 数据，提供在线检索，可通过 Wiley Online 进行检索。

11. KnowItAll

KnowItAll（http：//www.bio-rad.com）由 Bio-Rad's Sadtler^{TM} 出版。KnowItAll 是数值数据库，定期更新。内容为光谱学处理软件和数据库。数据库收集了 IR、NMR、MS、NIR 及 Raman 数据，提供商品光盘检索，可通过 Bio-Rad Laboratories 进行检索。

12. SDBS

SDBS（http：//www.aist.go.jp/RIODB/SDBS/menue.html）由日本 National Institute of Advanced Industrial Science and Technology，Tsukuba，Ibaraki 出版。SDBS 是数值数据库，不定期更新。内容为有机物的光谱数据信息。数据库共有 30300 种化合物，大约 20500 个 MS 数据、13700 个 ^{1}H-NMR 数据、11800 个 ^{13}C-NMR 数据、大约 47300 个 IR 数据、大约 3500 个 Raman 数据、大约 2000 个 ESR 数据，数据来源于实验。SDBS 是免费资源，可以通过 National Institute of Advanced Industrial Science and Technology 进行检索。

13. CSD

CSD（http：//www.ccdc.cam.ac.uk）是由 Cambridge Crystallographic Date Centre 出版。CSD 是数值数据库，定期更新。内容为有机化合物和金属有机化合物的晶体结构。数据库共有超过 25700 条记录，数据来源于实验。CSD 提供商品光盘检索，可通过 Cambridge Crystallographic Date Centre 进行检索。

14. ICSD

ICSD（http：//www.fiz-informationsdiente.de/icsd-web.html）由德国 FIZ Karlsruhe

和美国 NIST 出版。ICSD 是数据和事实数据库，每半年更新。它主要收集了无机化合物的晶体结构数据。数据来源于期刊。数据库记录超过 6500 条，提供光盘和在线检索，可通过 STN 进行检索。

15. PDB

PDB（http：//www.rcsb.org/pdb）由 Research Collaboratory for Structural Bioinformatics 出版。PDB 是数值和书目数据库，定期更新。内容为蛋白质、核酸、病毒等大分子的结构数据。数据库大约有 2 万条记录，数据来源于实验。PDB 提供光盘和在线检索，可通过 Research Collaboratory for Structural Bioinformatics 进行检索。

16. BIOSIS Previews

BIOSIS Previews（BP）是由美国 Biological Abstracts 出版。BIOSIS 是书目数据库，每周更新。内容为生物科学及生物医学信息，数据来源于杂志、专利、会议论文和书籍等信息。BIOSIS 基于 Web of Knowledge 检索。

17. EMBL

EMBL（http：//www.ebi.ac.uk/）由 European Bioinformatics Institute 出版。EMBL 是书目和物质序列数据库，每日更新。内容为核苷酸序列数据，数据来源于期刊和作者提交资料。数据库共有 2000 万个核苷酸序列、280 亿个核苷酸。EMBL 是免费资源，可通过 European Bioinformatics Institute 进行检索。

18. GenBank

GenBank（www.ncbi.nlm.nih.gov）由美国 National Center for Biotechnology Information 出版。GenBank 是书目和物质序列数据库，每日更新。内容为核酸序列数据，数据来源于期刊和作者提交资料，数据库共有 2200 个序列、280 亿个碱基嘌呤或嘧啶，提供在线检索，可通过 STN 进行检索。

19. PIR

PIR（http：//pir.georgetown.edu）由 National Biomedical Research Foundation 编辑出版。PIR 是书目和物质序列数据库，定期更新。内容为蛋白质序列数据，数据来源于期刊和作者提交资料，数据库共有 28 万个序列。PIR 是免费资源，可通过 National Biomedical Research Foundation 进行检索。

20. SwissProt

SwissProt（http：//www.ebi.ac.uk/uniprot）由 EMBL and Swiss Institute of Bioinformatics 出版。SwissProt 是书目和物质序列数据库，定期更新。内容为蛋白质序列数据，数据来源于期刊和作者提交资料，数据库共有 12 万个蛋白质序列、4400 万个氨基酸。SwissProt，可通过 European Bioinformatics Institute 进行检索。

21. REGISTRY

REGISTRY（http：//www.cas.org）由美国 Chemical Abstracts Service（CAS）出版。REGISTRY 是结构数据库。内容为化学物质，数据来源于 9000 多种杂志、37 个专利局的专利、会议论文和书籍。数据库共有 2200 万个结构、2500 万个序列。REGISTRY 提供商品光盘和在线检索，可通过 STN 进行检索。

22. CASREACT

CASREACT（http：//www.cas.org）由美国 Chemical Abstracts Service（CAS）出版。CASREACT 是反应和结构数据库，每周更新。内容为化学反应，数据来源于期刊和专

利。数据库共有超过 40 万个文献、超过 660 万个反应，提供商品光盘和在线检索，可通过 STN 进行检索。

23. ChemInformRX

ChemInformRX（http：//www.fiz-chemie.de/en/home/products-services/chemical-data/chemische-daten/cheminform-rx.html）由德国 FIZ CHEMIEGmbH 出版，它是反应、书目和结构数据库，每季更新。内容为化学反应，数据来源于 250 种期刊。数据库共有 100 万种物质、113859 条记录、689029 个单步反应以及 377491 个多步反应。ChemInformRX 提供收费在线检索，可通过 FIZ 进行检索。

24. ChemReact

ChemReact（http：//www.infochem.de/products/databases/chemreact41.shtml）由德国 InfoChem GmbH 出版。ChemReact 是反应、书目和结构数据库，不定期更新。内容为化学反应，数据来源于期刊，数据库共有 39.2 万条记录。ChemReact 提供商品光盘和在线检索，可通过 STN 进行检索。

25. MARPAT

MARPAT（http：//www.cas.org/ONLINE/DBSS/marpatss.html）由美国 Chemical Abstracts Service（CAS）出版。MARPAT 是结构和书目数据库，每周更新。内容为专利中出现的 Markush 结构，数据来源于专利局。数据库共有 18 万条记录、50.5 万个 Markush 结构。MARPAT 提供商品光盘和在线检索，可通过 STN 进行检索。

26. INPADOC

INPADOC（http：//www.epo.org/searching-for-patents/legal/inpadoc.html # tabl）由奥地利 European Patent Office，Vienna Branch Office 出版。INPADOC 是书目数据库，每周更新。内容为国际专利，数据来源于专利局。数据库共有 2600 万条记录、3500 万篇文献、5900 万个法律信息。INPADOC 提供收费在线检索，可通过 STN 进行检索。

27. JAPIO

JAPIO（http：//www.japio.or.jplenglish）由日本 Japanese Patent Office 出版。JAPIO 是书目数据库，每月更新。内容为日本专利信息，数据来源于专利摘要和 INPADOC 专利。数据库共有 770 万条记录、510 万个图像。JAPIO 提供商品光盘和在线检索，可通过 STN 进行检索。

28. PATDPA

PATDPA（http：//www.cas.org/ONLINE/DBSS/patdpass.html）由德国 Deutsches Patent-und Maekenamt 出版。PATDPA 是书目数据库，每周更新。内容为德国专利信息，数据来源于专利文献。数据库共有 430 万条记录、50 万个索引。PATDPA 提供商品光盘和在线检索，可通过 STN 进行检索。

29. WPINDEX

WPINDEX（http：//www.derwent.com）由英国 Derwent Information，Ltd 出版。WPINDEX 是书目数据库，每周更新。内容为国际专利信息，数据来源于专利局的专利文献。数据库记录超过 1300 万条。WPINDEX 提供收费在线检索，可通过 Thomson Inc 进行检索。

30. CORDIS

CORDIS（http：//www.cordis.lu/en/home/html）由 Community Research & Development Information Service 出版。CORDIS 是书目数据库，定期更新。内容为研究信息，来源于作者提交信息。CORDIS 提供在线检索，可通过 CORDIS 进行检索。

31．CRIS/UEDA

CRIS/UEDA（http：//cris.csrees.ueda.gov）由 Current Research Information System，USDA/CSREES/ISTM 出版。CRIS/UEDA 是书目数据库，每年更新。内容为农业、食品、营养学和植物学的研究计划，数据来源于作者提交信息。CRIS/UEDA 提供在线检索，可通过 CRIS 进行检索。

32．FEDRIP

FEDRIP（http：//www.ntis.gov/product/fedrip.aspx）由美国 National Technical Information Service（NTIS）出版。FEDRIP 是书目和研究计划数据库，每月更新。内容为联邦研究计划。数据库记录约 22 万。FEDRIP 提供在线检索，可通过 STN 进行检索。

33．NUMERIGUIDE

NUMERIGUIDE（http：//www.stn-international.de/stndatabases/database/numerigu.html）由美国 American Chemical Society 出版。NUMERIGUIDE 是书目和研究计划数据库，不定期更新。内容为性质数据。数据库共有 875 条记录。NUMERIGUIDE 提供在线检索，可通过 STN 进行检索。

34．UFORDAT

UFORDAT（http：//www.umweltbundesamt.de/index-e.htm）由德国 Umweltbundesamt 出版。UFORDAT 是研究计划数据库，每半年更新。内容为环境研究计划。数据库记录超过 6.8 万。UFORDAT 提供光盘和在线检索，可通过 FIZ Karlsruhe 进行检索。

35．MRCK

MRCK（http：//www.cas.org/ONLINNE/DBSS/mrckss.html）由美国 Merck & Co. Inc. 出版。MRCK 是物质和数值数据库，每半年更新。内容为化学药品、农产品、天然产物的信息，数据来源于 Merck 索引。数据库记录超过 1 万条。MRCK 可通过 STN 进行检索。

36．TOXCENTER

TOXCENTER（http：//www.cas.org/ONLINE/DBSS/toxcenterss.html）由美国 Chemical Abstracts Service（CAS）出版。TOCXENTER 是书目数据库，每周更新。内容为毒物学信息，数据来源于期刊和专利。数据库记录超过 570 万条。TOXCENTER 提供商品光盘和在线检索，可通过 STN 进行检索。

第三节　信息检索的方法和步骤

一、信息检索方法

信息检索的主要方法可归纳为：普查法、追溯法、相关法和跟踪法等。

1．普查法

普查法是一种常规的信息检索方法。科研人员可根据不同的课题要求、不同的检索环境条件，选择最适当的工具（数据库）进行检索，常规的检索步骤包含：检索课题的分析、检索策略的制定、检索策略的实施和调整、检索结果的筛选和整理、原始信息的获取等。普查法成功的关键是在于正确地选择检索词，并使用合适的逻辑算符组合关键词，构建一个合理的检索表达式，由近及远进行检索。

2．追溯法

追溯法分为引用和被引用两种。

（1）引用追溯法一般以某些文献为出发点，根据这些文献原文上所列出的参考文献的信息，查找这些参考文献的原文。如果该原文符合检索要求，再以该原文为出发点，根据它所引用的参考文献继续追溯下去，不断扩展延伸。这种"滚雪球"的方式是扩大检索范围的一种有效方法。如果能检索到一些内容相关的专著和综述，以这些专著和综述所引用的大量的参考文献为出发点，进行追溯查询，则可得到更好的检索效果，但在专著和综述发表后的新内容，要使用其他方法进行检索。

（2）被引用追溯法是根据某一文献被其他文献引用来扩大检索范围的方法。著名的 SCI (Science Citation Index) 就是列出了文献被他人引用的参考文献条目。通过文献间的引用与被引用关系来查找文献，是一种行之有效的方法，但由于引用文献之间具有模糊性或非相关性，往往不能查找到全部相关文献，因此还需要配合使用其他方法。

3．相关法

某些数据库带有相关检索的功能，例如著名的 Web of Knowledge 对检索结果的某一个文献记录提供了相关记录（Related Records）的检索，得到引用相同的参考文献的其他文献记录，并根据参考文献的相同数目的多少排列检索结果的文献记录。除此之外，越来越多的数据库也提供了数据库内相关检索的功能，例如：Scirus、Wiley Online、Scitation、SciFinder 和中国期刊网等。相关法一般是检索数据库自带的功能，用户要充分了解和利用数据库所提供的功能，充分发挥数据库的效益，以取得更好的检索效果。相关法不失为一种扩大检索范围的好方法，充分使用相关法，可大大地减少漏检率。

4．跟踪法

经过一定检索实践后，用户可获得相当有用的检索结果，可收集到该研究领域中发表论文数量多且质量高的作者姓名，再使用作者姓名继续检索该专家的所有文献，从中挑选需要的部分，并定期跟踪该专家的最新研究成果。

各种检索方法各有所长，具体选择什么检索方法，需要结合检索目的和要求而变化。

二、信息检索效果的评价

1．评价指标

信息检索效果反映了信息资源检索系统的能力，它是评价一个检索系统性能优劣的质量标准，始终贯穿信息存储和检索的全过程。衡量检索效率的指标有：查全率、查准率、漏检率、误检率、响应时间、用户负担和输出形式等。目前，人们通常主要以查全率和查准率这两个指标来衡量，分别用 R 和 P 表示。

2．查全率与查准率

（1）查全率　利用检索系统进行某一课题检索时，检索出的相关信息量（w）与该系统信息库中存储的相关信息量（x）的比率称为查全率（R），查全率是指检索出的相关信息资源与信息资源系统中的相关信息资源总量之比。它反映该系统信息库中实有的相关信息量在多大程度上被检索出来。用公式可表示为：

$$R = w/x \times 100\%$$

(2) 查准率　利用检索系统进行某一课题检索时，检出的相关信息量（w）与检出信息总量（m）的比率称为查准率（P），查准率是指检索出的相关信息资源量和检索出的信息资源的总量之比。它反映每次从该系统信息库中实际检出的全部文献中有多少是相关的。

用公式可表示为：

$$P = w/m \times 100\%$$

一般来说，希望查全率和查准率都同时达到100%，即系统中存储的所有相关信息都被检索出（$w=x=m$），这是最为理想的效果。但事实上很难达到全部检出和全部检准的要求，而只能达到某个百分比，总会出现一些漏检和误检。其漏检率（O）和误检率（N）也可用公式表示为：

$$O = 1 - w/x$$
$$N = 1 - w/m$$

如果一个检索系统中与某一课题有关的信息共250条，实际检出400条，其中相关信息为200条，此次检索效率可计算为

$$R = (200/250) \times 100\% = 80\%, O = 1 - 80\% = 20\%$$
$$P = (200/400) \times 100\% = 50\%, N = 1 - 50\% = 50\%$$

显然，查准率是用来描述系统拒绝不相关信息资源的能力，有人也称查准率为"相关率"。查准率和查全率结合起来，描述了系统的检索成功率。一系列的试验结果表明查全率与查准率之间存在互逆关系。从不同检索索引出发得到的试验结果都表明了这种关系，即查全率高时，查准率较低，反之亦然。R 和 P 各自的最佳状态是逼近100%，但同时只能满足其中的一个。要提高查准率，则要付出查全率降低的代价，要提高查全率，也会使查准率下降。

3．影响检索效果的因素

查全率与查准率是评价检索效果的两项重要指标。查全率和查准率与信息资源的存储与检索两个方面是直接相关的，也就是说，与系统的收录范围、索引语言、标引工作和检索工作等有着非常密切的关系。

（1）除了信息存储会影响查全率外，影响查全率的因素主要有：检索策略过于简单；选词和进行逻辑组配不当；检索途径和方法太少；检索人员对检索工具不熟悉；检索系统不具备截断符功能和反馈功能；检索时不能全面地描述检索要求等。

（2）影响查准率的因素主要有：索引词不能准确描述信息主题和检索要求；组配规则不严密；选词及词间关系不正确；标引过于详尽；组配错误；检索时所用检索词（或检索式）专指度不够，检索面宽于检索要求；检索系统不具备逻辑"非"功能和反馈功能；检索式中允许容纳的词数量有限；截断符部位不当；检索式中使用逻辑"或"不当等。

实际上，影响检索效果的因素是非常复杂的。国外有关专家所做的实验表明，查全率与查准率是呈反比关系的。要想做到查全，势必会要对检索范围和限制逐步放宽，其结果是会把很多不相关的文献也带进来，影响了查准率。同时提高查全率和查准率是很难的。强调一方面，忽视另一方面，也是不妥当的。应当根据具体课题的要求，合理调节查全率和查准率，保证检索效果。

4．提高检索效果的措施

（1）提高检索系统的质量，它包括数据库收录信息资源的范围不但要广泛，而且要切合

课题的检索要求，数据库收录的内容要详细、准确，具有完备的辅助功能。

（2）提高用户使用检索系统的能力，充分发挥检索系统的功能。用户要掌握必要的检索知识，要选取正确的检索词，要合理使用逻辑算符组配完整的检索表达式，要灵活运用各种检索方法和检索技术，以便更好地与检索系统协调、配合。另外，也要根据不同的检索课题的需要，适当调整查全率和查准率的要求，例如要求查全率很高的查新工作，就要放弃对查准率的苛刻要求。一般来说泛指性的词用得多，或相关概念检索词用得多对提高查全率有利。反之，专指性的词用得多，或检索词互相限定多，则对提高查准率有利。

三、信息检索技术

信息检索技术是指进行数据库检索时采用的相关技术，主要有逻辑算符检索、位置检索、截词检索和限制检索。

1. 逻辑算符（Logical operators）检索

逻辑算符用于表达各检索词之间的逻辑关系，也称布尔算符。当输入多个检索词时，检索词之间的逻辑关系将极大地影响检索结果，使用逻辑算符进行检索词的逻辑组配是最常用的一种检索技术。常用的逻辑算符有以下几种。

（1）逻辑与："逻辑与"算符用"*"或"AND"表示。检索词 A 和检索词 B 使用"逻辑与"组配时，其检索表达式为 A AND B，它表示检索词 A 和检索词 B 必须同时出现在检索结果中才满足检索条件。其检索结果具有交叉的关系，检索结果集是检索词 A 的结果集与检索词 B 的结果集的交集，如图 1-1（a）所示的圆 A 和圆 B 的重叠部分（灰色）是符合条件的检索结果。例如，检索表达式为 Chemistry AND Information 就是要求检索结果中必须同时包含 Chemistry 和 Information。显然，"逻辑与"的使用缩小了检索结果的数量，增强了检索的专指性，可提高检索的查准率，但是不恰当地使用会增加漏检率。

（2）逻辑或："逻辑或"算符用"＋"或"OR"表示。检索词 A 和检索词 B 使用"逻辑或"组配时，其检索表达式为 A OR B，它表示任一个检索词（A 或 B）出现在检索结果就满足检索条件，当然检索词 A 和检索词 B 同时出现的检索结果也满足检索条件。其检索结果具有并列的关系，检索结果集是检索词 A 的结果集与检索词 B 的结果集之和，如图 1-1（b）所示的圆 A、圆 B 和两圆重叠部分都是符合条件的检索结果。例如，检索表达式为 Chemistry OR Information 就是要求检索结果中只要出现 Chemistry 或者 Information 就符合要求，同时出现 Chemistry 和 Information 也符合要求。显然，"逻辑或"的使用扩大了检索结果数量，增强了检索的泛指性，可提高检索的查全率，但是不恰当地使用会造成滥检，过多的检索结果造成处理的困难。

（3）逻辑非："逻辑非"算符用"－"或"NOT"表示。检索词 A 和检索词 B 使用"逻辑非"组配时，其检索表达式为 A NOT B，它表示检索词 A 出现在检索结果时不能出现检索词 B 才满足检索条件。其检索结果具有排除的关系，检索结果集是检索词 A 的结果集排除了检索词 B 的结果集，如图 1-1（c）所示的圆 A，圆 B 和两圆重叠部分属于排除部分的检索结果。例如，检索式为 Chemistry NOT Information 要求检索结果包含 Chemistry，并且不包含 Information。显然，使用"逻辑非"可排除不需要的概念，缩小了检索结果，提高了检索的查准率，但不恰当地使用会影响检索信息的查全率。

数据库处理使用逻辑算符组配检索词构成的复杂检索表达式时，要依照一定的优先顺序进行。在不同的数据库中 AND、OR、NOT 的运算次序有不同的规定。一般数据库使用优

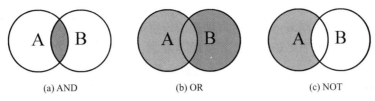

图 1-1　三种基本的逻辑算符检索

先次序为 NOT＞AND＞OR。如果要改变逻辑顺序，可使用括号，先执行括号内的运算；有多层括号时，先执行最内层括号中的运算，再逐层向外进行。由于同一个带有逻辑算符的检索表达式，使用不同的运算顺序会得到完全不同的检索结果，因此检索前应事先了解各数据库检索系统的规定，避免逻辑运算优先次序处理错误而造成检索的失败。

选择的检索词只能表达信息需求的不同侧面，而不能反映需求的完整内容。只有用逻辑表达式将不同的检索词组合在一起，才有可能表达完整的检索课题。一般来说，"逻辑与"和"逻辑非"组合使用越多，信息需求的概念表达就越深，检索式的切题性就越高。反之，增加"逻辑或"组合或减少"逻辑与"组合，可得到较好的匹配性，但可能有较大的误检率。因此，只有根据检索课题的具体情况，灵活地运用各种逻辑方法和检索技巧，构制合理、恰当的检索表达式，才能获得满意的检索效果。

2. 位置检索

位置检索是使用位置算符（Proximity operator）处理检索词的检索。位置算符是指表示检索词与检索词之间位置关系的符号。位置算符的作用是对多个检索词之间位置关系进行定量的限制，以弥补逻辑算符只是定性规定检索词范围的不足，可以明显地提高检索结果的查准率。常用的位置算符主要有（W）、（nW）、（N）、（nN）、（S）、（F）、（C）和（L）等。在不同的数据库系统中，位置算符的种类和表达形式不尽相同，使用时应注意所使用系统的规定。

(1)（W）是 With 的缩写，表示算符两侧的检索词按此前后衔接的顺序排列，词序不可颠倒，且两词之间不允许有其他的词或字母，但允许两词之间有空格和标点符号，即使用（W）算符连接的检索词，已构成一个固定的词组，显然（W）算符具有较强的严密性。

(2)（nW）是由（W）衍生而来，限定所连接的两个词在文献中相互距离不超过 n 个词（中文不超过 n 个字），但前后顺序不可颠倒。它与（W）的区别在于允许在两词之间插入 n 个词，其严密性略逊于（W）。

(3)（N）是 Near 的缩写，表示算符两侧的检索词必须紧密相连，两词词序可变，词间除允许有空格、标点、连字符之外，不得夹有单词或字母。两词之间使用（N）也表示其相邻关系，两词之间不能插入任何词，但两词词序可以颠倒。

(4)（nN）限定所连接的两个词在文献中相互距离不超过 n 个词（中文不超过 n 个字），但前后顺序可以颠倒。

(5)（S）是 Subfield 的缩写，表示算符两侧的检索词必须同时出现在文献记录的同一子字段，子字段是指字段的一部分，如一句句子或一个词组、短语。中间插入词的数量没有限制，检索词的相对次序可以改变。由于使用语言的习惯有差异，相同的概念可能会以不同的形式表达，子字段检索的使用可提高查全率。

(6)（F）是 Field 的缩写，表示算符两侧的检索词必须同时出现在同一个字段中，字段不限，中间插入词的数量没有限制，词序可变。同字段检索技术是对子字段的检索结果进一步扩大。

（7）（C）是 Citation 缩写，表示算符两侧的检索词必须同时出现在一条文献的记录中，中间插入词的数量没有限制，词序可变，字段不限。

（8）（L）是 Link 的缩写，表示算符两侧的检索词之间有一定的从属关系。

3．截词检索

截词检索也称词干检索或字符屏蔽检索，它是使用给定的词干作检索词，查找含有该词干的全部检索词的文献记录。截词检索在检索标识中保留相同的部分，用相应的截词符（Truncation operator）代替可变化部分进行的检索。截词检索是预防漏检、提高查全率的一种常用检索技术，尤其在英文检索系统中，使用截词符对提高查全率的效果非常显著。截词检索隐含着逻辑或的关系，它属于一种模糊检索，不但扩大了检索范围，其模糊输入功能也方便了用户的使用。截词符的使用可有效地解决检索词的单、复数问题；词干相同而词尾不同的问题；英美词汇拼写差异的问题等。常用的截词符有"*"、"?"和"$"等。

截词的类型有多种，按截断的字符数量可分为有限截断和无限截断。有限截断的截词符号用"?"表示，该符号只能代表一个任意字符。如：输入"Re？d"，可检索到 Read、Reed 等。无限截断的截词符号用"*"表示，该符号可以代表多个任意字符。如：输入"transplant *"，可检索到 transplantation、transplanting 等。截词按截断部位可分为：左截断（前截断）是指检索词与被检索词之间的后部相同（后方一致）；中截断（前后截断）是指检索词与被检索词之间只需中间部分相同（词头、词尾都可变化）；右截断（后截断）指检索词与被检索词间的前部相同（前方一致）。如：输入"polymer *"，可检索到 polymers、polymerism 等。

大多数系统都提供截词检索的功能，几乎所有的数据库检索系统都有有限截断、无限截断和右截断功能，但左截断和中截断功能并不是每个数据库系统都有的。截词算符在不同的系统中有不同的表达形式。中文数据库的截词检索通常只用右截断。

4．限制检索

使用截词检索，简化了检索时的"逻辑或"功能，但并没有改变检索的性质。使用位置检索，只能限制检索词之间的相对位置，不能完全确定检索词在数据库记录中出现的字段位置，特别在使用自由词进行全文检索时，需要用字段限制查找的范围。限制符的作用是限制检索词或检索式在数据库记录中出现的字段位置。数据库中可供检索的字段通常分为基本检索字段和辅助检索字段。基本检索字段主要有题名（TI）、文摘（AB）、主题词（DE）和标识词（ID），适用于各种数据库。辅助检索字段主要有作者（AU）、语种（LA）、出版年代（PY）、期刊名称（JN）和文献类型（DT）等字段。这些限制符在不同的系统或数据库中有不同的表达形式和使用规则，在进行字段限制检索时，应参阅系统及有关数据库的使用说明，避免产生误检。为了提高检索速度，很多数据库都使用限制检索作为常用的检索方式。

四、信息检索步骤

检索步骤是为达到检索目的而采取的具体操作方法的总称。使用正确的检索方法，可从数量庞大的信息集合中，全面、准确地查找特定课题有关信息。检索步骤的全过程，一般可分为检索课题分析、制定检索策略、检索策略的实施和调整、检索结果的筛选、整理和原始信息的获取等部分。图 1-2 是信息检索步骤流程图。

（一）检索课题分析

进行检索课题分析的目的，在于认清课题要解决的实质问题，即检索课题所包含的概念和具体要求及它们之间的关系。这是制定检索策略的根本出发点，也是检索效率高低或成败的关键。

1．检索目的和要求的分析

检索目的和检索要求是制定检索策略的基本原则。信息检索目的是指信息检索结果的用途。不同的信息用途将影响检索策略的制定。不同的用户有不同的检索目的，例如：编写教材、撰写论文、专题综述、申请专利、鉴定科技成果、技术攻关、预测或决策等。明确了检索目的后，还要确定检索的要求，以便于对查全率和查准率进行控制。检索要求一般从以下几项内容考虑。

（1）课题所需信息的内容及其内容特征。

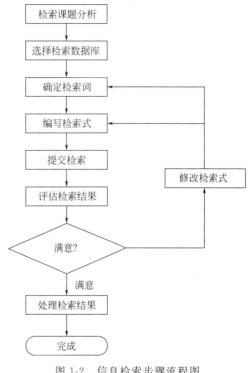

图 1-2　信息检索步骤流程图

（2）课题所涉及的学科范围。

（3）课题所需信息的类型，包括文献媒体、出版类型、文献量、年代范围、语种、作者和机构等。

2．检索类型的确定

检索目的不同，检索范围的广度与深度也不同。若要全面收集有关信息，选取的检索范围要宽些，所得信息的泛指性强；若只需要某一特定问题的信息，检索范围要窄些，所得信息的专指度高。信息检索有以下主要类型。

（1）普查型：若要撰写综述、述评或专著等，需要充分了解课题的历史和发展现状，则要检索详尽、全面、系统的文献信息，强调查全率高。检索信息来源于期刊论文、会议论文、研究报告、学位论文、重要专著和专利等，部分信息来源于图书、教材、杂志、报纸甚至视听资料。

（2）特定型：若要解决科学研究或生产中某个具体的特定问题，构思技术方案，需要进行针对性强、能解决实际问题的信息检索，强调查准率，其目的在于解决科研、生产中的关键问题，特定型检索并不强调查得文献的数量，但查得的检索结果需要具有较强的专指性。

（3）探索型：若要了解和掌握某学科、研究领域、工艺过程等最新研究进展、研究成果和发展动态，则要检索最近的文献信息，强调具有新颖及时的特点。

确定检索课题的类型之后，可以明确对查准率、查全率的要求及检索侧重点。除此之外，还要了解检索信息的形式和内容。形式主要包括所需文献的类型、数量、语种、年限、地域等。内容主要包括检索课题涉及的学科范围、主题内容和有关的主题词、分类号等，以及它们之间的逻辑关系，进而根据信息的类型、形式、内容等，形成有意义的检索概念。最后，进行检索策略的制定。

（二）制定检索策略

检索策略是为达到检索目的而制定的具体检索方案、对策和计划。要完成一个课题的检索，需要一个分若干步骤执行的过程。检索策略也就是对检索步骤进行合理和科学的安排。计算机信息检索的过程涉及人与机器的交互，要完成一个比较复杂、精细的检索课题，需要对检索策略进行多次的尝试、反馈、修改。制定检索策略一般包括：检索数据库的选择、确定检索词和编写检索表达式。

1．选择检索数据库

在根据检索课题分析确定了检索目的和检索范围后，下一步就是选择合适的检索数据库。要根据课题要求，选择与所查课题相适应、学科专业对口、覆盖信息面广、报道及时、信息内容准确、检索功能完善的高质量数据库。数据库选择合适与否直接影响检索效果，数据库选择合适，花很少的时间可获得丰富有价值的信息。相反，数据库选得不合适，最后的检索结果寥寥无几。

数据库的类型和学科范围不同，决定了它适用于不同的检索对象和满足于不同的检索需求。对检索数据库的正确选择要建立在对可利用数据库的全面了解基础上，同时充分认识各种数据库的各种性能参数，其内容主要包括如下几方面。

（1）数据库的类型。例如，书目数据库、事实数据库或结构数据库。

（2）数据库所收集的数据内容所涵盖的学科领域和收录范围。

（3）数据库的现状，包括数据库收录的文件类型、数据量、存储年限、更新周期、语种、媒体介质和辅助工具。

（4）数据库的检索质量、权威性和检索速度。

（5）数据库提供的系统功能和检索方式。

（6）数据库的使用权和检索费用。

2．确定检索词

检索词也称检索点，与检索途径相对应，是检索途径的具体化。确定检索词就是将检索课题中包含的各个要素及检索要求转换成数据库中允许使用的检索标识。检索词的恰当选择对整个检索的结果是至关重要的。经常使用的检索词主要有主题、分类、作者、团体作者、名称、号码等。检索词是表达信息需求的基本单元，也是与系统中有关数据库进行匹配运算的基本单元。检索单元选择得当与否，会直接影响其检索效果。

检索词一般可分为两类：第一类是表示主题概念的检索词，例如，叙词（经规范化处理的人工语言词汇）和关键词（未经规范化处理的自然语言词汇，又称自由词）是常用的检索词。另一类是某些特殊的符号，如分类号、代码、作者姓名和机构名等。

一个概念可以用不同的词来描述，这些词从不同的角度反映着同一概念的不同内涵，具有不同的切题深度和广度。检索词的选择与确定，主要遵循以下两个原则。

（1）根据检索课题所涉及的学科专业和技术内容选词。少数检索课题，可直接选用课题名称中的主要概念作检索词。但大多数检索课题，必须从专业、技术的角度对研究内容进行仔细分析，才能找出全面确切表达主题概念的检索词。

（2）对检索词进行处理。在数据库系统中，计算机只能从词形上辨别所扫描的记录是否符合检索要求，不可能像人的大脑那样去考虑检索词的含义。因此，要考虑所选择的检索词是否与数据库相容,为保证其检索效果,必须将检索词作如下处理:要使用数据库提供的主题词表进行比较对照,使其从概念上、词形上与词表上的词表达一致,选用规范化的词汇作为检索词。如选择的检索词无词表可查,或未在词表中反映出来,此时,检索词作自由词使用。自由词作检索词时,要注意尽量从专业技术角度出发,使用国际上通用的术语,也尽可能不使用一词多义的词汇,以免造成误检。

一般处理后检索词都能与数据库较好地兼容,从而提高检索效果。检索词的选择是个复杂的问题。一般来说,规范词是可优先考虑使用的检索词。但是规范词数量毕竟有限,所涉及的概念也有限,不同检索数据库的规范词表也不相同,而数据库系统种类太多,普通的数据库没有提供规范词表。由于计算机硬件和软件技术快速发展,其存储容量的不断增大,检索软件的功能不断完善和提高,在信息检索时可大量地使用自由词。自由词的数量很多,覆盖面广,与数据库有更好的相容性和匹配性。全文检索技术的使用更可方便地进行自由词检索。即使带有规范词表的检索系统,也经常需要通过规范词与非规范词的结合使用来达到对概念的全面、准确表述。

3．编写检索表达式

计算机检索系统是多点检索、多属性值的检索,对课题所涉及的方方面面,对包含的多种概念或多种限定都可以做出相应的处理。在进行检索前需要制定一种可执行的检索方案,即检索表达式。检索表达式是检索策略的具体表述,它使用逻辑算符、位置算符和其他符号等将检索词连接起来,正确表达它们之间的关系,构成机器可识别和执行的命令形式。检索表达式可以一步编写,一次完成检索。检索表达式也可以分步编写,最后将多步检索的结果进行组合。许多数据库的普通检索都是分步检索的方式,而高级检索则是单步方式。相对而言,单步检索式的编写的难度高。对同一个检索课题,检索表达式未必是惟一的,可能具有各种组配、描述方式。

在构造检索表达式之前,要明确所使用数据库的检索功能和所采用的算符表示,这样才能有效地构造符合检索课题的检索表达式。在检索表达式中,连接各检索词的算符有:逻辑算符、位置算符、截词算符和限制符等。不同的数据库会采用不同的符号或文字来描述词与词之间的组配关系。

检索策略的好坏与检索表达式的建立、检索途径的选择、检索词的选用和检索词之间的逻辑关系直接相关,还与检索人员对语言学的了解、对事物的认知能力、专业知识水平的高低有密切关系。另外对检索系统的特性和功能的掌握,以及外语水平都会影响到课题检索的结果。一个好的检索策略,既可以优化检索过程,节省检索时间和费用,又可以获得最佳的查全率和查准率。

(三) 检索策略的实施和调整

1．实施检索策略，获取信息线索

检索策略的实施,就是提交已完成的检索表达式,计算机使用数据库认可的检索指令进行数据检索,并输出检索结果。用户要对数据库输出的检索结果进行浏览和评估,在一般情况下,前几次检索是尝试检索,如果尝试检索的结果令人满意,可进行正式检索。否则,要仔细分析原因,修改、调整检索策略。调整检索策略包括修改检索式、调整检索词、重新选择检索系统等。

2. 检索策略的调整

检索过程是一个多次反复、不断完善的过程。在某些情况下，得到的检索结果可能与检索目标相差甚远。为了得到比较满意的最终结果，检索式的完善往往需要经过多次判断和修改。在最终确定成功检索表达式之前，检索可能要经过多次反复的尝试过程。用户对每次检索结果做出评估，并对不完善的检索表达式做出相应的修改和调整，直至得到比较满意的检索结果为止。检索策略的调整主要包括以下两个方面。

（1）评估检索结果。在实施检索之后，要对检索结果进行粗略的浏览，从一定数量的输出结果中，找出满足检索条件的检索结果记录，计算出大约的查全率和查准率，判断此次检索是否成功。检索结果可能有以下情况：与检索课题无关的记录太多（滥检），与检索课题相关的记录太少（漏检），没有与检索课题相关的记录（缺检），此时必须对检索策略进行调整和优化。

（2）检索策略的调整。如果检索得到的无关结果数量太多，可使用缩检方法来减少检索结果。反之，如果相关检索结果太少，可使用扩检方法来增加检索结果。

① 缩检方法主要有：主题细化；通过浏览结果选择更专指的词；运用逻辑算符 AND、NOT；运用位置算符 WITH、NEAR；指定字段检索；从年限和地理及语言、文献类型上限制；改用确切的词组。

② 扩检方法主要有：对已确定的检索词进行其同义词、同义的相关词、缩写和全称检索；利用数据库提供的词表输入规范词；使用运算符 OR；使用截词检索；将检索字段改为文摘、全文字段等；减少或取消限制条件；提高检索词的泛指度，结合使用关键词和叙词，减少逻辑算符 AND、NOT 的使用。

二次检索是以第一次检索的输出检索结果为检索对象，重新输入检索表达式进行的检索。如果数据库检索系统带有二次检索功能，充分利用二次检索可以有效地减少检索结果的数量，提高查全率与查准率。一般的情况，第一次检索侧重于查全率，第二次检索侧重于查准率，因此编写检索表达式侧重点也要有所不同。

由于检索课题千差万别，检索数据库系统的功能差异很大，检索的水平参差不齐，检索表达式的编写可能带有较大的局限性、随机性和盲目性，从而导致检索的失败。因此，在检索时要不断评估反馈信息，及时修改检索策略。可以通过向专家咨询、查询有关的一次文献、查询词表等方法，来确定准确的检索词。在检索过程中，随时根据信息反馈的情况，调整检索策略。在检索之后，对检索结果进行统计和评价，建立检索过程的记录文档，积累检索经验。

（四）检索结果的筛选、整理和原始信息的获取

信息资源检索的目的都是找到适合的原始信息。这是检索过程的终结，也是进行信息资源检索的最终目的。将所得的信息检索结果按来源、类型、语种进行归类整理，并按相关度进行排序，明确相关度最高、最有价值的原始信息，最后使用不同方法获取原始信息。获取原始信息的常用方式有以下几种。

（1）全文链接服务：有的数据库系统提供了全文链接服务，在检索结果记录页面上带有一个下载全文的超链接，用户点击该超链接可直接下载原文文献或链接到原文文献相关页面。全文链接是通过系统与系统之间的协议或接口、数据库和数据库之间内容的整合实现的。

（2）电子期刊：现今多数的期刊都实现了电子化，数字化出版物具有更新快、出版快、传送方便的优点。用户可根据检索到的文献信息（如出版商和期刊名），链接出版商和电子期刊网站，方便地下载文献的 PDF 文件，当然用户要有电子期刊的使用权限。无法取得电子期刊时，再考虑获取印刷品原文。

（3）印刷品原文：要获取印刷品原文，可以先查找所在图书馆的馆藏，再利用联合目录数据库查看附近的图书馆或其他信息机构，查询原文的收藏单位，以先近后远的原则进行查找，进行原文的借阅或复制。

（4）馆际互借服务：馆际互借是图书馆与图书馆间的图书资料借阅合作，许多图书馆开设了此项服务，它是图书馆开放服务的一个重要方面。难以获取的外文文献可以向国外的图书馆和文献提供机构求助。

（5）原文传递服务：原文传递是指利用各种通信手段、从各种文献服务中心获取文献信息的有效手段。其服务模式多样，例如：邮递（Mail）、快递（Express Mail）、电传（Telex）、传真（Fax）及电子邮件（E-mail）等。有的二次文献数据库提供了发送原文传递请求的功能，用户检索到所需文献后，单击"原文传递"按钮，将索要全文的请求直接发送给数据库提供商，提供商或提供商委托的文献提供单位为用户提供原文传递服务。电子化的文献传递的传送速度快捷，手续简单，使用户可方便地获得原始文献，但此项服务收费不菲。

（6）向作者索取原文：根据检索到的文献信息（作者姓名和地址），用户可直接发信或发送电子邮件向作者索取原文，这是一种正常的学术交流方式，一般原文的作者也愿意赠送论文。对于近期发表的论文，作者及其地址变化的可能性很小。作者的电子邮件地址可在其单位的网站查找。近年来，多数期刊发表的论文都带有通讯作者的电子邮件地址。另一个获取作者电子邮件地址的方法是，使用作者检索字段进行作者姓名的检索，在该作者发表的其他论文中，选择可以容易获取原文的论文，从原文中可以得到作者的电子邮件地址。

一、判断对错（True/False）

1. （   ）只要给定特定检索条件，就一定能找到目标信息。
2. （   ）逻辑或可提高检索的查准率。
3. （   ）在检索系统中，词语是表达信息需求的基本单位。
4. （   ）在线化学数据库中，数据来源于期刊数目最多的是 Reaxys。
5. （   ）中国期刊网不提供相关检索的功能。
6. （   ）检索策略过于简单是影响查全率的因素。
7. （   ）化学结构数据库存储了化合物的化学结构信息，著名的结构数据库有：CSD、PDB 和 PIR。
8. （   ）WebBook 是数值数据库。
9. （   ）使用标题字段进行顺排的文档，称为标题索引文档。
10. （   ）截词检索能预防漏检、提高查全率。

二、填空

1. 原始信息的获取是信息检索的目的，其中常用获取原始信息（全文）的方式有_____、_____、_____、_____、_____和_____。

2. 扩检的方法主要有_____、_____、_____、_____、_____和_____等。

3. 截词检索也称_____检索，在检索标记中保留相同的部分，用相应的_____代替可变化部分进行的检索，是预防_____提高_____的常用检索技术。

4. 信息检索的方法主要有_____、_____、_____和_____等。

5. 信息检索技术是指进行数据库检索时采用的相关技术，主要有_____、_____、_____和_____。

三、单项选择

1. 截词检索对提高查全率的效果非常显著，式中作者检索使用截词符＊，Hof＊man RC 以下不能检索到的是_____。

   A. Hoffman RC　　　　　B. HofnmanRC
   C. Hoffmann RC　　　　 D. Hoffiman RC

2. 可进行扩检的方法是_____。

   A. 使用逻辑算符 AND　　B. 使用截词检索
   C. 进行年限限制　　　　D. 使用位置算符

3. 对于同一检索主题，张三共查到 200 篇，其中 80 篇相关；李四共查到 160 篇，其中 60 篇相关；王五共查到 180 篇，其中 100 篇相关；赵六共查到 240 篇，其中 120 篇相关，他们中漏检率最高的是_____。

   A. 张三　　　　　　　　B. 李四
   C. 王五　　　　　　　　D. 赵六

4. 利用文献末尾所附的参考文献为线索，查找原始文献的检索方法是_____。

   A. 普查法　　　　　　　B. 相关法
   C. 追溯法　　　　　　　D. 跟踪法

5. 成功地进行文献检索的最大影响因素是_____。

   A. 使用全文数据库　　　B. 使用可检索年限长的数据库
   C. 合理地编写检索语句　D. 进行会议文献和学位论文检索

四、简答题

1. 举例说明何为漏检和误检，如何防止？
2. 如何利用参考工具书查找名词术语？
3. 列举 6 种可以检索引文的数据库，并论述其相关引文数据的利用。
4. 如何制定检索策略提高查准和查全率？

第二章　印刷类化学文献信息

第一节　图书分类法简介

一、图书馆的重要地位和作用

图书馆历来被誉为人类知识的宝库、精神的家园。从古到今以致在网络化时代，无论社会发生怎样的变化，图书馆都始终如一地完成其共建社会文明、保存文化成果和传播知识的使命，它在保存文化遗产和推动世界文明发展中起着不可替代的重要作用。图书馆不仅储存了大量的科技书籍和期刊等文献，而且提供了检索工具和检索方法的指导，以便读者能充分利用馆藏的科技文献和书籍。

随着数字化革命的深入和网络技术的飞速发展，Internet 成为覆盖面最广泛的全球信息网。在 Internet 上具有丰富的网络信息资源供用户存取，还有周到细致的服务供用户利用。因此，一向作为信息组织整理及信息中介的图书馆在网络环境下受到了相当大的冲击和挑战。

纵观图书馆的发展历史，从古代的藏书楼、藏书院到现代的图书馆，随着社会的发展和变迁，图书馆的形式在不断变化，但其收集、整理、传递文献的本质属性却未改变。电脑不能完全取代图书，正如图书不会取代语言。知识的传播模式是口述、印刷和数据媒体的组合。目前，数据库还不可能将所有的印刷文本中存在的内容都涵盖在内。相对于印刷文献而言，电子文献也有不尽如人意之处，如不能随时随地方便阅读，受制于网络、版权等限制。这都说明印刷文献目前尚不可能马上完全退出历史舞台。只有在图书馆，文献才能得到有意识的搜集、组织和处理，读者才能够在此得到最大限度、最完善的知识满足。

图书馆在网络环境下同样能发挥其独特而无以替代的作用，它可推动和促进知识传播、教育普及、学术研究与交流等活动；它也要与信息产业中的其他机构协同合作，以求得更加长远的发展。因此，了解熟悉图书馆，学会充分利用图书馆，仍然是高等学校教学的基本要求。

二、图书馆图书的分类系统

图书馆一般都有几十万到几百万册藏书和资料，需要使用科学、严谨的图书分类系统和分类方法，使得读者能在短时间内查找到所需的图书、文献和资料。目前已有多种图书分类系统，以下介绍两种最常用的图书分类系统：国际十进制分类法和中国图书馆图书分类法。

1. 国际十进制分类法

国际十进制分类法是国际通用的多文种综合性文献分类法，是以美国杜威十进分类法为基础进行改编和发展起来的。它由十个阿拉伯数字标志十个大类，数位由低至高排序，分类码的标志是纯数字形式。大类下再依次用两位数和三位数细分。国际十进制分类法的十大类学科的具体类目如下：

0 总类	1 哲学	2 宗教	3 社会科学	4 语言 文字学
5 自然科学	6 应用技术	7 艺术	8 文学	9 史地

自然科学类在国际十进制分类法中的划分：

500 总论　　　　510 数学　　　　520 天文学
530 物理　　　　540 化学　　　　550 地质学
560 古生物　　　570 生物学、考古学
580 植物学　　　590 动物学

化学学科在国际十进制分类法中的划分：

540 化学综论　　　541 物理化学　　　541.37 电化学　　　541.39 催化
542 化学实验　　　543 分析化学　　　544 定性分析　　　545 定量分析
546 无机化学　　　547 有机化学　　　548 物质结构、结晶学　　549 矿物学

应用技术在国际十进制分类法中的划分：

600 应用技术综论　610 医学　　　　620 工程　　　　630 农业
640 家政　　　　　650 商业实践　　660 化学工艺　　670 制造工业
680 手工业　　　　690 建筑科学

化学工艺在国际十进制分类法中的划分：

660 化学工艺综论　661 化学药品　　662 燃料工业　　663 饮食工业
664 食品工业　　　665 油脂工业　　666 硅酸盐工业　667 漂白、染料工业
668 有机化学工业　669 冶金学

2. 中国图书馆图书分类法

中国图书馆图书分类法是我国建国后编制出版的一部具有代表性的大型综合性分类法，是当今国内图书馆使用最广泛的分类法体系，简称中图法，1999年出版了第四版。中国图书馆图书分类法的分类号码是采用汉语拼音字母及阿拉伯数字相结合的混合号码，它是国内图书统一分类的号码。出版社每发行一本新书，同时定位其分类码。

中国图书馆图书分类法的类目大纲如下：

A. 马列主义、毛泽东思想　　B. 哲学　　　　　　C. 社会科学总论
D. 政治、法律　　　　　　　E. 军事　　　　　　F. 经济
G. 文化、科学、教育、体育　H. 语言、文字　　　I. 文学
J. 艺术　　　　　　　　　　K. 史地　　　　　　N. 自然科学总论
O. 数理科学与化学　　　　　P. 天文学、地球科学　Q. 生物科学
R. 医药、卫生　　　　　　　S. 农业、林业　　　　T. 工业技术
U. 交通运输　　　　　　　　V. 宇航
X. 环境科学、劳动保护科学　Z. 综合性图书

在各大类的单字母后，用阿拉伯数字细分，"O"类的划分如下：

O1 数学　　　　　　　　　　　　O2 概率论、数理统计
O3 力学　　　　　　　　　　　　O4 物理学
O5 低温物理　　　　　　　　　　O6 化学　　　　　　　O7 晶体学

字母后加两三位阿拉伯数字，表示各学科的进一步分类，三位数以上的数字使用小数点隔开。化学的下位类：

O6 化学总论　　　　　　　　　　O61 无机化学
O62 有机化学　　　　　　　　　　O63 高分子化学
O64 物理化学、化学物理　　　　　O643 化学动力学、催化作用
O645 溶液　　　　　　　　　　　O646 电化学、磁化学
O647 表面现象的物理化学　　　　　O648 胶体化学（分散体系的物理化学）
O649 半导体化学　　　　　　　　O65 分析化学

T 为工业技术类，因项目多，采用双字母后再加阿拉伯数字细分：

TB 一般工业技术　　　　　　　　TD 矿业工程
TE 石油、天然气工业　　　　　　TF 冶金工业
TG 金属学、金属工艺学　　　　　TH 机械仪表工业
TJ 武器工业　　　　　　　　　　TK 动力工程
TL 原子能技术　　　　　　　　　TM 电工技术
TN 无线电电子学、电讯技术　　　TP 自动化技术、计算技术
TQ 化学工业　　　　　　　　　　TS 轻工业、手工业
TU 建筑科学　　　　　　　　　　TV 水利工程

化学工业的划分：

TQ0 一般性问题　　　　　　　　　TQ11 基本无机化学工业
TQ15 电化学工业　　　　　　　　TQ17 硅酸盐工业
TQ2 基本有机化学工业　　　　　　TQ31 高分子化合物
TQ32 塑料和合成树脂工业　　　　TQ33 橡胶工业
TQ34 化学纤维工业　　　　　　　TQ35 纤维素质的化学、加工工业
TQ41 溶剂和增塑剂的生产　　　　TQ42 试剂与纯化学品的生产
TQ43 胶黏剂工业　　　　　　　　TQ44 化学肥料工业
TQ45 农药工业　　　　　　　　　TQ46 制药化学工业
TQ51 燃料化学工业（总论）　　　TQ52 炼焦化学工业
TQ54 煤炭气工业　　　　　　　　TQ55 燃料照明工业
TQ56 爆炸物工业、火柴工业　　　TQ57 感光材料工业
TQ61 染料及中间体工业　　　　　TQ62 颜料工业
TQ63 涂料工业　　　　　　　　　TQ64 油脂和蜡的化学加工业、肥皂工业
TQ65 香料与化妆品工业

图书馆的藏书在分类号码后面或下面还有英文字母和数字组成的作者号。分类号和作者号合称为索取号，利用索取号可在图书馆中快速找到图书。

以前，图书馆使用的检索工具主要是目录卡片。后来，又发展了缩微胶片目录。近年来由于计算机和网络技术的发展和普及，采用了电子检索系统，目录卡片和缩微胶片已经很少使用。使用计算机可方便、快速地进行馆藏图书的检索，读者在图书馆的检索网页上输入所

需图书的有关信息,即可在屏幕上显示有关图书的各项信息。一般可使用的检索字段有:题名/刊名、责任者、主题词、分类号、标准书号和索取号等。

第二节 重要工具书、专著和大全

科技图书一般包括教科书、参考书和工具书等。教科书是专为学生编写的,其内容比较成熟,论据比较可靠,但深度受到限制。专著、大全或丛书属于参考书。专著围绕某一学科成果或领域作深入的专门阐述,大多数专著是在作者本人的科学研究基础上编写的,同时又吸收了其他学者的材料和观点,有助于读者较全面深入了解某研究方面的专门知识。大全或丛书则由许多学者把某一学科积累的所有科技知识加以整理、归纳总结后编成的,其特点是内容全面、资料丰富,目的是给读者较完整和系统的知识。字典、词汇、辞典、手册、年鉴、百科全书等统称为工具书或参考工具书,这类书按特定的方式进行编排。例如:用字、页、主题、分类等方式有系统地组织某一方面的材料,使读者能迅速、简便地查到某方面的知识或数据。

下面有选择地介绍一些与化学有关的重要工具书、专著和大全。

一、工具书

1. 字典、词(辞)典、百科全书

字典用于解释文字的意义、正确的拼音和书写。辞典用于对专业名词、术语、概念、符号、略语以及商品名称等给予较清楚的解释。百科全书的特点是内容全面且深入浅出,其编写的宗旨是向非某专业人员普及专业的知识,撰写人一般都是较著名的专家和权威,以期做到科学性和易懂性。以下简单介绍化学、化工常用的字典、词典和百科全书。

(1)《英汉技术词典》,清华大学《英汉技术词典》编写组编,国防工业出版社,1985年9月再版。

(2)《英汉科技词汇大全》,科普出版社,1984年出版,收集二十多万条科技词汇,内容包括理、工、医、农等科技词汇,内容丰富、全面。

(3)《汉英化学化工词汇》,科学出版社,2000年出版,收录了化学化工专业词汇及其有关的科技词汇约17万。

(4)《英汉化学化工词汇》,科学出版社,2003年第四版,收录了与化学化工有关的科技词汇约12万条,除词汇正文外还附有常用缩写词、无机和有机化学命名原则等。

(5)《现代科学技术词典》,上、下册,洪沛霖等编,上海科技出版社,1980年出版。本词典是以笔画顺序编排,除注有英文名外,还有简释及图释,包括各个学科的名词。

(6)《化工辞典》,化学工业出版社,2000年第四版,收集化学化工的专业名词一万多条,解释简明扼要。

(7)《化工百科全书》,化学工业出版社,1991~1998年出版,全书共19卷,全面介绍了化学工艺各分支的主要理论知识和实践成果,是一本大型的化学工业及其相关工业技术的百科全书。

(8) "Heilbron's Dictionary of Organic Compounds"(海氏有机化合物词典),1982年

第五版，由 J. Buckingham 主编，Chapman and Hall 出版，共六卷，收录五万个以上的有机化合物，文献收集至 1981 年，最后一卷为索引。目前已有更新版本及光盘版本。

(9) "The Vocabulary of Organic Chemistry"（有机化学词汇），M. Onchin 等著，1980 年出版，收集有机化学名词及人名反应，作简要解释，举例说明，并注明其反应历程。

(10) "The Merck Index（An Encyclopedia of Chemicals and Drug）"（默克索引《化学品与药物百科全书》），1989 年出第 11 版，收入一万种医药、化学品，按字母顺序排列，每一种药品列出学名、俗名、化学式、结构、分子量、制法（附有参考文献）、物理常数、用途及注意事项。书后带有有机人名反应及详细的交叉主题索引，查阅非常方便。目前已出第 12 版及光盘版本。

(11) "Kirk and Othmer's Encyclopedia of Chemical Technology"（柯克-奥斯姆化学工业百科全书）是美国 John Wiley & Sons 出版的化工方面的百科全书，第 3 版于 1978～1984 年间出齐，共 24 卷和一个补编卷，由于化工的基础是化学，因而在该百科全书中也能找到许多有关化学方面的条目。全卷已有光盘版（CD-ROM）并可以联机进行检索。1985 年已出了一卷集简明本 "Kirk-Othmer Concise Encyclopedia of Chemical Technology"。

2．手册

有两种类型的手册，一种是专门收集各种实验数据、物品的性质和用途等，通过整理和分类，用表格形式编成的工具书；另一种是总结性概述有关学科的全部知识的大型手册。在此，主要介绍的是前一种类型手册。

(1) "CRC Handbook of Chemistry and Physics"（化学与物理手册），美国 The Chemical Rubber Company（化学橡胶公司）出版，1914 年初版，几乎每年出新版，目前出至第 101 版，由 J. Rumble 主编。此手册收集数据齐全，附有索引，查阅方便，使用较广。内容分十六部分：第一部分为基本常数，第二部分为符号、术语和命名，第三部分为有机化合物的物理常数，第四部分为单质和无机化合物的性质，第五部分为热力学、电化学和溶液化学等。

(2) "The International Critical Tables of Numerical Data, Physics, Chemistry and Technology"（物理、化学与工艺的国际标准数据表），简称 I. C. T.，E. W. Washbum 主编，由 10 多个国家 300 多名化学家、物理学家合作完成。1926～1933 年出版，共有八卷。第Ⅰ、Ⅱ卷介绍元素、无机物、有机物、天然产物、工业品的物理性质；第Ⅲ到第Ⅶ卷介绍有关物理化学方面的定律、方程式及各种数据；第Ⅷ卷为索引。

(3) "Handbook of Chemistry"（化学手册），N. A. Lange 著，1992 年第 15 版，内容包括综合数据和化学各学科的常用数据，手册的第 13 版中文译本《兰氏化学手册》，由科学出版社 1991 年出版。

(4) "Solubilities of Inorganic and Organic Compounds"（无机和有机化合物溶解度），H. Stephen，T. Stephen 著，共三卷，1963 年出版。全书分为八册，卷一分上、下册，包括元素、无机化合物、金属化合物及有机化合物的二元体系的溶解度；卷二及卷三分上、中、下三册，包括三元体系及多组分体系的溶解度，列举了溶解度数据和原始文献，卷末有分子式索引、化合物索引及普通索引便于读者查阅。

(5) "CRC Atlas of Spectral Data and Physical Constants for Organic Compounds"（有机化合物光谱数据与物理常数图表集），J. G. Crasselli，W. M. Ritchey 主编，美国化学橡胶公司出版。1975 年第二版是关于有机物常数的较新、较全面的手册。全书共分六卷，内容

包括有机物的分子式、结构式、熔点、沸点、密度、折射率、比旋光度、溶解度及红外、紫外、拉曼、核磁共振、质谱等的数据。并附化学文摘号（CAS. No.）和参考文献。

(6) "Handbook of Analytical Chemistry"（分析化学手册），L. Meites 著，1963 年出版，内容为各种分析方法及有关常数。

(7)《有机药物化学合成手册》，上海医药工业研究院技术情报站编，1978 年出版。按应用分类，如抗生素、心血管药、麻醉药、抗疟药等，着重介绍每一类药的生产及新产品的通用名、别名、学名、结构式、性状、用途、注意事项、合成线路、参考文献，是一本药物全书。

(8)《分析化学手册》，化学工业出版社，1979 年出版。分析化学方面的大型手册，内容分以下几部分：第一分册，基础知识与安全知识；第二分册（1982 年），化学分析；第三分册（1983 年），电化学分析与光学分析；第四分册（上册，1984 年），气相色谱；第四分册（下册，1984 年），液相色谱；第五分册，质谱分析。

3. 标准谱图集

(1) "Sadtler Reference Spectra Collection"（Sadtler 标准光谱集）。这是一套连续出版的大型综合性活页图谱集，由美国费城 Sadtler Research Laboratories（Sadtler 研究实验室）收集整理并编辑出版的。提供原始谱图的单位非常广泛。红外、紫外、核磁、荧光、拉曼以及气相色谱的保留指数等许多方面均在收录范围之内。但占篇幅最大的是红外、紫外和核磁三类五种图谱，即：Standard Infrared Prism Spectra（标准红外棱镜光谱），69000 张，1985 年；Standard Infrared Grating Spectra（标准红外光栅光谱），59000 张，1980 年；Standard Ultra Violet Spectra（标准紫外光谱），36805 张，1985 年；Standard Carbon-13 NMR Spectra（标准碳 13 核磁共振光谱），20000 张，1985 年；Standard NMR Spectra（标准核磁共振谱）（氢 1 谱），42000 张，1985 年；占比重较小的其他图谱集有：Standard Fluorescence Spectra（标准荧光光谱），2000 张，1976 年；Standard Raman Spectra（标准拉曼光谱），4000 张，1976 年；Standard Infra-red Vapor Phase Spectra（标准红外气相光谱）；其他如考勃伦茨红外、生化光谱、甾体光谱、药物荧光、高分辨红外、差热等。由于该图谱集篇幅庞大，为了便于检索，备有多种索引，构成一个比较复杂的索引体系。1980 年的累积索引（Cumulative Index）大体可分成两大部分：总光谱索引和专用索引。

(2) "The Aldrich Library of Infrared Spectra"（Aldrich 红外图谱库），C. J. Pouchert 编，Aldrich Chemical Co.（Aldrich 试剂公司）出版，1981 年出第三版。汇集了 12000 余张各类有机化合物的红外光谱图，每张谱图注明化合物名称、分子量、结构式、折射率，全卷最后附有分子式索引。

(3) "The Sigma Library of FT-IR Spectra"（Sigma 傅里叶红外光谱图库），R. J. Keller 编，Sigma Chemical Co. 出版，2 卷，1986 年。汇集了 10400 张各类有机化合物的 FT-IR 谱图，并附索引。

(4) "The Aldrich Library of NMR Spectra"（Aldrich 核磁共振谱库），C. J. Pouchert 编，Aldrich Chemical Co. 出版，1983 年出第二版。汇集谱图 8500 余张，在 60MHz 谱仪上摄取。

(5) "Atlas of Carbon-13 NMR Data"，（碳 13 核磁共振图表集），E. Beitmaier, G. Haas, W. Voelter 编，2 卷，［英］Heyden 出版，1979 年。收录 3017 种化合物的数据。

(6) "Eight Peak Index of Mass Spectra"（质谱八峰索引），Imperial Chemical Industries

Ltd. 和 Mass Spectrometry Data Center 合编，Mass Spectrometry Data Center 出版，1983 年第三版。本书包括（Ⅰ、Ⅱ、Ⅲ）三卷；每卷又分成 2～3 册，共 7 册出版。拥有 66720 多种化合物的质谱数据。各卷按分子量增加的顺序（分子量相同时，按 C 数增加顺序）编排。数据包括：最强的 8 个质谱峰（不足 8 个峰时，则列出全部的质谱峰）的质荷比、化合物分子量、8 个峰的相对强度（以最强峰为 100 计，依峰强度减小顺序排列）、分子式（按 Richter 系统排列）、化学名称、CAS 登记号。

二、专著和大全

大型参考书是综合某项科学技术领域的所有有关资料，编成有系统的大型读物，由于篇幅很大，少则几卷，多则几十卷，一般由一两人主编，并聘请许多专家，汇集有关的各种文献，分别执笔写成。大型参考书在某些方面和综合论文相似，但它具有更全面、更系统、更详尽的特点，比较易于阅读。查阅时不必将其全部阅读，而是专门查阅其中某些章节或某一问题的论述，从而掌握有关问题的大概情况及其发展。读者可以用大型参考书作为掌握某一问题的基本文献的出发点，若欲进一步深入研究，则可按文中所引参考文献，选择其最重要的进行阅读。

(1) "Physical Chemistry, An Advanced Treatise"（高等物理化学全书），H. J. Eyring 主编，1970 年出版，共十一卷。各卷的列名：①热力学；②统计力学；③原子和分子的电子结构；④分子性质；⑤价；⑥动力学导论，气体反应；⑦凝聚相中的反应；⑧液态；⑨电化学（分 A、B 两册）；⑩固态；⑪数学方法。

(2) "(MTP) International Review of Science：Physical Chemistry"（MTP 国际科学评论：物理化学），A. D. Backingham 顾问编辑，有两辑，分别于 1973 年和 1976 年出版，每辑有 13 分册以及一册索引。各分册内容：①理论化学；②分子结构和性质；③光谱；④核共振；⑤质谱；⑥电化学；⑦表面化学和胶体；⑧大分子科学；⑨化学动力学；⑩热化学和热力学；⑪化学结晶学；⑫分析化学第一部分；⑬分析化学第二部分。

(3) "An Advanced Treatise on Physical Chemistry"（高级物理化学全书），J. R. Partington 主编，1954～1974 年共出五卷。各卷内容：卷Ⅰ：基本原理及气体的性质；卷Ⅱ：液体的性质；卷Ⅲ：固体的性质；卷Ⅳ：物理光学；卷Ⅴ：分子光谱，分子结构，电介质及偶极矩。所引文献很详细，卷末附有索引。

(4) "Comprehensive Inorganic Chemistry"（综合无机化学），J. C. Bailar 主编，1973 年出版，共五册。各册内容为：①H，ⅠA、ⅡA、ⅢB 族，C，Si 和稀有气体；②Ge，Sn，Pb，ⅤB、ⅥB、ⅦB 族；③ⅠB、ⅡB、ⅢA、ⅣA、ⅤA、ⅥA、ⅦA、Ⅷ族；④镧系过渡金属化合物；⑤锕系，作者索引。

(5) "A Comprehensive Treatise on Inorganic and Theoretical Chemistry"（无机及理论化学大全），J. W. Mellor 编，1922～1937 年共出 16 卷，1956 年起出版补编，现已有第二卷、第三卷补编。本书按元素周期表位置排列，对已知无机化合物的性质及制法给予了详细叙述，并尽可能结合到物理化学的角度来讨论，资料很详细。

(6) "Gmelin Handbook of Inorganic and Organometallic Chemistry"（格梅林无机和有机金属化学手册），L. Gmelin, K. Kraut 主编，1922 年开始出第八版，截至 1980 年年底，共出版 430 册左右。该书为无机化学巨著，对各元素及其无机化合物都加以讨论，包括历史、存在、性质、实验室及工业制法，与无机化学相关的许多领域也都包括在内，并引用大量参考文献。本书按元素编排，每一元素指定一个系号，每一系号再分若干补编、卷和部等，每卷内一般先讨论元素本身，然后讨论其化合物。

（7）"Comprehensive Coordination Chemistry Ⅱ"（配位化学大全），J. A. McCleverty & T. J. Meyer 主编，Elsevier Co. 出版，2004年第二版，共十卷，对1982年以来配位化学进展从生物技术到纳米技术进行了全面综述。

（8）"Comprehensive Organic Chemistry：The Synthesis and Reactions of Organic Compounds"（综合有机化学：有机化合物的合成与反应），D. Borton & W. D. Ollis 主编，1979年，共六卷。第六卷是索引（作者、分子式、试剂及反应等的索引），前五卷的内容如下。第一卷：立体化学、烃、卤素化合物与含氧化合物；第二卷：含氮化合物、羧酸类及磷化合物；第三卷：硫、硒、硅、硼、有机金属化合物；第四卷：杂环化合物；第五卷：生物化合物；它是一部较新的现代有机化学大全，每卷中各专章均由专家撰写，内容新而丰富，文后附有大量文献。该书由于力求新，一些经典有机反应几乎被忽略，一些有机书查不到的可望在这套书中查到，如大环醚、轮烯及有关体系、炔苯及其反应、碳正离子与负离子等。

（9）"Synthetic Methods of Organic Chemistry"（有机化学合成方法），W. Theilheimer 主编，自1946年开始出版德文版，从1948年起出英文版的卷Ⅰ，每年一卷，1958年已出至第39卷，卷10有6～10卷的累积索引，以后每五年都有一次五卷的累积索引。

（10）"Organic Syntheses"（有机合成），1921年出版，每年一卷，每10年出一合订本，到1983年已到61卷，每卷按化合物第一字母顺序排列，每一合成法均经验证，因此方法可靠。内容：反应式，合成步骤，注意事项，其他方法简介（附参考文献）。合订本已出5集，如第五集包括40～49卷，于1973年出版。有累积索引合订本的第1～3集已有中译本。

（11）"Organic Reactions"（有机反应），R. Adams 主编，1942年开始出版，至1985年已出33卷。每卷1～3章左右，每章讨论一个反应，内容：沿革、反应机理及范围、方法步骤、实例（大量列表）、局限及展望等，附有大量文献，是有机化学工作者的一部重要参考书。有机人名反应的综述大部分可以从本书中找到。

（12）《有机合成化学》（日），龟谷哲主编，1974年开始出版，已出十卷。分为反应篇（Ⅰ、Ⅱ），按反应类型论述种类反应及影响因素；合成篇（Ⅲ、Ⅳ卷），介绍C—C、C—H、C—O、C—N、C—S键的形成方法，并有典型实例的实验步骤，附有大量文献；医药品化学篇（Ⅶ、Ⅷ），介绍典型药物的合成法；天然物化学篇（Ⅹ卷）。

（13）"Beilstein Handbook of Organic Chemistry"（贝尔斯坦有机化学手册），是著名的有机化学巨型参考书，书中对每一有机化合物都有详细的记载，包括：①名称、结构式、构型；②历史概况；③存在、形成与制法；④物理性质；⑤化学性质、反应；⑥生理作用；⑦用途；⑧分析法，如结构测定，定性、定量分析；⑨加成物或盐类；⑩衍生物或结构未知的反应产物；⑪原始文献。Beilstein 手册有一个正编和四个补编，该书原由 F. K Beilstein 编写，后由德国化学会编写。

（14）"Comprehensive Analytical Chemistry"（分析化学大全），C. L. Wilson & D. W. Wilson 编，1959年开始出版，全书共20卷，每卷由1～4册组成。

（15）"Treatise on Analytical Chemistry"（分析化学全书），I. M. Kolthoff 编，1959年开始出版，共三卷。卷Ⅰ为分析的理论与实践，卷Ⅱ为无机物及有机物分析化学，卷Ⅲ为工业分析化学。

(16)"America Society for Testing Materials Standards"(美国材料试验学会标准),简称"ASTM - Standards",1916 年开始出版,1955 年共出七卷,1964 年分装 32 卷,外加索引,1971 年分装 31 卷,末卷为索引。内容为各种原料和成品的各种检定方法和说明,包括应用范围、测定条件、仪器设备、试剂配制、取样方法及处理、检定及计算方法等。

(17)"Encyclopedia of Chemical Technology"(化学工业大全),K. N. Kirk & D. F. Othmer 编,1947~1957 年出第一版,共 15 卷。另有 2 卷补编,1957 年和 1960 年分别出版第一和第二补编,1963~1970 年出第二版,共有 22 卷及一补编。现已出第三版。该书主要介绍工业上重要产品的各种制法、工艺流程、物理化学性质、分析方法、应用、生理作用和毒性、经济及市场等,并附有参考文献。

(18)"Technique of Organic Chemistry"(有机化学技术),A. Weissberger 主编,1949 年出版,已出 14 卷。卷一介绍物理方法在有机化学中的应用;卷二为催化、电化学及电化学反应;卷三着重介绍化工操作的分离及精制;卷四为蒸馏、分馏、减压蒸馏及升华的理论与操作技术;卷五为吸附及色谱分析;卷六为微量及半微量分析;卷七专门讨论有机溶剂,对常用溶剂的性质及其应用范围附有许多数据;卷八为反应速度与反应机理的探讨;卷九是光谱在化学上的应用;卷十是色谱分析原理;卷十一用物理与化学方法阐明结构;卷十二为薄层色谱;卷十三为气相色谱;卷十四介绍能量转换。

(19)"Technique of Chemistry"(化学技术),A. Weissberger 主编,1971 年开始出版,1978 年已出十四卷。卷一为化学用的物理方法,内有五个部分,第一部分为科学仪器、自动记录和控制、计算机应用,第二部分为电化学方法,第三部分为光学、光谱学和放射性方法,第四部分为质量、传质和电解性能的测定,第五部分为热力学性质和表面性质的测定;卷二为有机溶剂;卷三为光色现象;卷四是用物理和化学方法阐明有机结构;卷五为有机物电合成技术;卷六为反应速率和机理研究;卷七为分离膜;卷八为溶液与溶解液;卷九为极端条件下的化学实验法;卷十为生化体系在有机化学中的应用;卷十一为现代液相色谱学;卷十二为分离与提纯;卷十三为实验室工程与操作;卷十四为薄层色谱学。

第三节　重要化学期刊简介

科技期刊是科技文献的主要来源,它具有信息量大、专业性强、信息及时又有连续性等特点,所以科技期刊已成为当今信息时代科技人员查获专业信息的重要工具。据统计,科技人员利用的信息中,来自科技刊物的约占 70%。期刊论文是文献索引等检索工具摘录的主要对象,所以科研人员必须根据本人的专业,经常浏览阅读各种期刊,了解本专业的现状与动向,开阔眼界,才能使本人所从事的研究领域和课题有所创新。

科技期刊按加工的角度和深度的不同,可分为三类:①一级文献(primary document)期刊又称原始文献期刊,是刊登原始研究论文的期刊,由各学科的学会、研究机构或高等院校等单位编辑出版;②二级文献(second document)期刊是指刊登文摘类文献的期刊,包括各种一级文献(论文、专利说明书、技术报告、学位论文等)的目录、题录、文摘等;③三级文献(tetiary document)期刊,是刊登综述、评论和总结性文章的期刊。目前世界各国出版的科技期刊也有不少是混合型的,它既刊登原始的研究论文,也刊登综述评论性文章,但往往还有主次之分。

科技期刊的语种众多，世界各国都出版各自的语言期刊，仅美国化学文摘摘引的论文文种即达 50 多种，但在化学中有半数以上的论文是以英文发表的。科技期刊以出版周期划分有：周刊、双周刊、月刊、双月刊、季刊和不定期等。期刊按载体划分有：印刷版、缩微版、电子版（网络版、光盘版、电子文件）等。

科研人员的研究工作取得成果后，通常以研究论文（Paper）的形式发表。除此之外，还有简报（Notes）和通讯（Communications）两种发表形式。简报是一种较简单的文章，发表阶段性的研究成果或较简单的研究成果。通讯也可称为快报（Letters），也较简短，但通讯与一般论文和简报不同，通讯的简短并不说明研究工作范围的狭小，而往往是文章的浓缩和精华，仅包括了研究工作最重要和关键的内容。通讯具有快速的含义，一般杂志编辑部接通讯稿件并审查合格后都尽快予以发表，它一般都有较重要的学术价值。通讯上已发表的题材，待研究工作全部完成后，还可以以论文形式投寄杂志全文发表。而一般论文和简报已被接受和发表后是不应该再次投寄和发表的。

一、 综合性自然科学期刊

综合性自然科学期刊内容涉及数、理、化、生、地、农、医等整个自然科学领域的新成就、新理论的报道，并发表评述性文章，但各杂志的内容往往有所侧重。

(1) "Nature" [London] "（自然），英国于 1869 年创刊的综合性科学期刊，周刊。专门刊载自然科学各个领域的新发展和简报，还报道国际学术会议上提出的报告简讯与新书介绍。

(2) "Science"（科学），美国科学促进协会出版的刊物。1883 年创刊，周刊。以简报形式报道自然科学各方面的科研成果与评述文章，性质与 Nature 相似。

(3) "Die Natur Wissenschaften"（自然科学），德国麦克斯-普郎克科学促进协会及德国自然科学研究与医学协会的机关刊物。1913 年创刊，原系半月刊，1968 年改出月刊。

(4) "Proceedings of the National Academy of Sciences of the U. S. A."（美国国家科学院院报），是美国国家科学院的机关刊物。1962 年创刊，专门刊载该院成员及由他们推荐的其他科学工作者的科研成果，论文比较简短，内容涉及自然科学各个领域。

(5)《中国科学》(Science in China)，中国科学院主办，1950 年创刊，有中文版和英文版。分 A、B、C、D 和 E 辑出版，A 辑为数学、物理学和天文学，B 辑为化学，C 辑为生命科学，D 辑为地球学，E 辑为工程和材料科学。A 辑为月刊，B、C、D 和 E 辑为双月刊。刊载中国自然科学领域水平高的创造性研究成果，促进国内外的学术交流。

(6)《科学通报》，中国科学院主办，1950 年创刊。有中、英文版，中文版为半月刊，英文版为月刊。以发表研究简报和通讯为主。报道国内具有创造性的、水平高的基础研究和应用研究方面的成果和阶段性成果。1989 年起也发表一些专题评述，以及一些前沿学科和边缘学科方面的新进展和综合评述。

二、 化学学科综合性期刊

(1) "Journal of the American Chemical Society"（美国化学会会志），简称 J. Am. Chem. Soc. 或 JACS，1879 年创刊，半月刊。1967 年（第 89 卷）起改为双周刊，现为周刊，发表化学领域各方面的原始论文与研究简讯，内容包括普通化学、物理化学、无机化学、有机化学、生物化学及高分子化学等各种试验结果，新发现的元素或化合物性质的研究，以及其他理论性研究成果，另还有书评。

（2）"Angewandte Chemie"（应用化学），德国化学家学会编辑，1888 年创刊，原名"Eeitschrift fur die Chemisehe Industrie"，1949 年起改现名，月刊。1962 年起该刊另出内容相同的英文版，即"Angewandte Chemie（International Edition in English）"。刊载理论与应用化学（有机、无机化学与生物化学），每期常有新的综合性文章。

（3）"Journal of the Chemical Society（London）"（英国化学会会志），简称 J. C. S.，1849 年创刊，半月刊。1969 年分为 A、B、C、D 四辑出版。1972 年起分为多个部分分别出版。

（4）"Chemical Communications"（化学通讯），1982 年创刊，月刊，刊载化学领域世界最新科研成果的简报，出版快速。其详细论文随后通常在英国化学会志的相应部分全文发表。

（5）《高等学校化学学报》，编辑部挂靠吉林大学化学学院，月刊，刊载化学方面的学术论文和快报。

（6）"Chinese Chemical Letters"（中国化学快报），1990 年创刊，月刊，较快登载国内化学研究论文快报（英文）。

三、专业性化学期刊

1．无机化学

（1）"Inorganic Chemistry"（无机化学），美国化学会出版，1962 年创刊，初系双月刊，现为双周刊。刊登无机所有领域的理论、基础和实验研究论文与简讯。

（2）"Journal of Inorganic & Nuclear Chemistry"（无机与核化学杂志），1955 年创刊，月刊，1973 年（第 35 卷）起增加小刊名"Including Bio-Inorganic Chemistry（包括生物无机化学）"。1981 年改名为"Polyhedron"（多面体），月刊，主要刊登无机化学、核化学、有机金属化学与生物无机化学方面的理论和基础实验方面的原始论文。

（3）"J. C. S. Dalton Transaction, Inorganic Chemistry"（英国化学会志，道尔顿学会汇刊，无机化学），半月刊，刊载无机化合物的结构、反应及应用问题的研究论文。

（4）"Dalton Transactions"（道尔顿学会汇刊），1971 年创刊，半月刊，刊载无机化学和有机金属化合物多方面的研究论文。包括固态无机化学和生物无机化学，物理化学技术的应用，新的或改进的实验技术和合成方法。

（5）《无机化学学报》，1985 年创刊，编辑部挂靠南京大学，双月刊。主要刊登无机化学及其边缘领域如配位化学、生物无机化学等方面的研究论文、简报、快报和综述。

2．有机化学

（1）"The Journal of Organic Chemistry"（有机化学杂志），美国化学会出版，1936 年创刊，初系月刊，1971 年起改为双周刊。刊载有机化学的理论与实验的论文及简报。

（2）"Tetrahedron, The International Journal of Organic Chemistry"（四面体），英国出版，1957 年创刊，月刊。1968 年改为半月刊。是发表有机化学方面论文的国际性杂志。

（3）"Tetrahedron Letters"（四面体快报），1959 年创刊，原是不定期刊，1964 年改为周刊，是从"Tetrahedron"分出来的快报性刊物，其文章简短，发表速度快。

（4）"Synthesis"（合成），合成有机化学方法国际杂志，前联邦德国出版，1969 年创刊，月刊。内容有评述、论文及文摘。

（5）"Synthetic Communication"（合成通讯），美国出版，1969年创刊，原名"Organic Preparations and Procedures"，1971年改现名。刊载有机合成方面的论文和简报。

（6）"Organometallics"（有机金属化合物），1981年创刊，半月刊，论述有机金属与有机金属化合物的合成、结构、结合与化学反应性和反应机理，以及在材料科学和固态化学合成中的应用，刊载论文、简报和技术札记。有机金属化合物是有机和无机化学研究的重要课题之一，专门期刊甚少。

（7）"Synlett"（合成有机化学快报），1989年创刊，月刊，刊载合成有机化学，包括方法论、天然产物和结构上有重要意义的分子的合成、有机组分化学、与生物学有关的分子组合的形成以及聚合物等新材料方面的研究快报和进展报告。

（8）"Macromolecules"（高分子），1968年创刊，半月刊，刊载聚合物化学基础研究论文，涉及合成、聚合机理与动力学、化学反应、溶液特征、有机和无机聚合物以及生物聚合物的整体特性等。

（9）《有机化学》，中国化学会主办，编辑部挂靠中科院上海有机化学研究所。1975年创刊，双月刊。刊登有机化学领域的综述、研究论文、简报和通讯、学术动态等。

（10）《合成化学》，由中科院成都有机化学研究所主编，1993年创刊，双月刊。性质类似于《有机化学》。

3．分析化学

（1）"Analytical Chemistry"（分析化学），美国化学会出版，1929年创刊，半月刊。刊载分析化学理论与应用方面研究论文、札记与简讯，每年出"分析化学评述"特辑；"理论和应用"专辑隔年出版。

（2）"Analytical Letters—Part A：Chemical Analysis；Part B：Clinical and Biochemical Analysis"（分析快报——A辑：化学分析；B辑：临床与生化分析），1967年创刊，Marcel Dekker出版，月刊，现每年出15期，A辑和B辑交替出版。刊登以下重要研究进展的简短论文：分析化学、分析生物化学、电化学、临床化学、环境化学、分离以及光谱学等。

（3）"The Analyst"（化验师），英国化学会分析杂志，1877年创刊，月刊。刊载分析化学理论和实践的原始研究论文以及技术应用的评论文章。

（4）"Journal of Analytical Atomic Spectrometry"（分析原子光谱测定学杂志），1986年创刊，英国Royal Society of Chemistry出版，刊载原子光谱测定技术的开发与分析应用方面的原始论文、通讯和综合评论，并报道会议信息，月刊，增出两期专题论文集和一期年度作者与主题索引。

（5）"Journal of Chromatographic Science"（色谱科学杂志），1963年创刊，美国Preston Publications出版，月刊。刊登色谱技术在化学、石油、食品、饮料、医学、毒物学、生物化学、生物学、空气与水污染以及农药等方面应用的实验研究成果，并介绍有关器材设备和用品的新产品。附有索取新产品、新说明书的读者服务卡。

（6）"Journal of Chromatography，incl. Biomedical Applications，Chromatographic Reviews，& Cumulative Author & Subject Indexes"（色谱分析法杂志，包括：色谱分析法的生物医学应用、色谱分析法评论、著者和主题累积索引），1958年创刊，荷兰Elsevier Scientific Publishing Co. 出版，周刊。分别刊载色谱分析法、电泳和其他相关方法（侧重色谱理论、仪器设备研制与应用）的研究论文、评论、简讯、札记、文献题录、色谱数据以及技术进展新闻和会议消息。

(7)《分析化学》,中国化学会主办,1973年创刊,现为月刊。刊登分析化学各领域的综述、论文、简报、实验技术等。

(8)《色谱》,中国化学会色谱专业委员会主办。1984年创刊,双月刊。内容涉及色谱中各领域的研究论文、简报、综述、应用实例等。

(9)《光谱学与光谱分析》,中国光学学会主办,1981年创刊,双月刊。主要登载研究报告与简报。

4. 物理化学

(1) "The Journal of Physical Chemistry"(物理化学杂志),美国化学会出版,1896年创刊,周刊,分A、B两辑,刊载物理化学与化学物理学基础与实验研究论文、评论、快讯以及部分专题会议录。学科范围广阔,有光谱、结构、分子力学、激光化学、化学动力学、表面科学、界面、统计力学、热力学等,著名期刊。

(2) "The Journal of Chemical Physics"(化学物理杂志),美国物理联合会出版,1933年创刊,1962年改为月刊,现为周刊。主要刊载物理与化学领域的边缘问题,例如:分子结构、光化学、磁化学、理论电化学、分子动力学等。

(3) "J. C. S. Faraday Transaction Ⅰ, Physical Chemistry"(英国化学会志,法拉第汇刊Ⅰ,物理化学),1905年由法拉第学会创刊,1972年该会与英国化学会合并,改称现名并分两辑出版,月刊。辑Ⅰ的内容包括放射化学、电化、催化、气相动力学、电解质与非电解质、表面与界面化学、聚合物及其溶剂的物理性质、聚合作用动力学等。

(4) "J. C. S. Faraday Transaction Ⅱ, Chemical Physics"(英国化学会志,法拉第汇刊Ⅱ,化学物理),辑Ⅱ主要发表理论性文章,尤其是关于价键与量子力学理论、统计力学、分子间力、原子与分子碰撞性质、松弛现象、用来测定量子态的光谱研究及固体系统中的杂质等。

(5) "Journal of Catalysis"(催化杂志),美国Academic出版,1962年创刊,月刊,主要刊登多相催化、均相催化方面的研究文章。

(6) "Journal of the Electrochemical Society"(电化学学会杂志),美国电化学学会编辑,1902年创刊,月刊,刊载电化学科学与工艺、固态科学与工艺两方面的理论与实践的研究论文,涉及电池腐蚀、介电与绝缘、电沉积、电热学与冶金学、工业电解、有机与生物电化学、物理电化学等方面,兼报道该会动态、年会论文摘要和新书介绍。

(7) "Langmuir"(兰格谬尔),1985年创刊,半月刊,注重以新的物理学观点研究表面与胶态化学,刊载论文、评论、技术札记和简讯。涉及学科极广。

(8) "Journal of Chemical Information & Computer Science"(化学情报与计算机科学杂志)。1961年创刊,季刊。主要发表化学文献的检索、情报处理和化学方面的计算机科学、计算机化情报系统等方面的研究文章。2005年后杂志更名为"Journal of Chemical Information Modeling"(化学建情报与建模)。

(9) "Journal of Computational Chemistry"(计算化学杂志),1980年创刊,美国Wiley出版,刊载计算化学各个方面(包括有机、无机、物理、分析和生物化学)的研究论文,涉及量子化学和分子力学。

(10) "Theoretical Chemistry Accounts"(理论化学学报),1962年创刊,月刊,美国纽约Springer出版,刊载理论化学、化学物理、量子化学、气相动力学、凝聚相动力学和统计力学方面的研究论文、札记和评论。

(11)《物理化学学报》,中国化学会主办,1985年创刊,月刊。刊登物理化学领域的研究论文、简报和通讯。

5．医药化学、 材料化学和化学教育

（1）"Journal of Medicinal Chemistry"（医药化学杂志），1958 年创刊，半月刊，研讨（药品）化学对生物活性的关系，发表原始研究论文。传播新药设计和研制的信息。内容包括（药品）分子结构与生物活性的相互关系，药物作用方式的生理化学研究，药物构造与新陈代谢的关系等。

（2）"Polymer (including polymer communications)"（聚合物）附（聚合物通报），1960 年创刊，半月刊，刊载聚合物的合成、结构、性能、聚合物工程、聚合物加工和聚合物应用等方面的论文和评论。《通讯》1983 年创刊，刊载聚合物重要文献的摘要和进展动态简讯。

（3）"Chemistry of Materials"（材料化学），1989 年创刊，刊载材料化学最前沿的研究论文、通讯和短评，着重从分子角度研究化学、化学工程和材料科学。

（4）"Journal of Materials Chemistry"（材料化学杂志），1991 年创刊，月刊，英国 Royal Society of Chemistry 出版，系高科技材料的化学合成、结构、特性及应用的专业刊物。刊载原始性研究报告、文章评论、书评、即将召开会议的详细情况，并附有彩色照片及图表和作者索引。

（5）"Journal of Chemical Education"（化学教育杂志），美国化学会化学教育组的刊物，1924 年创刊，月刊。专门刊载用于教育目的的化学、化工与化学史等方面的论文和评论，着重介绍实验室设备与安全，以及大、中学校化学教学等方面问题。

（6）"Education in Chemistry"（化学教育），美国化学会出版，1964 年创刊，月刊。刊载英国大、中学校化学教学经验交流的评论性文章。

（7）《化学教育》，编辑部挂靠在北京师范大学化学系，1980 年创刊，月刊，刊物内容侧重于中学化学教育。

（8）《大学化学》，编辑部挂靠北京大学化学系，1986 年创刊，双月刊，刊物内容侧重于大学化学教育方面的问题、经验交流和新知识介绍。

四、综论类期刊

综论类期刊专门登载综论性文章，例如专题述评、动态综述、进展报告和学科年度总结等。综论（Review）是对某一科技专题的文献、资料的综合评论。综论的原意不是报道作者本人的创新性研究工作，而是将已发表的许多资料加以系统整理总结，并进行评述。综论的体裁多种多样，有的是对某一学科或某一领域的文献进行总结和评论，有的是对某一专题作概括的综述，也有的是对某一国家或某一学派的工作系统介绍。综论的篇幅一般较长，但也有的是短文。

综论大多只对某一专题的某一时间内工作而言，它发表得比较及时，比大型参考书更能反映新的进展，而且撰写者大多对所讨论的专题有所专长或有较高的学术造诣，能对有关问题的历史、现状和发展动向做出系统的评述。因此，这类文章对读者很有帮助，使读者较快地对某一专题的全貌有比较完整的了解。以质量较高的综论作为掌握某一专题的出发点，并选择综论所引参考文献的重要论文，进一步深入地研究，在此基础上再补充查阅新近的文献资料，可以节省不少查阅文献的时间。当然也要注意综论对专题评价和展望可能存在的片面性，有的观点仅供参考，不可因此而束缚自己的思想。

以下有选择地介绍综合性的以及专业性的综论期刊。

（1）"Chemical Reviews"（化学评论），美国化学会出版，1924年创刊，双月刊。主要评述普化、物化、无机、有机及高分子化学等理论方面的最近研究成果。

（2）"Accounts of Chemical Research"（化学研究报告），美国化学会出版，1968年创刊，月刊。主要针对当前化学研究进展的重要论题作评述，并探讨新发现和假设。

（3）"Chemical Society Reviews"（化学会评论），英国化学会出版，1947年创刊，季刊，其前名为"Quarterly Reviews"，1972年起改为现名。

（4）"Annual Reports on the Progress of Chemistry，Section A：Physical & Inorganic Chemistry，Section B：Organic Chemistry"（化学进展年报，A辑：物理与无机化学，B辑：有机化学），该刊由英国化学会出版，1904年创刊，原为每年一册，从1964年起，A、B分两辑出版，报道上一年年度整个化学领域的进展情况。

（5）"Reviews of Pure and Applied Chemistry"（纯粹与应用化学评论），澳大利亚皇家学会出版，1951年创刊，刊登理论与应用化学方面的评论。

（6）"Annual Review of Physical Chemistry"（物理化学年鉴），美国1950年创刊，每年一册。刊载物理化学各领域及边缘新兴学科的进展文章。

（7）"Progress in Surface Science"（表面科学进展），1971年创刊，季刊。1975年起改双月刊，并加小刊名"国际评论杂志"。

（8）"Progress in Reaction Kinetics"（反应动力学进展），英国出版，1961年创办，原系两年一卷，从1975年起改作季刊，并加小刊名"国际评论杂志"。

（9）"Coordination Chemical Reviews"（配位化学评论），荷兰出版，1966年创刊，原是季刊，1971年起改双月刊。

（10）"Catalysis Reviews：Science & Engineering"（催化评论：科学和工程），美国Marcel Dekker出版，1967年创刊，现为季刊。主要发表有关催化反应的基础与应用、催化的物理和化学性质等方面的评论。

（11）"Faraday Discussions"（法拉第论坛），刊载法拉第物理化学和化学物理领域专题学术讨论会上发表的研究论文，可代表该专题研究进展的国际新水平，每期一个专题。

第四节 化学文摘（Chemical Abstracts）

目前，每年都有百万篇的化学化工文献分散地发表在上万种期刊上。化学化工文献具有品种繁多、数量庞大、内容广泛和语种多样的特点。要对化学化工文献进行全面的检索，在时间、人力和物力上都不许可，也无必要。文摘杂志的任务就是全面收集世界各国的有关文摘资料，组织大量人力进行摘录。通过文摘就可以了解世界各国对某个研究课题公开发表文献的主要内容，如果对其中某篇文献需要进一步了解，则可根据该篇文摘所提供的资料来源及作者姓名进一步查阅该篇文献的原文。善于使用文摘，可以及时而又较全面地掌握世界各国在某一研究领域的研究成果及动态，可以节省大量的普查各种杂志的时间，达到快速浏览各种文献的目的，因此要求每一个化学科研工作者都要掌握化学文摘的查阅方法。

化学文摘收录面广，编辑任务重，排印费时间，出版速度受到影响，往往满足不了检索最新文献的要求。索引杂志只摘录论文题目、期刊刊名、卷、页及作者姓名，并加以分类出版。由于编辑简单，出版速度快，索引杂志可供了解最新文献的出版情况，但其使用价值有限。另一方面，为适应专业工作者的需要，目前还有收集对象比较集中的各种专业性文摘发行。

最早出版的化学文摘是德国化学文摘，该刊于1970年停刊，目前有美、俄、日、法等国家出版综合性的化学文摘，其中以美国的化学文摘最为闻名，索引最完善，使用最广。

"Chemical Abstracts"（化学文摘，简称CA），由美国化学文摘社编辑出版，1907年创刊。原系半月刊——双周刊；1967年（第66卷）起改为周刊；1971年（第74卷）起A、B两辑出版，A辑（逢单各期）为"生物化学、有机化学"类，B辑（逢双各期）为"大分子化学、应用化学与化学工程、物理化学与分析化学"类，每期均附关键词索引、专利号索引、专利对照号索引及作者索引；1997年（第126卷）起A、B两辑合并在每期中出版。1962年（第56卷）以前，每年出一卷，后改为每半年出一卷，每卷附有主题索引、化学物质索引、分子式索引、环系索引、专利对照索引及索引指南补编等，该刊自称是"世界化学化工的钥匙"，据说摘录了世界上98％的化学化工文献，是目前世界上最完整、使用最广泛的化学文献检索工具。

下面介绍印刷版化学文摘的使用。

一、CA类目

随着科学技术的发展，学科间的划分越来越细。CA所报道的类目逐年有所变动和增加。从第66卷（1967年）改为周刊后，分为五大部分、80个类目。五大部分又划分成两半，交替出版，每逢单期出版生物化学与有机化学两大部分，包括1～34类。每逢双期出版大分子、应用化学和化学工程、物理化学与分析化学等三大部分，包括35～80类。第126卷（1997年）起两部分合并在每期中出版，即每期有80类。

CA的五大部分、80个类目如下。

1．生物化学部分

（1）药理学　　　　　　　　　　　　　（2）哺乳动物激素

（3）生化遗传学　　　　　　　　　　　（4）毒物学

（5）农业化学的生物调节剂　　　　　　（6）普通生物化学

（7）酶　　　　　　　　　　　　　　　（8）辐射生物化学

（9）生化方法　　　　　　　　　　　　（10）微生物生物化学

（11）植物生物化学　　　　　　　　　　（12）非哺乳动物生物化学

（13）哺乳动物生物化学　　　　　　　　（14）哺乳动物病理生物化学

（15）免疫化学　　　　　　　　　　　　（16）发酵与生物工业化学

（17）食品与饲料化学　　　　　　　　　（18）动物营养学

（19）肥料、土壤及植物营养学　　　　　（20）化学历史、教育及文献编撰

2．有机化学部分

（21）普通有机化学　　　　　　　　　　（22）物理有机化学

（23）脂肪族化合物　　　　　　　　　　（24）脂环族化合物

（25）苯及其衍生物与稠环化合物　　　　（26）生物分子及其合成类似物

(27) 单杂原子杂环化合物 　　(28) 多杂原子杂环化合物
(29) 有机金属与有机准金属化合物　(30) 萜烯和萜类化合物
(31) 生物碱 　　　　　　　　　(32) 甾族化合物
(33) 碳水化合物 　　　　　　　(34) 氨基酸、肽及蛋白质

3．高分子化学部分

(35) 合成高聚物化学 　　　　　(36) 合成高聚物物理性能
(37) 塑料制造与加工 　　　　　(38) 塑料制品及其应用
(39) 合成弹性体及天然橡胶　　(40) 纺织品
(41) 染料、荧光增白剂及光敏剂　(42) 涂料、油墨及有关产品
(43) 纤维素、木质素、纸及其他木制品　(44) 工业碳水化合物
(45) 工业有机化学品、皮革、脂肪及蜡　(46) 表面活性剂、去垢剂

4．应用化学与化学工程部分

(47) 装置及工厂设备 　　　　　(48) 单元操作及过程
(49) 工业无机化学品 　　　　　(50) 推进剂及炸药
(51) 矿物燃料、衍生物及有关产品　(52) 电化学能、辐射能及热能技术
(53) 矿物及地质化学 　　　　　(54) 提炼冶金学
(55) 黑色金属及合金 　　　　　(56) 有色金属及合金
(57) 陶瓷 　　　　　　　　　　(58) 水泥、混凝土及有关建筑材料
(59) 空气污染和工业卫生 　　　(60) 废物的处理和清除
(61) 水 　　　　　　　　　　　(62) 香精油及化妆品
(63) 药物 　　　　　　　　　　(64) 药物分析

5．物理化学与分析化学部分

(65) 普通物理化学 　　　　　　(66) 表面化学及胶体
(67) 催化、反应动力学及无机反应机理　(68) 相平衡、化学平衡及溶液
(69) 热力学、热化学及热性能　(70) 核现象
(71) 核技术 　　　　　　　　　(72) 电化学
(73) 光谱、电子能谱和质谱及其他有关性能
(74) 辐射化学、光化学及摄影和其他复印技术过程
(75) 结晶学及液晶 　　　　　　(76) 电现象
(77) 磁现象 　　　　　　　　　(78) 无机化学品及反应
(79) 无机分析化学 　　　　　　(80) 有机分析化学

二、文摘编排顺序和格式

CA 每一类目中的文摘分成四个部分编排，每一部分间用虚线"……"隔开。首先排期刊文章和各类论文的文摘，其次排图书和专题文集的题录，再排专利说明书文摘，最后排出与本类目有关的参见目录。每一部分中大体是内容相近的排在一起。最后一部分参见目录，以前注明为"See also"，即"参见"，76 卷以后改为"For papers of related interest, see also section:"和"For patents of related interest, see also section:"。在这部分中只列所属类目顺序号、文摘号和文献题目。

CA 中文摘的编排格式有过几次变更，自 1967 年 66 卷起，取消栏号，每条文摘都编有

一个文摘号,以卷为单位,全卷按顺序通排,每个文摘号后也有一个英文字母,但它不是表示文摘所在位置,它是电子计算机编号时核对用的符号。

三、文摘著录内容和格式

每条文摘著录的内容和顺序基本上相似。先是英文标题(黑体)、作者、作者所在单位、原始文献名称、卷、期、页、年份、原始文献文别、文摘正文等。早期和现在的内容有些微差异。现将各种类型文摘的题目部分举例说明如下。

1. **期刊出版物的文摘题目部分**(如图 2-1 所示)

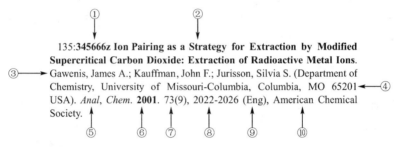

图 2-1　期刊出版物的文摘题目部分

说明:①文摘号;②论文题目(黑体排印);③作者姓名(前 150 位),姓在前,名在后,合著者用";"分开;④作者联系地址,放在括号内;⑤期刊名称,用斜体字排印,一般均用缩写形式;⑥年份(黑体排印);⑦卷(期)号,括号内为期号;⑧页码;⑨原文献使用的语言,均采用缩写;⑩出版商。

2. **会议录与论文集的文摘题目部分**(如图 2-2 所示)

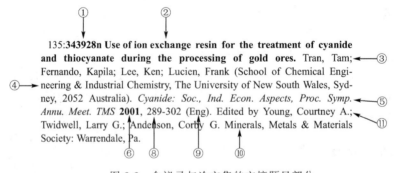

图 2-2　会议录与论文集的文摘题目部分

说明:⑤文集名称(用斜体字排印);⑩出版商及地址;⑪编辑姓名;其他编号意义同图 2-1。

3. **技术报告的文摘题目部分**(如图 2-3 所示)

说明:⑤技术报告期刊名称(用斜体字排印);⑧页数;⑫技术报告号和报告序号;其他编号意义同图 2-1。

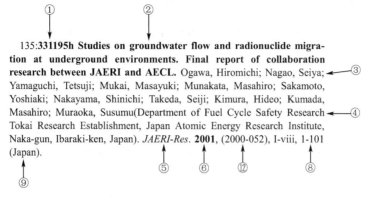

图 2-3　技术报告的文摘题目部分

4．学位论文的文摘题目部分（如图 2-4 所示）

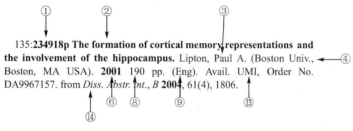

图 2-4　学位论文的文摘题目部分

说明：⑧总页数；⑬原始学位论文来源，采用缩写，缩写含义可查每卷第一期的前言部分；⑭登载该学位论文摘要的刊物，以及出版年份、卷（期）、文摘号；其他编号意义同图 2-1。

5．新书和视听材料的题目部分（如图 2-5 所示）

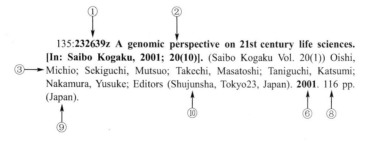

图 2-5　新书和视听材料的题目部分

说明：①文摘号；②图书英文名，括号内为图书原文名，书名后若有"computer optical disk"，表明此书为非打印介质，为光盘等；③作者或编辑者姓名；⑥出版年份；⑧

总页数；⑩出版商及地址；其他编号意义同图 2-1。

6．电子出版物的文摘题目部分（如图 2-6 所示）

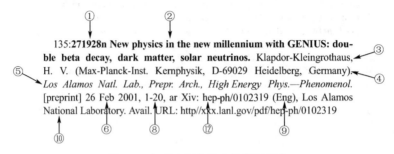

图 2-6　电子出版物的文摘题目部分

说明：⑤电子出版物出版地址；⑥出版时间；⑩出版商；⑫编号。其他编号意义同图 2-1。

7．专利文件的文摘题目部分（如图 2-7 所示）

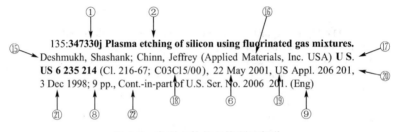

图 2-7　专利文件的文摘题目部分

说明：①文摘号；②专利名称；⑥批准公布日期；⑮发明者姓名；⑯专利权所有者及地址；⑰专利号（前面为专利国别名称的编写，用黑体字排印）；⑱专利分类号（美国专利局分类号和国际分类号用"；"分开，除美国外其他国家只注有国际专利分类号）；⑲ISO 国家代码；⑳专利申请号；㉑专利申请日期；㉒内容见美国专利档案号×××的文献。

四、CA 中的索引

CA 索引不仅名目多，而且索引的编制规律、选词原则、查找步骤在各个时期也不完全一样，必要时要熟悉各种索引在不同阶段的不同使用方法。按索引的性质划分，CA 有作者索引、主题索引、分子式索引等十种。按出版时间划分，CA 有单期索引（Issue Index）、卷索引（Volume Index）和累积索引（Collective Index）等三种。每一期附有期索引，每半年为一卷则有卷索引，每十卷出一累积索引。

（1）单期索引：CA 每一期后都附有作者、关键词、专利号、专利号对照等四种索引。

（2）卷索引：卷索引可分为三类。

① 卷文摘索引（直接给出文摘号）：主题索引（化学物质索引、普通主题索引），分子式索引，作者索引，专利索引（专利号索引、专利对照索引）。

② 卷辅助索引（不直接给出文摘号）：环系索引，杂原子索引（75 卷起停刊）。

③ 卷指导性索引：索引指南，索引指南增刊，登记号索引。

(3) 累积索引：累积索引也有主题、作者、分子式、专利号等9种。累积索引并不选录卷索引的全部内容，有时仅40%，为了避免遗漏，最好查卷索引。

（一）主题索引（Subject Index）

主题索引是CA中历史悠久的索引，是查找CA的最主要的检索工具。由于化学文献的迅速增加，CA从1976年起增加主题索引主题索引又分成普通主题索引和化学物质索引。

1．普通主题索引（General Subject Index）

普通主题索引包括所有不适合列为特定化学物质的主题词。例如，某一类物质、组成不完全明确的物质和材料、物理化学概念和现象、性质、反应、工艺设备和操作、应用、生物化学、动物和植物的普通科学名词等。普通主题索引包括了单数和复数主题词（Headings）。图2-8为乙酸的主题索引。

普通主题索引由下列几部分组成。

① 主题词：可以作为主题词的有元素和化合物名称、反应名称、用途名称、化工过程名称、物理和化学名称等。

② 副题词：它起限制主题范围的作用，副题词分两大类，第一类是普通名词，起限定课题的研究范围或方面的作用，共有8个，第二类是化学名词、取代基团和官能团等，共有16个，第三类

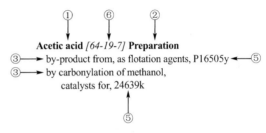

图2-8 乙酸的主题索引

副题词，在"普通主题索引"中是对主题词起修饰作用和说明作用，对"化学物质索引"则是其他各种取代基。编排次序为先排第一类，后排第二类；第三类排在最后。

③ 一级说明语：缩进两格，用于限制主题和副题的范围（一级说明语后可能有文摘号）。

④ 二级说明语：再缩进两格，用于限制标题和一级说明语的范围（二级说明语后有文摘号）。

⑤ 文摘号：文摘号前的P、B、R分别表示该文献为专利、图书和综述，若为一般论文，不标注英文字母。

有些普通主题索引还包括索引注解和相互参照。

2．化学物质索引（Chemical Substance Index）

化学物质索引是原主题索引中组成明确的各类物质，即可以用分子式表示的化合物，它所包括的主要内容有：元素、化合物及它们的衍生物、金属的合金、矿物、化合物的混合物和聚合物、抗生素、酶激素、蛋白质及多糖、基本粒子、用代号和商品名称定名的物质等。凡是登记号索引中有的物质均引入本索引。图2-9为过氧化氢的化学物质索引。

化学物质索引由下列几部分组成：①化学物质索引主题词：用粗体字印刷，分子式用粗体字印刷放在括号内；②副题词；③一级说明语；④二级说明语；⑤文摘号：文摘号前的cat、pr、rct分别表示该文献为催化、制备和反应信息；⑥登记号：为化学组成明确的化合物的CA永久性代号。

（二）索引指南（Index Guide）

索引指南是1968年第69卷起创刊的，它是主题索引、化学物质索引和普通主题索引的辅助工具。以前各类是直接分散地编排在主题索引之中的参见条目，由于化学文献数量剧

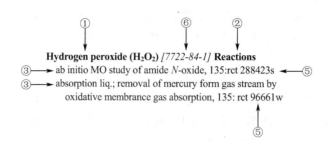

图 2-9 过氧化氢的化学物质索引

增，CA 主题索引篇幅也随之增加。为了压缩主题索引的篇幅和便于使用，便将其中的参见同义词、说明语、结构式抽出，编成此索引指南，单独刊行。

索引指南的主要用途如下。

(1) 凡在主题索引中找不到的名称，用此索引指南可以找到统一主题词。例如 CH_3—CO—CH_2—CH_3，英文中有多种叫法：methylethyl ketone、methyl acetone、acetylethane、2-oxobutane、2-butanone。若要了解该化合物正确的主题词，就应查询索引指南。在索引指南中，在 ketone, ethylmethyl、acetone, methyl 等名称下，均可查到 "see 2-butanone" 字样，这表明 "2-butanone" 为统一的主题词。

(2) 索引指南还指出相关主题，所谓相关主题，就是内容相近或同一类属的主题，凡相关主题，指南中用 "See also" 表示。这就是说除了从统一的主题词角度检索外，还可以从一些相关词角度检索，这样才不至于遗漏。

（三）关键词索引（Keyword Index）

每期 CA 后面都附有关键词索引，在普通主题索引和化学物质索引出版以前，关键词索引是查阅每期文摘的主要索引。关键词索引与主题索引中的主题词有所不同。关键词选择比较自由，不受命名规则的约束，关键词索引一般是根据原始文摘中作者所用的名词汇集起来的，有的关键词与主题词一致，有的则不能做主题词。

（四）作者索引（Author Index）

CA 每期的作者索引，只有姓名和文摘号，但每卷的作者索引和累积作者索引均著录有论文题目。

作者索引的编制规则如下。

(1) 索引著录顺序：作者姓名，论文题目，文摘号（仅第一作者姓名下有论文题目和文摘号，第二以后的作者姓名下标明见 "see" 第一作者姓名）。

(2) 姓名顺序一般人署名习惯是名在前姓在后，但编制索引时，为了便于检索，一律用姓在前名在后，统一加一逗号；西方人的姓放在最后。以 Donald John Trump 为例，中文的姓，即西方人的 Last Name 或者 Family Name，一般在正式场合或尊称时用，如 Mr. Trump, Present Trump。中文的名，即西方人的 First Name，熟悉的人之间往往直呼其名，Donald。西方人的 Middle Name，通常是教名，John。

(3) 英美团体企业，凡以个人姓名开头的，也用姓在前名在后编排。

(4) 同姓同名者列全称，名不用缩写。

(5) 拉丁语系非英语的姓氏不译，照原样刊登，德文、丹麦语和挪威语中个别字母有改变,中、日人名用音译。

(五) 分子式索引(Formula Index)

CA 的分子式索引的作用也跟主题索引、化学物质索引大致相同,可以用来直接检索文摘号,其编排格式也跟化学物质索引相同。如果对某种化学物质,只知道分子式或元素组成,不知道英语名称,通过分子式查是最简便的途径。但分子式索引不及化学物质索引详细和明了。从分子式索引筛选文摘,往往是比较粗略的。因此,一般通过分子式索引的查阅,基本掌握主题词及有关词后,还是转用化学物质索引检索为好。

分子式的排列顺序采用 Hill 系统,按化学元素符号英文字母顺序排列。系统分子式的表示方式与通常反映元素间相互结合的分子式不同,其排列规则:无机物按分子式英文字顺(如 HCl 应排为 ClH)和原子数多寡排列;有机物依照先碳后氢,然后再按其他元素符号的字母顺序排列,元素符号相同者再按原子数多寡排列。如乙酸的分子式为 CH_3COOH 在本索引中的分子式为 $C_2H_4O_2$;非碳氢化合物是按元素符号的字顺排列:$(NH_4)_2SO_4—H_3N_2O_4S$。

(六) 环系索引(Index of Ring Systems)

环系索引是根据化合物母体骨架结构编制的一种索引,1957 年第 51 卷开始刊行。它跟索引指南一样,没有文摘号,不能直接用来检索文献,它是主题索引和化学物质索引的辅助工具。但它又不同于索引指南,索引指南指出完整的主题词,环系索引仅指主题词的母体骨架部分,即环的部分,不包括 H 和取代基团。

查找已知环状结构化合物时,如果不知道确切的主题词,最好先使用本索引查得母体名称,再根据此名称去查主题索引或化学物质索引就比较方便了。

(七) 专利索引和专利号对照索引(Numerical Patent Index, Patent Concordance)

专利索引只在已经知道专利国家和专利号的情况下才有用,专利索引编制简单,只有国别、专利号和文摘号。同一个专利可能在不同国家申请和发表,因此专利文献各国重复现象是很严重的,但 CA 只摘录一次,其他则只列出专利号码。

专利号对照索引编排格式共分三栏,第一栏为按国家排列的专利号;第二栏为其在其他国家申请发表的专利号;第三栏为 CA 已摘录并发表的卷号和文摘号。

(八) 登录号索引(Registry Number Index)

登录号索引创刊于 1969 年第 71 卷,登录号是 CA 根据各种物质收录先后,由电子计算机自动编制的数字号码,与物质组成和分子式无关,每一个号码只代表一种物质,对于 CA 来说各种号码就像是每种物质的永久通讯地址一样,存储在资料库里。需要时,通过这个地址可以找到某一种物质的分子式、CA 检索主题词、原始文献的名称以及它的所有参考文献。到 1986 年止,CA 已储存了 7000000 种化合物,现在每年平均增加 350000 种新化合物。

登录号由九个数字组成。登录号索引中,在每个登录号前面均列出检索用主题词的分子式。读者如果知道某一物质的登录号,可以利用它查出检索用主题词和分子式,然后用主题索引、化学物质索引或分子式索引查出文献。

登录号索引格式:登录号　检索用主题词　分子式。

（九）文摘资料来源（CASSI, Chemical Abstracts Service Source Index）

该索引原称"ACCESS"，是查找美国化学文摘所引用的文献出处的辅助工具，于1970年创刊，每年增出季刊补充本（CASSI quarterly），第四季度补充本相当于年度补充本，它包括全年新增期刊和其他资料。该索引对我国读者，主要用处是查编写刊名的全称以及日文、中文、朝鲜文等刊物的意译名称。

索引条目以缩写字字母顺序编排，索引条目（即刊名）均用全称，编写部分用黑体。

五、CA检索的注意事项

1．各种索引的相互关系和查阅方法

各种索引的相互关系见图2-10。

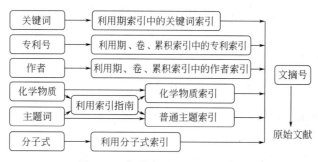

图2-10 各种索引的相互关系图

CA的索引品种很多，每一种索引都有它自己特定的作用，在查阅化学文献时，使用什么索引，从什么地方着手查，必须根据课题的具体情况及检索者对CA的熟练程度而定。现归纳如下。

(1) 已知所查对象的名称，可用"化学物质索引"或"普通主题索引"。

(2) 已知所查化学物质的学名，可查"化学物质索引"。

(3) 已知所查对象为习惯名、俗名、商品或类属性的集合名称（如聚合物、橡胶等），可查"普通主题索引"。

(4) 要查化工过程、性能、分析方法和应用等，可查"普通主题索引"。

(5) 根据已知名称在上述两种索引都查不到时，可查"索引指南"，确定统一主题词。

(6) 已知化学式，不知道英语名称，可查"分子式索引"。

(7) 结构比较复杂的环化物，可先用"环系索引"来确定正确主题词（母体名），再查"化学物质索引"。

(8) 已知物质登录号，可查"登录号索引"，确定统一主题词和分子式，再查"化学物质索引"或"分子式索引"。

2．选择索引的一般原则

(1) 如果查最近期文献，还没有卷索引，则查每期后附的关键词索引。

(2) 若要普查文献，最好用卷索引或累积索引，用累积索引的优点是节省时间且文献比较集中，但累积索引遗漏很多，没有卷索引齐全。

(3) 已知分子式，而不知物质名称，用"分子式索引"最方便，但"分子式索引"著录较简单，不利筛选，因此通过"分子式索引"掌握主题名称后，还是改用"主题索引"和

"化学物质索引"检索为好。

（4）假如通过"分子式索引"查不到，很可能输入的分子式有错误，那么可先查"杂原子索引"或"环系索引"，从中找到正确的分子式或主题词，再用"分子式索引"或"化学物质索引"检索。

（5）已知化学物质登录号，则可用"登录号索引"，查出主题词分子式，再用"化学物质索引"和"分子式索引"检索。

（6）用常用的名词在"主题索引"和"化学物质索引"中查不到时，则要查询"索引指南"，然后根据它所指定的词检索。

一、判断对错（True/False）

1. （   ）《中国大百科全书》、《不列颠百科全书》不属于综合百科全书。
2. （   ）"668 有机化学工业"是按照中图法分类中的划分。
3. （   ）《中国科学》是中科院主办的期刊，按加工的角度和深度分类应为二级文献期刊。
4. （   ）CA 的分子式索引可以直接检索文摘号，分子式的排列顺序采用 Morse 系统，即先排氢原子，再排碳原子，其他原子按拉丁字母顺序排列。
5. （   ）国际十进制分类法是当今国内图书馆使用最广泛的分类法体系。
6. （   ）《高等学校化学学报》按加工的角度和深度分类应为一级文献期刊。
7. （   ）图书馆藏书有英文和数字组成的作者号，利用作者号可在图书馆快速找到图书。
8. （   ）CA 检索中分子式采用 Hill 系统分子式：含碳化合物氢在前、碳在后，其他按字序。
9. （   ）国际十进制分类法由二十六个字母标志二十六个大类。
10. （   ）利用 CA 查找"石油"应使用化学物质索引。

二、填空

1. CA 中提供了三种卷指导性索引，它们是_____，_____和_____。

2. 在以下索引著录中，7664-41-7 表示：_____；properties 是它的_____；P104134s 表示：_____；R16239z 表示_____。

Ammonia [7664-41-7] properties

additive: steam-cleaning process for surface-cleaning of semiconductor devices, P104134s

ammonia synthesis as bellwether reaction in heterogeneous catalysis, R16239z.

3. CA 中提供的索引品种很多，已知所查对象为习惯名、俗名等，可查_____；已知化学式，不知英语名称，可查_____；结构比较复杂的环化物，可先用_____来确定正确的主题词。

4. 下面索引著录中，R47900h 表示它是_____类型的文献；P126741p 表示它是_____类型的文献；condition 是_____；一共检索了_____篇文献：

Amines, analysis

planar chromatog. for anal. of R47900h

nitro, mass spectra of, 88; 177697c

Concentration, condition

conen. measurement app. for liqs. P126741p

Concentration, process

processing and concg. fruit and vegetable juices using membrane techniques, 53630u

三、单项选择

1. 印刷版 CA 的卷索引中不包含_____。

A. 关键词索引　　　　　　B. 主题索引

C. 分子式索引　　　　　　D. 专利索引

2. 在 CA 选择索引的一般原则中，说法不正确的是_____。

A. 若要普查文献，最好用卷索引或累积索引

B. 已知分子式而不知物质名称，用分子式索引最方便，掌握主题名称后，用主题索引和化学物质索引为好

C. 查最新的文献，还没有卷索引，可查每期后的关键词索引

D. 用常用名词在主题索引和化学物质索引中查不到，则要查询登录号索引

3. 在以下主题著录中，Preparation 表示的是_____。

　　　　　Acetic acid [64-19-7] Preparation

　　　　　　by-product from, as floatation agents, P16505y

　　　　　　by carborylation of methanol,

　　　　　　　catalysts for, 24639k

A. 一级说明词　　　　　　B. 主题词

C. 登记号　　　　　　　　D. 副题词

4. 中国图书馆图书分类法将图书分为_____。

A. 7 个基本部类 23 个大类　　　B. 6 个基本部类 26 个大类

C. 5 个基本部类 22 个大类　　　D. 6 个基本部类 25 个大类

5. 在以下文摘著录中，C03C15/00 表示的是_____。

135: 347330j Plasma etching of silicon using fluorinated gas mixtures. Deshmukh, Shashank; Chinn, Jeffrey (Applied Materials, Inc. USA). U.S. US6235214 (C1. 216-67; C03C15/00), 22 May 2001, US Appl. 206 201, 3 Dec 1998; 9pp., Cont.-in-part of U.S. Ser. No. 2006 201. (Eng).

A. 文摘号　　　　　　　　B. 专利号

C. 专利分类号　　　　　　D. 专利申请号

四、CA 检索训练

1. 应用 CA 的索引指南检索下列物质（任选 3 个）

（1）Allyl alcohol（2）Propylenechlorohydrin（3）Acenaphthalene（4）Benzeneselenol（5）2,3-Dichloropropene（6）1-Iodoheptane（7）Methyl chloromethyl ether（8）Acetylacetone（9）Benzoyl peroxide（10）Butyl levulinate（11）4-Ethoxystyrene（12）Isoamyl cinnamate（13）Methyl undecanoate（14）Piperonylamine（15）Thionyl bromide（16）5-bromo-cis-2-pentene

给出它们的 CA 登记号（registry number），分子式（molecular formula）（Hill）。

2. 通过 CA 化学物质索引查找席夫碱制备方法（至少三篇文献）。

3. 利用 CA 的作者索引查找 Hoffman R. C. 在 1990～2016 年收录的文章，给出文摘号。

4. 在 CA 中分别找一篇期刊论文摘要、一篇会议论文摘要和一篇专利论文摘要，对各部分作著录说明。

第三章 常用文摘数据库

第一节 科学引文索引(SCI)

一、科学引文索引简介

美国《科学引文索引》(Science Citation Index,简称 SCI)于 1961 年由美国科学信息研究所(Institute for Scientific Information,ISI)在美国费城创办出版。1992 年,汤姆森(Thomson)公司收购美国科学信息研究所。2008 年 4 月 17 日,汤姆森与路透(Reuters Group PLC)合并完成。SCI 收录的范围涵盖了数学、物理、化学、农业、林业、医学、生命科学、天文、地理、环境、材料和工程技术等自然科学的学科领域,期刊种类约有 3500 种,每年报道文献信息量达 1000 多万条。SCI Expanded(SCIE)是科学引文的扩展,共收录期刊 5600 余种,每周新增 17750 条文献记录。ISI 以其严格的标准和评估程序挑选期刊,从而做到 SCI 收录的文献能全面覆盖全世界最重要和最有影响力的研究成果。科学引文索引以布拉德福(S. C. Bradford)文献离散律理论、尤金·加菲尔德(Eugene Garfield)引文分析理论为主要基础,通过论文的被引用频次等的统计,对学术期刊和科研成果进行多方位的评价研究,从而评判一个国家或地区、科研单位、个人的科研产出绩效,来反映其在国际上的学术水平。SCI(科学引文索引)、EI(工程索引)、ISTP(科技会议录索引)是世界著名的三大科技文献检索系统,是国际公认的进行科学统计与科学评价的主要检索工具,其中以 SCI 最为重要。

SCI 同时提供了多种出版和服务形式:

1. 印刷版

1961 年创刊,1979 以来为双月刊,且定期出版 5 年、10 年累积本。

2. 联机检索

通过 Dialog 和 DataStar 等联机检索系统可进行 SCI 检索。

3. 光盘数据库

ISI 从 1990 年起开始出版 SCI 光盘。SCI 光盘版分为带摘要和不带摘要两种版本,带摘要光盘版每月更新,提供未经删节的作者摘要,内容与印刷版对应。不带摘要光盘版每季度更新,其覆盖范围与带摘要光盘版完全相同,只是未提供论文的摘要。SCI 光盘版同时提供单机版和 LAN 局域网版本。

4. 网络数据库

ISI 在 1997 年推出 SCI Web 版,其网络数据库服务系统叫做 Web of Science(WOS),

2001 年又升级到 Web of Knowledge。SCI 的扩展版称为 SCI Expanded（SCIE）。除了 SCIE，SSCI 和 A&HCI 也通过 Web of Knowledge 系统提供网络服务。

SCI 不同的出版类型在内容和使用方面均有一定的差别。网络版检索便捷，查询全面；光盘版检索精确；联机检索适合专业检索人员使用，结果通常十分准确，但联机系统的使用费用一般都很昂贵。

二、科学引文索引的检索体系

随着科学快速发展，学科之间相互渗透和交叉，新兴的跨学科研究不断诞生，导致了引用文献的无序与分散。传统的检索系统是从标题、作者、期刊名或关键词等字段提供检索途径，研究人员除了依据作者名字或论文篇名外，就只能依赖本身研究领域或自己对该项目的理解所选的专业词汇，即使是最有经验的研究人员也常常会遗漏很多重要的文献资料，特别是在跨学科、新兴学科或边缘科学的研究领域。1958 年物理学家贝尔纳（J. D. Bernal）警告说："科学在这种强制性的专业化中所失去的将是导致所有伟大发现的源自不同学科领域的思想的交叉繁衍。"也就是说，通过文献情报检索系统如何揭示各个学科领域之间的相互联系，已经成为情报科学领域内一个重要的课题。

二十世纪六十年代，尤金·加菲尔德博士就已经意识到了这一问题的存在及其严重性，并因此建立了一个多学科的情报检索系统，即科学引文索引。在论文的表述中常会引用参考文献，参考文献书目常在论文最后列出，说明其信息的来源。参考文献也称为引文（被引文献），引用参考文献的文献（论文）称为引证文献（来源文献）。引文索引是一种以论文后所附带的参考文献（即引文）的作者、题目和期刊等项目，按照引用与被引用的关系进行排列而编制的索引。引文索引利用文献之间引用与被引用的关系（参考文献与引证文献之间的关系），以某一篇被引文献为出发点，检索出所有引用它的文献（图 3-1 所示）。利用引文索引可将过去、现在以至将来的相关文献信息联系起来，将不同学科、不同领域的相关研究联系起来，能有效地反映学术研究之间的内在联系，体现了研究工作的继承性和相关性（包括学

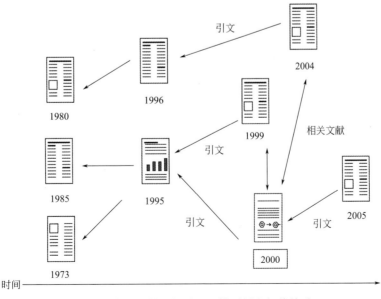

图 3-1　参考文献之间引用、被引用和相关关系

科纵向的继承性和学科横向的相关性）。引文索引反映了科学研究之间承前启后、相互促进的联结关系，它不仅提供了资料和信息，更重要的是提供某种研究的思路。科研人员借助于独特的引文索引可以摆脱低效率的通过文献找文献的文献检索方式，发现许多重要的交叉互动的信息，拓宽视野，启迪创新，为科学研究的立项、规划与深入发展提供了最有价值的信息资源。

引文索引数据库的检索结果再也不是简单的排列与堆积，而是相互之间有机联系的综合。引用索引的内在联系表现在纵向和横向两个方面。纵向联系可将同一学科过去、现在和将来的相关文献信息连接起来，在一定程度上显示了学科研究的发展过程。横向联系可将不同学科、不同领域的相关研究连接起来。利用科学研究的内在逻辑联系，研究人员可能发现许多隐藏的重要信息，从而产生许多新的构思与创新。SCI遵循了科学研究之间承前启后的内在逻辑，在检索过程中大大降低了检索结果的不相关性，因此具有重要的科学研究意义。目前，越来越多的数据库检索系统也提供了引文索引的检索方法。

近年来我国也开发了不少引文数据库，例如：中国科技论文与引文数据库（CSTPCD）、中国人文社会科学引文数据库（CHSSID）、中国人文社会科学引文数据库（CHSSID）、中国科学引文数据库（CSCD）和中国社会科学引文索引数据库（CSSCI）等。而ISI出版的SCI、SCIE、SSCI和A＆HCI历来被全球学术界公认为最权威的引文索引数据库。ISI的引文索引体系从文献引用的角度评估文章的学术价值，它不仅可揭示同一学科领域科学研究之间的内在联系，也可揭示不同学科领域科学研究的交叉联系。这些联系可跨跃很长的时间段（过去、现在和将来），有效地帮助研究人员迅速地掌握科学研究的历史、发展和动态，不断推动科学研究的创新。引文索引数据库具有以下特点：

（1）收录高质量的期刊。引文索引数据库通过严谨的评估和高标准的期刊挑选机制，收录了各个学科领域内高质量、具有学术影响力的期刊。

（2）数据内容翔实。引文索引数据库提供完整的索引和全面的书目信息，为获取原始文献提供了方便。

（3）独特的引文索引与被引用文献检索。提供每篇文献的参考文献（Cited Reference）、引用该文献的文献（Times Cited）和被引文献检索（Cited Reference Search）。利用引文索引可以迅速掌握某一文献的参考文献及其被引用的情况。

（4）利用共同引文的相关性列出文献的相关文献（Related Records）。两篇文献的共同引文越多，说明其研究内容也就越接近。这样，研究人员就可以迅速了解到与研究内容相关的其他研究工作的情况，大大地提高了文献检索的查全率。

三、学术水平的评价

学术论文是表述科学研究成果的文章，它将科学研究结果按照一定的形式表达出来，反映了科学研究的调查、思索、分析、总结、推论和验证的过程。学术论文是科研产出的重要形式，可以从侧面反映国家、机构、个人的科研实力，也可以反映各学科的发展现状和趋势。

按照对学术论文的不同要求，学术论文评价指标或评价体系有所不同。学术论文的质量基本上考察其选题、创新性、严谨性、写作水平和应用前景等。选题正确的论文才能具有现实意义和理论意义。只有使用创新性的理论和方法才能推动科学技术的发展。论文的推论和结论的严谨可以说明论文作者的基础理论、专业知识及科学研究方面的能力。论文的写作水平表现在撰写的系统性、层次性、重点的突出、文字的精练和格式的规范等。

一篇优秀的学术论文对促进学科发展具有重要科学意义，或者能推动技术进步且产生显著的经济效益和社会效益。学术价值高的论文必然会引起同行人员和社会有关方面的重视和认可，论文的被引用次数也会增加，也会被著名检索系统收录。学术论文的被引用量和被收录量成为评价科研水平和学术影响的重要的判据。期刊引证报告（Journal Citation Reports，简称JCR）成为科学家评估期刊唯一的综合性工具。

对科学研究产出的评价不能单一强调数量，而应该是数量与质量并重，或以质量为主。现在，越来越多的科研人员关注本学科领域的各种期刊的影响因子，关注论文的质量与投稿的方向。通过对论文被著名检索系统（SCI、SCIE、EI、SSCI、A&HCI、ISTP、ISSHP、CSCD、CSSCI、CSTPCD）收录和引用次数的统计和分析，基本上可评估论文的质量，也可评判出某个国家或地区、科研单位、个人的科研状况和研究水平，反映其在国际和国内所处的学术水平。

单纯以收录情况和引用次数来评价学术论文也有局限性。某些小学科（如植物学或数学）的论文被引用次数较少，而生命科学期刊的影响因子较高，且在二、三年后引文数目就可能达到高峰。在某些学科领域，一篇论文要达到一定数量的被引用次数可能需要较长时间。另外，SSCI和A&HCI等收录和引用情况还会受到社会形态和文化背景的影响。总之，论文评价体系应根据自身情况在实践中不断探索、建立和完善。对于科学研究机构来说，可以利用论文评价体系及时掌握有关学科的发展情况，调整发展方向，确定研究重点，了解自身的研究在本领域中所处的地位，掌握研究成果情况在学术界的影响，有利于制定激励政策和用人措施，有利于加强和改善科研管理工作。对于科学管理部门和管理者来说，可以利用论文评价体系获取多方面的信息和数据，进行科研工作评估、学科评估、人才评估、成果评估和机构评估等，为制定各类政策和管理措施提供定量依据。

学术水平评价工作关系到国家科技的良性发展和原始创新能力的提高，关系到科研环境建设，具有重要意义。目前，学术水平评价方式主要有二种：基于同行评议的定性评价，基于科学计量学指标的定量评价。同行评议因人力、时间等因素限制，在海量文献不断涌现的数字时代面临诸多困难。评审专家精力时间有限，知识结构相对局限，人情利益等因素都是同行评议不可避免的难题。20世纪80年代末，南京大学将SCI论文数作为一种评价体系引入中国。近年来，多用h指数来评价科学家个人的学术成就。

1．影响因子和JCR

影响因子是国际上通用的期刊评价指标。影响因子反映了期刊中论文平均被引用的程度，数值越高，表示文献被引用率越高，表示期刊的学术水平高。目前影响因子常作为评价期刊的重要指标之一。图书馆可依据影响因子评价和挑选期刊，制定文献收藏计划。论文作者可根据期刊的影响因子排名决定投稿方向。期刊引证报告（Journal Citation Reports，简称JCR）是ISI出版的评估期刊唯一的综合性工具。每一期的JCR提供了上一年度世界范围期刊的引用数据，给出ISI数据库收录的每种期刊的影响因子。JCR的引用数据来自世界上3000多家出版机构的7000多种期刊。科技版收录科学技术领域5000余种期刊的评估信息，社科版收录社会科学领域1500余种期刊的评估信息。评价的期刊专业范围包括科学、技术和社会科学。按照其载体形式，分为印刷版、光盘版和网络版。JCR的影响因子值（Impact factor）有一定计算方法。以2003年某期刊的影响因子值为例，它的计算方法为：所有ISI数据库的源期刊（包括SCIE、SSCI和A&HCI）对该刊2001年、2002年发表的论文在2003

年的引用次数除以该刊在2001年和2002年发表的论文数。ISI还出版年刊SCI Journal Citation Reports (SCI JCR),公布期刊的f值。ISI已经将JCR整合在Web of Knowledge平台上。

JCR提供给用户两种浏览方式:期刊(Journals by Rank)和学科分类(Categories by Rank)。

图3-2是JCR浏览期刊页面,它以影响因子高低顺序显示出所有期刊,每一记录显示信息有:Full Journal Title(期刊全名)、Total Cites(引用总数)、和Eigenfactor Score(特征因子分值),点击期刊可显示该期刊的详细信息。

	Full Journal Title	Total Cites	Journal Impact Factor	Eigenfactor Score
1	CA-A CANCER JOURNAL FOR CLINICIANS	20,488	137.578	0.06231
2	NEW ENGLAND JOURNAL OF MEDICINE	283,525	59.558	0.68235
3	NATURE REVIEWS DRUG DISCOVERY	25,460	47.120	0.06273
4	LANCET	195,553	44.002	0.40717
5	NATURE BIOTECHNOLOGY	48,650	43.113	0.15711
6	NATURE REVIEWS IMMUNOLOGY	31,545	39.416	0.08728
7	NATURE MATERIALS	72,306	38.891	0.20761
8	NATURE REVIEWS MOLECULAR CELL BIOLOGY	36,784	38.602	0.09931
9	NATURE	627,846	38.138	1.44256
10	Annual Review of Astronomy and Astrophysics	9,000	37.846	0.02016

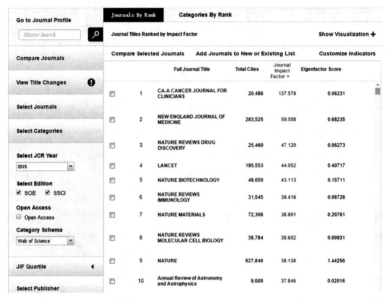

图3-2 JCR浏览期刊页面

图3-3是按学科分类浏览页面,用户先在屏幕的左边选择学科,将会出现这个学科的统

	Category	Edition	#Journals	Total Cites	Median Impact Factor	Aggregate Impact Factor
1	ECONOMICS	SSCI	345	608,521	0.829	1.336
2	MATHEMATICS	SCIE	312	405,433	0.614	0.735
3	BIOCHEMISTRY & MOLECULAR BIOLOGY	SCIE	289	3,273,965	2.670	4.093
4	MATERIALS SCIENCE, MULTIDISCIPLINARY	SCIE	271	2,561,259	1.642	3.984
5	ENGINEERING, ELECTRICAL & ELECTRONIC	SCIE	257	1,039,294	1.277	1.847
6	NEUROSCIENCES	SCIE	256	2,053,415	2.706	3.900
7	PHARMACOLOGY & PHARMACY	SCIE	255	1,342,294	2.330	3.039
8	MATHEMATICS, APPLIED	SCIE	254	424,549	0.801	1.064
9	EDUCATION & EDUCATIONAL RESEARCH	SSCI	231	202,093	0.896	1.059
10	ENVIRONMENTAL SCIENCES	SCIE	225	1,412,031	1.737	3.107
11	ONCOLOGY	SCIE	213	1,634,966	2.915	4.315
12	PLANT SCIENCES	SCIE	209	927,887	1.351	2.664
13	SURGERY	SCIE	200	1,000,968	1.566	2.233
14	CLINICAL NEUROLOGY	SCIE	193	1,064,433	2.291	3.186
15	MANAGEMENT	SSCI	192	470,513	1.278	1.896
16	CELL BIOLOGY	SCIE	187	1,901,313	3.181	5.602
17	GEOSCIENCES, MULTIDISCIPLINARY	SCIE	184	894,708	1.659	2.631
18	LINGUISTICS	SSCI	181	105,399	0.568	1.007

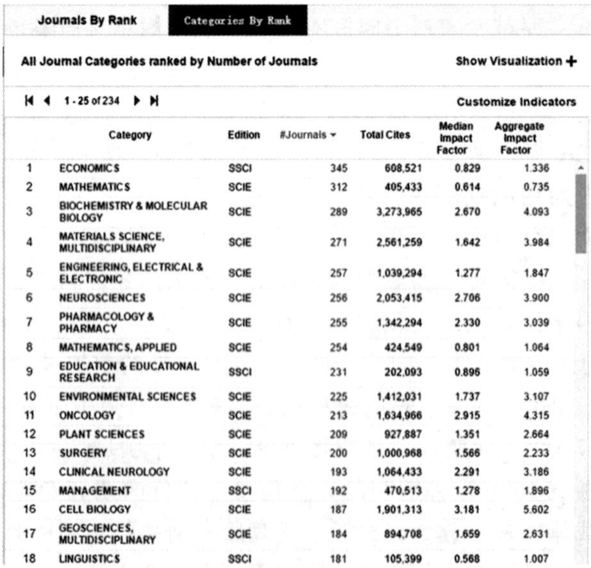

图3-3 JCR的学科分类浏览页面

计指标。每一记录显示信息有：Journals（期刊数）、Total Cites（引用总数）、Median Impact Factor（影响因子）和 Aggregate Impact Factor（合计影响因子），最后选择学科，可显示出该学科更详细的统计信息。

除了选择版本和年限外，还可选择查找期刊的方式。用户先在屏幕左方检索框中键入期刊名等关键词，点击"SUBMIT"按钮，进行期刊的查找。

以下是 JCR 几个重要的期刊统计数据的说明。

（1）Source Data（来源数据）：将某期刊当年的论文数据分为非评论文章和评论文章两项进行统计，每项统计中给出论文数量、参考文献数量以及二者之比。

（2）Cited Journal（被引期刊）：统计某种刊在 ISI 数据库中被引用情况的列表，可查看该刊各年度所发表的论文在当年被其他期刊引用的统计数据。

（3）Citing Journal（引用期刊列表）：统计 ISI 数据库中的来源期刊的列表，可查看某刊各年度所发表的论文引用其他刊的统计数据。

（4）Impact Factor（影响因子）：最重要的一个参数，影响因子＝一定年限内的期刊论文在最近一年的总被引数/一定年限内的期刊论文发表数。

（5）Immediacy Index（立即影响指数）：另一个很重要的参数，立即影响指数＝期刊论文当年的总被引数/当年期刊论文数。

（6）Cited Half-Life（被引半衰期）：以 Cited Journal 的数据为依据。

（7）Citing Half-Life（引用半衰期）：以 Citing Journal 的数据为依据，含义与功能与 Cited Half-Life 相同。

2．SCI 指标

SCI 历来被公认为是世界范围最全面和权威的科学技术文献索引工具，ISI 通过严格的选刊标准和评估程序确定期刊来源，从而使得 SCI 收录的文献能全面覆盖全世界最重要和最有影响力的研究成果。现在个人或机构所发表的学术论文被 SCI 收录或引用的数量，已被世界上许多大学和研究机构作为评价学术水平的一个重要指标。SCI 不仅作为文献检索系统使用，而且成为科研评价和趋向的一种依据。科研机构被 SCI 收录的论文总量，反映整个机构的科研水平，尤其是基础研究的方面。SCI 也能帮助研究人员了解自己论文的被引用数量和引用持续时间，评估论文的影响力。个人论文被 SCI 收录的数量及被引用次数，可以相对地反映出作者的研究能力与学术水平。

3．h 指数

h 指数（h-index），又称为 h 因子（h-factor），是一种评价学术成就的新方法。2005 年，美国物理学家 J. E. Hirsch 提出一种新的非常简单有效的数字指标——"h 指数"，用以评价科学家个人的学术成就。Hirsch 将 h 指数定义为："一个科学家的分值为 h，当且仅当在他/她发表的 N_p 篇论文中有 h 篇论文每篇获得了不少于 h 次的引文数，科学家剩下的 (N_p-h) 篇论文中每篇论文的引文数都小于 h 次"。h 指数作为引文影响力和论文产出力二者结合的新的评价指标，被认为能避免过去评价的弊端：论文总数可以直接测度科研生产力，但不能测度论文的重要性和影响力；被引总数可以测度论文的总体影响力，但论文的被引次数不太容易找到，作者的影响力可能被少数重要的合作论文夸大，这些合作论文有可能是与许多其他作者共同完成的，因此并不代表作者的实际影响力，同时，该参数往往不能恰当分配被引次数较高的评论性文章与原创性研究成果的权重；篇均被引次数可以比较不同时代科学家的影响力，但数据不容易获得，容易造成奖少惩多。

h指数的绝妙之处，就在于它具有制衡被引频次和论文数量两个指标的特点。因此这项指标确实在一定程度上能够弥补传统的文献计量学指标在学术评价中的局限性。鉴于此，该指标一经问世，立即引起学术界的广泛关注。2006年，h指数的数学模型被建立，独立的类h指数——g指数也被发现，使h指数和类h指数的研究成为信息计量学的前沿研究领域，并显示出了发展成为下一代核心评价参数之一的可能性，因而及早对h指数和类h指数进行系统研究具有重大现实意义和学术价值。

h指数能够比较准确地反映一个人的学术成就。一个人的h指数越高，则表明他的论文影响力越大。例如，某人的h指数是20，这表示他已发表的论文中，每篇被引用了至少20次的论文总共有20篇。

四、中国科学引文数据库

中国科学引文数据库（Chinese Science Citation Database，简称CSCD）。创建于1989年，收录我国数学、物理、化学、天文学、地学、生物学、农林科学、医药卫生、工程技术和环境科学等领域出版的中英文科技核心期刊和优秀期刊千余种。目前已积累从1989年到现在的论文记录近400万条，引文记录1790万条。中国科学引文数据库是我国第一个引文数据库。1995年CSCD出版了我国的第一本印刷本《中国科学引文索引》，1998年出版了我国第一张中国科学引文数据库检索光盘，1999年出版了基于CSCD和SCI数据，利用文献计量学原理制作的《中国科学计量指标：论文与引文统计》，2003年CSCD上网服务，推出了网络版，2005年CSCD出版了《中国科学计量指标：期刊引证报告》。2007年中国科学引文数据库与美国Thomson-Reuters Scientific合作，中国科学引文数据库以ISI Web of Knowledge为平台，实现与Web of Science的跨库检索，中国科学引文数据库是ISI Web of Knowledge平台上第一个非英文语种的数据库。

中国科学引文数据库内容丰富、结构科学、数据准确。系统除具备一般的检索功能外，还提供新型的索引关系——引文索引，使用该功能，用户可迅速从数百万条引文中查询到某篇科技文献被引用的详细情况，还可以从一篇早期的重要文献或著者姓名入手，检索到一批近期发表的相关文献，对交叉学科和新学科的发展研究具有十分重要的参考价值。中国科学引文数据库还提供了数据链接机制，支持用户获取全文。

中国科学引文数据库具有建库历史最为悠久、专业性强、数据准确规范、检索方式多样、完整、方便等特点，自提供使用以来，深受用户好评，被誉为"中国的SCI"。

第二节 Web of Science 数据库

一、Web of Knowledge 平台

（一）Web of Knowledge 简介

ISI Web of Knowledge是一个信息资源整合体系。ISI通过这一体系，凭借其独特的引文功能和互联网的链接特性，不仅有效地整合了自身开发的数据库，而且也整合了一些外部数据库，建立了与原始文献、图书馆OPAC以及精选的学术网站之间的相互链接，构建成

一个覆盖各领域且相互关系的数据库检索平台,从而为研究人员获取信息提供了极大的方便。

ISI 整合的自身数据库有:

(1) Web of Science(SCI、SSCI、A&HCI 三大引文数据库)。
(2) Journal Citation Reports(期刊引用报告)。
(3) Chemistry Server(化学反应、化合物数据库)。
(4) Current Contents Connect(现刊题录数据库)。
(5) Conference Proceedings Citation Index(会议录引文索引数据库)。
(6) Essential Science Indicators(基本科学指数数据库)。
(7) Document Solution(文献传递服务)。

ISI 整合的外部数据库有:

(1) Derwent Innovations Index(德温特世界专利创新索引)。
(2) BIOSIS Previews(生物学文摘数据库)。
(3) NCBL GenBank databases(NCBL 基因数据库)。
(4) CAB Abstracts(应用生命科学数据库)。
(5) INSPEC(英国科学文摘)。

表 3-1 是 Web of Knowledge 体系的常用数据库简介。

表 3-1 Web of Knowledge 常用数据库简介

网络数据库称	文献类型	学科范围	覆盖年限	对应数据库名称
Web of Science	期刊	科技、社科和人文艺术	1945 年-	SCI,SSCI,A&HCI
Conference Proceedings Citation Index	会议论文	科技、社科、人文	1990 年-	CPCI-S、CPCI-SSH
Derwent Innovation Index	专利	工程技术	1963 年-	Derwent World Patents Index,Patents Citation Index
BIOSIS Previews	期刊、会议录、报告、评论、图书、专利等	生物与医学	1969 年-	Biological Abstracts & Biological Abstracts/RRM
Chemistry Server	期刊、专利、化学反应	化学与医药	1840 年-	Current Chemical Reactions,ChemPrep,Index Chemicus
Current Contents Connect	期刊	科技、社科和人文艺术	1999 年-	Current Contents(CC)
INSPEC	期刊、会议录、报告、图书	物理、电子电气、计算机与控制及信息	1969 年-	INSPEC(SA)
Journal Citation Reports on the Web	期刊分析、评价报告	科技、社科和人文艺术	1997 年-	Journal Citation Reports (JCR)

ISI Web of Knowledge 不仅提供了各种数据库的检索平台,而且还利用 ISI Links 功能与多种学术信息资源建立链接,充分发挥信息整合的威力。多种数据库的结合使用,为纵览学术研究的进展提供可靠的评价依据,还可揭示学术研究之间内在的联系,有利于科学的发现与创新。ISI Links 主要功能包括以下几个。

1. 不同类型、不同学科的数据库建立双向链接

ISI 已经建立了 Web of Science 与 DII、Web of Science 与 ISI Proceedings、Web of Science 与 Chemistry Server、Web of Science 与 INPEC、Web of Science 与 Current Contents Connect 及 Web of Science 与 JCR 等的双向链接。有的数据库还实现了多向链接,例如 Web of Science、ISI Proceeding JCR、INSPEC 数据库可相互链接。

以 Web of Science 与 DII 的双向链接为例，两个数据库以相关文献为桥梁建立起的内在联系，有助于揭示科学研究与技术创新之间的相互促进与转化。通过对这两个数据库的利用，研究人员在进行基础研究的同时，可以清楚地了解相关专利的信息，把握科学研究向生产力的转化。

2．与事实数据库的整合

ISI 建立了 Web of Science 与事实数据库 NCBI（National Center of Biotechnology Information）GenBank 的链接，帮助研究人员迅速地查找文献中所涉及的基因和蛋白质序列等信息。

3．与原始文献全文的链接

ISI 与学术期刊出版商共同合作，建立了与电子版原始文献的链接。目前，ISI 已经与全球 15 家著名的学术期刊出版机构达成了链接协议，到 2000 年底已经实现了 Web of Science 与 3800 多种期刊电子版全文的链接。ISI 的全文链接有别于其他数据库的全文链接，Web of Science 与电子版全文建立的链接大多数是双向的链接。用户可以由电子版全文文献所引用的参考文献直接链接到 Web of Science 的对应文献记录中，获取该文献详细的相关信息。这样，经由 Web of Science 这一枢纽，由不同出版社提供的电子版全文文献通过相互引证的关系有机地联系在一起。

4．与馆藏资源的链接

ISI 建立了与多种图书馆馆藏目录系统（OPAC）的无缝链接。用户只需点击在 Web of Science、CCC 等数据库的文献记录中出现的"Holdings"按钮，即可连接到本地的 OPAC 系统，找到该文献所在期刊的馆藏记录。

5．与期刊引用报告的链接

ISI 建立了 Web of Science 与 JCR Web 的链接，研究人员可以通过文献的被引率（Citation Rate）和期刊的影响因子（Impact Factor）迅速了解科学研究的相对影响力，为科研工作的评价提供了科学的量化依据。

（二）Web of Knowledge 特色

1．基于 Web 的跨数据库交叉检索功能

ISI 以出版科学研究类的数据库而见长，近年来采用 ISI 平台检索的数据库日趋增加。对于同一课题的文献检索，有时需要使用不同的数据库进行重复的检索操作。ISI 在 Web of Knowledge 体系中开发了跨数据库交叉检索的功能（Cross-Search）。用户可以根据需要选择参与交叉检索的数据库，检索命令在参与检索的所有数据库中进行，且对命中结果进行了查重处理，删除了重复收录的文献。用户可根据需要选择浏览不同数据库的完全记录（Full-Record）信息。跨数据库检索功能大大减少了花费在分别查找各种数据库上的时间和精力。

2．基于引文建立的必要科学指数数据库

ISI 在汇集和分析学术文献所引用的参考文献的基础上，建立了"基本科学指数数据库（ISI Essential Science Indicators）"。该数据库可以用来分析各个领域学术研究的发展、影响和趋势。用户可以从该数据库了解达到一定级别的科学家、研究机构（大学）、国家（城市）和学术期刊在某一学科领域的发展和影响。

3. 文献信息管理软件

目前在国际上应用最为广泛的三个文献信息管理软件：Endnote、Procite 和 Reference Manager 均与 ISI 的数据库配合良好。这类文献信息管理软件不仅能够帮助用户管理由 ISI Web of Knowledge 检索得到的文献信息，也可以管理由其他系统或平台检索到的文献资料，包括个人收集的参考文献，用户用该类软件可以自建一个完全个性化的参考文献数据库。

（三）对 ISI Web of Knowledge 学术资源体系的评价

1. 实现了不同文献资源之间的整合与沟通

ISI 体系突出的特点是以 Web of Science 为核心，建立起了包括期刊、专利、会议录在内的多种类型文献之间的相互引证和相关参考的关系，还实现了对拥有使用权限的全文文献以及事实数据库（如 GenBank，ISI Chemistry Server）的链接。ISI 的资源整合构成了一个动态的学术信息平台，可以全方位地为科学研究提供文献信息服务，使科研人员可以了解与其研究领域相关的各种类型文献，以及学科过去、现在和将来的发展与交叉的情况。

2. 最大限度地保持了知识体系的完整性

人类的知识原本就是一个相互联系的整体。但是，传统的数据库都是以一种零散的、孤立的状态存在着，即使将多个数据库捆绑在一起，也仅仅局限在使用同一界面的层次上，体现不出文献内在的相互联系。ISI 体系利用论文之间相互引证的关系，建立起不同类型资源之间的关系，使之成为一个有机的整体，从而消除了由于数据库收录范围有限而造成的知识体系的割裂。

论文之间相互引证的关系最自然有效地反映了学术研究之间的内在联系。引文检索机制（Cited，Citing，CoCited）将各个不同学科领域内对于某一课题的相关研究轻而易举地揭示出来，便于用户掌握各种不同学科、不同领域相关研究的交叉与互动情况，从而为科学研究的立项、规划、发展和深入提供了高参考价值的信息资源。

3. 提供科学研究的全方位信息

通过 CCC 可获得最新期刊的书目、期刊文章的题录和摘要、作者的 E-mail 地址以及 Internet 上的学术信息；通过 Web of Science 获取完整的文献信息（包括文摘、引文信息和被引信息）；通过 Conference Proceedings Citation Index 获取全球的会议录文献信息；通过 ISI Links 从本馆或其他途径获取原文；通过 JCR Web 获得期刊的评价统计报告；通过 ISI Essential Science Indicators 获得各个领域学术研究的发展、影响和趋势报告。由此可见，通过 ISI 体系可以方便地获取科学文献的综合的、全方位的信息。

4. 提供高质量、可信赖的信息资源

ISI 多年来基于情报学中的布氏-加菲尔德法则，通过严谨的评估和高标准的挑选机制选择其引文索引数据库的文献源（期刊）。由此使 Web of Science 成为在世界范围内广泛应用的、著名的权威数据库。用户从 Web of Science 可以获取最可信赖、高质量的学术信息。ISI 体系的构成也同样遵循高质量、可信赖的原则。

总之，ISI 以 Web 技术的超链接特性与 Web of Science 引文索引所特有的优势相结合，不局限于 Web of Science，而是以 Web of Science 作为核心进行开放式发展，与其他的学术资源进行整合并建立链接，在充分发挥不同检索工具本身优势的基础上，提供了更丰富的信息资源，构成一个基于 Web 的综合性知识检索平台。

二、 Web of Science 数据库简介

Web of Science 是 ISI 公司开发的基于 Internet 的文献检索数据库。它充分地将传统的引文索引和先进的 Web 技术相结合,构建成新一代功能更强大的文献检索数据库。Web of Science 可以检索 ISI 的三大学科的引文数据库:Science Citation Index (科学引文索引,简称 SCI)、Social Sciences Citation Index (社会科学引文索引,简称 SSCI)、Art & Humanities Citation Index (艺术与人文科学引文,简称 A&HCI),还可检索 Conference Proceedings Citation Index (会议录引文索引数据库) 以及 Index Chemicus (化合物) 和 Current Chemical Reactions® (化学反应) 化学数据库。Web of Science 提供了"Times Cited"(被引次数) 的链接,可以得知论文的被引用次数及被哪些论文所引用。另外,它利用共同引用文献数量的相关性,可显示文献记录的相关记录 (Related Records),大大地减少了漏检的可能性。上述多种信息检索功能在 Web 页面实现相互链接,可帮助科研人员迅速地检索到所需要的信息,Web of Science 不失为最优秀的文献检索数据库之一。

Web of Science 数据库收集数千种学术刊物书目信息。Web of Science 具有以下主要功能:

(1) 通过书目信息 (题目、作者、刊物或作者通讯地址) 或被引用的参考文献,检索数据库中收录的文献记录。

(2) 使用检索字段标记符进行功能强大的高级检索。

(3) 进行化合物和化学反应检索。

(4) 浏览带摘要的文献记录,并将其添加标记列表中,标记列表中的文献记录可输出到文献管理软件、存储成文本文件、使用 E-mail 发送或使用浏览器页面打印。

(5) 可从当前浏览的文献直接链接到其他的相关文献,包括那些比所浏览文献更后发表的文献。

(6) 将先前检索过程中的多个检索历史记录存储在 ISI 服务器或本地计算机,供以后继续检索使用,打开检索历史记录文件可直接进行同类检索。

(7) 使用基于 Web of Knowledge 平台的双向链接功能,与其他数据库同享信息资源。

Web of Science 的使用费用很贵,但是国内许多有经济条件的单位已购买了一定年限和用户数的数据库使用权限。如果具有较长使用年限的数据库使用权限,它基本上满足全面地进行重要文献检索的要求。

三、 Web of Science 数据库检索

图 3-4 是 Web of Science 的主页面。新版 Web of Science 将快速检索 (Quick Search) 改为基本检索 (Basic Search),并将 Combine Search (组合检索) 归入 Search History (检索历史) 中。以下介绍 Web of Science 检索的使用方法。

主页面提供了基本检索 (Basic Search)、作者检索 (Author Search)、被引参考文献检索 (Cited Reference Search) 和化学结构检索 (Chemical Structure Search) 和高级检索 (Advanced Search) 五种的检索方法链接。另外,在"检索历史"中点击"OPEN SAVE SEARCH"(打开保存的检索历史) 按钮,可打开先存储的检索历史 (检索表达式) 文件。

在进行检索操作前,先要选择时间范围和数据库类型。可选择数据库的时间跨度有:年 (所有年份,最近五年,本年迄今,最近四周,最近二周和本周) 和从某年到某年 (From…

图 3-4　Web of Science 的主页面

to）二个选项。系统默认值是使用所有数据库和全部年限。已经选择了的年限将对整个检索过程起作用，除非更改年限的范围。在屏幕右方提供了多个按钮：详细信息可链接到数据库的查看快速入门教程；指导用户关于改善检索的建议。

目前 Web of Science 提供的检索数据库有以下六种：

（1）Science Citation Index Expanded（科学引文索引扩展版，简称 SCIE）。

（2）Social Sciences Citation Index（社会科学引文索引，简称 SSCI）。

（3）Conference Proceedings Citation Index- Science（科学会议引文索引，简称 CPCI-S）。

（4）Conference Proceedings Citation Index- Social Sciences & Humanities（社会科学与人文会议引文索引，简称 CPCI-SSH）。

（5）Current Chemical Reactions（化学反应）。

（6）Index Chemicus（化合物）。

前四种数据库可进行检索、引文检索和高级检索，后两种化学数据库可进行结构检索，对化合物和化学反应进行检索。

Web of Science 提供了：检索、被引参考文献检索、高级检索和结构检索等检索方式。对于有使用经验的用户，可使用先前存盘的历史文件进行检索。

1．基本检索

屏幕的中间部分列检索字段的输入框，当用户检索字段输入框不够，点击下面"添加另一字段"将增加检索字段输入框数。检索字段的下面还有"清除所有字段"按钮，是将检索字段的输入清空。屏幕下方的"当前限制"可设定时间跨度内容和选择数据库。默认的入库时间是"所有年份",用户可以选择下个框插入主页面设定的时间跨度内容,直接改变时间跨度的设定。点击"更多设置",通过选择引文数据库和化学数据库完成对数据库的限制。

在检索字段的输入框内可键入检索词或短语,检索词(短语)之间以逻辑算符"AND"、"OR"、"NOT"或"SAME"(不区分大小写)分隔,点击"检索"按钮进行检索。如果在不同检索字段内都输入了检索词,各检索字段之间关系为逻辑"与"(AND)。可使用带截断符(＊代表多个字符,？代表一个字符)进行模糊检索,以扩大检索范围。在实施检索的过程中,无论采用单一字段检索还是多个字段检索,每进行一次检索,系统自动将检索结果保存在检索历史(Search History)中,并按集(Set)顺序编号以备调用。

检索的检索字段有主题、标题、作者、团体作者、刊物名和作者地址等。现介绍如下:

(1) 主题(TOPIC):进行标题、关键词和摘要索引的检索。可输入一个或多个检索词或短语,多个检索词或短语要用逻辑运算符连接。

(2) 标题(TITLE):只限于进行标题索引检索。

(3) 作者(AUTHOR):进行作者索引检索。先输入姓,然后输入空格,接着输入名字的缩写(首个字母)。当有多个首字母时,在每个首字母之间不加空格分隔。对不能确定作者姓名,可使用截断符(＊)进行模糊检索,或利用"访问检索辅助工具"-作者索引浏览作者姓名。还可以利用"作者甄别"工具查找论文。

(4) 作者标识号(AUTHOR IDENTIFICATION):研究人员在ResearcherID网站注册唯一的研究人员ID号,让研究人员建立自己的作品清单,产生个人的引用信息,让全世界的学者看到个人的研究成果,通过清楚且统一的作者姓名及与引文信息,让信息搜索更简单便利。另一种是ORCID(Open Researcher and Contributor ID),ORCID通过为研究者配置唯一的并可链接到其研究成果的身份标识码,从而解决学术文献中的系统性的研究者姓名混淆问题,并可以提升科学发现的进程并提高资助和合作效率。

(5) 编者(EDITOR):进行编辑者索引检索。

(6) 团体作者(GROUP AUTHOR):进行团体作者索引检索。利用"访问检索辅助工具"-团体作者索引浏览团体作者索引页面,该页面快速查找到正确的团体作者姓名。

(7) 刊物名(SOURCE TITLE):进行期刊索引检索,输入期刊的全名。点击"访问检索辅助工具"可链接到出版物全称索引页面,该页面快速地查找到正确的期刊全名,并通过"添加"按钮,将期刊全名自动添加到输入框内。

(8) 数字对象标识符(DIGITAL OBJECT IDENTIFICATION,简称DOI):是一套识别数字资源的机制,涵括的对象有视频、报告或书籍等。

(9) 出版年(PUBLICATION YEAR):只限于出版年份的索引检索。

(10) 作者地址(ADDRESS):进行作者的联系地址(全称或缩写)索引检索。点击"查看缩写列表"可链接到地址缩写列表的页面,该页面快速地查找到地址全称与对应的缩写。

2. 作者检索

作者检索可以简单方便地确认并检索出特定作者的所有作品(图3-5)。在"姓氏"字段中输入作者的姓氏,在"姓名首字母"字段中输入最多4个名字首字母。单击"添加作者姓名的不同拼写形式"链接以显示另一行的"姓氏"和"姓名首字母"字段。此功能允许您检索作者姓名的多个不同拼写形式。您可以检索作者姓名的最多5种不同拼写形式。选中"仅限精确匹配"复选框,检索将限定为与所输入的内容完全匹配的作者姓名。可通过选择

"研究领域"和"选择组织"来限定作者检索的范围，以达到区分同名作者的目的。

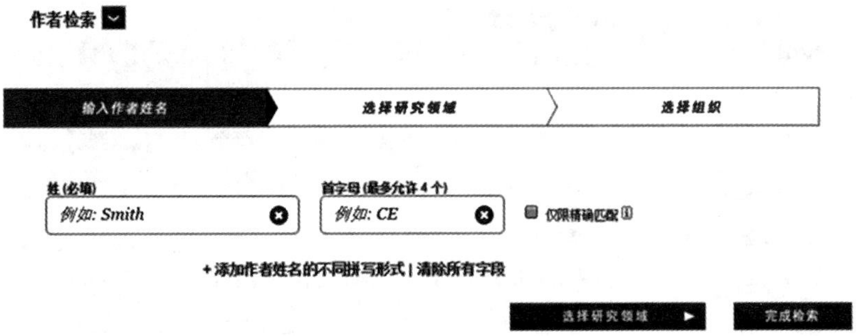

图 3-5　Web of Science 作者检索输入部分的页面

3．被引参考文献检索

被引参考文献检索是 Web of Science 最强大的功能之一。使用被引参考文献检索，用户可检索某一个文献被其他文献引用的情况（引用次数和所有的引用文献记录）。被引参考文献检索分为两个步骤：

（1）首先，在被引参考文献检索页面的被引作者（CITED AUTHOR）、被引著作（CITED WORK）和被引年份（CITED YEAR）检索字段的输入框内键入被引用文献的作者姓名、作品名（刊物、书名、专利号）和发表年份。可以使用截断符进行模糊查找。作者姓名的输入可借助"从索引中选择"完成。作品名要使用缩写，可借助于"从索引中选择"完成，还可通过"期刊缩写列表"查阅刊物的全名及对应缩写名。点击"检索"按钮即可进行被引参考文献检索。图 3-6 是 Web of Science 被引参考文献检索的输入部分的页面。

图 3-6　Web of Science 被引参考文献检索的输入部分的页面

（2）图 3-7 是 Web of Science 被引参考文献检索结果页面。选择被引参考文献并单击"完成检索"（FINISH SEARCH）。在被引参考文献检索结果页面上显示出符合先前输入检索表达式的被引用文献的列表，被引用文献的列表显示出被引用次数、被引用作者名、被引用刊物名、发表年份、卷号和页码等数值。用户可在列表文献的左边的复选框做上标记，点击"选择页面"或"选择全部"按钮可为一个页面或全部记录做上标记，"全部清除"按键则是清除所有标记。点击某个文献记录最右边的"查看记录"（View record）则可链接到显示该文献记录的详细页面。在完成了对文献记录的标记后，可点击"完成检索"按钮，则会显示所有引用标记文献的结果概要页面，列出所有引用文献的记录。

4．化学结构检索

化学结构检索可以检索化学物质或化学反应相关文献资源。要在 Web of Science 中创建化学结构，必须使用 Accelrys JDraw 小程序。如果访问"化学结构检索"页面时看不到该

被引参考文献索引
参考文献： 第 1-9 条，共 9

选择页面 | 全选* | 全部清除 | 完成检索

选择	被引作者	被引著作 [显示完整标题]	出版年	卷	期	页	标识符	施引文献**	查看记录
	Au, CT +[显示所有作者]	CHEM PHYS LETT	1997	278	4-6	238	10.1016/S0009-2614(97)01032-4	11	查看记录 在 Web of Science 核心合集 中
	Chen, MD +[显示所有作者]	CHEM PHYS LETT	2002	357	5-6	483	10.1016/S0009-2614(02)00585-7	140	查看记录 在 Web of Science 核心合集 中
	Chen, MD +[显示所有作者]	CHEM PHYS LETT	2001	350	1-2	119	10.1016/S0009-2614(01)01289-1	16	查看记录 在 Web of Science 核心合集 中
	Chen, MD +[显示所有作者]	CHEM PHYS LETT	2001	337	4-6	349	10.1016/S0009-2614(01)00219-6	20	查看记录 在 Web of Science 核心合集 中
	Chen, MD +[显示所有作者]	CHEM PHYS LETT	2000	325	1-3	22	10.1016/S0009-2614(00)00671-0	43	查看记录 在 Web of Science 核心合集 中
	Chen, MD +[显示所有作者]	CHEM PHYS LETT	1999	305	5-6	439	10.1016/S0009-2614(99)00403-0	41	查看记录 在 Web of Science 核心合集 中
	Chen, MD +[显示所有作者]	CHEM PHYS LETT	1999	301	3-4	303	10.1016/S0009-2614(99)00052-4	45	查看记录 在 Web of Science 核心合集 中
	Zhao, X. H....Chen, M. D	CHEM PHYS LETT	2011	5-12		35		1	
	Zhao, Xiaohong +[显示所有作者]	CHEM PHYS LETT	2011	512	1-3	35	10.1016/j.cplett.2011.07.003	7	查看记录 在 Web of Science 核心合集 中

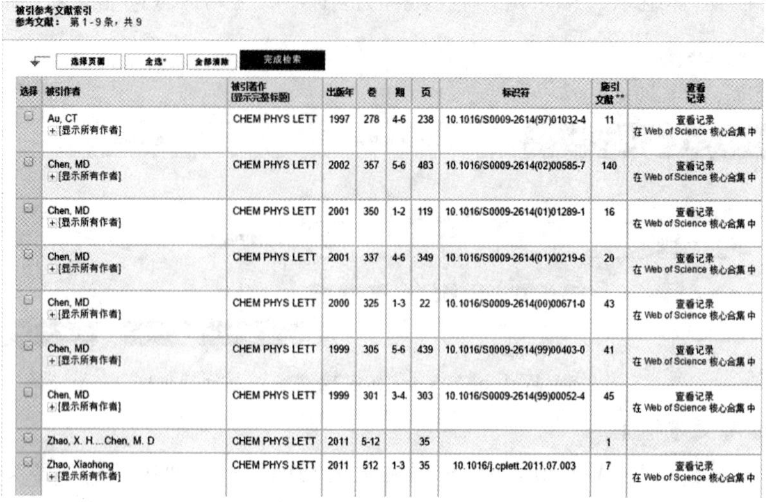

图 3-7 Web of Science 被引参考文献检索结果页面

小程序，则必须将 Java 下载至您的计算机后才能创建化学结构。浏览器上会出现 Java（TM）安装，安装完成后重启页面。为获得最佳的检索结果，建议使用 Internet Explorer 11 和 Windows7 的组合。

化学结构检索页面分成三部分：化学结构绘图（Structure Drawing），化合物数据（Compound Data）和化学反应数据（Reaction Data）。

（1）化学结构绘图

在出现的画图软件窗口中（图 3-8），绘制化学物质的分子结构。选择子结构（Substructure）模式将检索到包含化学结构绘图窗口中结构的化合物和反应；选择精确匹配（Exact Match）的模式将检索到与化学结构绘图窗口中的结构精确匹配的化合物和反应。

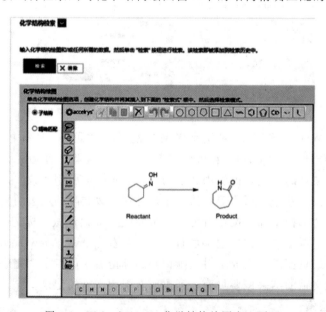

图 3-8 Web of Science 化学结构绘图窗口页面

（2）化合物数据

化合物数据提供了三个检索字段：化合物名称（Compound Name）、化合物生物学活性

(Compound Biological Activity)和分子量（Molecular Weight）。化合物数据检索提供了作为反应物（Reactant）、生成物（Product）、催化剂（Catalyst）和溶剂（Solvent）四种限定。化合物名称字段可输入化合物全称，也可使用截词符。化合物生物学活性字段能使用生物学活性列表作为辅助工具，获得相关表达式，点击"加入（ADD）"按钮添加。分子量字段可输入具体的数值或数值范围，如大于100小于200，">100AND<200"。图3-9是Web of Science 化合物数据检索窗口页面。

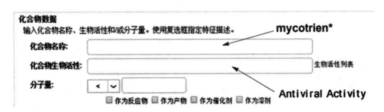

图 3-9　Web of Science 化合物数据检索窗口页面

（3）化学反应数据

化学反应数据检索需要输入要检索的任意化学反应条件以及所需的反应关键词（Reaction Keyphrases）或备注（Reaction comment）。反应关键词字段可以是化合物的名、化学反应名称、新催化剂或综合信息，Web of Science 提供了反应关键词词表作为辅助工具。反应备注字段主要是一些定性的说明词，以帮助检索。化学反应数据检索提供了各种反应条件作为限定，包括反应气体环境（Atmosphere）、回流标记（Refluxed Flag）、压力（Pressure）、温度（Temperature）、产率（Product Yield）、时间（Time）和其他（Other）。对于其他条件，可使用术语列表辅助。图 3-10 是 Web of Science 化学反应数据检索窗口页面。

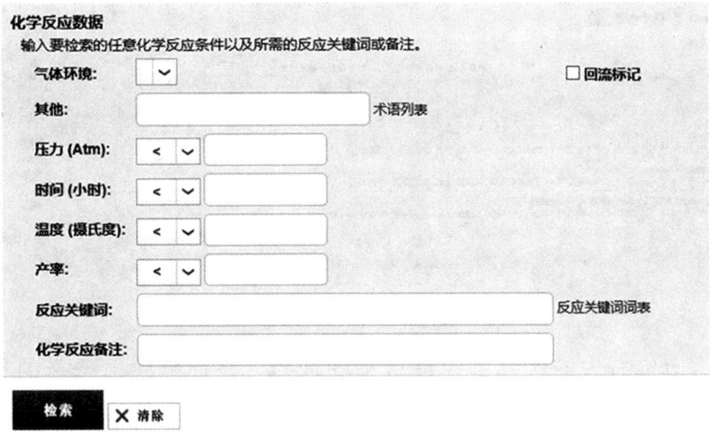

图 3-10　Web of Science 化学反应数据检索窗口页面

5．高级检索

图 3-11 是 Web of Science 高级检索页面。高级检索页面的下部是检索历史显示。高级检索是使用检索字段标记符和逻辑算符组合的检索方式。同一检索字段内的不同检索词之间可用布尔逻辑算符或位置算符，但不同检索字段之间只能用布尔逻辑算符而不能用位置算符。检索字段标记符与检索字段有以下对应关系：TS＝Topic、TI＝Title、AU＝Author、

GP=Group Author、SO=Source、AD=Address、OG=Organization、SG=Suborganization、SA=Street Address、CI=City、PS=Province/State、CU=Country、ZP=Zip/Postal Code。高级检索还可对检索的语言种类和文件的类型进行选择性地限制。高级检索能利用不同检索字段标记符建立一个复杂检索语句，并可进行检索历史中集的检索。完成高级检索框内的检索表达式的输入后，点击"检索"按钮进行检索。实现高级检索后，在其检索页面的下部的检索历史记录中会显示出检索结果。在检索进程中，检索历史会将每一个已成功运行的检索以集的形式记录，并显示出检索集的序数号、符合检索语句的结果记录数目（命中记录数）和检索表达式。点击符合检索表达表的记录数目可链接至高级检索的结果概要页面。用户可在检索历史记录中阅读检索结果、删除检索集、存储历史记录文件或打开先前的历史记录文件。在检索历史记录中还可以进行组合检索，在检索历史集编号左边的选择框中选择所需要的检索集，再选择上方的逻辑算符（"AND"或"OR"），最后点击"组配"按钮进行集组合检索。集组合检索只能使用一种逻辑算符，要进行复杂的多种逻辑算符的集检索只能在高级检索中实现。如可以用 Set 1（♯1）与 Set 2（♯2）组成检索得到 Set 3（♯3）的检索结果（图 3-12）。

图 3-11　Web of Science 高级检索页面

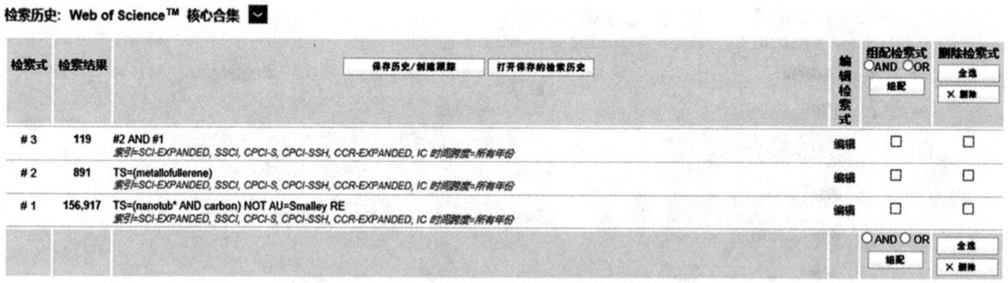

图 3-12　Web of Science 组配检索页面

用户可在检索历史右边的选择框中进行集的选择，进而删除已选择的集。另外，点击"SAVE HISTORY"和"OPEN SAVE HISTORY"按钮可存储历史记录或打开先前的历史记录。用户可将检索历史存储到 Web of Science 服务器（只对注册用户）或存储到本地计算机上。如果将检索历史存储到服务器，则先要输入用户名和口令进行登录（SIGN IN），成功登录后在屏幕的右上角会显示 Signed In 字符。为了保护私人信息，停止使用程序时，要点击屏幕右上角的"LOG OUT"图标（脱机）。用户名和口令的设定可通过注册用户完成。Web of Science 提供了检索历史告示功能，系统会根据更新情况将存储的检索历史的更新检索结果用电子邮件通知用户。

四、 检索结果及处理

1．检索结果页面

图 3-13 是 Web of Science 检索结果页面。在检索结果页面有详尽信息的全部文献记录。每个页面缺省可列出 10 个检索记录，超过 10 个记录在下方可设置显示"每页显示 25 或 50"。页面上同时列出符合条件的记录总数（命中记录总数），总页面数和排序方式。可以通过选择更新日期、被引频次、相关性、第一作者、来源出版物、出版年和会议标题安排检索记录排列次序。点击每一记录题目可链接到详尽记录页面。如果文献记录下部带有"出版商处的全文"按钮，用户点击该按钮，可以直接浏览原文。在检索结果记录的左边，用户可对记录进行结果精炼检索。通过限制学科类别、文献类型、语种等条件，在结果内检索符合条件的记录。在精炼检索的下方和检索结果记录的右上角，有"分析检索结果"按钮，点击该按钮可进入分析检索结果页面。还有"创建引文报告"按钮，点击它会生成引文报告。在检索页面的最下方，可标记和输出记录，所选记录的输出可以选择打印、电子邮件、添加到标记结果列表、保存到 EndNote online、EndNote desktop、ResearcherID、InCites 和其他文件格式。

图 3-13 Web of Science 检索结果页面

2．分析检索结果页面

点击"分析检索结果"按钮可对检索结果进行分析，图 3-14 是 Web of Science 以作者为字段的检索结果分析。用户先选择要进行分析的字段，再点"分析（ANALYZE）"按钮，程序会显示分析结果。可以用作者、丛书名称、会议名称、国家/地区和文献类型等为字段分析结果，缺省显示前 10 条记录，最多可达 500 条记录。点"将分析数据保存到文件"按钮，会获得 analyze.txt 文件以供数据分析软件做分析。

3．详尽记录显示页面

图 3-15 是 Web of Science 详尽记录显示页面。点击检索结果页面中的某一记录题目可链接到详尽记录页面。该页面有文章标题、作者、发表情况和摘要等详尽信息。在详尽记录显示页面的右边是引文网络。点击该记录的被引频次（Times Cited）可以链接到引用该文献的其他文献列表的页面，并可创建引文跟踪。点击该记录引用的参考文献（Cited References）可以链接到引用参考文献的列表的页面。另外，点出"查看相关记录（Related Re-

图 3-14　Web of Science 以作者为字段的检索结果分析

图 3-15　Web of Science 详尽记录显示页面

cords)"按钮可以链接到相关记录的页面，该页面的文献所引用的文献与本记录文献相同，相同数目愈多的文献排列在前面。另外该页面还提供了与该记录有关的其他信息，例如刊物的影响因子（JCR）。如果已经订阅该记录的刊物，可以通过点击"全文"按钮直接调出原文。

4．引用的参考文献页面

在详尽记录页面点击该文章所引用的参考文献数目（Cited References），可以链接到引用参考文献的列表。在原文的参考文献中有作者名、刊物名、起始页码和年份，点击每一记录题目可链接到详尽记录页面。用户可在每个文献的前面标记框上作上标记，查找相关记录可点击"查找相关文献"按钮，返回原来的详尽记录，可点击顶部的"返回全记录"图标。

5．被引频次（施引文献）的页面

点击详尽记录页面中该记录被引频次（Times Cited）或查看全部施引文献可以链接到引用该记录的其他文献的页面，该页面列出原记录发表后被他人引用的文献，其页面的显示方式与检索结果的页面相同。

6．相关记录页面

点击详尽记录页面中"查看 RELATED RECORDS"（查找相关记录）按钮，可链接到相关记录页面，如图 3-16 所示。该页面是与该文献引用相同的参考文献的相关记录的列表页面，首先列出的是引用参考文献相同数目愈多的文献。排序方式可根据更新日期、被引频次、相关性等调整。Web of Science 借助于引用相同的参考文献，找出文献之间的内在联系。相同的参考文献的数量愈多，文献的相关性愈强，这种相关法的检索可大大减少漏检率，不失为 Web of Science 的最突出优点之一。

图 3-16 Web of Science 相关记录页面

7．标记和输出检索结果

标记和输出检索结果需要二个步骤：第一步对检索结果进行标记操作。要对单个记录作标记，可直接点击该记录最前面的方框。还可以对整个页面的记录（选择页面）和以记录号（Records number）进行标记操作。提交了标记的记录后，就可在标记列表页面对标记记录进行各种输出操作。第二步选择输出方式。Web of Science 提供了对已标记记录的多种输出方式：点击打印机图标，生成一个可打印输出的页面；点击 E-mail 图标将记录利用 E-mail 发送；将记录存储在标记结果列表中；将记录存储在 EndNote online 中；将记录存储在 EndNote Desktop 上；如果用户已经在本机安装了其他文献管理程序，也可以将记录存储为其他格式文件上。记录内容简要输出包含作者、标题、来源出版物，可包含摘要；全记录输出则包含所有字段，并可包含引用的参考文献。见图 3-17。

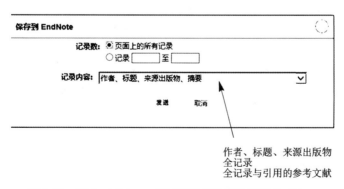

图 3-17 Web of Science 标记和输出检索结果到 EndNote

第三节 Chemical Abstract 数据库

一、化学文摘社（CAS）

美国化学文摘社（Chemical Abstract Service，简称 CAS）是世界著名的化学信息资源公司。CAS 位于美国俄亥俄州的 Columbus，隶属于美国化学会，它出版了世界最大、最全面的化学信息数据库产品及文献检索系统。CAS 的信息内容覆盖了科学、工程、技术、专利和商业信息等广泛的领域，并开发了可以适应不同层次人员的不同需要的多种文献检索工具。CAS 与德国和日本合作的 STN 在线服务系统则可以检索约 200 个文献数据库。CAS 的产品媒介有：印刷版、光盘版、在线检索和联网检索等。图 3-18 是 CAS 的主页面（http://www.cas.org），该页面介绍了 CAS 的产品，提供了对其数据库进行检索的链接。CAS 自 2000 年开始在著名的化学文献数据库 CA 和 CAplus 中增加引文信息，从而使文献检索系统 STN、SciFinder 等能够进行引文检索，引文检索明确地揭示了相关研究文献的内在联系，可十分方便地追踪研究工作的历史与脉络。

图 3-18 CAS 的主页面

1. CAS 的主要数据库产品

CAS 拥有一系列各种数据库，范围从文献目录到化学结构和反应数据库，对应数据库作者索引、通用索引、化学结构索引及索引导向登录条目（表 3-2）。

表 3-2 化学文摘社的数据库

CAPLUS	CAplus 是综合性最强的化学文献数据库，它不仅带有 CA 数据库的所有记录，还带有未被 CA 编入索引的参考文献。它收录了从 1994 年以来 1350 种主要化学期刊的所有论文、通讯和新闻等信息。CAplus 每天更新文献信息，每周更新索引信息
CAS REGISTRY	REGISTRY 是 CAS 的物质登记数据库，它是世界上最大的化合物数据库，至今登记的化合物总量已达 2500 万个，每天都在更新
CASREACT	CASREACT 是 CAS 开发的化学反应数据库，它收录了 CA 覆盖的期刊、专利等文献中的一步至多步化学反应的信息，现已有 370 万个反应和 18.5 万条包含反应信息的文献记录。它支持化学结构的反应式图形查询，所有参与反应的反应物、生成物和试剂都可进行图形结构的检索
MARPAT	MARPAT 是一个 Markush 结构查询搜索服务器。自 1961 年至今 CAS 涵盖了 75 万多种可检索的专利 Markush 结构，超过 300,000 条有关 Markush 结构性专利的可显示引证

续表

CA Selects	CA Selects 是 CAS 出版的 CA 选粹。CAS 在 CA 的 80 个类目中精选出许多研究方向的最新内容,用户可以订阅自己感兴趣的研究类目的 CA Selects 简报。印刷版的 CA Select 和 CA Select Plus,每两周出版一期。CA Select Plus 的信息采编速度更快,在 CA 出版之前就可以阅读到与 CA 中相同的文献信息,使用户及时地得到世界上最新的研究动向
CIN	CIN 是一个文字式数据库,它涵盖了从 1974 年以来的在化学工业中发生的世界范围影响的事件,包括杂志、交易刊物、新闻条目和特殊报告,已有 1500000 条以上记录
TOXCENTER	TOXCENTER 是一个文字式数据库,它覆盖从 1907 年以来的药物和其他化学物质的药性、生化性质和毒性,有 570 多万条记录
CHEMCATS	CHEMCATS 是一个目录数据库,包含 600 万个可买到的化合物,以及在世界各地 702 家供应商
CHEMLIST	CHEMLIST 包含由美国环保局注册的化学物质的详细目录,从 1979 年收录大约 23 万种记录

2. CAS 的主要检索工具

(1) SciFinder 是 CAS 开发的智能化的综合信息系统,它是全世界最大、最全面的化学和科学信息数据库,使用界面十分友好方便,适用于不同层次的使用人员。SciFinder 可通过 eScience 服务选择 Google、Chemindustry.com 和 ChemGuide 等搜索引擎进一步链接相关网络资源,也可通过 ChemPort 连接获取期刊原文或专利全文。SciFinder 的检索功能和友好的用户界面能加快科研人员的研究进程,并在使用过程中得到了很多启示和创意,因而受到高度评价。通过 SciFinder 的检索的数据库有:书目参考数据库 (CAplus)、化学物质数据库 (CAS REGISTRY)、化学反应数据库 (CASREACT)、化合物目录数据库 (CHEMLIST)、商业化学物质数据库 (CHEMCATS) 和医学数据库 (MEDLINE) 等。

(2) STN 是一种联机文献检索系统,通过它可以访问许多综合性的文献数据库,其内容覆盖科学、技术、专利、工程和商业信息等领域。但是它是一种基于命令的服务系统,检索者必须经过培训学习 STN 搜索语言之后,才能较好地和较准确地使用这一系统进行检索。

(3) STN Express with Discover 是高度集成的软包,它能使用户更方便、有效地通过 STN 检索 200 多种科技数据库。

(4) STN on the Web 是基于 Web 的文献检索系统,集成了 STN 所有的功能,并可以进行基于结构的搜索。

(5) STNEasy 是一个具有简单的 Web 界面的检索系统,不需要学习命令语言就可以在指导或帮助系统的指引下进行检索,它覆盖了 STN 约 60 个大众性的数据库,具有简单检索 (Easy)、高级检索 (Advanced) 和登记号检索 (CAS Registry Number) 功能,并可对结果进行精炼 (Refine)。适合于一般检索用户使用。

(6) CAS Science Spotlight 可在 10000 万个期刊、专利、会议录和其他 CA 收录的信息中统计出引用率最高的化学类出版物,它还可列出在 CA 电子产品中最常被请求索取原文的化学类文献和专利。目前,它是免费使用的。

(7) ChemPort 是一种获取文献全文的服务程序,用户使用 SciFinder、SciFinder Scholar、STN on the Web、STN Express with Discover、STN Easy 进行检索后,可十分方便地获取原文。ChemPort 为 CAS 电子产品用户提供了 374 个出版商的 6500 种电子期刊的链接,它也提供 USPTO、esp@cenet 和 MicroPatent 的电子专利链接,实现了文献全文、文摘数据库和检索系统之间的良好链接,为用户提供了全面、便捷的文献服务。通过 ChemPort,用户可以方便地获得到电子期刊中的论文所引用的参考文献的全文。例如,用户检索到 JACS (The Journal of the American Chemical Society) 电子版的 HTML 全文时,可在论文的参考文献中点击 "[ChemPort]" 超链接,就可以通过 ChemPort 获取原文。

二、CA 网络版（SciFinder Scholar）数据库

SciFinder 是美国《化学文摘》（CA）的网络版数据库，由美国化学会下属的化学文摘服务社自行设计开发，是化学化工、药学、生物化学等领域重要的信息检索工具，分为 SciFinder 和 SciFinder Scholar 两个版本。前者主要提供给化学家、药学家以及生物科学家进行专业检索使用。后者主要针对大学研究人员、教师和学生设计，提供简单方便的多学科大范围检索，在大学及研究机构中广泛应用并享有盛誉。两者差别在于，SciFinder Scholar 不具备序列检索、定题服务和数据图像分析等功能，其他基本一致。SciFinder Scholar 在充分吸收原印刷版 CA 精华的基础上，利用现代机检技术，进一步提高了化学化工文献的可检性和速检性，更整合了 Medline 医学数据库、欧洲和美国等 30 多家专利机构的全文专利资料、以及化学文摘 1907 年至今的所有内容。它收录了世界范围内大量的化学及化工方面的科技文献、专利、技术报告、学位论文、会议录和书籍等信息，涵盖了生物化学、物理化学、无机、分析化学、应用化学、化学工程、大分子化学和有机化学等学科领域，以及四千多万的化学物质记录和 CAS 注册号。

SciFinder Scholar 可检索数据库包括：

（1）CAPlus 数据库包含来自 9500 期刊和 150 个国家的 2500 多万个文档，包括从 1907 年至今的文献和 21600 多条来自 1907 年前的期刊记录。

（2）CAS REGISTRY 主要收录化学物质结构信息，包括有机化合物、生物序列、配位化合物、聚合物、合金、片状无机物等，全部有 CAS 登记号。目前该库物质记录总数超过 8100 万条，最早可追溯到 1957 年，每天更新约 7 万条。

（3）CASREACT 收录 1907 年至今的单步及多步反应信息，目前该库的反应记录超过 800 万条，文献记录超 40 万条，每周更新约 700~1300 条。

（4）CHEMCATS 主要提供化学品来源信息，包括化学品目录、供应商地址、价格等。目前包含 740 余万条商业化学物质记录，来自 655 家供应商的 793 种目录。

（5）CHEMLIST 提供 1979 年至今的受管制化学品的信息，目前化合物详细清单已累计超过 23 万种，每周更新记录 50 多条。

（6）MEDLINE 涵盖了来自 70 多个国家 4780 多种期刊的生物医药文献。包括前 OLDMEDLINE 数据库的数据，一共包括了从 1950 年至今的 1500 多万条生物医药引文。

SciFinder 客户端版已于 2012 年 10 月 1 日全面停止服务，目前使用浏览器版（web）。SciFinder web 版不需要安装 SciFinder Scholar 软件，但是每个用户需要注册一个 ID，使用这个 ID/Password 进入检索系统，无并发用户数限制。需要注意的是由于使用 SciFinder 是以互联网的用户形式注册，允许用户建立自己的 SciFinder 用户名和密码，因而要求从主要联系人指定的 IP 地址访问 URL，在用户提交表格之后，CAS 为用户发送电子邮件，指导您完成注册过程。因此，用户必须有一个使用组织的电子邮件域的电子邮件地址。

SciFinder Scholar 可进行信息检索和浏览检索。它提供：研究主题检索（Research Topic）、作者检索（Author Name）、化学结构检索（Chemical Structure）和分子式检索（Molecular Formula）等检索方式。目前增加了组合检索，就是将当前检索结果和以往检索结果进行比较，取其交、并和差集作为最新的检索，这种组合只能在同种类型的检索结果中进行。图 3-19 为 SciFinder Scholar 从主页面到记录页面的检索图。

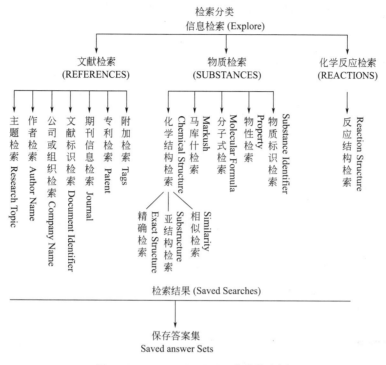

图 3-19　SciFinder Scholar 分类检索图

（一）信息检索（Explore）

近年来 CA 的数据量急剧增加，为了便于读者快速查询，CAS 编制了相当完整的检索体系。点击界面中选择"Explore"，即可打开信息检索窗口。图 3-20 是 SciFinder Scholar 的信息检索窗口。它包含了文献检索、化学物质检索和化学反应检索 3 类检索途径共 13 个索引选项。

图 3-20　SciFinder Scholar 的信息检索窗口

1. 研究主题检索（Research Topic）

用户可点击"Explore"页面"Research Topic"选项，在弹出框中输入描述研究主题的单词或短语。SciFinder Scholar 将输入的研究主题进行重新逻辑组配，得到若干候选主题

（图 3-21 所示）。勾选合适主题（可多选），点击"Get Reference"可以得到检索的文献信息。

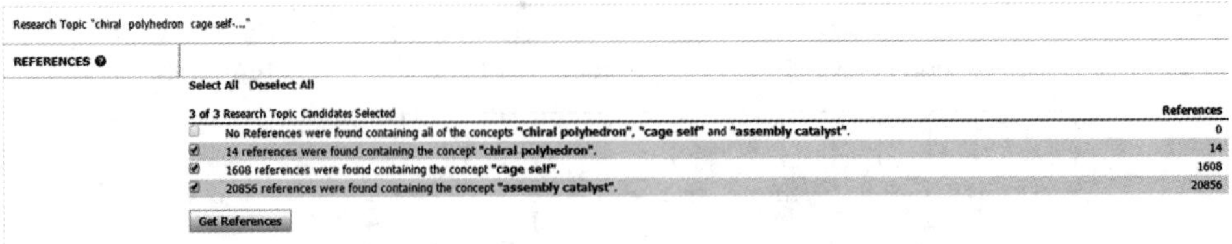

图 3-21　SciFinder Scholar 候选主题窗口

2．作者检索（Author Name）

用户可点击"Explore"页面"Author Name"选项（图 3-20 所示），在弹出框中输入作者姓名，注意一定要输入姓氏（Last Name），名字或中间名是可选项。SciFinder Scholar 将提供所需的作者姓名的所有姓氏，包括缩写和其他拼写。在若干候选作者中，勾选合适的作者（可多选，如图 3-22 所示），例如查找作者蔡启瑞院士，在列表中将 CAI Q R 和 CAI QI RUI 都选上，这样获取到蔡启瑞院士的文章是最全面的。点击"Get Reference"可以得到检索的文献信息。

图 3-22　SciFinder Scholar 作者检索窗口

3．公司/组织检索（Company Name）

用户可点击"Explore"页面"Company Name"选项，在弹出框中输入公司名，大小写均可，键入顺序无关紧要，不能使用 and 或 or 等逻辑算符。点击"OK"按钮，可显示检索结果。

4．文献标识检索（Document Identifier）

用户可点击"Explore"页面"Document Identifier"选项，在弹出框中输入文献标识，超过 25 种以上的文献标识能被识别，包括登录号、文摘号、专利号、PubMed ID 号和数字对象标识符等。

5．期刊信息检索（Journal）

用户可点击"Explore"页面"Journal"选项进入期刊信息检索（图 3-23 所示）。期刊信息检索提供了三种检索字段。（1）期刊信息。期刊名称在弹出框中必须输入，卷、期和起始页码可以输入。标题信息可以全输入或部分输入。（2）作者信息。作者的姓必须输入，名可以输入。（3）出版年份。利用出版年份检索，必须包括期刊和作者信息。如果需要浏览某个杂志某期内容，则需要完整输入期刊名称、卷、期和起始页码。类似旧版的 SciFinder Scholar 中浏览功能（Browse）。

6．专利信息检索（Patent）

用户可点击"Explore"页面"Patent"选项进入专利信息检索（图 3-24 所示）。专利信息检索提供了四种检索字段。（1）专利号（Patent Number）检索。在弹出框中输入专利

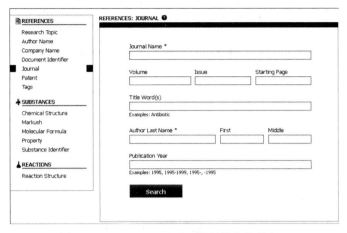

图 3-23 SciFinder Scholar 期刊信息检索窗口

号、申请号和优先权号即可进行检索。(2) 专利权人 (Assignee Name) 检索。在弹出框中输入专利权人姓名进行检索。如果权益人是公司，则输入公司名称，全称或者简称均可。(3) 专利发明人 (Inventor) 检索。在弹出框中输入专利发明人姓名进行检索。(4) 出版年份。利用出版年份对专利检索内容进行限定。

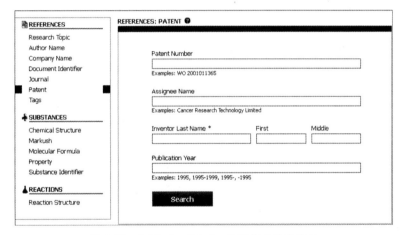

图 3-24 SciFinder Scholar 专利信息检索窗口

7. 化学结构检索 (Chemical Structure)

用户可点击"Explore"页面"Chemical Structure"选项，就能启动画图面板（如图 3-25 所示）。

使用 Scifinder 的结构画图工具，可以通过结构来查询特定的物质，或者和此结构匹配的一系列物质。结构画图工具分为 Java 下和 Non-Java 下两种，有 Java 插件可用 Java 下结构编辑器。绘制需要检索的化学结构式，直接点击结构编辑器。结构编辑器下有三种类型画板编辑器：结构、反应和马库什。如用反应画板编辑器，就可以看到增加了五个绘图工具。选择马库什检索，则进行马库什结构检索。不论是那种化学结构检索，都包含三种检索模式：精确检索、亚结构检索和相似检索。图 3-26 是 SciFinder Scholar 结构编辑器。

结构绘制完成后，点击 OK 即可。点击画图面板的"Advanced Search"按钮可调出或隐藏检索限制条件，如化学物质分类、结构组分、研究种类等，通过检索限制对检索结果进

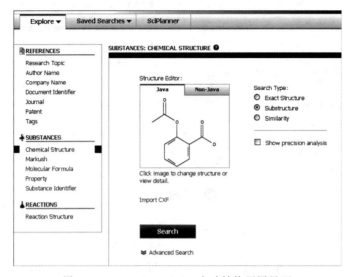

图 3-25　SciFinder Scholar 启动结构画图界面

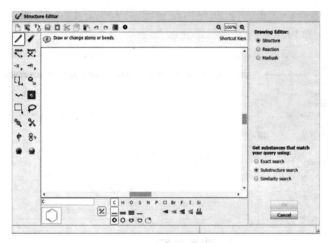

图 3-26　SciFinder Scholar 结构编辑器

行限定。

精确检索（Exact search）：检索结果包含的内容与检索的结构完全相同，能给出其多元物质和互变异构体，不含取代基的物质。精确检索结果包括：和所画结构完全一致的物质；立体异构体；互变异构体；配位化合物；离子化合物；自由基和自由基离子；同位素；聚合物，混合物和盐类。

亚结构检索（Substructure search）：与精确检索不同的是亚结构检索含取代基物质，因而所绘制的结构图的节点是开启的，比如，可以在结构中定义可变基团和 R 基团，这些可以让你扩大或者缩小答案集。默认设置下，亚结构检索可以得到精确结构答案，以及原子有取代或者有环系改变的物质。所以检索结构非常多，有时不能给出检索结果。这就要点击"Autofix"（锁定环和链的取代）或"Additional Option"（增加选项），通过锁定某些节点的原子、可变原子、碳链、R-基团来减少搜索范围。

相似检索（Similarity search）：与精确检索和亚结构检索相比，相似检索可以检索到具有相似结构的物质，其元素成分、取代基和位置与检索的结构不同。相似结构检索是其他结构检索的一种补充,能查询一些既不属于精确结构的也不属于亚结构的物质。它首先会用 Tanimoto 程序来进行检索,查询物质相似的结构并给予相似评分,把评分在 60 以上的进行统计归类。在此注意的是,用相似结构检索时,物质的结构不能再含有可变原子、基团和 R-基。

8. 分子式检索(Molecular Formula)

用户可点击"Explore"页面"Molecular Formula"选项,在弹出框中输入分子式。SciFinder Scholar 中分子式的显示方式是以化学结构为基础组成的多层次嵌套的分子式名排列。分子式检索直接按分子式符号的英文字母顺序进行检索,同一分子式再按化学物质名称的英文字母顺序排列。分子式 Hill 法排列,即分子内含碳、氢的化合物,先排碳,再排氢,其他元素按字母顺序排。不含碳的化合物按分子式元素符号的字母顺序排。输入的分子式有的时候可以随意排序,计算机会分析并重新编排原子使之符合 Hill 法排列。如果输入原子是模糊的,则弹出窗口提示修改,如在同一组分中的元素,必须有明确的分割符号,可以用数字和空格来分割。例如,$C_8H_{16}OS$,这个分子式书写不合法,因为 OS 之间没有明确的分割符号,正确的写法应为:$C_8H_{16}O_1S$ 或 $C_8H_{16}O\ S$ 用数字或空格分割开。如不同组分之间用"."区分开。聚合物则输入单体组成以括弧加 X,例如:$(C_6H_{12}O_6)_x$。对于盐来说,酸成分一定要写全,各组分按照字母顺序排列。例如:$H_3O_4P.Li.Fe$。当组分比例不是 1:1:1 时,这个比例数写在元素的前面。例如:$H_3O_4P.3Na$,$H_3O_4P.2Na$,$H_3O_4P.Na$ 分别表示磷酸钠、磷酸一氢钠、磷酸二氢钠。对于合金,金属元素按照字母顺序表排列,用"."将不同元素分开,例如:$Au.Pt$。

9. 物性检索(Properties)

用户可点击"Explore"页面"Properties"选项,就能启动物性检索(见图 3-27)。输入需要检索的物质性质,包括了熔点、沸点、电导等 13 种各类性质。物质性质既可以是实验测得的物性,也可以是预测的物质性质。

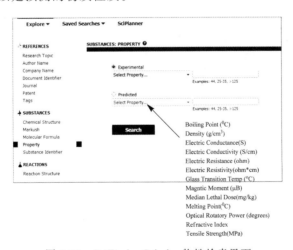

图 3-27 SciFinder Scholar 物性检索界面

10. 物质标识符检索(Substance Identifier)

用户可点击"Explore"页面"Substance Identifier"选项进入物质标识符检索(图 3-28),它可以通过输入化合物名称或 CAS 登记号来检索某篇文献。化合物名称可以是全称,也可以是俗称或商品名等。

图 3-28　SciFinder Scholar 中物质标识符检索界面

11. 反应结构检索（Reaction Structure）

用户可点击"Explore"页面"Reaction Structure"选项，就能启动结构编辑器。选择"drawing editor"中第二项"Reaction"，输入需要检索的反应结构式，点击 OK。选择输入结构在反应中的作用，比如反应物（Reactant）还是产物（Product）。在"Advanced Search"页面，可以通过检索限制对检索结果进行限定。

（二）检索结果及处理

信息检索后所得检索结果见图 3-29。点击检索结果页面中文献，就会链接到详尽记录页面。该页面有文章标题、作者、发表情况和摘要等详尽信息。点击检索结果页面中该文献

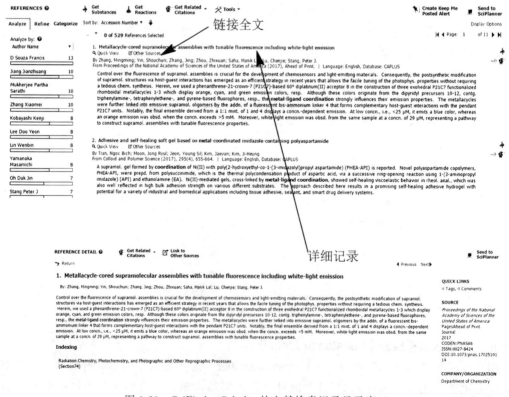

图 3-29　SciFinder Scholar 的文献检索记录显示窗口

"Other Sources",即可获得全文。

SciFinder Scholar 可以对检索结果进行分析、提炼和分类,点击文献列表左边的 "Analyze/Refine/Categories",即可进入分析提炼及分类检索结果界面。

(1) 分析(Analyze)是对所选文献按照年、机构来源、著者等进行分析(图 3-30 所示)。它包括以下十二种分析选项:作者姓名(Author Name)、CAS 登记号(CAS Registry Number)、CA 章节标题(CA section title)、机构名称(Company-Organization)、所属数据库(Database)、文献类型(Document Type)、索引词(Index term)、CA 概念标题(CA Concept Heading)、期刊名称(Journal Name)、语言(Language)、出版年份(Publication Year)、附加词(Supplementary Terms)。默认是作者姓名的分析结果。点击页面显示的某项分析结果,获得相关文献。如果想看完整的分析结果,点击"显示更多(Show more)"。分析结果的排序默认是按照出现的频率的高低来排列,也可下拉菜单选择按照字母顺序(Natural Order)排列。

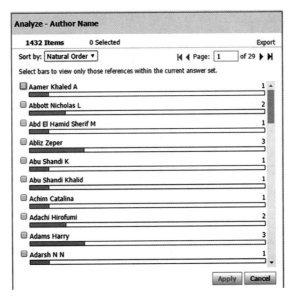

图 3-30　按字母顺序排列作者姓名分析显示窗口

(2) 限定(Refine)是从研究主题、机构名称、作者姓名、出版年等方面对已有结果进行二次检索。共提供了主题词(Research Topic)、作者姓名(Author)、机构名称(Company Name)、文章类型(Document Type)、出版年份(Publication Year)、语言(Language)和所属数据库(Database)七种限定途径。默认是通过关键词进行再限定,点击"Refine",即可获得限定后的结果。用主题词做限定,可以在主题词前加 NOT,意味着逻辑非操作。

(3) 分类(Categorize)是通过索引条目和 CAS 登记号更深入的分析检索结果。点击文献列表界面下方的"Get Related",即可进入文献扩展查询界面(图 3-31 所示),它通过引用的文献(Cited References)、被引的文献(Citing References)、化学物质(Substances)、反应(Reactions)和 eScience 进行扩展查询,当点击 eScience 时,SciFinder Scholar 会将提问在 Web 上展开搜索,并找出更多有关作者的研究信息。

在检索结果显示窗口,SciFinder 提供了保存、打印及输出等功能图(图 3-32)。SciFinder 可以让用户打印文献、物质和反应的结果集,将结果集保存到 CAS 服务器,或者导出到桌面或本地文件夹。在进行上述 3 项操作前,可以选择感兴趣的文献进行部分存储、

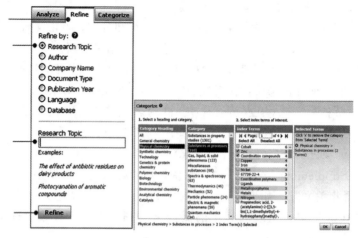

图 3-31　SciFinder Scholar 的限定和分类检索结果界面

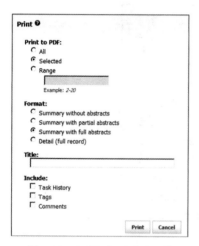

图 3-32　SciFinder Scholar 的
打印检索结果显示窗口

打印和导出。在检索结果显示窗口，当结果集显现后，选择你要打印的检索结果，点击"Print"，选择适当的选项就可打印结果集。

注意：如果没有选择结果集，默认为打印全部的结果集。"Summary"格式打印 500 个检索结果的简要信息，"Detail"格式打印 100 个检索结果的详细信息。在检索结果显示窗口，当结果集显现后，选择你要存储的检索结果，点击"Save"图标，选择适当的选项就可存储结果集。注意：如果没有选择结果集，默认为存储全部的结果集。结果集最多只能保存 20000 条。在 SciFinder "Saved Searches"检索窗口，点击"Saved Answer Sets"，你可以随时查看已保存的结果集。在检索结果显示窗口，当结果集显现后，选择你想要导出到桌面或者本地文件夹的结果，然后点击"Export"输出检索结果（图 3-33）。注意：如果没有选择结果，默认导出全部结果集。点击"Selected"，则只导出选中的检索结果，"Range"指定导出结果的范围，例如 20-45，从第 25 个记录到 45 个记录被导出。

SciFinder 存储文件的格式有：

（1）Citation export format：该格式能被大多数文献管理软件导入，文件扩展名为 ris；

（2）Quoted Text：引用文本格式，文件扩展名为 txt；

（3）Tagged Text：标记文件格式，数据的字段以特定的标记说明。数据标记类型有：AN（登记号）、TI（文献标题）、BI（书目信息）、AB（摘要）、KW（关键词）和 AU（作者）等，文件扩展名为 tag；

（4）Portable Document Format：可移植文件格式，文件扩展名为 pdf；

（5）Rich Text：以 RTF 格式，Word 字处理软件可读入 RTF 格式文件；

（6）Answer Keys：文本格式，文件扩展名为 txt；

（7）Answer Key exchange：文本格式，文件扩展名为 akx。

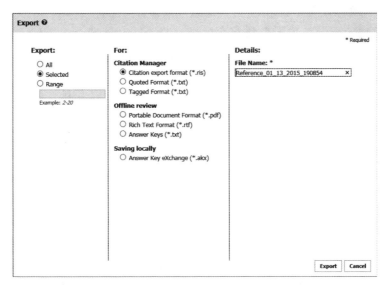

图 3-33　SciFinder Scholar 的输出检索结果显示窗口

第四节　Ei Village 数据库

一、数据库简介

《工程索引》（The Engineering Index，简称 Ei）创刊于 1884 年，现由 Elsevier Engineering Information Inc. 公司出版。虽然 Ei 取名为索引，但实际上它是以带有文摘的工程类的综合性科技文献检索系统。Ei 是世界工程领域内最权威的文献检索工具之一，它与 SCI、ISTP 及 ISR（Index to Scientific Reviews）被认为是国际上著名的四大检索工具。Ei 所收录的内容涉及面广、综合性强，涵盖了世界上应用科学和工程技术领域的主要文献。Ei 的数据来源于世界上 50 多个国家（25 种语种）的 4500 多种出版物，包括工程类期刊、会议论文、技术报告、科技图书、年鉴和标准出版物等。Ei 收录经过严格挑选的有关工程科学和工程技术领域的文献资料，不涉及纯基础理论方面的文献资料和专利文献，每年收录的文献量达 18 万条。

Ei 的收录范围涵盖了工程和应用科学领域的各学科：机械工程、土木工程、环境工程、电气工程、结构工程、材料科学、固体物理、超导体、生物工程、能源、化学和工艺工程、照明和光学技术、空气和水污染、固体废物的处理、道路交通、运输安全、控制工程、工程管理、农业工程和食品技术、计算机和数据处理、电子和通信、石油、宇航、汽车工程以及这些领域的子学科和其他主要的工程领域。

Ei 具有多种出版媒介：印刷版、缩微胶卷、磁带、光盘（Ei Compendex plus）和网络版（Ei Compendex Web）。1995 年推出了基于 Web 界面的 Ei Village，2003 年升级为 Engineering Village。Engineering Village 作为 Ei Village 第二代综合的检索平台，它除了提供核心数据库 Compendex 外，还可进行 USPTO、Esp@cenet 和 Scirus 的检索。

（1）Ei Compendex 数据库是由 Compendex 和 Ei Page One 合并的 Internet 版本。数据来源于 5100 种工程类期刊、会议论文和技术报告，其中 2600 多种期刊和会议录有文摘。数据库共有 700 万篇文献，每年新增 50 万条文献，数据每周更新。

（2）USPTO Patents 是美国专利和商标局（The United States Patent and Trademark Office，USPTO）的全文专利数据库。可以检索 1790 年以来的专利全文，数据库每周更新。

（3）esp@cenet 是欧洲专利数据库，可检索到 EPO 成员国专利、欧洲专利（EP）、世界专利（WO）、日本专利（PAJ）及世界范围（Worldwide）专利。

（4）Scirus 是 Internet 上最全面、综合性最强的科技文献搜索引擎。它采用最新的搜索引擎技术，可检索 16700 万个科技网页，被誉为最好的专业搜索引擎。

本节介绍 Engineering Village（http：//www.engineeringvillage.com）的使用方法。

二、数据库检索

Engineering Village 提供了快速检索（Quick Search）、专家检索（Expert Search）和叙词检索（Thesaurus Search）三种检索方式，点击屏幕右上方"Quick Search"、"Expert Search"和"Thesaurus Search"可进行检索方式的切换。

1．快速检索（Quick Search）

图 3-34 是 Engineering Village 的快速检索页面，快速检索是 Engineering Village 的默认检索方式。Compendex 是 Engineering Village 的默认使用数据库，以下是快速检索的操作步骤。

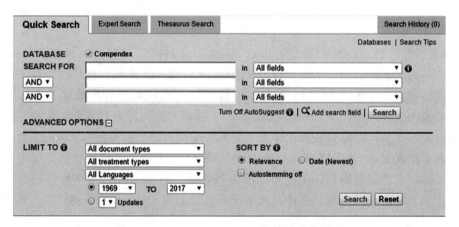

图 3-34　Engineering Village 的快速检索页面

（1）输入检索词（SEARCH FOR）：在检索输入框内键入检索词，输入的检索词可以是词或词组。多个检索词之间可用 AND、OR 或 NOT 逻辑算符连接。

（2）选择检索字段（SEARCH IN）：在检索字段弹出框中选择检索字段。

（3）选择逻辑算符：在逻辑算符的弹出框中选择逻辑算符："AND"、"OR"或"NOT"。逻辑算符用于连接不同的检索字段。

（4）设定检索结果的限制（LIMIT BY）：检索结果的限制有以下方面，文献类型（Document Type）、分类范畴（Treatment Type）、语种（Language）和年代（Year）。用户可在以上弹出框中进行选择。系统的默认设定是不对文献的类型和年限加以限定。

（5）设定输出结果排序等选项（SORT BY）：检索结果可以按相关性（Relevance）或按出版时间（Publication Year）进行排序。默认的排序为相关性排序。

（6）设定自动取词根：在快速检索中，除了使用 Author（作者）检索字段，或在检索词中使用截断符，或使用引号或括号之外，系统会使用自动取词根方法检索出词根的派生词，这是一种扩大检索范围的模糊检索法。例如，检索词是 Management，检索结果则包括 Managing、Managed、Manager、Manage 和 Managers 等。如果要进行准确的检索词检索，则要在 Autostemming Off 的复选框上进行选择，关闭自动取词根功能。

完成了以上的输入和设定之后，点击"Search"按钮进行检索，如果要清除输入的内容，可点击"Clear"按钮。

Engineering Village 提供了以下的检索字段：All fields（所有检索字段）、Subject/Title/Abstract（主题词/标题/摘要）、Abstract（摘要）、Author（作者）、Author affiliation（作者单位）、Title（标题）、Ei Classification code（Ei 分类码）、CODE（代码）、Conference information（会议信息）、Conference code（会议代码）、ISSN（国际标准期刊代码）、Ei Main heading（Ei 主标题）、Publisher（出版商）、Source title（期刊名）、Title（标题）和 Ei controlled term（受控词）等。

Engineering Village 的缺省检索字段是 All fields（所有检索字段），使用所有字段进行检索，不易漏检，但会增加检索结果的数量。Subject/Title/Abstract（主题词/标题/摘要）是多字段的组合检索，它包括摘要（Abstract）、题目（Title）、翻译的题目（Translated title）、Ei 控制词（Ei controlled terms）、主标题（Main heading）和自由词（Uncontrolled terms）等常用字段。如果对检索词所属的字段不明确，组合检索不失为方便的字段选择，它可避免单一字段多次重复检索。摘要检索的查全率高于题目检索。作者姓名输入格式有一定规范，姓后面加逗号和空格，然后加名。如果要精确检索一个短语，可用括号或引号将此短语包括进去。系统默认的时间限定是 1990～2004 年，用户检索时可在 1969 至现在年间任意限定，可以选择某年度检索，也可跨年度检索。

Engineering Village 提供了以下的文献类型：All document type（所有文献类型）、Journal article（期刊文献）、Conference article（会议文献）、Conference proceeding（会议录）、Monograph chapter（专著图书）、Monograph review（专著评论）、Report chapter（科技报告）、Report review（科技报告评论）、Dissertation（学位论文）、Unpublished paper（未出版的文章）和 CORE（Ei 的核心期刊）等。

Engineering Village 可选择的分类范畴如下：All treatment type（所有类目）、Applications（应用技术）、Biographical（传记）、Economic（经济）、Experimental（描述实验过程及结果）、General review（一般综述）、Historical（史记）、Literature review（文献评论）、Management aspects（管理）、Numerical（数字化）和 Theoretical（理论）等。

Engineering Village 的检索语种（Language）共有以下 8 种选项：English（英语）、Chinese（汉语）、French（法语）、German（德语）、Italian（意大利语）、Japanese（日本语）、Russian（俄语）和 Spanish（西班牙语）。Year（年代）选项提供自 1969 年至今的任意年代范围的选择，或最新的四次更新。

为了方便用户输入准确的检索词，Engineering Village 提供具有词典功能的 Browse Indexes（浏览索引），用户可浏览字段的索引词列表，选中 Author（作者）、Author affiliation（作者单位）、Serial titles（期刊名）、Publisher（出版商）、Ei controlled term（Ei 受控词）中的某一个字段后，点击"Browse"图标，在弹出的小窗口的检索词词典中可以查找到相应的检索词，再点击所需要的索引词左边的选择框，系统会自动将检索粘贴到检索输入框，这样用户可方便地进行检索词的准确输入。

2．专家检索（Expert Search）

专家检索提供更强大、灵活和准确的检索功能，与快速检索相比，用户可使用更复杂的逻辑算符、位置算符、截断符和词根符等来构成复杂的检索语句。系统将严格地按输入的检索式进行检索，不能进行自动取词根。另外也可设定限制检索结果的排序（按相关度排序或按 Ei 出版时间排序）、限制文献出版的年限。系统也提供具有词典功能的 Browse Indexes（浏览索引），用户可浏览并选择以下检索字段的检索词：Author（作者）、Author affiliation（作者单位）、Serial titles（期刊名）、Publisher（出版商）、Ei controlled term（Ei 受控词）、Treatment type（处理类型）、Document Type（文献分类）和 Language（语种）等，可方便地进行检索词的准确输入。图 3-35 是 Engineering Village 的专家检索页面。

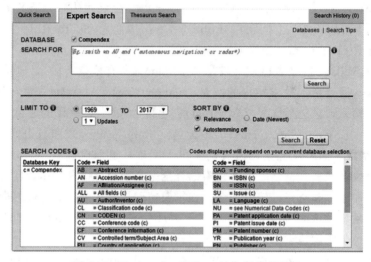

图 3-35　Engineering Village 的专家检索页面

专家检索中有一独立的检索输入框，用户采用 within 命令（缩写为 wn）和字段标记符，可以在特定的字段内进行检索。书写格式为：〔检索词或词组〕wn 检索字段标记符。用户既可用单一字段进行检索，也可以使用逻辑算符连接多个字段进行组合检索。可使用括号指定检索的顺序，括号内的检索词和操作优先于括号外的检索词和操作，也可使用多重括号。

专家检索应注意以下事项。

(1) 可使用截断符"*"和"?"进行模糊检索。由于系统不能进行自动取词根，用户可使用词根符"$"检索出与该词根具有同样语意的词。例如，$manage 将检索出 managers、managerial 和 management 等词。如果没有进行以上模糊检索，系统则进行准确检索，检索结果将严格与输入的检索词匹配。如果要精确检索一个短语，可用括号或引号将此短语包括进去。

(2) 除了使用逻辑算符（AND，OR 或 NOT）外，还可使用位置运算符（W、NEAR、ADJ）确定检出结果中的两个词的位置关系。W/F：两词在同一字段，位置任意；W/n：两词之间最多相隔 n 个单词，位置任意；W/0：两词相邻，位置任意；NEAR：两词之间最多相隔 5 个单词，位置任意，ADJ：两词相邻，位置确定。

(3) 检索时系统将忽略特殊字符。特殊字符是除 a~z，A~Z，0~9，?、*、#、()、

{} 之外的所有字符。如果检索的短语中含有特殊字符，则必须使用括号或引号。同样，如果检索短语中包含连接词（AND、OR、NOT、NEAR），也必须使用括号或引号。

（4）输入字符不区分大小写。检索字段与字段标记符有以下的对应关系：All fields＝All、Abstract＝AB、Accession number＝AN、Author＝AU、Author affiliation＝AF、Ei classification code＝CL、CODEN＝CN、Conference code＝CC、Conference information＝CF、Ei controlled term＝CV、Document type＝DT、ISBN＝BN、ISSN＝SN、Language＝LA、Ei main heading＝MH、Publisher＝PN、Serial title＝ST、Subject/Title/Abstract＝KY、Title＝TI、Treatment Type＝TR、Uncontrolled term＝FL。

3．叙词表检索（Thesaurus Search）

叙词表，将文献作者、标引者和检索者使用的自然语言转换成规范化的叙词型主题检索语言的术语控制工具，亦称主题词表、检索词典。它是一种概括某一学科领域，以规范化的、受控的、动态性的叙词（主题词）为基本成分和以参照系统显示词间关系，用于标引、存储和检索文献的词典。由于标题词检索存在着主副标题词是固定组配的原因，故此不能用一对主副标题词来反映现代科技发展而出现的纵横交错的文献主题概念，在使用上受到了一定限制。叙词表检索是基于全部主题词按字顺排列，检索词同一对待，检索时不再受主副标题词固定组配的羁绊，大大增加了寻找主题词的自由度。该词表中任何词都可以做导词，任何词都可以做说明词，检索概念由主题词自由组配，而充分发挥了检索系统的功能。这对现代科技发展，而形成文献主题概念复杂的检索是非常有利的。图 3-36 是 Engineering Village 的叙词表检索页面。

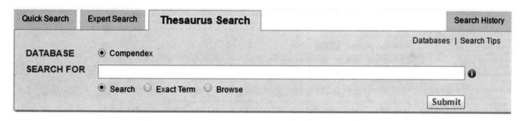

图 3-36　Engineering Village 的叙词表检索页面

三、检索结果及处理

1．检索表达式的保存

在 Engineering Village 屏幕的上方有 New Search、Edit、Save Search、Create Alert、RSS feed 和 Search History 图标：

（1）New Search（新的检索表达式）：设定一个新的检索表达式。

（2）Edit（编辑检索表达式）：编辑一个已有的检索表达式。

（3）Save Search（保存检索表达式）：保存当前的检索表达式。

（4）Create Alert（创建个人告示）：创建个人告示的检索表达式。

（5）RSS feed（RSS 反馈）：共享内容的反馈。

（6）Search History（检索历史）：在检索过程中，系统将跟踪在本次检索中所输入的检索语句，为每次检索建立一个检索历史记录。检索结束后，用户可以通过检索历史进行检索表达式的保存。检索历史页面将每一次检索操作作为检索集列表显示，它包括集编号、检索类型、检索语句、自动取词根、结果记录数、检索限、数据库名。

它还为每一个检索历史记录提供了电子邮件告示的复选框和"Save"图标。点击"Save"图标可将检索表达式存储在服务器上。完成存储操作之前,要先注册,设定用户名和口令,然后现 Login(登录)。如果在 E-mail Alert(电子邮件告示)在复选框中进行了选择,系统会通过电子邮件告示 15 周的更新信息。页面的下部是组合检索的输入框,由于以前的检索集的编号已经在检索历史中显示,用户可使用集编号和逻辑算符进行组合检索。例如,♯1 AND ♯2。点击"View Saved Search"可浏览已保存的检索表达式,单击检索语句的超链接即可重新进行检索。

2．显示检索结果

图 3-37 为 Engineering Village 的检索结果页面。检索结果将命中文献记录列表显示,每个页面上显示 25 条记录。在文献记录的上方,显示本次检索的检索表达式和命中记录数。通过屏幕上方的"Choose format"单选框,可选择命中记录的显示格式:引文格式(Citation)、摘要格式(Abstract)或详细记录格式(Detailed record)。点击每条文献记录下的"Detailed Record/Links"超链接,显示此条文献记录的详细信息,点击"Abstract"超链接,可显示文献记录的摘要,页面显示的受控词及作者姓名均为超级链接形式。点击受控词的超链接,系统将显示用户先前设定的时间范围内含有该受控词的所有记录。点击作者姓名的超链接,系统将显示 1969 年以来含有该作者姓名的所有记录。

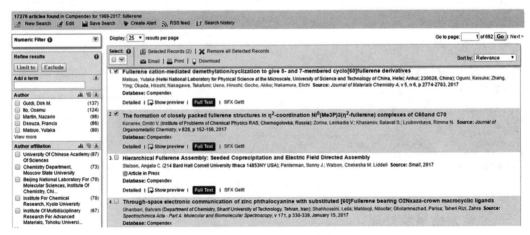

图 3-37　Engineering Village 的检索结果页面

3．修改检索式

如果显示的检索结果不符合用户的要求,可在屏幕下部点击"Refine Search"图标对检索语句进行修改,再次进行检索。

4．标记检索记录

点击文献记录前方的复选方框,可对当前的记录做上标记。如果点击"Select all on page"链接,则是将本页中的全部文献记录都做上标记。也可勾选文献,对序号的文献记录做上标记。

5．输出检索结果

完成了文献记录的标记后,用户可选择以下的输出结果方式:

(1)点击"E-mail"图标,可以将检索结果用电子邮件(E-mail)发送。

(2)点击"Print"图标,可以打印检索结果。

(3) 点击"Download"图标,可以将选定的记录以 RIS、Bib Text、ASCII 等格式下载。并可将保存的记录存放到不同的地方:本机、Google Drive(谷歌云)等(见图 3-38)。

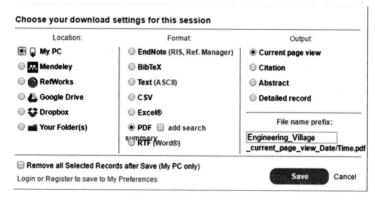

图 3-38 Engineering Village 的保存检索结果页面

一、判断对错(True/False)

1. (　) ISI 公司是国际上著名的科学技术出版商之一。
2. (　) 如果要查某一外文期刊的影响因子,那么最好的检索工具是 ESI。
3. (　) SCI 自称为"世界化学化工的钥匙"。
4. (　) 引文索引是基于文章所附参考文献的作者、标题、和期刊等项目编制的索引。
5. (　) 中国期刊网不提供相关检索的功能。
6. (　) 化学反应数据库存储了化学反应的反应物,产物和反应条件等信息。
7. (　) H-index 是 JCR 中很重要的参数,等于期刊论文当年的总引用数除以当年期刊论文总数。
8. (　) 影响因子是 JCR 中很重要的参数,等于期刊论文当年的总引用数除以当年期刊论文总数。
9. (　) Web of Science 可以进行引文检索。
10. (　) Scifinder 属于全文数据库。

二、填空

1. ＿＿＿＿索引是一种将科技期刊、会议、专题丛书等文献资料所发表论文后所附的参考文献的作者、题目、出处等项目,按照＿＿＿＿和＿＿＿＿的关系进行排列而编制的索引。

2. 某用户检索北京大学化学系 2007～2008 年度 SCI 收录论文情况,需要执行以下操作,要将检索范围设为地址,检索字段为＿＿＿＿,入库时间限定 2007～2008 年。此时检索到属于北京大学的 SCI 论文总数。选择＿＿＿＿类别,进一步＿＿＿＿检索结果,检索获得属于北京大学化学相关学科的 SCI 论文总数。如需获得每篇文献平均引用次数,还需执行＿＿＿＿操作。

3. 图书馆可以检索引文的数据库有 ＿＿＿＿, ＿＿＿＿, ＿＿＿＿,

_____等。试举三个例子说明引文索引的主要功能_____，_____和_____。

4. Web of Science 高级检索能利用_____检索字段标记符建立一个_____，并可进行检索历史中_____。还可以进行_____检索。

5. 索引是一种加快_____的有效手段，它不需要移动_____中记录而占用大量的存储空间。计算机在检索时，通过索引检索查找有关信息的_____，然后再进入文档查找_____。

三、单项选择

1. Web of Science 数据库中，检索结果有不同的排序，如果想要结果相关度排序，应该选择_____。

   A. 出版日期（升序）　　　　　　　B. 相关性
   C. 被引频次（升序）　　　　　　　D. 第一作者（降序）

2. 以下关于期刊影响因子的说法正确的是_____。

   A. 期刊影响因子是固定不变的　　　B. 只有外文期刊才有期刊影响因子
   C. 一般来说，影响因子高的期刊学术水平高　　D. 期刊影响因子就是期刊论文总引用数

3. 在 Web of Science 中，点击"CITED REFERENCES"和"TIMES CITED"则会出现_____。

   A. 本篇文献后所附的参考文献；引用了该篇文献的文献
   B. 引用的参考文献；被引用的参考文献
   C. 被该篇文献引用的参考文献；该篇文献被其他文献引用的次数
   D. 被该篇文献引用的参考文献；引用了该篇文献的文献

4. 用 Scifinder 在数据库中检索到以下文献

   Transition Metal-Carboryne Complexes: Synthesis, Bonding, and Reactivity

   Qiu, Zaozao; Ren, Shikuo; Xie, Zuowei. Chinese Univ Hong Kong, Dept Chem, Shatin, Hong Kong, Peoples R China. Accounts Chem. Res. (2011), 44 (4), 299-309. Publisher: American Chemical Society, CODEN: ANCAC3 ISSN: 0001-4842. LA English, DT Review.

   下列说法错误的是_____。

   A. 文献作者单位在中国　　　　　　B. 这是一篇研究论文
   C. 这篇文献的原始语种是英语　　　D. 这篇文献共 11 页

5. 下列关于 SciFinder 的使用，正确的选项是_____。

   A. 使用 refine categorize 功能可筛选出特定领域的文献资料
   B. 不能进行专利的检索
   C. 检索的关键词之间一般用逻辑运算符连接
   D. 可以使用！或 *（删减符或通配符）

6. 在使用 SciFinder 中化学物质检索（Explore Substances）时，下列不属于它的检索方式是_____。

   A. 精确检索　　　　　　　　　　　B. 相似检索
   C. 分子式检索　　　　　　　　　　D. 化学反应检索

四、简答题

1. 已知某化合物双酚 A，通过 Web of Science 查找该物质的制备方法和文献。
2. Scifinder 中化学物质信息主要有哪几种途径获得？
3. 如何通过 Web of Science 查询某学科哪些期刊的影响因子最高？
4. 如何通过 Web of Science 了解在荧光蛋白领域研究中最具影响力的作者？
5. 如何通过 Web of Science 了解芳香性这个概念是如何提出来的？

第四章 常用全文数据库

第一节 ProQuest 数据库

一、数据库简介

ProQuest 是美国 ProQuest Information and Learning 公司（原 UMI/Bell & Howell 公司）开发的全文信息检索系统。ProQuest 公司最早成立于 1938 年，是世界上著名的商业性信息服务公司。ProQuest 数据库覆盖了商业、金融、新闻、科技、医学、综合参考信息以及人文社会科学等多种学科。目前 ProQuest 公司与世界范围的 8500 家出版商签有协议，它能够及时地为用户提供期刊、报纸、参考书、参考文献、书目、索引、地图集、绝版书籍、记录档案、博士论文和学者论文集等各种类型的信息服务，其中学位论文部分的检索与研究在世界上处于领先地位。ProQuest 所提供的具有价值的信息服务，已为 160 多个国家的图书馆、政府机关、大学及研究人员、学者和学生广泛使用。ProQuest 的产品媒介有：印刷版、缩微胶片、光盘和 Web 版。

ProQuest 的 Web 版数据库检索系统（http：//search.proquest.com），将二次文献与一次文献集成在一起，为用户提供更加快捷、完善的信息检索以及文献获取一体化服务。

ProQuest 系统目前有 70 余个全文数据库，以期刊论文数据库为主，收录内容偏重学术性，全文所占比例较高，很适合大学和研究机构图书馆使用。以下是几个最主要的数据库。

(1) 商业信息摘要数据库（Abstract of Business Information，简称 ABI/INFORM）是世界著名商业及经济管理期刊论文数据库，它涵盖了财会、银行、商业、计算机、经济、能源、工程、环境、金融、国际贸易、保险、法律、管理、市场、税收、电信等学科领域，内容包括市场、企业文化、企业案例分析、公司新闻和分析、国际贸易与投资、经济状况和预测等信息。数据来源于 2600 多种商业期刊，其中全文期刊有 1800 余种。

(2) 学术研究图书馆数据库（Academic Research Library，简称 ARL）是艺术人文、社会科学和自然科学的综合性学术研究数据库，它涵盖了商业与经济、教育、保护服务/公共管理、社会科学与历史、计算机、科学、工程/工程技术、传播学、法律、军事、文化、医学、卫生健康、生物科学/生命科学、艺术、视觉与表演艺术、心理学、宗教与神学、哲学、社会学及妇女研究等学科领域。数据来源于 2800 多种期刊和报纸，其中全文期刊有 1900 多种。

(3) 应用科学与技术数据库（Applied Science & Technology Plus，简称 ASTP）涵盖了声学、航空航天、人工智能、大气科学、化学化工、土木工程、电气电子、建筑、环境、食品、地质、机械、矿业、海洋科学、石油化工、物理、塑料、空间科学、通信、纺织、运输等学科领域,数据来源于应用科学和工程技术学科的 550 余种期刊,其中全文刊为 130 多种。

(4) 博硕士论文数据库(ProQuest Dissertations and Theses,简称 PQDT)是世界著名学位论文数据库,它收录了欧美 1000 余所大学文、理、工、农、医等领域的 160 万篇论文摘要。其中博士论文摘要 350 字左右,硕士论文摘要为 150 字左右,1977 年以后的博士论文有前 24 页全文,同时提供大部分论文的全文订购服务。

(5) 期刊内容索引数据库(Periodical Contents Index,简称 PCI)及期刊内容索引全文数据库(PCI Full Text)是两个互相关联的期刊数据库,数据库涵盖了法律、历史、文学、教育、地理、历史(美国历史)、人文科学、神学/宗教学研究、妇女问题研究、艺术与建筑、语言与文献学、音乐与表演艺术、人类学与人种学、图书馆与信息科学、经济与商业研究、考古与古代文明、政治学及公共管理等学科领域。PCI 数据来源于 3035 种期刊的文摘及索引。通过 PCT 数据库与 PCI 全文数据库之间的链接,可方便地获取全文。

以下介绍 ProQuest 数据库的检索方法。

二、数据库检索

用户进行数据库检索之前,先要进行数据库选择。系统的默认检索数据库是多个数据库检索(Multiple Databases),即用户具有使用权限的所有数据库,只有用户购买数据库的使用权后,这些数据库名才会显示出来。ProQuest 提供了基本检索(Basic Searching)、高级检索(Advanced Searching)和出版物检索(Publication Searching)三种检索方法。ProQuest 的界面可使用多种语言:中文(简体)、中文(繁体)、德文、英文、西班牙文、法文、日文、韩文和葡萄牙文等,如果要使用简体中文的显示界面,可在屏幕的右上角的"Interface language"弹出框中选择。

1. 基本检索

图 4-1 是 ProQuest 的基本检索页面,用户可以在输入框中键入关键词、出版物名称、主题词或词组,再点击"检索"按钮进行检索。如果需要缩小检索范围,可进行以下的限定:全文文献、同行评审和学术期刊,并选择检索结果的排列顺序。检索结果有三种排序方式:内容相关性、时间上先远后近和先近后远。

图 4-1　ProQuest 的基本检索页面

2. 高级检索

图 4-2 是 ProQuest 的高级检索页面。高级检索使用检索词、检索字段和逻辑算符构成更复杂的检索表达式，可进行更加精确与快速的检索。高级检索的检索字段有：引文和摘要、引文和文章正文、摘要、文章内容、文章篇名、文章类型、作者、分类代码、公司/组织、图像题注、位置、NAICS 代码、人名、产品名称和出版物名称主题等。可使用逻辑、近似、相近运算符用于扩大和缩小检索范围。

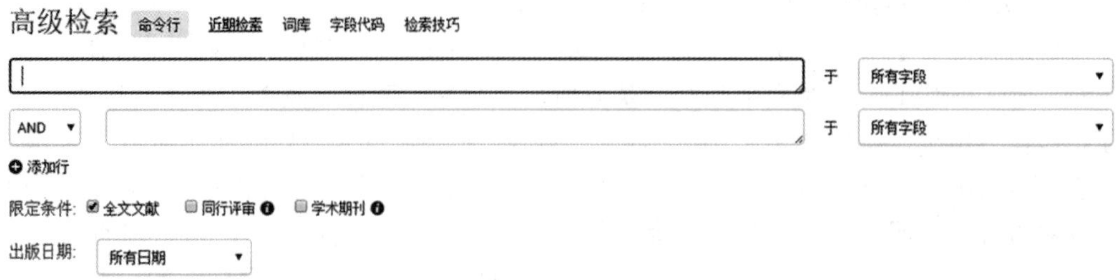

图 4-2　ProQuest 的高级检索页面

(1) AND：逻辑"与"。

(2) NOT：逻辑"非"。

(3) OR：逻辑"或"。

(4) WITHIN：查找两个单词之间相隔几个单词的文章。例如，molecular W/3 graphics。

(5) WITHIN DOC：查找所有单词出现在索引或正文中的文章。例如，Internet W/DOC information。

(6) NOT WITHIN：查找后一个单词前后一定数量的单词内不出现第一个单词的文章。例如，molecular NOT W/2 graphics。

(7) PRE：查找字段中 n 个单词内出现所查单词的文章。例如，world pre/3 web。

高级检索还提供出版物、学科、公司、人名、位置、分类代码、NAICS 代码的字典，用户可点击页面上相关链接，查找有关单词。

3. 出版物检索

图 4-3 是 ProQuest 的出版物检索页面。出版物检索操作简单，是初学者较常使用的一种方法。它可容易地查找期刊或报纸的最新期或过去特定期的文献信息。对于许多数据库，用户可对感兴趣的特定出版物建立提示。当该出版物有新的信息加入时，系统将自动发送电子邮件通知用户。

在输入框中键入检索词或短语，点击"检索"按钮即可进行检索。如果要查找出版物的正确名称，可点击"显示所有出版物"超链接。ProQuest 提供了以英文字母 A～Z 顺序排列的期刊名超链接，点击期刊的首字母，在显示该字母的所有期刊名列表中，查找所需要的期刊。点击要浏览的期刊名称，此时将出现该期刊的卷期列表。在名称下方，将看到覆盖日期以及任何空缺期。点击卷期的超链接，可以查看该期文章的完整列表，再查找到所需要的文献记录。

三、检索结果及处理

图 4-4 是 ProQuest 的检索结果页面。通过检索结果的浏览，用户可对所需要的文献记

录做上标记。在标记结果列表的页面上，可使用多种方式处理检索标记文献：打印书目；用电子邮件发送标记过的文档和参考书目；保存文献至 EndNote、RefWorks；以网页（HTML）文件下载到"我的检索摘要"。文献输出格式包括：题录、文摘、ASCII 全文、Image 全文和文本嵌入图像。在这些输出格式中，最后一种方式得到的原文品质最好。

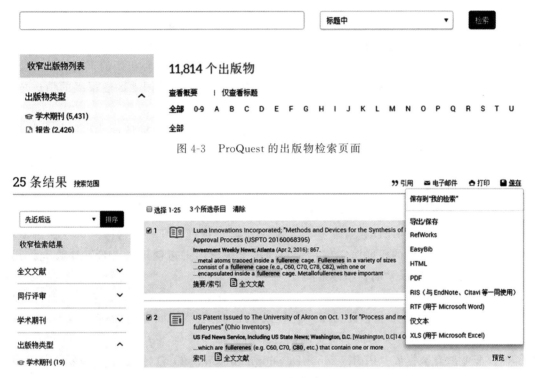

图 4-3　ProQuest 的出版物检索页面

图 4-4　ProQuest 的检索结果页面

第二节　EBSCO 数据库

一、数据库简介

EBSCO 数据库是 EBSCO 公司出版的全世界多学科综合型全文数据库。它共包括 60 多个专项数据库，其中全文数据库 10 多个、期刊数据库产品 50 余种。EBSCO 提供了基于 Web 的在线文献数据库检索服务。全文数据库使用的全文格式包括 HTML 格式和图文混编的 PDF 格式，有些信息还使用 Excel 表格等。EBSCO 收录了大量的医药和生物技术方面信息，在科学研究方面最常用的是 ASP 数据库。EBSCO 提供几十种数据库，以下介绍其中 10 种。

（1）学术期刊全文数据库（Academe Search Premier，简称 ASP）是世界上最大的综合学术性跨领域数据库，提供了近 4700 种高水平期刊的全文，其中包括 3600 多种同行评审的刊物。收录范围横跨近乎每个学术研究范畴，涵盖了计算机科学、生物科学、物理学、化学、咨询科技、通信传播、工程、教育、社会科学和医药学等学科领域，提供的信息可回溯至 1975 年。数据库每日更新。

（2）商业资源数据库（Business Source Premier，简称 BSP）是世界上最大的全文商业数据库，提供了近 7400 份学术性商业期刊的全文，包括 1100 多份经同行评鉴的商业刊物全文。与商业相关的所有主题范围几乎均包括在内，涵盖了国际商务、经济学、经济管理、金融、会计、劳动人事和银行等学科领域。数据库提供超过 350 份高水平学术性期刊的全文（PDF 格式），最早可回溯至 1922 年。数据库每日更新。

（3）动物数据库（EBSCO Animals）提供了与动物有关的各种主题的详细信息。数据库由索引、摘要和全文记录组成，描述了常见动物的习性和生活环境。

（4）报纸数据库（Newspaper Source）提供了 25 种美国和国际出版的报纸的精选全文。数据库还包含来自电视和收音机的全文新闻副本以及 200 多种美国地区性报纸的精选全文。数据库每日更新。

（5）地方商业新闻数据库（Regional Business News）提供了地区商业出版物的详尽全文。它将美国所有城市和乡村地区的 75 种商业期刊、报纸和新闻专线合并在一起。数据库每日更新。

（6）世界杂志数据库（World Magazine Bank）提供了来自澳大利亚、新西兰、亚洲、英国、南非、美国和其他国家与地区的 250 多种英语出版物。

（7）医学数据库（MEDLINE）提供了有关医学、护理、牙科、兽医、医疗保健制度、临床前科学及其他方面的权威医学信息。美国国家医学图书馆创建的 MEDLINE 允许用户从 4600 多种当前生物医学期刊中搜索摘要。

（8）教育资源信息中心（Educational Resources Information Center，简称 ERIC）是美国教育部的教育资源信息中心数据库，它收录了 2200 多篇文摘和附加信息参考文献以及 980 多种教育或与教育相关的期刊引文和摘要。

（9）职业教育数据库（Professional Development Collection）提供了 750 多种非常专业的全文期刊集，包括 350 多个同行评审刊，它是世界上最全面的为职业教育而设计的全文教育期刊集。

（10）通信和大众传媒数据库（Communication & Mass Media Complete）为通信和大众传媒相关领域提供了最强大、质量最高的研究解决方案。它是对通信和大众传媒感兴趣的学生、研究人员和教育家的宝贵信息资源。

二、 数据库检索

EBSCO 的界面可使用多种语言：中文（简体）、中文（繁体）、德文、英文、西班牙文、法文、日文、韩文和葡萄牙文等，如果要使用简体中文的显示界面，可在屏幕的右上角的"Language"弹出框中选择。用户登录到 EBSCO 后，检索之前先要在数据库列表中选择数据库。如果只在一个数据库中进行检索，点击数据库名的超链接，直接进入高级检索页面。如果要进行多个数据库的检索，点击数据库旁边的复选框，打上"√"符号，并点击"继续"按钮，进入高级检索页面。

EBSCO 提供了基本检索和高级检索两种检索方法。对于上述每一种检索方法，系统提供了六个检索范围：关键词、出版物、主题、索引、参考文献和图像。

（1）关键词检索是通过键入关键词或词组进行检索，与其他检索系统的使用方法类似。

(2) 出版物检索是通过对具体期刊名称进行检索，检索结果提供了期刊的概要信息，如期刊名称、刊号、出版周期、出版者和刊物报道范围等，用户可链接到期刊的文献记录。

(3) 主题检索是利用规范化的主题词进行检索，检索效率高，结果的相关性大。主题词不是任意自定，需要先检索系统的相关主题词，再进行正式检索。

(4) 索引检索是通过各检索字段的索引的浏览，用户可在字段词典中选择一项或多项，再点击"添加"按钮，系统自动将检索字段的代码和检索词添加到查找输入框内，再点"检索"按钮进行检索。

(5) 参考文献检索是一种引文检索，用户可在被引用文献的作者、标题、期刊、年份或全部引用字段的输入框中键入检索词进行检索。如要查找引文，可在显示的参考文献中点击复选框进行选择，并点击"查找引文"按钮。

(6) 图像检索可进行图像和视频的检索。

EBSCO 共有 12 种检索方式，以满足用户检索的不同需要。关键词的高级检索是 EBSCO 最常用的检索方式，也是系统默认的检索方式。

1．基本检索

进行基本检索时，在输入框内可直接键入关键词或词组，多个关键词或词组之间应使用逻辑算符和位置算符连接。如是进行不同字段的检索，还需要在词或词组前加上字段标记符（SU、AU、TI 等）。使用的方法是先键入字段标记符，然后输入检索式，例如，"TI information W2 management"。作者姓名的输入格式为"姓，名"，例如"AU Wiley，Ralph"。

在基本检索屏幕下部的精确搜索部分可设定"限制结果"和"将结果扩展为"两部分。"限制结果"部分包括"全文"、"有参考文献"、"学术（同行评审）期刊"等复选框，以及出版日期、出版物、出版类型、页数和附带图像等选项。"将结果扩展为"部分包括"也可以搜索相关关键词"、"也可以在文章的全文范围内搜索"和"自动添加检索词语"等复选框。图 4-5 是 EBSCO 的基本检索页面。

图 4-5　EBSCO 的基本检索页面

2．高级检索

图 4-6 是 EBSCO 的高级检索页面。高级检索和基本检索的检索方式基本一致，屏幕页

面上部是"检索语句输入区",下部是"检索选项"。与基本检索不同的是,高级检索方式可在弹出框中选择检索字段标记和逻辑算符,使用更加直观和方便。

图 4-6　EBSCO 的高级检索页面

在"检索选项"上部有检索模式和扩展条件。

EBSCO 提供了多个检索字段,字段标记符是检索字段的缩写,分别为:TX(全文)、AU(作者)、TI(标题)、SU(主题)、AB(文摘)、KW(关键词)、GE(地理)、PE(人物)、PS(产品)、CO(公司)、IC(NAICS 代码)、DN(DUNS 数)、TK(订单符号)、SO(期刊)、IS(国际统一刊号)、IB(ISBN)和 AN(数据库存取号)等。

EBSCO 数据库除了可使用逻辑算符(AND、OR 或 NOT)和截断符("*"和"?")进行检索外,还可使用位置算符:"N"表示两词相邻,顺序可以颠倒;"W"表示两词相邻,但顺序不能改变。N 和 W 都可以用数字表示两词中间相隔的词的数量。

三、检索结果及处理

检索完成后,得到了带有文献信息的检索结果记录列表。文献记录的内容包括:标题、作者、期刊名、卷期和页码,在文献记录的最后面还能显示它是否带有全文、图像或 PDF 文件,点击文献标题可以浏览详细的文献书目信息,包括:文章篇名、刊名、作者、出版者、出版地、出版日期、卷期、页数、国际统一刊号、主题词、文摘、全文、附注、参考文献、收录数据库及数据库识别号等(图 4-7)。每 10 条记录为一个显示页。

浏览检索结果时,可对需要的文献记录做上标记,点击在文献记录右侧的"添加"图标,图标显示改变为"已添加",在显示检索结果上方的"文件夹为空"的图标会改变为"文件夹有对象"图标。点击该图标,可浏览所有做了标记的文献,对已做上标记的文献记录进行存盘、打印或电子邮件发送等处理。

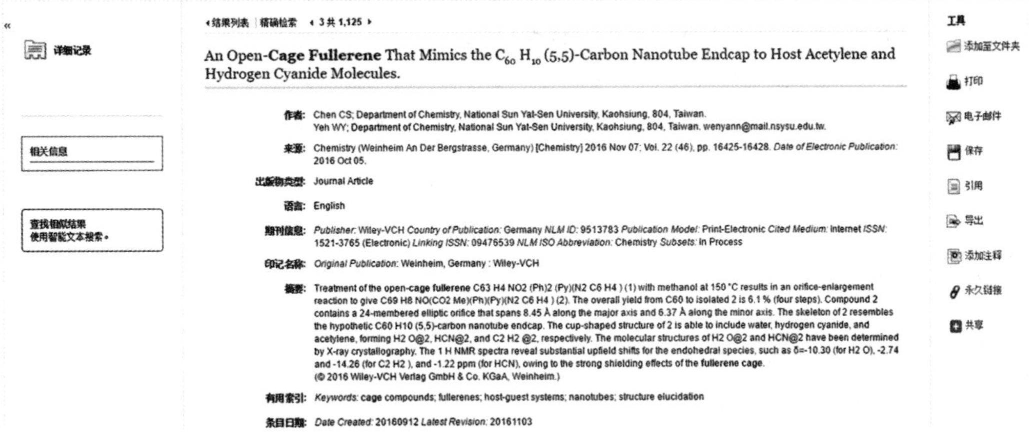

EBSCO 检索结果截图

图 4-7 EBSCO 的检索结果页面

第三节 ScienceDirect 数据库

一、数据库简介

ScienceDirect（http：//www.sciencedirect.com/）是 Elsevier 公司出版的世界上最大的科学、技术和医学的电子信息资源系统，它涵盖了科学、医学、商业、管理、社会科学、法律、教育、心理学和护理学等学科领域。ScienceDirect 起始于 Elsevier 电子期刊数据库，现具有更强大的功能，包括可检索 MEDLINE 书目数据库、科技搜索引擎 Scirus 的使用和自动告示功能。用户可浏览和检索 1800 多种 Elsevier 高质量期刊，下载全文、视频、音频文件和 Word 文件。数据库约有 650 万篇文献和约 6000 万篇摘要。ScienceDirect 为全世界的科研人员提供了高质量的多学科信息资源。

ScienceDirect 的收录范围极为广泛，它包括：Agricultural and Biological Sciences（农业和生物科学）、Arts and Humanities（艺术和人文）、Biochemistry，Genetics and Molecular Biology（生物化学、遗传学、分子生物学）、Business，Management and Accounting（商业、管理和会计学）、Chemical Engineering（化学工程）、Chemistry（化学）、Computer Science（计算机科学）、Decision Sciences（行为科学）、Earth and Planetary Sciences（地球和行星科学）、Economics，Econometrics and Finance（经济学、计量学和财政学）、Energy（能源）、Engineering（工程）、Environmental Science（环境科学）、Immunology and Microbiology（免疫学和微生物学）、Materials Science（材料科学）、Mathematics（数学）、Medicine and Dentistry（医学和牙科学）、Neuroscience（神经学）、Nursing and Health Professions（护理和保健）、Pharmacology，Toxicology and Pharmaceutics（药物学、毒物学和制药学）、Physics and Astronomy（物理和天文学）、Psychology（心理学）、Social Science（社会科学）和 Veterinary Science and Veterinary Medicine（兽医学和兽医）等学科领域。图 4-8 是 Science Direct 的检索页面。

可通过 ScienceDirect 检索的数据库有：MEDLINE、BIOSIS Previews、Compendex、EMBASE、EconLit、Elsevier BIOBASE、FLUIDEX、GEOBASE、INSPEC、OceanBase、

图 4-8　ScienceDirect 的检索页面

PsycINFO、ScienceDirect Navigator 和 World Textiles 等。

二、期刊/书籍浏览

点击 ScienceDirect 检索框上方的"Journals（杂志）"和 Books（书），它提供了期刊名和书名的浏览操作，可进行期刊或书籍的浏览，如图 4-9 所示。系统默认的显示方式是按英文字母顺序排列，点击英文字母 a～z 的超链接，可以显示该字母为第一个字母的期刊列表页面，用户再按字母顺序浏览期刊名，点击所需要的期刊，链接至该期刊的有关页面，进而查找具体的文献。另外，ScienceDirect 还提供学科分类和个人喜爱设置浏览方式，可选择 24 个学科中的某一具体学科选项，勾选其二级学科选项，屏幕出现按英文字母顺序排列的期刊名和书名，这样可排除无关学科的信息，快速、方便地查找到所需要的期刊/书籍。期刊/书籍名后的小钥匙图标具有不同的颜色，绿色代表订阅期刊（用户可下载 PDF 全文），白色代表非订阅期刊，黄色代表赠送期刊。

图 4-9　ScienceDirect 的期刊/书籍浏览页面

三、数据库检索

在每一页面的菜单栏下部都有快速检索的输入框，用户可输入检索词进行 Elsevier 期刊/书籍的检索，检索范围是 All Sources（包括 Journals 和 Books）。

ScienceDirect 提供了 Advanced search（高级检索）、Expert search（专家检索）两种检索方法。

1．高级检索

图 4-10 是 ScienceDirect 的高级检索页面，它对所有资源（All Sources）进行检索。用户可在检索输入框中键入检索词，并在弹出框中选择以下的检索字段：All Fields、Abstract，Title，Keywords（作者、标题、关键词）、Authors（作者）、Journal Name/Book Title（期刊名/书名）、Title（标题）、Keywords（关键词）、Abstract（摘要）、References（参考书）、ISSN（国际标准刊号）、Affiliation（单位）或 Full Text（全文）等。再根据需要选择检索字段间的逻辑算符：AND、OR 或 AND NOT。用户还可对检索范围进行

必要的限制，在包括（Include）的复选框可对选择：Journals（期刊）、All Books（书籍）。在信息来源（Sources）可选择为：All Sources（所有资源）、Subscribed Sources（订阅资源）和 My Favorite Sources（个人喜爱资源）方式。在学科分类（Subject）中可选择一个或多个学科。在年限（Dates）输入起止年份。完成了检索条件的输入后，点击"Search"按钮就可得到检索结果。

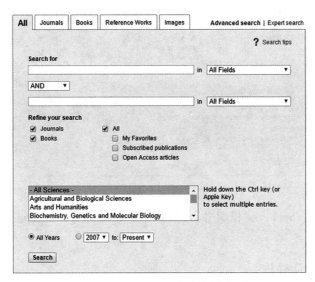

图 4-10　ScienceDirect 的高级检索页面

注册用户完成了检索之后，可以点击"Search History Turn on"超链接，屏幕下部会显示出用户已经完成的按顺序编号的检索历史记录，需要时可对每一检索历史记录进行重新运行、编辑或删除操作。用户也可在其编号的复选框上做标记，进而进行"组合与"（Combine with AND）和"组合或"（Combine with OR）的检索。另外还可对历史记录进行存储（Save History As）、回顾（Recall History）、清除（Clear History）和打印（Printable History）等操作。如果要回顾先前存储的检索，可以点击"Recall Search"图标，重新运行先前检索历史。ScienceDirect 的高级检索页面见图 4-10。

2．专家检索

图 4-11 是 ScienceDirect 的专家检索界面。ScienceDirect 的专家检索可以进行两个以上检索字段的复杂检索。用户可使用逻辑算符、位置算符、截断符和检索字段组成复杂的检索表达式，进行准确的检索，详细的输入格式可参考检索提示（Search Tips）。ScienceDirect 的帮助（Help）和检索提示（Search Tips）功能详细、全面，还带有教学演示。

ScienceDirect 的期刊（Journal）检索与所有资源（All Sources）检索类似，它对文件类型限制进行了细分：Article（文章）、Review Article（综述）、Short Survey（简短调查）、Short Communication（简短通讯）、Correspondence，Letter（通信）、Discussion（讨论）、Book Review（书评）、Product Review（产品评论）、Editorial（社论）、Publisher's Note（出版商告示）和 Erratum（勘误）等。还增加了 Include Articles in Press（印刷中论文）的选项。

另外 2010 年 8 月 28 日起，荷兰 Elsevier 出版集团将原 ScienceDirect、Scopus 以及 Scirus 的特定网页内容整合到一个称为 SciVerse 的平台中。在此平台上，提供了一个统一检索界面，可以同时对 ScienceDirect、Scopus 以及科学网页进行检索，检索结果没有重复，

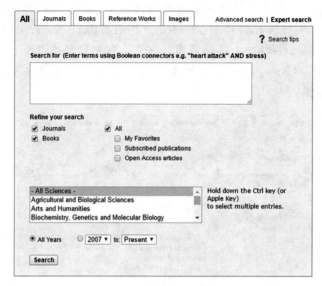

图 4-11　ScienceDirect 的专家检索界面

并按相关性进行排列。SciVerse 检索平台也提供 ScienceDirect 和 Scopus 两个数据库单独检索界面。

四、检索结果及处理

ScienceDirect 以命中的文献记录的列表显示检索结果，如图 4-12 所示。屏幕上方显示命中记录数目和检索条件信息。为了改进检索结果，还可对检索结果进行限定过滤（refine filters）。包括：年份（Year）、期刊名称（Publication title）、主题（Topic）和文献类型（Content type）。勾选限定项后，点击"应用过滤（Apply filters）"按钮即可进行检索限定。每一文献记录显示内容有标题、文件类型、期刊名、卷、期、年份、页码和作者姓名

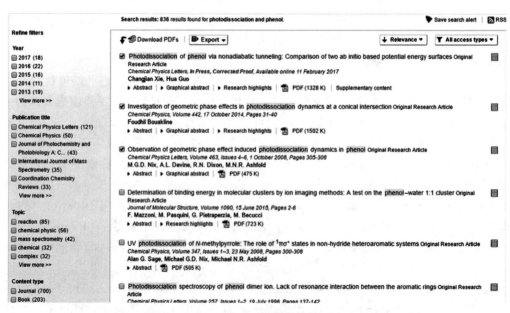

图 4-12　ScienceDirect 的检索结果显示页面

等。用户可以改变文献记录的显示内容,可选择文献记录显示的排列方式:日期(Date)或相关度(Relevance)。用户可在文献记录编号右边的复选框上做标记。完成了文献记录的标记后,只输出做了标记的文献记录。点击"Save as Search Alert"超链接(注册用户要先登录),系统会按用户设定的时间自动定期运行检索表达式,并将新的检索结果用电子邮件告示。点击"Export"按钮(图4-13),可将做了标记的文献记录或所有结果文献存储到本地计算机或 Mendeley/Refworks 上,存储内容有:Citation(文献引文)、Citation+Abstracts(文献引文+摘要),存储的格式有:RIS 格式可供 Reference Manager、ProCite 和 EndNote 等程序导入、BibTex 格式和 Text(文本)格式。

图 4-13 ScienceDirect 的检索结果输出页面

点击文献记录下部的"摘要(Abstract)",可预览文献的摘要;点击文献记录下部"最近的研究亮点(Close research highlights)",可预览文献的最新亮点;点击"PDF"超链接可下载该文献的 PDF 全文;有些文献还有"补充信息(Supplementary content)",点击"Supplementary content",可显示文献补充内容文件。

点击检索结果页面中的某一记录题目可链接到详尽记录页面。该页面有文章标题、作者、发表情况和摘要等详尽信息。在详尽记录显示页面的右边是引文网络。点击推荐文献(Recommended articles)可以链接到与该文献相关的其他文献列表的页面。点击该记录被引用的参考文献(Citing References)可以链接到引用该文献的参考文献列表的页面。另外,点出"查看相关书目记录(Related Book Content)"按钮可以链接到相关书目记录的页面。

第四节 中国期刊全文数据库

一、数据库简介

中国期刊全文数据库(CJFD)是中国知识基础设施工程(China National Knowledge Infrastructure,简称 CNKI 工程)的一部分。CNKI 工程是以实现全社会知识信息资源共享为目标的国家信息化重点工程,被认为是"国家级重点新产品重中之重"项目。

CNKI 工程于 1995 年正式立项,经过多年努力,现已建成了世界上全文信息量规模最大的"CNKI 数字图书馆",内容涵盖了我国自然科学、工程技术、人文与社会科学期刊、博硕士论文、报纸、图书和会议论文等公共知识信息资源,实现了我国知识信息资源在互联网条件下的社会化共享与国际化传播,使我国教育、科研、政府、企业和医院等各行各业获取与交流知识信息的能力达到了国际先进水平。

《中国期刊全文数据库(CJFD)》是目前世界上最大的连续动态更新的中国期刊全文数据库,积累全文文献 800 万篇、题录 1500 余万条,分九大专辑、126 个专题文献数据库。

数据来源于国内公开出版的 6100 种核心期刊与专业特色期刊的全文，收录了自 1994 年至今的 6100 种全文期刊的数据，完整性达到 98%。产品的媒介形式有：光盘版和 Web 版。数据库每日更新。中国期刊全文数据库（CJFD）覆盖的学科领域很广泛，它包括：理工 A（数学、力学、物理、生物学、天文学、地理、气象、水文、海洋、地质、地球物理学）；理工 B（化学化工、矿业、金属及冶金、轻工业、手工业）；理工 C（工业通用技术及设备、机械、航空航天、交通运输、水利、农业、建筑、动力工程、原子能、电工）；农业；医药卫生；文史哲；政治军事与法律；教育与社会科学；电子技术与信息科学；经济与管理。图 4-14 是中国期刊全文数据库的首页面。

图 4-14 中国期刊全文数据库的首页面

二、文献分类目录

中国期刊全文数据库参照国内外通行的知识分类体系组织知识内容，数据库具有以下专栏目录。用户进行检索前，可在专栏目录前的复选框中进行选择，系统默认值是使用全部的专栏目录。

（1）基础学科专栏目录：自然科学理论方法；数学；非线性科学与系统工程；力学；物理学；生物学；天文学；自然地理学和测绘学；气象学；海洋学；地质学；地球物理学；资源科学。

（2）工程科技Ⅰ辑专栏目录：化学；无机化工；有机化工；燃料化工；一般化学工业；石油天然气工业；材料科学；矿业工程；金属学及金属工艺；冶金工业；轻工业手工业；一般服务业；安全科学与灾害防治；环境科学与资源利用。

（3）工程科技Ⅱ辑专栏目录：工业通用技术及设备；机械工业；仪器仪表工业；航空航天科学与工程；武器工业与军事技术；铁路运输；公路与水路运输；汽车工业；船舶工业；水利水电工程；建筑科学与工程；动力工程；核科学技术；新能源。

（4）农业辑专栏目录：农业基础科学；农业工程、农田水利；农艺学；植物保护；农作物；园艺；林业；畜牧与动物医学；蚕蜂与野生动物保护；水产、渔业。

（5）医疗卫生辑专栏目录：中华医学会杂志；预防医学、卫生学；中国医学；基础医学；临床医学；内科；外科；妇产科、儿科；肿瘤学及特种医学；五官科；药学；综合性医药期刊；医药学大学学报与院刊。

（6）文史哲辑专栏目录：语言、文字；文学；艺术；历史、地理；哲学；体育；文化。

（7）政治军事与法律辑专栏目录：政治（政论、党建、外交、公安、群众组织）；法律（法学、法律）；军事。

（8）教育与社会科学辑专栏目录：社会科学综合；教育综合；基础教育；高等教育、师范教育；其他各类教育；大学学报（哲学与社会科学版）；高等专科学校学报（哲学与社会科学版）；体育；职业教育，成人教育院校学报。

（9）电子技术及信息科学辑专栏目录：电子与电讯；计算机与自动化；新闻出版；图书、情报与档案。

（10）经济与管理辑专栏目录：经济综合；农业经济；交通、邮电经济；工业经济；贸易经济；财政、金融；管理科学。

三、数据库检索

中国期刊全文数据库包括七种主要检索方式：检索、高级检索、专业检索、作者发文检索、科研基金检索、句子检索和来源期刊检索。还包括二次检索功能，能进行跨库检索，因而具有强大的检索功能。

1．检索

新版的中国期刊全文数据库的检索页面改变较多。其检索项（检索字段）有：主题、篇名、关键词、作者、单位、刊名、ISSN、CN、期、基金、摘要、全文、参考文献、中图分类号、DOI、栏目信息。在检索页面只列出一行的检索条件输入框，但用户可根据需要增加至七行的检索条件框，点出"条件"下方的"＋"或"－"图标，可以增加或减小检索条件的输入框的行数。连接检索条件的逻辑算符为："并且"、"或者"或"不包含"，分别对应于AND、OR或NOT。

用户可对检索结果的输出加以限制。除了可设定检索数据库的起止年限外，还可设定来源类别选项，勾选：全部期刊、SCI来源刊、EI来源刊、核心刊物或中文社会科学引文索引（CSSCI）。

在每一行检索条件之后，有一个匹配选项，选择"精确"方式或"模糊"方式来检索。用户完成检索词输入及检索项（检索字段）、逻辑算符及检索结果限定的设定后，点击"检索"按钮，就可进行检索。图4-15是中国期刊全文数据库的检索页面

2．高级检索

和初级检索相比，高级检索略有变化。高级检索的检索条件输入框比初级检索多，在检索页面最少列出三个检索项；用户可根据需要增加到7个检索条件框，点出"条件"下方的"＋"或"－"图标，可以增加或减小检索条件的输入框的行数（图4-16）。连接检索词的关系条件有所增加，增加了词频，并支持中英文扩展检索。

3．专业检索

图4-17是中国期刊全文数据库专业检索界面。专业检索可以进行两个以上检索字段的

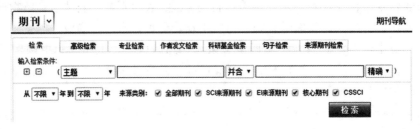

图 4-15 中国期刊全文数据库的检索页面

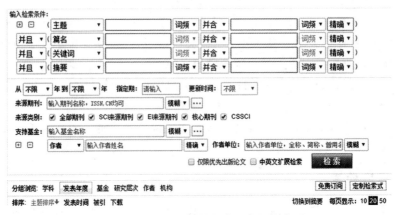

图 4-16 中国期刊全文数据库的高级检索页面

图 4-17 中国期刊全文数据库的专业检索页面

复杂检索。用户可使用逻辑算符、位置算符、截断符和检索字段组成复杂的检索表达式，进行准确的检索。在界面下方提供了可检索字段和示例。

4．作者发文检索

作者发文检索是通过作者姓名、单位等信息，查找作者发表的全部文献及被引下载情况的检索过程。作者姓名和单位字段是用户检索作者发文情况的必要检索项。通过作者发文检索不仅能找到某一作者发表的文献，还可以通过对结果的分组筛选情况全方位了解作者主要研究领域、研究成果等情况，如图 4-18 所示，可输入作者姓名，进行检索。

5．科研基金检索

科研基金检索是通过科研基金名称，查找科研基金资助的文献。通过对检索结果的分组筛选，还可全面了解科研基金资助学科范围，科研主题领域等信息。

6．句子检索

句子检索是通过用户输入的两个关键词，查找同时包含这两个词的句子。由于句子中包

图 4-18　中国期刊全文数据库的作者发文检索页面

含了大量的事实信息,通过检索句子可以为用户提供有关事实的问题的答案。

7. 来源期刊检索

来源期刊检索是通过用户输入的期刊名称,查找该期刊。

四、检索结果及处理

图 4-19 是中国期刊全文数据库检索结果页面。检索结果显示符合检索条件的文献记录的列表,包括每篇文献的序号、篇名、作者、中文刊名和年/期等、被引次数和下载等,在每篇文献篇名的前面都有复选框,根据需要用户可对该文献做上标记。

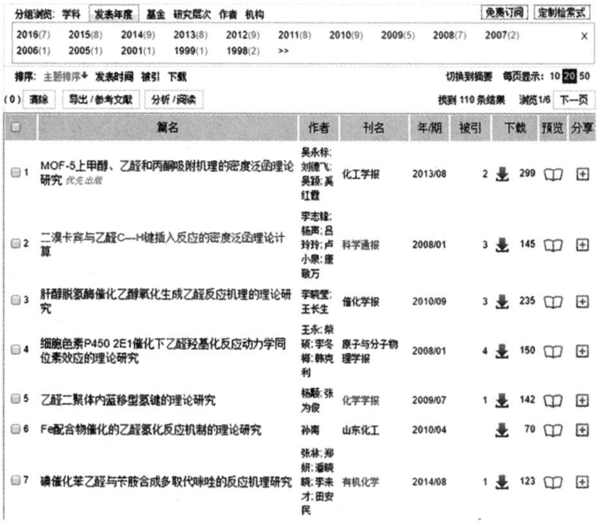

图 4-19　中国期刊全文数据库的检索结果页面

在检索结果页面中,点中某个文献记录前的方框,可对该文献进行标记。点击"□"按钮可对整页的全部记录做上标记。点击"清除"按钮可清除已标记的记录。点击"导出"按钮可对标记过的记录进行输出处理。系统提供多种文献存盘格式,包括查新(引文格式)、EndNote 等,如图 4-20 所示。也可打印和导出记录。

在检索结果中,单击文献的"篇名",可显示该文献的详细信息(图 4-21)。原文下载分为"CAJ 下载"和"PDF 下载"两种,其中 PDF 格式通用性更强。阅读原文前必须先下载 CAJ 全文浏览器或 Acrobat Reader 浏览器软件,安装到本地计算机上后才可阅读全文。在文献记录页面内,除了显示刊名、作者、机构和摘要外,还提供了大量相关信息的超链接,如

(1) 读者推荐文章列出推荐文章的题目和相关度的百分数,点出文章题目的超链接可浏览该文章的文献记录页面;

（2）同类文献列出同类文献的题目，点出文献题目的超链接可浏览该文献的详细记录页面；

（3）中图法分类文献导航提供了各类的超链接；

（4）相关文献作者链接提供了相关的作者姓名的超链接；

（5）相关研究机构链接提供了相关的研究机构的超链接。

中国期刊全文数据库的新增超链接功能充分地使用数据库的相关性，大大减少了漏检率，提高了查全率，它是国内文献数据库的一个大进步。

图 4-20　中国期刊全文数据库对标记的记录的输出处理

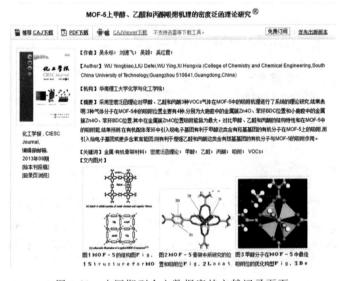

图 4-21　中国期刊全文数据库的文献记录页面

一、判断对错（True/False）

1.（　　）浏览 CNKI 的全文，只能够通过 CAJ 浏览器。

2.（　　）常用的中文全文数据库包括 CNKI 的中国学术期刊全文数据库。

3. (　　) 厦门大学可检索年限最长的数据库为中国期刊网。

4. (　　) 中国期刊全文数据库提供了初级、高级检索和期刊导航，不具备专业检索界面。

5. (　　) 中国期刊网不提供相关检索的功能。

6. (　　) PQDT 是目前为止世界上最大的国际性博硕士论文资料库。

7. (　　) EBSCO 提供的检索方式主要有基本和高级检索。

8. (　　) ScienceDirect 是 Elsevier 公司出版的世界上最大的科学、技术和医学的电子信息资源系统。

9. (　　) ScienceDirect 可以进行组合检索。

10. (　　) Elsevier 公司将原 ScienceDirect、Scopus 和 ASP 的内容整合成 SciVerse 平台。

二、填空

1. PQDD——ProQuest Digital Dissertations，由美国_____提供，是世界著名的学位论文数据库，收录欧美 1000 多所大学的_____论文摘要，1997 年以来的论文可看到全文的_____页，提供_____和_____两种检索方式，收录起始于_____年。

2. ScienceDirect 数据库中可以浏览期刊/书籍，快速方便查找所需要的期刊/书籍。期刊/书籍名后的小钥匙图标具有不同的颜色，绿色代表_____，白色代表_____，黄色代表_____。

3. EBSCO 提供了_____检索和_____检索。对于每种检索，系统提供了（试举三个）_____、_____和_____检索字段。

4. Elsevier 公司将_____、_____和_____的内容整合成 SciVerse 平台。

三、单项选择

1. 中国期刊全文数据库在文献记录页面提供了大量信息的超链接，其中能给出相关度百分数的是_____。
   A. 相关文献机构　　　　　　B. 相关文献作者
   C. 相关文献　　　　　　　　D. 相关期刊

2. 中国期刊网最通用的原文浏览程序是_____。
   A. 维普浏览器　　　　　　　B. Microsoft Word
   C. CAJ Viewer　　　　　　　D. MathType

3. 一文献的出版商是 Elsevier Science，可在网络上得到原文的是_____。
   A. ACS 数据库　　　　　　　B. SDOS 数据库
   C. Springer 电子期刊　　　　D. John Willey 电子期刊

4. 中国期刊全文数据库不提供哪类论文下载_____。
   A. 期刊论文　　　　　　　　B. 硕士论文
   C. 学士论文　　　　　　　　D. 会议论文

5. Elsevier ScienceDirect 数据库中检索有关"用甜菜或小麦生产生物燃料"的文章，希望达到较好的查准率，应在高级检索方式中输入以下哪个检索运算式：_____。
   A. TI-AB-KE（bioethanol or biofuel）and TI-AB-KE（sugar beet or wheat）

B. TI-AB-KE（bioethanol or biofuel）and Authors（sugar beet or wheat）

C. TI-AB-KE（bioethanol or biofuel w/5 sugar beet or wheat）

D. TI-AB-KE（biofuel）and TI-AB-KE（sugar beet or wheat）

6. 不仅能提供学术论文检索，还可以提供图像和视频检索的数据库是_____。

A. SCI
B. 中国期刊网
C. Elsevier
D. EBSCO

四、简答题

1. 常用的中文全文数据库有哪几种？从检索途径和资源方面对它们进行比较。

2. 通过 Elsevier ScienceDirect 数据库，查找出 Carbon 2015，87 卷，第 128～152 页文章，说明它是哪种类型的文献，到目前为止他引次数是多少？

3. 通过 Elsevier ScienceDirect 数据库查找关于奎胺重排反应的有关文章，并将检索结果导出至 Endnote 中。

4. 华法林是香豆素类抗凝剂的一种，其合成研究应向 Elsevier ScienceDirect 下哪些杂志投稿？

5. 在中文期刊网数据库中，查找关于绿色荧光蛋白（GFP）的文章，写出发表时间最早、被引次数最多和下载次数最多的文章题目、作者及单位。

第五章 常用电子期刊

第一节 SpringerLink

一、概述

德国 Springer-Verlag 于 1842 年在德国柏林创立,目前是全球第一大科技图书出版公司和第二大科技期刊出版公司,每年出版 5000 余种科技图书和 1700 余种科技期刊。SpringerLink 是 Springer-Verlag 公司出版的学术期刊及电子图书的在线服务系统,它涵盖的学科领域主要为:Life Science(生命科学)、Chemical Sciences(化学)、Geosciences(地球科学)、Computer Science(计算机科学)、Mathematics(数学)、Medicine(医学)、Physics and Astronomy(物理学与天文学)、Engineering(工程学)、Environmental(环境科学)、Economics(经济)和 Law(法律)等。SpringerLink 电子期刊收录了 439 种学术期刊,其中近 400 种为英文期刊,大部分期刊可以阅读全文。SpringerLink 的全文电子期刊具有学术价值高的特点,它为科研人员提供了重要的信息资源,SpringerLink 的网址为 http://link.springer.com/。

二、浏览

SpringerLink 提供浏览(Browse)和检索(Search)两种使用方式。浏览分为按学科和按资源 2 类。按资源浏览有五个选项:文献(Articles)、图书(Chapters)、会议论文(Conference papers)、文献作品入口(Reference Work Entries)和条约(Protocols),图 5-1 是 SpringerLink 按学科浏览杂志页面。

在浏览页面左边显示 24 个学科的分类目录,用户可点击相应的学科名,再从出版物类型上选择相应的类型,如果需要浏览期刊,分类期刊列表中查找期刊,点击期刊名,在其卷和页码的列表中,查找具体的文献。

三、检索方法

SpringerLink 提供了普通检索和高级检索两种检索方式。

1. 普通检索(Search)

在 SpringerLink 每一个页面上方都提供了普通检索(Search)的检索方式,用户可在输入框中键入检索词,点击回车键进行检索。在检索结果页面的左边可以进行结果限定。SpringerLink 提供了文献类型、学科、子学科和语言的限定选项。通过限定,缩小检索

图 5-1 SpringerLink 按学科浏览杂志页面

范围。

2．高级检索（Advances Search）

点击"Advances Search"（高级检索）图标，可显示 SpringerLink 的高级检索页面，见图 5-2。

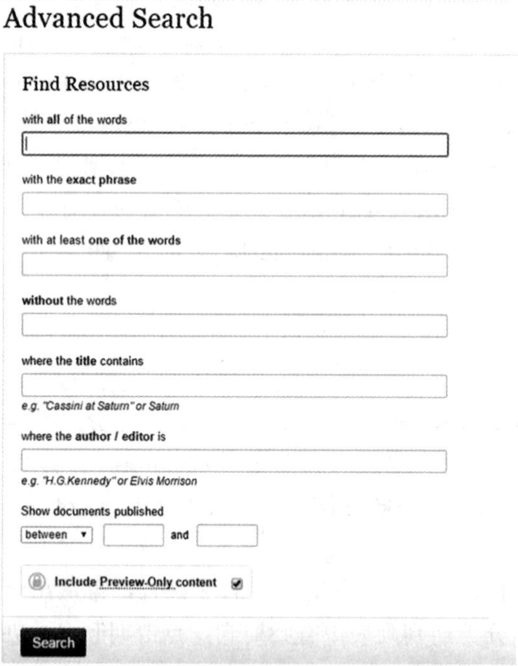

图 5-2 SpringerLink 的高级检索页面

进行高级检索时，在检索输入框键入检索词，检索输入框可以对所有词匹配，也可以为精确的词组或不包含某词。检索范围可以是全文，也可为标题（TITLE）和作者（AUTHOR）、编者（EDITOR）。对检索时间也可做限定，"Show documents published BETWEEN"则必须输入起始年份和终止年份。对检索结果的排序方式可进行 Relevant（最相关优先）、Newest First（最近优先）或 Oldest First（最久优先）的单选项设置。最相关优先是检索结果按照与检索关键词的相关度（符合程度）排序，相关度高的排在前。最近优先是检索结果按出版时间排序，新近出版的排在前，较早出版的排在后。最后点击"Search"按钮，完成高级检索。

四、检索结果及处理

无论普通检索还是高级检索，其检索结果为命中的文献记录列表，文献记录显示出标题、期刊名、作者、出版商、卷、期、页码和文摘等信息，如图 5-3 所示。检索结果页面还带有限定功能，此时的检索范围局限在已得到的检索结果。通过对结果页面左栏的结果过滤操作，依照文献类型等限定可进一步提炼检索的结果。点击文献记录的标题可链接到文献记录的详细页面，如图 5-4 所示，它提供了下载全文的链接，还有期刊介绍的较详细信息，并增加了相关文章的内容、引用和被引情况。

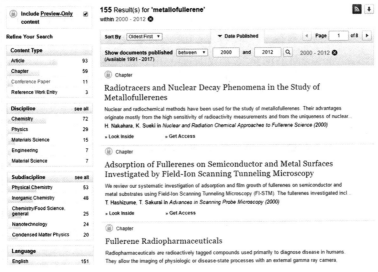

图 5-3　SpringerLink 的检索结果页面

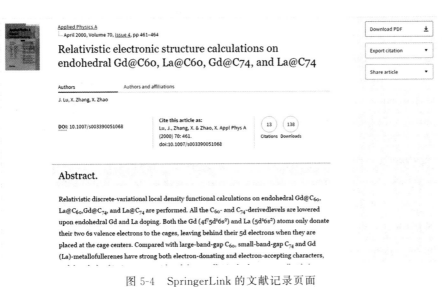

图 5-4　SpringerLink 的文献记录页面

第二节　Wiley Online

一、概述

John Wiley & Sons Inc. 公司是世界著名的科学技术出版商之一。它创建于 1807 年，至今已有 200 多年历史，其编辑部门分设在美国、英国、德国、加拿大和澳大利亚。John Wiley & Sons Inc. 公司出版的产品主要涉及自然科学和工程技术，特别在生命科学和医学、化学和化学工程、统计学和数学、电子工程和通信以及商业类等领域具有优势。目前 John Wiley & Sons Inc. 公司约有 22700 种书目和 400 多种期刊，每年出版约 2000 种各类印刷和电子形式的新书。

Wiley Online (http://onlinelibrary.wiley.com/) 是 John Wiley 公司创建的在线服务产品，它的收录范围包括：科学、工程技术、医疗领域及相关专业期刊；大型专业参考书；实验室手册的全文；Wiley 图书的全文。Wiley Online 提供 586 余种电子期刊的检索、浏览及全文下载服务，它还有 1274 本在线图书、50 种参考工具书、10 个数据库和 13 个条约等。

Wiley Online 对期刊、图书和专业参考书分别采用各自不同的学科分类方法。期刊的学科分类为商业、金融和管理、化学、计算机科学、地球科学、教育学、工程学、法律、生命科学与医学、数学统计学、物理学和心理学等。图书的学科分类为分析化学、物理化学和光谱学、有机化学和生物化学、官能团化学、聚合物、材料科学和工业化学、通信技术、电子和电气工程、无线通信、医学、分子生物学、药学和数学统计学等。专业参考书的学科分类为商业、金融和管理、化学、地球和环境科学、工程学、一般科学、生命科学与医学和心理学等。

二、浏览

1. 按学科分类浏览

图 5-5 是 Wiley Online 的首页面。在屏幕的中间浏览（BROWSE）部分显示 Wiley Online 的学科分类：Agriculture, Aquaculture & Food Science（农业、水产和食品科学）、Architecture & Planning（建筑和规划）、Art & Applied Art（艺术和应用艺术）、Business, Economics, Finances & Accounting（商业、经济、金融和会计）、Computer Science & Informational Technology（计算机科学和信息技术）、Earth Space & Envirnment Technology（地球与环境）、Humanities（人文学）、Law & Criminology（法律与犯罪学）、Life Sciences（生命科学）、Mathematics and Statistics（数学和统计学）、Medicine（医药学）、Physical Sciences & Engineering（物理与工程学）和 Social & Behavioral Sciences（社会与行为科学）等。点击上述分类学科名，可进入学科细分类的下拉菜单。例如：点击"Physical Sciences & Engineering"可进入详细学科分类菜单，在此菜单提供化学学科的分类，点击"Chemistry"化学分类，系统显示在"Chemistry"下属的所有按字母排列的期刊名和书名等，点击高质量化学杂志中"Angewandte Chemie"，则可显示该期刊的主页面。在屏幕右侧提供了检索和高级检索功能，在"Angewandte Chemie International Edition"期刊范围内按检索字段进行检索，把检索词限定在某个检索字段，以缩小检索范围。也可以输入卷、期和页码进行某一文献的查找。

2. 按出版物浏览

在屏幕的上部浏览（PUBLICATIONS）部分显示 Wiley Online 出版物按字母顺序排列：Journals（期刊）、Books（图书）、Reference Works（文献作品）、Books Series（丛书）、Databases（数据库）、Lab Protocols（条约）五个分类。通过点击页面右栏的过滤限定某一个出版物类型，可显示该出版物的页面。例如，点击 Journals（期刊），进入期刊浏览界面，如图 5-6 所示。在屏幕上部 BROWSE BY TITLE 部分是英文字母 A~Z 分类，用户按期刊名的首字母点击相应的字母超链接。在屏幕右上角的高级检索可进行检索。

图 5-5 Wiley Online 的首页面

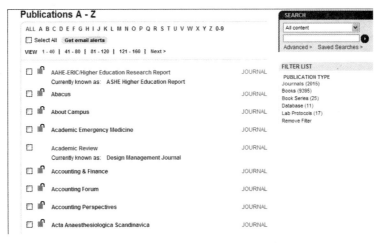

图 5-6 Wiley Online 按期刊分类的浏览页面

三、检索方法

Wiley Online 提供两种检索方式：普通检索（Search）和高级检索（Advanced Search）。

1. 普通检索

Wiley Online 的普通检索位于主页面的左部。在输入框中键入检索词，点击"Search"箭头按钮可进行普通检索。用户可输入一个或多个检索词，也可使用逻辑算符"AND"、"OR"、"NOT"连接多个检索词组成的复杂的检索表达式。使用逗号可代表逻辑算符"OR"，支持截断符"*"。进行词组检索时，使用词组时要用双引号""。在检索词输入框的上方提供了"All Content"和"Publication Title"两个单选框来确定检索范围。选择 All Content 可查找论文、章节和草案等所有文献内容，相当于关键词的文献检索。选择 Publication Title 查找特定的出版物（例如：期刊、书籍或数据库），相当于出版物名称检索。

2. 高级检索（Advanced Search）

点击页面上"Advanced Search"链接可进入高级检索，图 5-7 是 Wiley Online 的高级检索页面。利用高级检索系统能进行快速有效的组合查询。高级检索页面提供了三行的检索表达式输入框和字段选择，另有两个连接逻辑算符。在检索表达式输入框下方，点击"Add another row"可增加检索条件的输入框的行数。高级检索可选择检索字段有：Publication Titles（出版物刊名）、Article Titles（论文题名）、Author（作者）、Full Text/Abstracts（全文/摘要）、Keywords（关键词）、Author Affiliation（作者单位）、Funding Agency（资助单位）、ISBN（国际标准图书编号）、ISSN（国际标准期刊编号）、Article DOI（文章数字标识符）和 References（参考文献）等。用户还可设定检索时间的限定，选项为 All DATES（所有时间）、In the last（最近）、Between（在某年某年间）。"In the last"项需选择"1 个月"、"3 个月"、"6 个月"、"9 个月"、"12 个月"；"Between"项必须输入两个四位数的年份。完成检索输入后，点击"Search"箭头按钮进行相应的检索。

图 5-7　Wiley Online 的高级检索页面

四、检索结果及处理

1. 显示检索结果

当用户完成了普通检索或高级检索后，Wiley Online 会显示与检索有关的信息（用加粗字体显示），包括符合检索条件记录数目、检索表达式、使用字段、学科分类和出版物分类等，如图 5-8 所示。页面的下部是检索结果记录的列表，通过点击每篇文献的"Abstract"、"Full Article（HTML）"、"PDF"、"Reference"和"Supporting information"超链接，可分别浏览文献的文摘、全文（HTML 格式）、PDF 全文、参考文献和附录信息。从"Sort by"的弹出框可选择文献记录显示的排列方式，通过选择出版物类型可限定检索记录范围。例如，点击"Journals"，检索结果只出现杂志中的检索结果。

2. 检索表达式的保存

在检索结果的文献记录列表的右方有"Save Search"（保存检索表达式）和"Edit Search"（编辑检索表达式）两个超链接。只有注册用户才能使用"Save Search"（保存检索表达式）功能。被保存的检索表达式将显示在 My Profile（个人文档）中，用户可以在任何

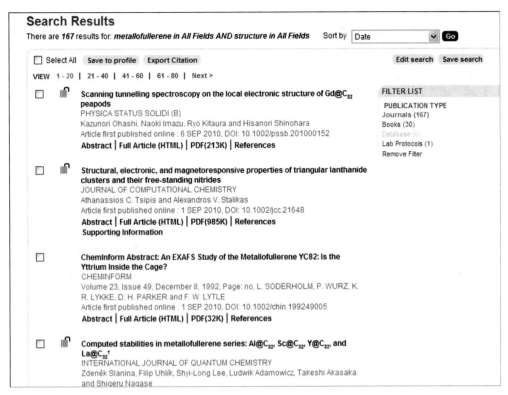

图 5-8　Wiley Online 的检索结果页面

时候进入 My Profile，重新执行检索命令。图 5-9 是 Wiley Online 的存储检索表达式页面。

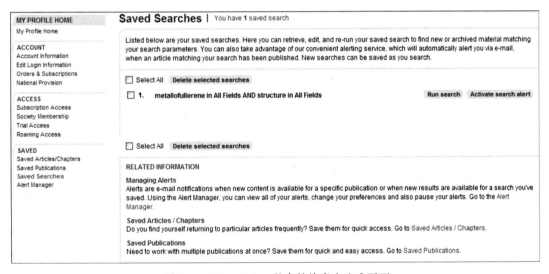

图 5-9　Wiley Online 的存储检索表达式页面

3．检索结果标记

点击检索结果记录左方的复选方框，可对记录做上标记。点击页面上方的"Select All"超链接可对本页全部记录做上标记，用户可以通过翻页标记多条记录。点击"Save to profile"按钮可以将标记检索结果保存到 My Profile（个人文档）中，也可以点击"Export Citation"按钮输出为文献管理软件可以识别的格式（Plain Txt、Endnote、Reference Manager、RefWorks)。点击文献记录的"Abstract"可显示文献记录的摘要,在文献记录的摘要页面会显示出期刊信息,还有论文题目、作者、关键词和摘要等信息。图 5-10 是 Wiley Online 的文献记录页面。在"ARTICLE TOOLS"点击"E-mail Link to this article"按钮,可以进行电子邮件通知用户。点击"Save to My Profile"可将该文献记录存为 My Profile(个人文档)中,注册用户在登录后,在页面的第一行位置会显示用户名、Titles(期刊名)、Articles(文献记录)和 Searches(检索表达式),通过下拉式菜单,可调入先前存储的内容。点击"Export Citation for this Article"可将该文献记录存为文献管理软件可以识别的格式。Wiley Online 还提供相关文献的链接,点击"Like this Articles"超链接可显示与该文献记录相关的文献,相关文献也是 Wiley Interscience 收录的文献。另外,点击"Authors"可链接到在 Wiley Online 中相同作者发表的其他文献的页面。

图 5-10   Wiley Online 的文献记录页面

4. 存储和打印

Wiley Online 一般提供 PDF 和 HTML 两种全文格式。点击检索结果页面上记录的 PDF 或 HTML 超链接可浏览全文。以 Acrobat Reader 和 IE 打开全文后,分别使用打印、保存功能进行文献全文的打印和保存。

第三节 American Chemical Society

一、概述

美国化学学会(American Chemical Society,简称 ACS)成立于 1876 年,现已成为世界上最大的科技协会之一,其会员数超过 16.3 万。多年以来,ACS 为全世界的化学研究机构、企业及个人提供高质量的信息资源及服务，成为享誉全球的科技出版机构。ACS 的期刊被 ISI Journal Citation Report（JCR）评为"化学领域中被引用次数最多的化学期刊"。

ACS 出版的文献类型有：图书、期刊、会议论文集和新闻等。ACS 出版了近 40 种期刊，其内容涵盖了生化研究方法、药物化学、有机化学、普通化学、环境科学、材料学、植物学、毒物学、食品科学、物理化学、环境工程学、工程化学、应用化学、分子生物化学、分析化学、无机与原子能化学、资料系统计算机科学、学科应用、科学训练、燃料与能源、药理与制药学、微生物应用生物科技、聚合物和农业学等学科领域。

ACS 的电子期刊除了具有一般的检索和浏览等功能外，还可提前查阅到被作者授权发布、尚未正式出版的最新文章（Articles ASAP）。ACS 提供了 E-mail 告示服务。ACS 的"Article References"可直接链接到 Chemical Abstracts Services（CAS）的文献记录，也可与 PubMed、Medline、GenBank、Protein Data Bank 等数据库相链接。ACS 出版物具有较好的图形效果，如带有 3D 彩色分子结构图、动画和图表等。

ACS 与英国皇家化学会（RSC）、美国物理学会（AIP）、英国物理学会（AOP）、Academic Press、Karger Publishers、Springer-Verlag、美国专利与商标局、欧洲专利局等共同在 Internet 上提供期刊全文和专利全文的有偿服务。

二、浏览

点击 ACS 主页（http：//pubs.acs.org/）工具栏的"Publications A-Z"图标，可显示 ACS 出版的期刊页面，如图 5-11 所示。页面按字母顺序列出所有 ACS 出版的期刊，点击期刊名可链接到该期刊最新一期的页面，它提供了该期刊的详细信息的介绍，用户可在文献目录的弹出框选择期刊的年代、卷、期（页码），可方便地进入某一期文献记录页面，查找到所需要的文献。

图 5-11 ACS 出版的期刊

三、检索方法

点击 ACS 主页上"Search"输入框，可检索 ACS 的期刊。ACS 的期刊检索提供的检索字段有：Anywhere（全文）、Title（标题）、Author（作者）和 Abstract（摘要）。点击"Search"按钮就可以进行检索。在"Search"输入框右边是"Citation"（引用）输入框，用户需要在 Select a Journal or Book Series 弹出框下拉菜单中选择期刊名，并正确地输入卷、起始页，再点击"Go"按钮，可以准确地查找到引用文献的记录。在"Citation"输入框右边是"Subject（学科）"输入框，用户下拉菜单有五个选项：应用类（applied）、生物化学（biochemistry）、大分子（macromolecular）、有机（organic）、物理无机分析。检索完成后，文献记录会显示文献的标题、作者、期刊名、卷、页码、年份和 DOI 码。通过文献记录的"Abstract"、"HTML"、"PDF"超链接可以分别浏览文献的摘要、HTML 全文或 PDF 格式全文。

ACS 的期刊高级检索提供了五个检索表达式输入框，其检索字段有：Anywhere in Content/Website（全文）、Title（标题）、Author（作者）、Abstract（摘要）、Figure/Table Caption（图/表题注）等。另外为了进行准确、快速的检索，可对检索结果进行限制，它包括：Journals and Book Series（期刊或丛书）或 Date Range（时间段）。在高级检索的下边，还有小提示进行检索帮助，见图 5-12。

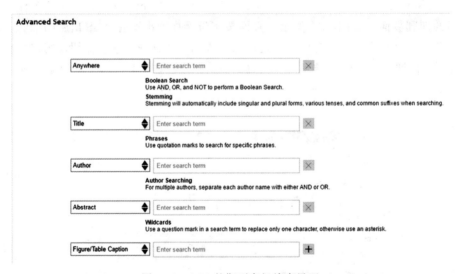

图 5-12 ACS 的期刊高级检索界面

四、检索结果及处理

图 5-13 是 ACS 的检索结果界面。检索结果页面显示所有符合检索表达式的文献记录。每一文献记录会显示文献的标题、作者、期刊名、卷、页码、年份和 DOI 码。用户可在文献记录右边的复选框上做上标记，既可以对每个结果记录点击，如需对所有结果标记，选择"Select All"将对所有记录作标记。作标记的记录可以通过"Download Citation（下载引文）"进行存储。在每一文献记录标题的右边，都有该记录的 Abstract（摘要）和 Supporting info（附录信息）。点击文献记录的"Abstract"超链接可浏览详细的文献记录摘

要。点击文献记录的"Supporting info"超链接可浏览文献记录的附录信息，包含一些重要但不便在文章中出现的信息，通常有链接下载。点击文献记录的"Full Text HTML"超链接可浏览 HTML 格式的全文，点击"ACS Active Uiew PDF"超链接可以浏览或下载具有高质量 PDF 格式的全文，点击"PDF w/Links"超链接可以浏览或下载具有链接形式普通质量 PDF 格式的全文。用户可以改变文献记录的显示内容，从"SORT:"弹出框可选择文献记录显示的排列方式：Relevance（相关度）、Date（日期）、Manuscript Type（文稿类型）、Publication Title（出版物标题）和 First Author's Last Name（第一作者姓氏）。相应的，在检索结果页面的左栏，ACS 还对检索结果进行 Date Range（时间范围）、Author（作者）、Manuscript Type（文稿类型）、Publication（出版物）和 Content Type（文件类型）分类统计。用户可调整每页显示的检索结果数：20、50、100。如果用户选择 50，则每页会显示 50 个检索记录。

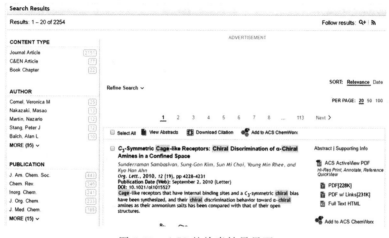

图 5-13　ACS 的检索结果界面

第四节　Royal Society of Chemistry

一、概述

英国皇家化学学会（Royal Society of Chemistry，简称 RSC）成立于 1841 年，它是由约 4.6 万名化学研究人员、教师、工业家组成的专业学术团体。RSC 是一个国际权威的学术机构，它是化学信息的主要出版商和提供者之一。RSC 期刊大部分被 SCI 收录，并且是被引用次数相当多的化学类期刊。RSC 全文期刊数据是英国皇家化学学会开发的专业数据库，其中 36 种期刊提供网络版检索和全文。RSC 的文献类型包括期刊（文摘、全文）、图书（书目、章节）、标准、会议录和技术报告等，它提供的媒介类型有网络版文摘、全文数据库和书目数据库等。

RSC 可由国际主站（http：//pubs.rsc.org/）或 CALIS 国内服务器（http：//rsc.calis.edu.cn/）访问。购买使用权的用户可以使用 RSC 的 23 种电子期刊的全文内容，包括检索、浏览和下载全文。

二、浏览

用户登录到 RSC 电子期刊系统后，系统缺省的显示页面是期刊浏览页面。图 5-14 是 RSC 的期刊浏览页面。由于 RSC 的电子期刊数量不多，在浏览页面的下部直接将电子期刊名列出。RSC 一共提供了三种浏览方式：分别按照期刊名称（Title）、学科分类（Subject）和年份（Year）进行浏览。按期刊名称浏览又分为所有期刊（all journal）、目前期刊（current journal）和期刊回溯（journal archives）。期刊回溯是那些已停刊的期刊。用户点击期刊名的超链接可进入该期刊的页面，再查找所需要的卷、期，进而浏览整期的全部文献。

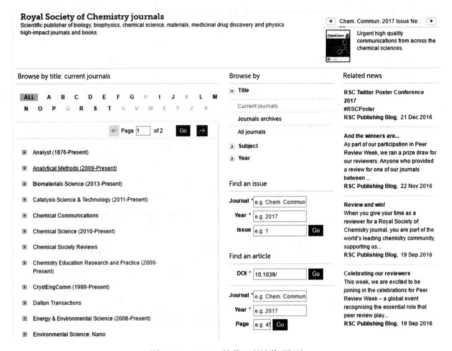

图 5-14　RSC 的期刊浏览页面

三、检索方法

点击页面上的检索框可进入检索界面，用户可在输入框中键入一个或几个检索词，多个检索词之间使用逻辑算符连接。连续输入的多个检索词，默认的逻辑算符是"AND"。通过检索字段弹出框可选择简单查询的检索字段：全面、篇名、作者、文摘或刊名等。系统默认的检索字段是全面检索，即包括全部的检索字段。

进行词组或短语的检索时，必须对词组或短语使用双引号""。使用作者字段检索时，作者姓名的输入格式是"姓，名"。简单检索还可进行检索结果限制的设定，检索结果的限制包括出版日期、文献种类（全部、论文、目次、其他、书评或索引）、显示设置（每页结果数和排序方式）等。它可以把检索结果限制在一定范围内，并按设定的方式显示检索结果，使得检索更快速和准确。默认的检索结果限制是包含所有出版时间的全部文献种类。

点击页面上的"Advanced Search（高级检索）"图标进入高级检索界面，如图 5-15 所示。高级检索的使用和检索基本相同。高级检索的检索表达式的行数增加至四个，各检索表达式都有一个检索字段。各检索字段之间使用逻辑算符"AND"、"OR"或"NOT"进行连接，系统的默认逻辑算符是"AND"。用户可以根据需要，输入一个检索表达式进行一个检索字段的简单检索，或输入多个检索表达式实现多个检索字段的组合检索。与检索相比，高级检索增加了文献 DOI、作者和文献标题三个检索字段。另外，在检索限制中，高级检索还提供了学科类别和文献种类的选项。

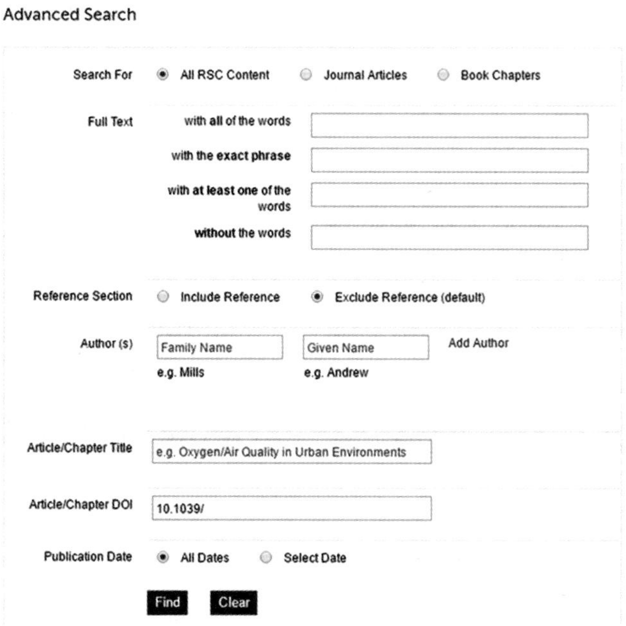

图 5-15　RSC 的高级检索页面

四、检索结果及处理

1. RSC 电子期刊的检索结果显示

在检索结果显示界面首先显示的是本次检索的检索方式、检索条件、检索时间范围，接下来是检索结果命中数、总页数和当前页码（图 5-16）。接着是显示命中的文献记录，每一条文献记录显示了以下信息：标题、作者、期刊名、ISSN 号、出版年月、卷期、起止页码、文摘链接以及全文链接。标题、作者、期刊名、ISSN 号、卷号等都带有超链接。点击文献的标题，可显示该文献记录的详细内容。点击作者，可显示同一作者在 RSC 中所有发表的文献。点击卷期，可显示同一卷期文献的篇目信息。

2. RSC 电子期刊的检索结果标记及检索结果保存和下载

在每条文献记录的左方有个复选框，点击复选框可做上标记。点击"Select All（全选）"，则该页所有记录均选中。如果检索结果超过一个页面，可以逐页做上标记。在完成了检索结果的标记后，点击页面的"Download Citation（下载引文）"图标，系统将保存记录。所选记录的输出可以选择保存到 Bib Tex、EndNote、MEDLINE、ProCite、Reference-Manager、RefWorks、RIS 文件格式。

在标记记录浏览页面上，RSC 电子期刊的全文文件采用 PDF 和 Rich HTML 文件格式，用户可方便地进行存盘。

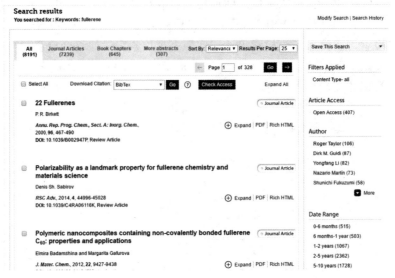

图 5-16 RSC 的检索结果页面

第五节 American Institute of Physics

一、概述

美国物理联合会（American Institute of Physics，简称 AIP）创立于 1931 年，它是一家历史悠久享誉世界的科学出版社。AIP 出版物的内容占据了全球物理学界研究文献的四分之一以上，包含一般物理学、应用物理学、化学物理学、地球物理学和核物理学等。AIP 已将原 OJPS（Online Journal Publishing Service）在线服务平台升级为 Scitation（http：//scitation.aip.org），Scitation 的名字表明该平台内容主要涉及科学和技术领域以及平台采用了强大的引文处理技术。Scitation 中收录了 18 个科技出版社的 110 多种科技期刊，包含大约 60 万篇文献，并且每月新增 6000 多篇文献。

Scitation 提供两个检索范围：Scitation 和 SPIN Web+Scitation。Scitation 的检索范围是带全文的文献记录，而 SPIN Web+Scitation 检索范围是所有文献记录（包括不带全文的文献）。具有使用权限的用户可以在 Scitation 主页屏幕左侧点击 Register 进行注册，注册用户可点击菜单栏上的"MyScitation"图标，成功登录后（Sign In），才可以使用系统上提供的 My Articles、My Publications 和 My Subscriptions 等个性化工具。Scitation 提供了富有特色的个性化的检索结果处理方法，这是它的显著优点。

二、浏览

Scitation 提供两种期刊排列方式：按出版杂志英文字母顺序排列和按学科排列。在屏幕的左边"AIP Publishing（AIP 出版物）"，列出 AIP 出版的所有杂志名称，按字母顺序排列。点击字母所处的期刊名，链接至该杂志。点击期刊名可链接到该期刊的介绍页面，点击"Browse（浏览）"可链接到该期刊的浏览页面，用户可进行卷、期选择，浏览某一期的具体内容，进而查找出所需要文献。除了按字母排列期刊外，点击"Topics Covered（主题覆盖）"，Scitation 会列出所有隶属该学科的文献排列。排序方式可根据更新日期（Date）和相关性（Relevance）调整。用户可在这个页面下再进行检索或限定等操作，进而查找出所需要文献。

三、检索方法

Scitation 旧版提供了不同检索模式，在新版中仅保留了 Standard Search（标准检索）。Scitation 的标准检索是以检索词、检索字段和逻辑算符组成的检索。图 5-17 是 Scitation 的标准检索页面。

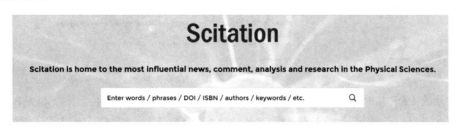

图 5-17　Scitation 的标准检索页面

Scitation 的检索字段有：phrases（词组）、DOI（数字对象标识符）、ISBN（国际标准图书编号）、Authors（作者）和 keywords（关键词）等。逻辑算符有：AND、OR、NOT、NEAR。检索结果的排列方式有：Relevance Order（相关度）、Date（先显示最近）。每页显示的检索记录可以是 20、50 和 100。用户还可对检索结果进行必要的限制检索（Refine Search）（图 5-18）。对主题（Topic）、出版期刊来源（Published in）和出版时间（Publication Date）完成了检索条件的输入后，点击"Search"按钮就可得到检索结果。如果希望保存检索式，按"SAVED SEARCHES"按钮。

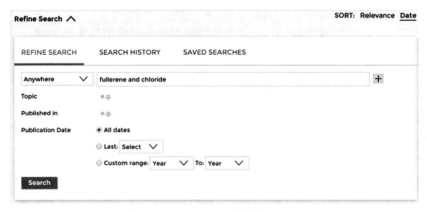

图 5-18　Scitation 的限制检索页面

四、检索结果及处理

图 5-19 是 Scitation 的检索结果页面。屏幕的左边是检索结果的分类统计，按照文献类型（article type）、出版时间（Publication Date）、主题（Topic）、作者（Author）和出版期刊（Publication）对结果统计。

在检索结果的文献记录列表中，点击文献标题的链接可显示该文献详细书目信息。每一文献记录会显示标题、作者、期刊名、卷、期、年份和页码。点击"PDF"超链接可浏览或

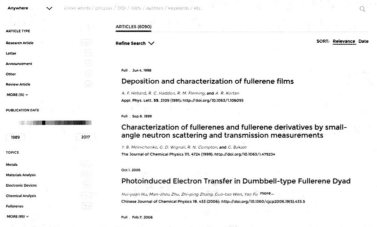

图 5-19　Scitation 的检索结果页面

下载该文献的 PDF 格式的全文。点击"ABSTRACT（摘要）"链接可浏览文献摘要。点击"TOOLS（工具）"超链接，它有三个选项：（1）"DOWNLOAD CITATION"可以下载或保存文献记录到本地硬盘。（2）"ADD TO FAVORITES"加文献记录到个人喜好。（3）"REPRINTS AND PERMISSIONS"文献重印和许可。

一、判断对错（True/False）

1.（　）英国 Kluwer Academic Publisher 公司是具有国际性声誉的学术出版商，其产品有 Kluwer Online 等。

2.（　）American Institute of Physics 是美国物理学会。

3.（　）John Wiley&Sons Inc. 公司是国际上著名的科学技术出版商之一。

4.（　）Angew. Chem. Int. Ed. 属于 Wiley Online。

二、单项选择

1. 被 Journal Citation Report 评为"化学领域中被引用次数最多的化学期刊"是_____。

　A. RSC　　　　　　　　　　B. Elsevier Science
　C. Kluwer Academic Publishers　　D. ACS

2. 一般英文全文数据库中，检索结果的排序有好几种，如果想按出版先后排序，应该选择_____。

　A. Date　　　　　　　　　　B. Author
　C. Source　　　　　　　　　D. Relevance

3. 以下哪个期刊属于 RSC _____。

　A. Science　　　　　　　　　B. Nature
　C. Angew. Chem. Int. Ed.　　D. Chem. Commun.

4. 下列不属于中国高等教育文献保障系统的是_____。

　A. Nature　　　　　　　　　B. Science
　C. Kluwer Online　　　　　　D. Royal Society of Chemistry

5. 以下期刊中，属于综述性期刊的是_____。

A. The Journal of Physical Chemistry   B. Chemistry of Materials

C. Theoretical Chemistry Accounts   D. Chemical Society Reviews

6. 以下学会中，成立最早的是_____。

A. ACS（美国化学会）   B. RSC（英国皇家化学学会）

C. CAS（中国化学会）   D. AIP（美国物理联合会）

7. 英国皇家化学学会（Royal Society of Chemistry，简称 RSC）创刊于哪一年_____。

A. 1907   B. 1876

C. 1841   D. 1807

三、简答题

1. 请查找以下各期刊，写出它们的主页。

（1）高等学校化学学报　（2）物理化学学报　（3）Journal of Materials Chemistry
（4）Journal of Chemical Education　（5）Journal of the American Chemical Society

2. 举出五种影响因子在 3.0 以上的属于 SpringerLink、Wiley、ACS、RSC 和 Kluwer 出版的期刊，按影响因子从高到低排序。

3. 详细描述通过 ACS 全文期刊网查找有关手性拆分文章的原文，按作者字母顺序排序。

4. 浏览德国应用化学 2016 年 12 月的出版目录。

5. 有人写了一篇关于化学多媒体教学方面的文章，你认为可以向 SpringerLink、Wiley、ACS、RSC 和 Kluwer 哪些期刊投稿比较合适，给出理由。

6. 请查阅 SpringerLink、Wiley、ACS、RSC 和 Kluwer 出版期刊的投稿指南或作者须知（任选 2 项）。

第六章 特种信息资源

第一节 专利数据库

一、专利基础

专利技术是科技成果的一种重要表现形式,是技术创新的重要标志和体现,在很大程度上代表着一个国家或企业的技术水平和潜在的技术竞争力。从市场经济的角度看,专利就是在一定时空范围内的受法律保护的技术垄断。

专利制度起源于欧洲,威尼斯共和国于1474年颁布的《专利法令》,形成了专利制度的雏形,而1624年英国的《垄断法》是真正意义的专利法。专利制度是国际上通行的一种促进技术进步的重要法律制度,它利用法律与经济的手段保护专利持有人的权益,鼓励发明创造。专利制度对人类的科技进步和社会发展起着巨大的作用和贡献,其基本内容是:专利权的取得必须先向社会公开其发明创造的技术内容,在通过专利机关的审查后才依法授予;在专利保护期内,专利权人依法享有专利技术的垄断权,禁止他人未经许可使用受保护的专利技术;对于专利权的保护具有时间性,超出保护期的专利即为失效专利,任何人均可无偿使用。

专利通常有三种含义:专利权、专利发明和专利文献。专利权是国家授予的对发明创造的独占支配权,它具有独占性、时间性和地域性的特征。专利发明是取得专利权的发明创造。专利文献是记载发明创造内容的专利说明书或其他专利信息文献。

专利文献(patent document)作为一种记载和传递专利的重要信息资源,它是专利制度的产物,又是专利制度的重要基础,在专利审查和国际交流中发挥着重要作用。就狭义而言,专利文献是指专利说明书和发明人证书,它是专利申请人向专利局递交的说明发明创造的内容及权利要求的书面文件。而广义概念的专利文献包括专利说明书、专利公报、专利检索工具和专利分类表,以及与专利有关的法律文件及诉讼资料等。专利文献具有内容广泛、技术新颖、文字严谨、实用可靠、出版迅速和信息量大等特点。对于专利文献的检索、分析与利用,已成为科学研究进程中不可缺少的重要组成部分。

专利说明书是专利文献的主体,也是最主要的原始文献。目前,全世界已累积4000多万件专利说明书,并逐年递增。专利说明书公开了新的技术信息,且确定了法律保护的范围。1970年后,专利说明书由扉页、正文(发明内容、权利要求书)和附图三个部分组成。扉页以提要形式著录发明创造的全部法律和技术信息,并在每个著录项目前面标注INID代码(国际统一的著录项目识别符)。正文是说明书的主体,包括序言和发明细节描述,用以阐述发明创造的技术内容,通常采用附图加以说明。由于专利制度允许发明人保有技术秘密,对技术的关键点不予公开,所以这种附图只是原理图或示意图。权利要求书阐明请求专利保护的技术特征范围,也是判定专利侵权的主要依据。

专利分为发明专利、实用新型专利和外观设计专利等三种类型。发明专利是指对产品、方法或者其改进所提出的新技术方案,它包括产品发明和方法发明。实用新型专利是指对产品的形状、构造或者其结合所提出的实用新技术方案。外观设计专利是指对产品的形状、图形、色彩或者其结合所作出的富有美感并适于工业应用的新设计。授予专利权的条件是申请对象具备新颖性、创造性和实用性。专利的申请和审批要通过申请、审查、批准和公布等手段。专利的审查制度有形式审查制、实质审查制和延迟审查制等三种形式。

为便于专利文献的管理,世界上绝大多数实施专利制度的国家均采用世界知识产权组织(WIPO)制定的《国际专利分类表》(International Patent Classification,IPC)来对专利文献进行组织和管理。IPC 是以等级形式,采用功能与应用分类相结合,以功能分类为主的原则,将技术内容按部、大类、小类、主组、分组五级分类,组成完整的分类系统,采用数字和字母混合标记各级类目。

(1) 部。部分为 8 个,用 A~H 的大写字母表示。每一个部的类名都概括地指出该部所包含的技术范围,简要表明该部所包括主题范围的概括性特点,通常对类名的陈述主题不作精确的定义。IPC 的部分别是 A 部:人类生活必需(Human Necessities);B 部:作业、运输(Operations,Transporting);C 部:化学、冶金(Chemistry,Metallurgy);D 部:纺织、造纸(Textiles,Paper);E 部:固定建筑物(Fixed Construction);F 部:机械工程、照明、加热、武器、爆破(Mechanical Engineering,Lighting,Heating,Weapons,Blasting);G 部:物理(Physics);H 部:电学(Electricity)。

(2) 大类。每一个部按不同的技术主题范围分成若干个大类,每个大类都有大类名和大类号。大类名对它所从属的各个小类所包括的技术主题作一个全面的说明,表明该大类包括的主题内容,大类号以部的类号加两位数字来表示,如 A01、C07 等。

(3) 小类。每一个大类包括一个或多个小类。小类的类名尽可能确切地表明小类的技术主题内容,小类号以大类号加上一个大写辅音字母组成,如 C07D。

(4) 主组。每一个小类细分成许多组(主组和分组的统称),主组号是小类号加 1~3 位数字,后再加/00 表示,如 C07D477/00。

(5) 分组。主组可以细分成若干个分组。分组的类名明确表示可检索属于该主组范围之内的一个技术主题范围。分组号由主组号加上用斜线(/)分开的两个数组成如 C07D473/02。

例如,Int. cl^6:H04L9/00 或 H04L9/14。其中,Int. cl^6 表示国际专利分类第 6 版,H 为部,H04 为大类,H04L 为小类,H04L9/00 为主组,H04L9/14 为分组。

《中华人民共和国专利法》于 1985 年 4 月 1 日开始实施。根据《专利法》的规定,我国专利分为发明专利、实用新型专利和外观设计专利三种类型。对发明专利采用延迟审查制,延迟期为自申请日起 3 年;对实用新型专利和外观设计专利采用形式审查制。发明专利的保护期为 20 年,实用新型专利和外观设计专利保护期为 10 年,均自申请日起算。国家知识产权局出版的中国专利文献有《发明专利申请公开说明书》、《发明专利说明书》和《实用新型专利说明书》,每周四发行新版,公开报道一周来的最新专利。

为了方便管理和检索,国家知识产权局对中国专利制定了一套编号体系,印刷在公开发行的所有中国专利文献上。目前这套体系主要包括以下几种号码。

(1) 申请号:是专利局在受理申请时对每一件专利申请所给出的编号,1988 年以前由 8 位数字组成;1989~2004 年由 9 位数字组成;2004 年 7 月 1 日起,启用新的编号,由 12 位数字加一个圆点(.)组成。其前 4 位为年代号;第 5 位是专利类型识别符,其中"1"代表发明专利,"2"代表实用新型专利,"3"代表外观设计专利,"8"代表指定中国的发明专利的 PCT 国际申请,

"9"代表指定中国的实用新型专利的 PCT 国际申请;第 6~12 位是该类专利在该年度内提出申请的顺序号;然后是一个圆点分割申请号和校验码,最后 1 位是计算机校验位。

(2) 专利号:对授权专利所给出的编号,系在申请号前加"ZL"构成。

(3) 公开号:对予以公开的发明专利申请,在出版其《发明专利申请公开说明书》时给出的编号,依 WIPO 的相关规定由 10 位字母及数字组成:前 2 位是国别代码"CN";第 3 位是专利类型识别符,这里固定用数字"1";第 4~9 位是该类专利的总顺序号;最后 1 位是专利说明书版别标识,以字母"A"表示首次出版。

(4) 授权公告号:对授权专利予以公告时,在出版的专利说明书上给出的编号,依 WIPO 的相关规定由 10 位字母及数字组成。前 1~9 位的具体含义与公开号相同,最后 1 位是不同类型专利说明书的版别标识,其中字母:"C"代表发明专利,"Y"代表实用新型专利,"D"代表外观设计专利。

二、中国专利数据库

中国专利文献的检索工具,印刷版的主要是《中国专利公报》和《中国专利索引》,光盘版有《中国专利说明书全文》、《中国专利文摘》、《外观设计》和《中国失效专利》等,而从网上获取中国专利信息的途径较多,能够直接浏览到专利说明书全文的主要有:国家知识产权局(http://www.sipo.gov.cn)专利检索系统、中国知识产权网(http://www.cnipr.com)、中国专利信息网(http://www.patent.com.cn)等,它们均有自己的特色。以下介绍国家知识产权局专利数据库的使用。

中国国家知识产权局(简称 SIPO)是中国最高专利行政部门。SIPO 网站为政府官方网站(http://www.sipo.gov.cn/sipo/zljs/default.htm),具有权威性。该网站主要宣传、介绍我国在知识产权方面的法律法规,报道与知识产权有关的要闻动态及我国开展国际专利合作的情况,并办理有关的专利事务。国家知识产权局专利检索及分析入口为:http://www.pss-system.gov.cn/(图 6-1)。

图 6-1 国家知识产权局专利检索页面

1. 检索方法

使用 SIPO 数据库检索专利时,可采用常规检索、高级检索、导航检索、命令行检索和药物检索等方式。

(1) 常规检索

常规检索是 SIPO 专利检索系统首选的检索方式。系统提供 6 个检索字段:检索要素、申请号、公开（公告）号、申请（专利权）人、发明人、发明名称、默认为自动识别。输入申请（专利）号和公开（公告）号时，号码中的字母一律省略；在日期字段中，按年、月、日的顺序输入，各部分之间用圆点分隔，年份用 4 位数字表示，而月、日均为 1～2 位数字；分类号中的"0"在输入时不能省略。

SIPO 数据库检索可使用逻辑算符 AND 和 OR，还可使用"（ ）"改变检索的优先顺序。如果同时进行多个字段检索，各检索字段之间默认逻辑算符是"AND"。另外，SIPO 数据库可使用截断符"％"进行模糊检索。

SIPO 数据库有以下检索范围：全部专利、发明专利、实用新型和外观设计。用户可根据需要自行将检索范围限定为某种类型的专利。在默认状态下，系统将对全部专利进行检索。确定检索范围后，可在相关字段输入框中键入检索词。当完成所有检索式输入后，点击检索区下方的"确定"按钮，系统即进行检索，并得到检索结果。

（2）高级检索

在图 6-1 所示的菜单栏选择"高级检索"，可进入高级检索页面，如图 6-2 所示。页面的左侧可以进行范围筛选。在检索栏提供了 14 个检索字段：申请号、申请日、分类号、公开（公告）号、公开（公告）日、发明名称、IPC 分类号、申请（专利权）人、发明人、优先权号、优先权日、摘要、权利要求、说明书和关键词。用户既可在其中某个字段中输入检索词，也可同时使用多个字段进行组合检索。点击其中某个专利，便可查看其摘要信息，然后可用前面介绍过的方法进一步浏览专利说明书的全文。在屏幕下方还有检索式编辑区，可对检索式直接编辑检索。

图 6-2　SIPO 的高级检索页面

2．检索结果

图 6-3 是检索结果页面，它显示出符合检索条件的记录列表和记录数。单击记录列表中的某条记录，可浏览检索结果记录的摘要信息，如图 6-4 所示。屏幕的左侧有检索结果统计，可对申请人、发明人、技术领域、申请时间和公开时间进行分析。点击"详览"可以获得更详细的内容，在当前位置浏览著录项目、全文文本和全文图像。

三、美国专利数据库

美国是世界上专利数量最多的国家之一，1790 年就颁布第一部专利法，此后又根据需

图 6-3　检索结果页面

图 6-4　专利检索结果记录页面

要不断完善。美国专利有发明专利、外观设计专利、植物专利、再公告专利和依法登记的发明专利等类型。美国出版的专利文献有专利说明书、外观设计专利说明书、植物专利说明书、再公告说明书、再审查证书说明书、防卫性公告与依法登记的发明说明书等。再公告说明书是专利权人发现原专利说明书有误，报经专利局批准补充或修改后再次出版的说明书。再审查证书说明书是公众提出异议，经专利权人修改及专利局重新审查后再次授予专利权的专利说明书。这两种证书出版后，原专利说明书中被修改的内容即告无效。防卫性公告是指发明人向专利局申请公开其发明的技术内容，使该项技术失去新颖性，从而防止他人就相同技术申请专利。自 1985 年 12 月起，此公告改称依法登记的发明。

1．数据库概况

　　美国专利与商标局（The US Patent and Trademark Office，简称 USPTO）至今已有 200 余年历史。USPTO 专利数据库（http：//www.uspto.gov/patft）包括专利全文数据库和专利文摘数据库，该数据库收录了自 1790 年以来的所有美国专利，每周二更新一次。用户能免费检索美国专利全文和页面图片。数据库中的全部专利均提供全文扫描（TIF 格式）的专利说明书，而 1976 年以来的说明书还可以在专利全文中进行检索。USPTO 专利数据库以其数据容量大、检索性能优异和开放性好而深受用户的欢迎。图 6-5 为 USPTO 专利检索页面。

图 6-5　USPTO 专利检索页面

USPTO 专利数据库分为 PatFT Patents（授权专利）和 AppFT：Applications（专利申请）两部分。在授权专利中，1790～1975 年的专利只有说明书的全文扫描，而 1976 年以后的专利除有扫描的原文外，还可提供超文本说明书。专利申请中包括了 2001 年 3 月 15 日以来的美国专利申请。对于授权专利和专利申请都提供 Quick Search（快速检索）、Advanced Search（高级检索）和 Number Search（专利号检索）三种检索方式。在检索页面上点击其中一种方式的超链接，即可进入相应的检索界面。

2．快速检索

图 6-6 是 USPTO 专利快速检索页面。快速检索提供上下两行检索词输入框，分别标记为"Term1"和"Term2"。用户检索时，可先在两个输入框中分别键入检索词，在对应的字段下拉菜单"Field1"和"Field2"中分别选择适当的检索字段，然后在逻辑算符下拉菜单中选择一个算符，再从"Select years"下拉菜单中选定检索年限，最后点击"Search"按钮。输入过程中如有错误，可点击"重置"按键，清除原有输入，重新输入检索词。

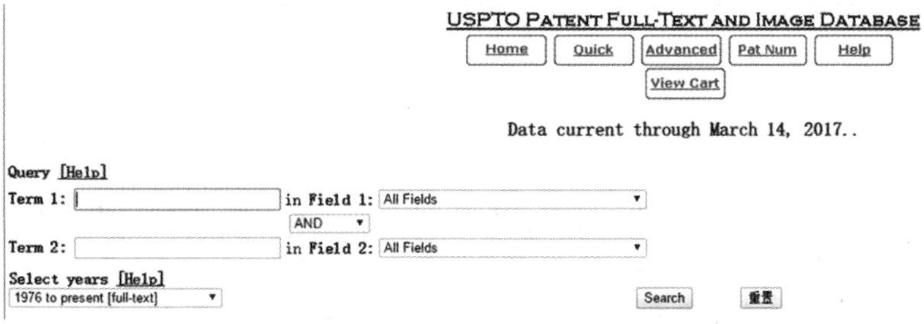

图 6-6　USPTO 专利快速检索页面

USPTO 数据库中设置了 30 多个检索字段，用户可根据情况选择需要检索字段。以下为各检索字段的标识符、字段名和中文说明：ABST＝Abstract（摘要）、APD＝Application Date（申请日期）、APN＝Application Serial Number（申请号）、APT＝Application Type（申请类型）、AC＝Assignee City（专利权人所在城市）、CAN＝Assignee Country（专利权人所在国家）、AN＝Assignee Name（专利权人名称）、AS＝Assignee State（专利权人所在州）、EXA＝Assistant Examiner（助理审查员）、LREP＝Attorney or Agent（代理人或代

理机构）、ACLM＝Claim（s）（权利要求）、SPEC＝Description/Specification（说明书）、PRIR＝Foreign Priority（国外优先权）、FREF＝Foreign Reference（国外参考文献）、GOVT＝Government Interest（政府信息）、ICL＝International Classification（国际专利分类号）、IC＝Inventor City（发明人所在城市）、ICN＝Inventor Country（发明人所在国家）、IN＝Inventor Name（发明人姓名）、IS＝Inventor State（发明人所在州）、ISD＝Issue Date（出版日期）、OREF＝Other Reference（其他参考文献）、PARN＝Parent Case Information（母专利信息）、PN＝Patent Number（专利号）、PCT＝PCT Information（PCT 信息）、PD＝Publication Date（公开日期）、EXP＝Primary Examiner（一级审查员）、REIS＝Reissue Data（再公告信息）、TTL＝Title（发明名称）、RLAP＝Related US Application Data（相关美国专利申请）、CCL＝Current US Classification（现行美国分类）、REF＝US Reference（美国参考文献）。

USPTO 专利数据库使用的逻辑算符有：AND、OR 和 NOT，并可用括号设定检索优先次序。USPTO 专利数据库可使用截断符"＄"进行模糊检索，截断符前的英文字母不能少于 4 个，但词组或短语不能使用模糊检索。使用检索字段时应注意：使用日期型字段（申请日、公开日等）检索时，输入格式为：月/日/年；在 ICL 字段检索时，应在原始 IPC 格式中的空格处补"0"，例如，检索国际专利分类号为 G06F 19/00 的专利，应输入 ICL/G06F019/00。

3．高级检索

高级检索要求用户自行编写使用字段标记符的检索表达式，适合具有一定检索基础的人员使用，其检索界面如图 6-7 所示。系统提供一个输入框，供检索者输入检索式。其格式为：字段代码/检索词，式中的检索词可以是单词或词组（包括人名、日期和号码等）。当输入两个以上的检索词时，要用逻辑算符将其连接起来。完成输入后，在"Select Years"下拉菜单中选择检索年限，再点击"Search"按钮进行检索。

图 6-7　USPTO 专利高级检索页面

4．专利号检索

专利号检索使用专利号或申请号进行检索。虽然快速检索和高级检索也分别能进行专利号或申请号检索，但检索速度较慢。检索工业实用专利（Utility）或在专利申请部分进行检索时，可直接输入专利号或申请号。检索其他类型的专利时，需要在专利号前分别输入专利类型代码：D（外观设计专利）、PP（植物专利）、R（再公告专利）、T（防卫性公告）、H（再审查证书），例如，D339，456，PP8，901 等。

5．检索结果及处理

图 6-8 是 USPTO 专利检索结果页面。页面上部显示检索年限、检索表达式和符合检索条件的记录数。系统还提供了二次精确检索的功能"Refine Search"。检索结果以记录列表形式显示，每条记录包括序号、专利号、全文图标及专利名称等内容，点击专利号或专利名称超链接即可浏览该项专利的摘要。1976 年以后的专利可以得到文本格式的专利说明书全

图 6-8 USPTO 专利检索结果页面

文。USPTO 数据库的专利说明书均为扫描图形的 TIF 格式文件，如要浏览说明书全文，须安装浏览 TIF 文件的软件。目前支持 USPTO 中 TIF 格式文件的免费软件为 AlternaTIFF 或 InterneTIFF，用户可从 http：//www.alternatiff.com 或 http：//www.internetiff.com 网页下载。在专利页面上，点击屏幕上部的"Images"图标，再打开专利说明书的全文图像页面，用户可逐页浏览、打印或存盘，如图 6-9 所示。

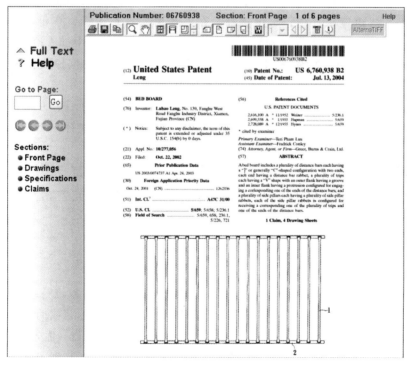

图 6-9 USPTO 专利全文说明书页面

四、欧洲专利数据库

欧洲是工业革命的发源地和世界上第一部专利法的诞生地，同时又是工业发达国家最集中的地区，其专利文献具有较高的参考与利用价值。欧洲专利局（The European Patent Office，简称 EPO）作为欧洲专利组织的执行机构，与美国专利商标局、日本特许厅被称为世界上最大的三个专利机构。

1．数据库概况

1998 年欧洲专利局联合各成员国的国家专利局创建了 Internet 上使用 esp@cenet 专利文献库（http：//ep.espacenet.com），现已成为检索世界各国（特别是欧洲各国）专利说明书的最佳工具，受到用户的普遍欢迎。esp@cenet 数据库在 EPO 及其多数成员国内都设有服务器，各成员国的专利网站都可链接到 esp@cenet。esp@cenet 数据库是多语种版本，它提供了英语、德语和法语的使用界面，方便了各国用户的使用。esp@cenet 数据库收录世界上 60 多个国家和地区出版的 1.5 亿多件专利文献数据，并提供世界知识产权组织（WIPO）依据"专利合作协定"（PCT）出版的专利信息，数据库每周更新。esp@cenet 数据库可检索到 EPO 成员国专利、欧洲专利（EP）、世界专利（WO）、日本专利（PAJ）及世界范围（Worldwide）专利。esp@cenet 数据库中的专利说明书为 PDF 格式全文扫描图像文件，需要安装 Acrobat Reader 阅读软件才可查看。

esp@cenet 数据库提供了 Smart Search（智能检索）、Advanced search（高级检索）和 Classification（分类检索）三种检索方式。

2．智能检索

图 6-10 是 esp@cenet 专利智能检索页面。首先要选择数据库语言，在页面的顶部，有荷兰语、英语和法语三个选项，可供选择。在三种语言选项下面，还可以点击"Change country"，例如选择中国，将切换到简体中文页面。然后在输入框中键入检索词，最后点击"Search"按钮进行检索。检索词最多可达 20 个，esp@cenet 数据库支持使用逻辑算符 AND，OR 和 NOT。输入的检索词可以是词或词组，但词组要加双引号""。如果一次输入多个检索词，各检索词以逻辑算符连接。esp@cenet 数据库可使用后方截断符，截词符"＊"可代表任意多个字符，"？"代替 0 至 1 个字符，而"♯"仅代替一个字符。

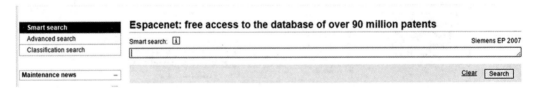

图 6-10　esp@cenet 专利智能检索页面

3．高级检索

图 6-11 是 esp@cenet 的高级检索页面。高级检索可对多个字段进行组合检索。esp@cenet 数据库常用检索字段有：Title（标题）、Title or abstract（标题或摘要）、Publication number（专利号）、Application number（申请号）、Priority Number（优先权号）、Publication date（发表日期）、Applicant（申请人）、Inventor（发明人）和 IPC Classification（IPC 分类号）等。用户可在各字段的输入框中键入检索词，在输入框的右方提供了各字段输入格式的范例。

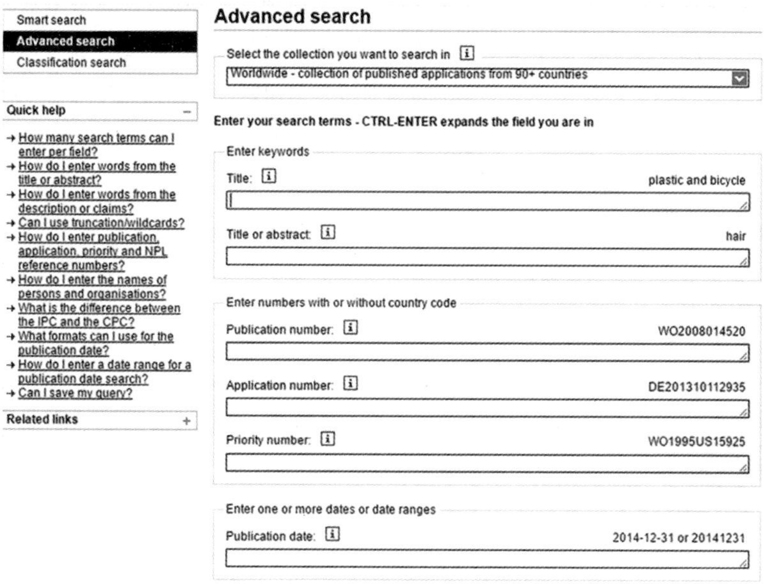

图 6-11　esp@cenet 高级检索页面

在使用 esp@cenet 数据库的专利号或申请号字段检索时，要注意按照各国的取号规则进行输入，检索世界专利时也要注意相应的输入格式。

4．分类检索

图 6-12 是 esp@cenet 分类检索页面，用户可按 IPC 分类体系进行浏览和检索。

图 6-12　esp@cenet 分类检索页面

5．检索结果及处理

图 6-13 是 esp@cenet 检索结果页面。检索结果以列表方式显示符合检索条件的专利记录，每条记录包括记录序号、专利名称、发明人、申请人和 IPC 号等信息。默认是紧凑模式显示结果，如果需要以扩展模式显示，则点击"Compact（紧凑）"，检索结果变为扩展模式。esp@cenet 提供了让用户打印、下载和输入检索结果的功能。勾选检索结果左边的方框，或者点击"Select All（全选）"。点击"Print（打印）"，则用户可打印所选专利记录；点击"Export/（CSV｜XLS）（输出）"，则用户可输出所选专利记录为 CSV 或 XLS 文件；

点击"Download Covers（下载封面）"，可下载所选专利记录封面，进一步显示专利的摘要等更多信息；用户点击专利记录标题，可浏览专利的书目信息、描述信息、权限、原始文本和 INPADOC 法律状态。在该页面左栏点击"Original document"按钮可以打开专利说明书的 PDF 格式文件（图 6-14），也可进行专利说明书下载。

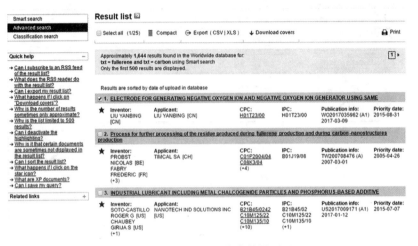

图 6-13　esp@cenet 检索结果页面

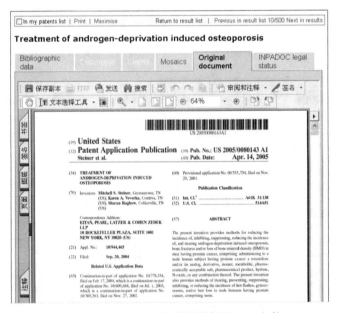

图 6-14　esp@cenet 专利说明书的 PDF 文件

五、专利搜索引擎-Google Patent（谷歌专利）

Google Patent（www.google.com/patents）是 2006 年 12 月 13 日 Google 公司推出的免费的、通用的专利搜索产品。Google Patent 目前检索的主要来源是美国专利商标局（USPTO），已经收录了超过 700 万个专利并且在不断扩大范围，最早的专利可以追溯到 1790 年。Google Patent 检索服务界面简单，检索速度快，可方便地查询和获取美国专利全文信息。但专利文件尚不包括在过去几个月内最新发明。

Google Patent 提供了基本检索和高级检索两种检索方式。

1．基本检索（Search Patents）

Google Patent 基本检索只有一个输入框，可以输入关键词（专利题目或摘要）、专利号、专利发明人、专利权人等检索词，多个检索词可使用 AND、OR 等逻辑算符。

2．高级检索（Advanced Paternts Search）

图 6-15 是 Google Patent 的高级检索页面。高级检索使用检索词、检索字段构成更复杂的检索表达式，可进行更加精确与快速的检索。高级检索的检索字段有：关键词、专利号、专利题目、发明人、申请人、美国分类或者国际分类、专利状态（申请或已授权），以及申请日期或批准日期等。其中关键词提供专利题名或者正文中其他任何位置的搜索，并且有 4 种匹配方式，"包含全部字词"、"包含确切的词语"、"包含至少一个字词"、"不包含字词"。

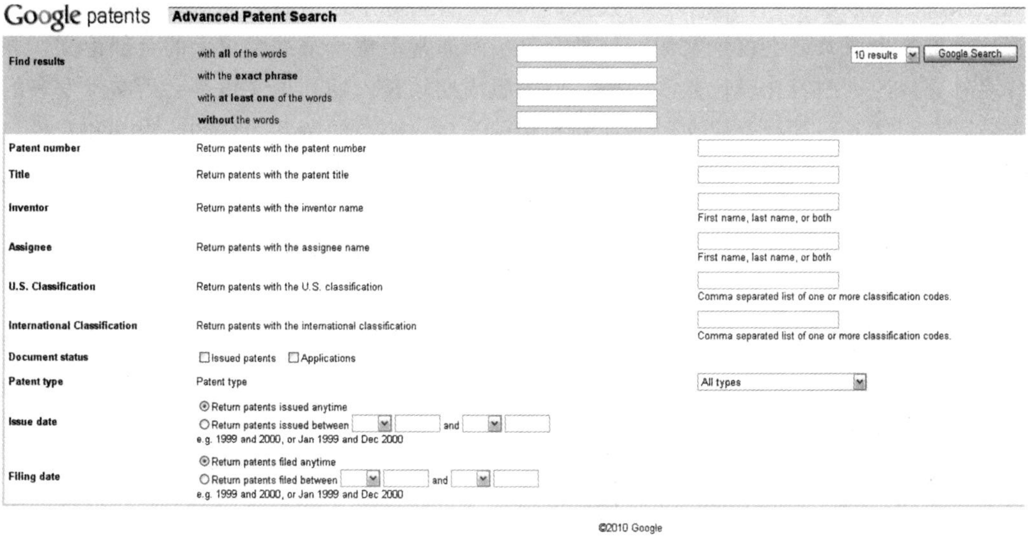

图 6-15　Google Patent 的高级检索页面

通过 Google Patent 搜索服务，检索者可以浏览原始专利文件的扫描图像，并可以进行放大，还可提供下载 pdf 格式的全文，非常便利。可快速提供 pdf 格式的专利全文是 Google Patent 检索的突出优越性，相比之下倒是它的数据来源-美国专利商标局（USPTO）的数据库检索方式和结果显示更不易为普通使用者所掌握。

第二节　会议文献检索（Proceedings）

一、会议文献概述

科技会议是进行经验交流的重要手段，是了解科研进展和动向的重要途径，也是获取科技信息的重要来源。因此科技会议备受科研人员的重视。

在英文中表示会议的用词很多，例如：Conference（大会）、Colloquium（学术讨论会）、Meeting（会议）、Workshop（专题学术讨论会）、Symposium（专题讨论会）、Seminar（学术研讨会）、Convention（大会）和 Congress（大会），表示会议录的词有：Proceedings、Collections 等。按会议举办规模分类，科技会议可分为国际性会议、全国性会议、地区性和基层会议等。按会议名称及其性质分类，科技会议可分为常会、报告会及讨论会等。

会议文献是指在会议举办期间发表的文献。按其发表时间，会议文献可分为会前文献、会间文献和会后文献。会前文献包括会议日程表、会议议程、代表名单、会议论文预印本和会议论文摘要等。会间文献指在会议期间发给与会者的材料。会后文献指会议结束后的论文汇编和正式发表的会议论文，它是会议文献中的主要部分，包括会议录、会议文集、学术讨论文集、会议论文汇编、会议记录、会议报告、会议文集、会议出版物以及会议辑要等。

会议文献具有内容新颖、来源广泛、报道迅速及针对性强等特点。会议文献传递信息及时，兼有直接交流和间接交流方式的长处。但是，会议文献没有固定的出版形式，收集较为困难。

会议文献一般以期刊、图书、科技报告和视听资料等形式出版。图书是多数会后文献出版形式，称为会议录或会议论文集，这种会议文献通常汇集了某次会议上的全部论文，并经过作者补充修改，内容比较成熟和完整，但出版周期较长。期刊论文也是会后文献发表的主要方式，它包括专门刊载会议文献的期刊和相关学会、协会的特刊、增刊、附刊和专栏，出版时间较短。有些科技报告也编入会议文献。视听资料有录音带及录像带等，这些资料在会议现场录制而成，时效性较强。

传统的会议文献通常以印刷形式出版，出版时间长。Internet 上存在着丰富的会议信息资源，可方便地检索正式出版的会议文献，可及时和动态地发布会议信息，因而成为发布会议文献的重要渠道。Internet 上还有专门提供会议文献及其相关服务的网站，这类网站提供的会议信息非常丰富，不仅介绍会议日程等基本情况，大多数还提供会议论文目录，有的还提供会议论文的全文，甚至提供会议过程的视频点播。

通过相关数据库检索是查找正式出版的会议文献最有效的途径。数据库中收集的会议文献比较系统和全面，一般说来论文质量也比较高。收录会议文献的数据库很多。例如，万方数据资源系统中国学术会议论文库、CNKI 的中国重要会议论文全文数据库、CPCI-S 和 CPCI-SSH 数据库。

CPCI-S 和 CPCI-SSH 数据库是世界上著名的会议论文数据库。ISI 公司将这两个数据库集合成 Conference Proceedings Citation Index 中，以下介绍 Conference Proceedings Citation Index 的使用。

二、 会议录引文索引（Conference Proceedings Citation Index）

《科学技术会议录引文索引》（Conference Proceedings Citation Index-Science，简称 CPCI-S，旧称 ISTP）是 ISI 公司出版的著名的学术会议录文献索引，它与《科学引文索引》（SCI）、《工程索引》（EI）、《科技评论索引》（Index to Scientific Reviews，简称 ISR）被公认为国际上著名的四大检索系统。CPCI-S 的数据来源于在国际会议上发表的科技论文，它收录的论文具有学科范围广泛、数量大、质量高和利用率高的特点。CPCI-S 的内容涵盖了生命科学、数学、物理学、化学、农业、生物学、环境科学、医学、工程科学及应用科学等学科领域，会议录的语种不仅仅限于英文，还包括其他语种的论文。自 1990 年以来每年收录近 1 万次国际科技学术会议，共计 190 万篇会议论文，每年增加约 22 万条记录。

《社会科学及人文科学会议录引文索引》（Conference Proceedings Citation Index-Social Sciences & Humanities，简称 CPCI-SSH，旧称 ISSHP）收录 2800 多次国际学术会议所出

版的共计 20 多万篇会议论文，每年约增加 22 万条记录。提供自 1997 年以来的会议录论文的摘要。涵盖了社会科学、艺术和人文科学的所有领域，包括心理学、社会学、公共健康、管理、经济、艺术、历史、文学和哲学等学科。

早期使用的 ISTP 以印刷版和光盘版为主，随着网络技术的不断成熟和检索工具的发展趋势，ISTP 网络版也应运而生。ISI 开发的基于 Web of Knowledge 平台的 Conference Proceedings Citation Index，旧称 ISI Proceedings。Conference Proceedings Citation Index 集合了 CPCI-S 和 CPCI-SSH，它汇集了世界上最重要的会议、座谈会、研究会和专题讨论会等多种学术会议的会议录文献，其覆盖学科非常广泛。通过 CPCI-SSH 可以检索 12000 多种国际上主要的自然科学、工程技术、社会科学和人文学术会议录信息。通过 CPCI 可以了解未正式发表的最新思想的萌芽及其发展，掌握某一学科的最新研究动态和趋势。CPCI 已成为世界上了解会议文献信息的最主要检索工具。

基于 ISI Web of Knowledge 平台的 CPCI 增加了如下内容和功能。

（1）多种检索途径：通过主题、会议录名称和作者地址等进行检索；通过会议名称、主办机构、会议召开地点、召开日期等进行检索；根据作者或编辑的姓名进行作者检索。

（2）排序检索结果：按会议名称排序，可看到某一会议相关的会议文献，找到关于会议录论文、会议和出版信息的数据。

（3）扩展关键词（Keywords Plus）：使检索范围更广泛，提高检索的查全率。

（4）相关文献（Related Records）：查找内容相关的其他会议文献。

（5）基于 ISI Web of Knowledge 平台的 ISI Links：提供会议录论文记录与图书馆馆藏 OPAC 系统及电子版全文的连接。

（6）基于 ISI Web of Knowledge 平台的跨库检索。

由于 CPCI 已整合入 Web of Science 平台，系统界面相同，页面功能的详细介绍和操作方法可参见 Web of Science 的相关部分。

三、中国重要会议论文全文数据库

中国重要会议论文全文数据库是中国知识基础设施工程（China National Knowledge Infrastructure，简称 CNKI 工程）的一部分。收录 1999 年以来国内召开的国际性和全国性学术会议的会议论文，其中包含各论文集的完整资料，包括正式出版物和非正式出版物。至 2009 年 11 月 1 日，累积会议论文全文文献 115 万多篇。数据库按论文的学科分类，产品分为十大专辑：基础科学、工程科技Ⅰ、工程科技Ⅱ、农业科技、医药卫生科技、哲学与人文科学、社会科学Ⅰ、社会科学Ⅱ、信息科技、经济与管理科学。十大专辑下分为 168 个专题文献数据库和近 3600 个子栏目。

由于中国重要会议论文全文数据库已整合入 CNKI 平台，系统界面相同，页面功能的详细介绍和操作方法可参见 CNKI 相关部分。

第三节　学位论文检索

学位论文是高等院校或科研单位的研究生申请授予学位时提交的论文。学术论文可分为学士论文、硕士论文和博士论文，它是研究生从事科学研究取得阶段性结果的表现。学位论文具有较高的学术研究价值和实用价值，它可能蕴藏着新见解和新思想，是一种重要的信息资源。学位论文具有一定的独创性，它具有专业性强、阐述问题较为系统和参考文献多的特点，有助于对相关文献进行追踪检索。学位论文一般不公开出版，只向校方提供。目前，国内外已开发了不少学位论文数据库，通过 Internet 可以快速检索到部分学位论文的文摘和全文。下面代表性地介绍 PQDT 博硕士论文数据库和 CALIS 高校学位论文数据库的使用。

一、PQDT 博硕士学位论文数据库

PQDT 博硕士论文数据库（ProQuest Digital Dissertations Theses，简称 PQDT）是世界上著名的学位论文数据库，收录了欧美 1000 余所大学文、理、工、农、医等领域的 160 万篇论文摘要。其中博士论文摘要 350 字左右，硕士论文摘要为 150 字左右，1977 年以后的博士论文有前 24 页全文，同时提供大部分论文的全文订购服务，全文可以有印刷版、缩微版和数字版（1977 年以后出版），收录起始于 1861 年。

2003 年 2 月，中国高等教育文献保障系统（CALIS）组织国内 70 多所高校，开展联合引进 ProQuest 的博士论文 PDF 全文，并在 CALIS 建立了 PQDT 本地服务器，为国内高校读者下载和使用博士论文全文提供了方便。数据库网址：http://pqdt.calis.edu.cn。

除了浏览之外，PQDT 提供了基本检索和高级检索两种检索方式。浏览将论文按学科多层分类，并在学科名后面列出该学科论文总数，点击论文总数的超链接，可进入基本检索界面，高级检索方式与基本检索相同，但其检索范围较小。

1．基本检索

图 6-16 是 PQDT 的基本检索页面。基本检索由检索词、检索字段和逻辑算符组成。PQDT 的字段标记符及对应的检索字段有：KEY＝key word（关键词）、TI＝Title（篇名）、AU＝Author（作者）、SC＝School（学校）、SU＝Subject（主题）、AB＝Abstract（文摘）、AD＝Adviser（导师）、DG＝Degree（学位）、DIV＝DISVOL（论文卷期次）、ISBN＝ISBN（国际标准图书编号）、LA＝Language（语种）和 PN＝Pub Number（出版日期）等。

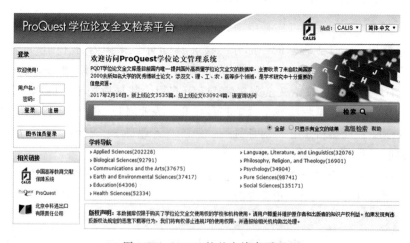

图 6-16　PQDT 的基本检索页面

2．高级检索

图 6-17 是 PQDT 的高级检索页面。高级检索分为检索式输入框和检索式辅助构造两部分。由于高级检索使用字段标识符，不容易记忆其输入格式。使用检索式辅助构造功能可方

便地构造高级检索表达式。检索式辅助构造有以下方式。

（1）Keywords+Fields：关键词加字段。

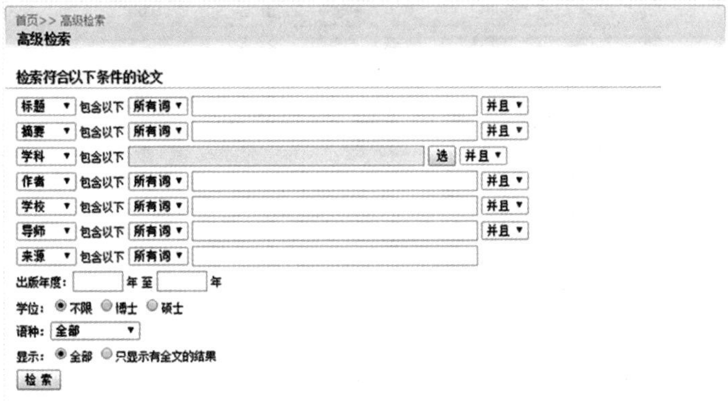

图 6-17 PQDT 的高级检索页面

（2）Search History：选择检索历史。
（3）Subject Tree：学科分类。
（4）School Index：学校索引。

Keywords+Fields（关键词加字段）方式，实际上就是简单检索的方式，用户完成在该方式的输入后，点击"ADD"按钮，就可将辅助检索表达式加入高级检索式输入框中去，再点击"Search"按钮进行高级检索。

检索式构成格式为：字段名（检索词），例如 TI（Chemistry）。在同一字段内的检索词及不同字段的检索词均可使用逻辑算符连接，例如 TI（Chemistry and not Organic），TI（Chemistry）and SC（Xiamen university）。也可使用检索历史编号作为逻辑组配的一部分，例如♯2 and LA（Chinese）。

PQDT 可使用的逻辑算符有 AND、OR 或 AND NOT，可以使用截词符"?"进行检索，也可使用位置算符 W/n（两词间距小于 n 个单词且前后位置任意）和 Pre/n（两词间距小于 n 个单词且前后位置一定）。

3．检索结果

图 6-18 是 PQDT 的检索结果页面。检索结果均以文献记录列表形式显示，点击"查看详情"可显示该记录的书目页面，点击"查看 PDF 全文"可浏览或下载全文。

二、CALIS 学位论文库

CALIS 高校学位论文数据库（http：//opac.calis.edu.cn/）是我国具有特色的全国性学位论文数据库，它是 CALIS 的自建数据库项目之一，由 CALIS 全国工程文献中心（清华大学图书馆）负责组织协调全国各高校合作建设。CALIS 学位论文库属于资源共享型数据库，采用统一规范、分散加工及集中建库的运作模式，由工程文献中心制定数据规范，各个参建单位使用统一的录入软件，分散进行标引和著录，并定期向工程文献中心提交数据，工程文献中心对汇总的数据进行质量控制和检测后，通过 CERNET 提供服务。CALIS 学位论文库于 2000 年 4 月开始向高校用户开放。

图 6-18 PQDT 的检索结果页面

CALIS 学位论文库的内容涵盖自然科学、社会科学和医学等各个学科领域。数据库除了提供每篇学位论文的中文摘要外,大多数还提供英文摘要,对摘要的著录较为详细。

图 6-19 CALIS 学位论文库的基本检索页面　　图 6-20 CALIS 学位论文库的高级检索页面

　　CALIS 学位论文库提供了基本检索和高级检索两种检索方法。图 6-19 是 CALIS 学位论文库的基本检索页面。在基本检索中,可使用题名、论文作者、导师、作者专业或作者单位等字段进行检索,并设有位置算符:开头为、结尾为、严格等于或模糊匹配,各检索词组配方式有精确匹配、逻辑与、逻辑或,同时设有时间限制。高级检索除了基本检索中提供的字段外,还增加了摘要、全面检索、本地分类号和主题等字段,并可在 4 行检索表达式间使用逻辑算符(并且、或者、非)进行组配。它也可以输入检索时间限制,并能通过题名用英文进行检索,如图 6-20 所示。

　　图 6-21 是 CALIS 学位论文库的检索结果页面。CALIS 学位论文库能检索到论文的书目或文摘信息,如果用户需要获取论文全文,可向论文收藏单位或论文作者所在高校图书馆联系索取。数据库查询与馆际互借属于同一系统,原始文献的获取可以通过 CALIS 的馆际互

借系统进行传递和经费结算。

三、中国博士学位论文和优秀硕士学位论文全文数据库

中国博士、优秀硕士学位论文全文数据库是中国知识基础设施工程（CNKI）的一个子库，是目前国内资源完备、收录质量高的学位论文全文数据库。其学科按 CNKI 知识库分类体系分成 12 大类，每年新增论文约 2 万篇。中国博士、优秀硕士学位论文全文数据库由于整合入 CNKI 平台，因而检索方法和中国期刊网全文数据库系统界面相

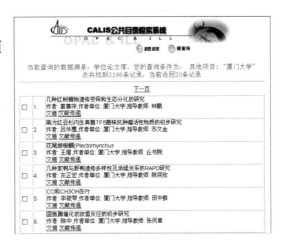

图 6-21　CALIS 学位论文库的检索结果页面

同，页面功能的详细介绍和操作方法可参见中国期刊网全文数据库的相关部分。

第四节　Reference Manager 的使用

一、RM 简介

Reference Manager（简称 RM）是 RIS（Research Information System）公司开发的功能强大的个人文献管理软件，它是当今最优秀的文献管理软件之一。科学研究人员在长期的研究过程中，进行了大量的文献检索，积累了丰富的文献信息，每一篇科研论文的撰写要引用数十篇的参考文献，有效地管理和利用积累的文献信息是每一个科研人员所要面临的实际问题。原始的文献管理是使用手工填写文献记录卡片的方式。在计算机和网络高速发展的时代，手工管理方式已经被淘汰，取而代之的是使用计算机软件进行多快好省的文献管理，创建自己的个人文献数据库。许多著名的文献数据库检索系统专门设计了将检索结果导入文献管理软件的文件输出格式。例如，Scifinder 和 Web of Science 等检索结果输出可以与 RM 良好交融，相互配合。

RM 可对自建的数据库内的各检索字段进行二次检索，包括对摘要进行全文检索。另外，RM 还可以很方便地进行 Internet 检索，它包括 Web of Science、PubMed 和 Z39.50 网站三种类型的检索。这些检索使用更方便，检索范围更广，获得信息更多。例如进行 Web of Science 的检索并提供 ISI 相关记录、PDF 原文、期刊的五年影响因子图形的超链接。RM 能与字处理软件良好配合，很方便地自动生成适合于任何期刊样式的参考文献目录。RM 的最新版本是 Reference Manager 12，它可支持 Microsoft Word 等字处理软件。

二、文献数据的导入

目前 RM 可方便地导入许多著名文献数据库的检索结果。以下介绍 RM 导入 SciFinder 和 Web of Science 检索结果的方法。

1. SciFinder 数据的导入

完成了 SciFinder 的检索后，要对检索结果中的文献记录进行标记操作，勾选记录前方

框，可对文献记录做上标记。如要存储标记的文献记录，可点击工具栏上的 Save（存储）图标，将存盘文件类型设为 Tagged File（*.tag），点击"保存"按钮进行存盘。Tagged File 文件格式是一种按检索标记符排列检索数据的格式，它适用于文献管理程序的导入。图 6-22 是 SciFinder 的存盘窗口。

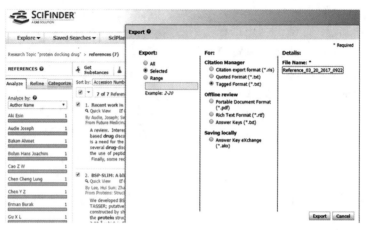

图 6-22 SciFinder 的存盘窗口

同样，在 RM 中使用 File/Import Text File 命令，进入导入文本文件窗口，此时导入过滤器要选择 STN-CA。如果 RM 提供的导入过滤器不能进行正确导入，用户可使用 RM 提供的导入过滤器编辑器（Import Filter Editor）进行编辑，设计出合适的过滤器，在 RM 的网站（http：//www.refman.com/）上设有导入过滤器交流区，用户可以互通有无。

2. Web of Science 数据的导入

RM 与 Web of Science 在设计上配合良好。在 Web of Science 中进行相应的检索，对检索结果中需要的记录进行标记操作（Mark、Mark All、Mark Page 等），并进行提交标记操作（Submit Marks），使用鼠标点击 Marked List（标记列表）图标，在已标记记录的页面上点击"EXPORT TO REFERENCE SOFTWARE"（输出到文献软件）按钮，选择 RM 的本地机的数据库名，就可将 Web of Science 的结果数据直接导入 RM。图 6-23 为 Web of Science 已标记记录的页面。只有本地计算机上安装了 RM 程序后，才会自动进行已标记文献记录的导入。

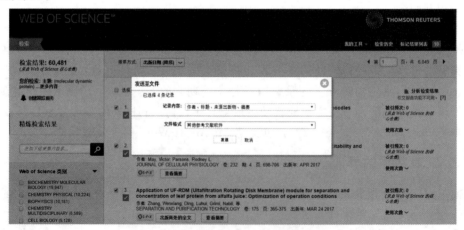

图 6-23 Web of Science 已标记记录的页面

三、RM 的检索

1. 自建数据库的检索

RM 可对自建的文献数据库进行二次检索。在打开一个自建的文献数据库后，使用 References/SearchReferences 命令，选择合适的逻辑算符（Connector）和检索字段（Field），在检索语句（Parameter）输入框中键入检索词，点击工具栏上"Start Search"图标，进行检索，并可在 Retrieved 数据库中显示出检索结果（Result）。RM 的二次检索可使用多种检索字段：标题、作者、期刊、地址、关键词和摘要等。图 6-24 是 RM 的二次检索界面。

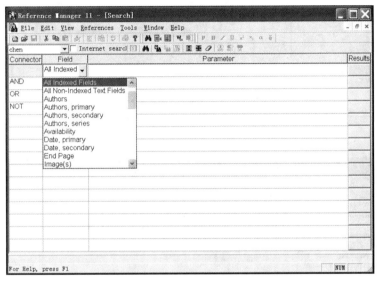

图 6-24　RM 的二次检索界面

2. Web of Science 的检索

在 RM 中还可直接进行 Web of Science 检索，使用 Reference/Internet Search 命令，点击"Internet search"复选框，就可进入 ISI Web of Science 的检索。图 6-25 是使用 RM 进行 ISI Web of Science 检索的界面。用户可在标题（Topic）、作者（Author）、期刊名（Journal）、地址（Address）和年限（Year）等检索字段的输入框中键入合适的检索词，各检索字段之间具有"与"（AND）的逻辑关系。这些检索方式与 Web of Science 的普通检索基本一样，RM 将检索结果直接下载到本地机的 Search 数据库中。用户可将 Search 数据库中文献记录拷贝到已存在的数据库中。

Web of Science 的使用费用很高，一般单位只能购买有限的同时使用用户数（例如 5 个用户）。直接使用 Web of Science 检索，用户需要长时间浏览相关网页，再对检索的记录进行选择、标记和存盘等操作。而 RM 进行 Web of Science 检索时，可一次将所有检索结果下载到本地机，再进行选择、标记和整理，它不再占用使用 Web of Science 的用户数，使用 Web of Science 的时间只有检索与检索结果传送到本地机的时间。与使用浏览器检索比较，不必长时间联网，也可以进行 Web of Science 检索，这样同时检索的用户可以增多。使用 RM 检索 Web of Science 时，除了 SCIE 索引库外，还可同时检索 AHCI 和 SSCI 索引数据库。RM 的检索结果记录带有 ISI Record Link，可很方便地链接到 Web of Science 对应记录的页面，如图 6-26 所示。某些检索结果的记录带有原文超链接，可以很方便地将 PDF 文件下载到本地机。某些检索结果的记录带有期刊影响因子的超链接，点击该超链接可显示出五年期刊影响因子（Impact Factor）的变化趋势。

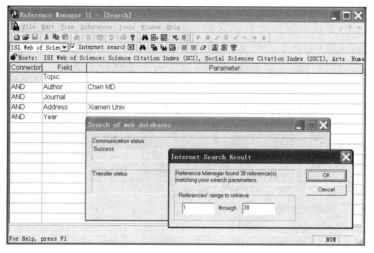

图 6-25　使用 RM 进行 ISI Web of Science 检索的界面

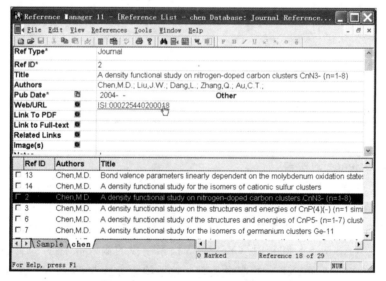

图 6-26　RM 的 ISI 文献记录超链接

四、RM 与 Word 的结合使用

RM 与 Miscrosoft Word 的结合使用可以很方便地生成参考文献目录，这是 RM 的另一个突出的优点。科研人员在进行学术论文的撰写时，需要在论文的一定位置插入引用文献的标记，并在论文的最后列出与引用文献标记对应的参考文献。引用文献标记的编号是按照其在论文中出现的先后顺序来排序的，当增加或减少引用文献或调整论文内容的排版顺序时，会引起参考文献目录排列的紊乱，这些情况在撰写和修改论文时经常会发生。使用手工进行引用文献标记和参考文献目录的调整是十分费时费力的，特别是论文引用了大量的参考文献时更是如此。

由于各种期刊对其参考文献的排版格式都有一定的要求，如果要更改投稿的期刊，经常必须修改参考文献的排版格式,这同样是很麻烦之事。RM 已经提供了近千种已经建好的期刊参考文献式样,供用户直接选择输出。如果用户所要的期刊式样不包括在内,可以从中挑出近似的式样进行适当的修改,另存为自定义期刊的式样。这些自定义的期刊式样为将来生成该期刊参考文献目录提供了极大的方便。

在成功地安装 RM 程序后,它会在 Word 中插入相应的 RM 操作工具档。以下是在 Microsoft Word 中自动生成参考文献目录的操作步骤。

(1) 分别打开一个 Word 文档和一个 RM 数据库。

(2) 在 RM 数据库中标记某个或某些文献记录,这些文献记录是 Word 文档要引用的文献,如图 6-27 所示。在 RM 文献记录前复选框上显示出"√"符号。

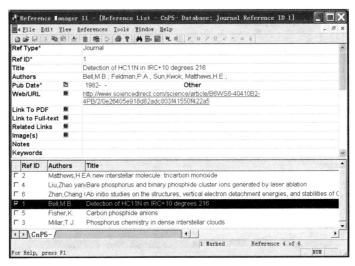

图 6-27 在 RM 中标记文献记录

(3) 将光标置于 Word 文档中需要插入引用文献的位置,点击 RM 工具栏中"插入标记文献"(Insert Marked References)图标。重复上述二项操作,直至完成全部文献引用,如图 6-28 所示。此时 Word 文件中的文献标记是以参考文献的作者名加括号显示的。

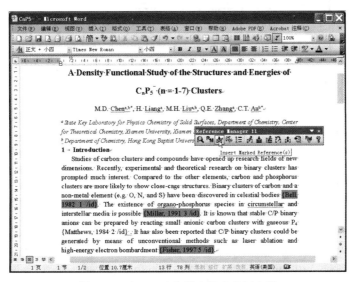

图 6-28 在 Word 文档中插入标记文献

(4) 点击 RM 工具栏中"生成参考书目"（General Bibliography）图标，在弹出 RM 的产生文献书目窗口（Reference Manager Generate Bibliography）（如图 6-29 所示）。在该窗口点击 Output（输出）的"…"按钮，选择适当期刊式样（例如 Journal of the America Chemical Society），如图 6-30 所示。

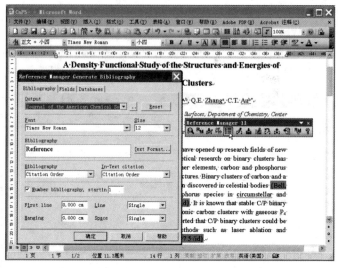

图 6-29　在 Word 文档中生成参考文献书目

图 6-30　在 RM 中选择生成参考文献的期刊

(5) 最后在 RM 的产生文献书目窗口，点击"确定"按钮，可在 Word 文档的最后自动生成所选择期刊的参考文献目录，引用参考文献标记也自动生成，如图 6-31 所示，它是以美国化学学会（Journal of the America Chemical Society）所要求的参考文献格式编排的。

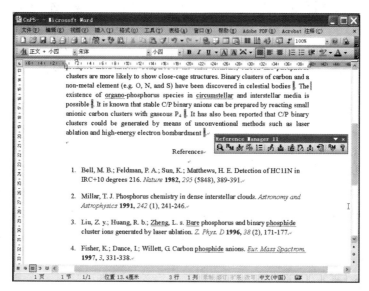

图 6-31 在 Word 文档的最后自动生成参考文献书目

（6）此时在 Word 文档中原有的文献标记（以参考文献的作者名加括号）会自动改变为上标的顺序编号，它也是美国化学学会（Journal of the America Chemical Society）所要求的引用参考文献的标记格式。

在此之后，对文献引用标记和文件内容位置的任何修改，都可以再次快速生成参考文献目录，而不必进行十分麻烦的手工调整。如果希望更改论文投稿的期刊，使用 RM 也是轻而易举之事。

第五节　EndNote 的使用

一、EndNote 简介

EndNote（http：//www.endnote.com/）是美国 Thomson Research Soft 公司开发的文献管理软件。它与 Reference Manager 和 ProCite 被认为是当今世界上最优秀的三个文献管理软件。EndNote 可以创建个人参考文献库，用来存储个人收集的各种参考文献，包括文本、图像、表格和方程式等，可以根据个人需要重新排列并显示文献，可以对文献数据库进行检索。EndNote 还可以进行在线检索，程序带有几十个文献数据库或网上图书馆的链接，用户可借助 EndNote 的平台自动访问文献数据库或图书馆，进行在线文献的检索。

EndNote 能与字处理软件 Microsoft Word 良好配合，很方便地自动生成适合于任何期刊样式的参考文献目录。它可自动根据文献出现的先后顺序编号，并根据指定的格式将引用的文献附在文档的最后。如果在文档中间插入了引用的新文献，软件将自动更新编号，并将引用的文献插入到文档最后参考文献中的适当位置。

EndNote 经历了多年的开发，不断地更新完善，目前最新版本为 EndNote20。国外某些大学图书馆把 EndNote 的学习使用作为本科生学习内容之一。许多文献数据库提供了检索结果的 EndNote 的输出格式，为 EndNote 和 Reference Manager 用户导入检索结果提供了很大的方便，根据国外相关的研究指出，Reference Manager 较适合科学及医学领域的研究人员使用，EndNote 则较适合一般学科的研究人员使用。以下介绍 EndNote X1 的使用方法。

二、EndNote 文献库的操作

点击工具栏上的"Open Library"（打开文献库）图标，或使用 File/Open/Open Library 命令可打开一个 Endnote 数据库，在屏幕上从上自下分别是字段栏、主窗口及预览窗口。在右下角有"Show Preview"按钮，点击"Show Preview"按钮，可显示预览窗口，此时，按钮改变为"Hide Preview"，点击"Hide Preview"按钮，则关闭预览窗口。预览窗口显示当前光标位置的文献格式，程序默认显示方式是"Annotated"（注解），在其弹出框中还有"Select Another Style"（选择其他格式）、Author-Date（作者-日期）、Numbered（数字）和 Show All（全部显示）等选择。图 6-32 是 EndNote X1 的程序界面。

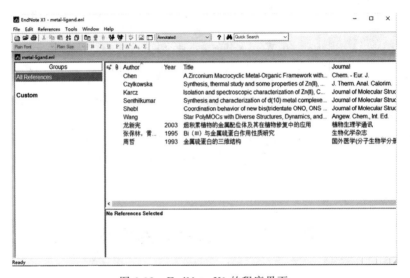

图 6-32　EndNote X1 的程序界面

1．手工输入文献数据

某些特殊文献，例如，专著、书籍和没有被文献数据库收录的文献，可以通过手工输入的方式将其添加到文献库中。使用 References/New Reference 命令，在弹出窗口中，按字段逐个输入文献资料，如图 6-33 所示。逐项输入文献内容后，关闭窗口即可保存。手工输入方式只适合于少量的文献，对于大量文献记录，要使用软件的导入功能。

2．在文献库内查找文献

用户打开了文献库后，可使用 References/Search References 命令，对指定的文献库进行检索，图 6-34 是 EndNote 文献库检索的窗口。用户可在"Search For"输入框中键入检索词。在检索字段弹出框中选择检索字段，EndNote 提供了很多检索字段，系统的默认检索字段是"Any Field"（任何字段）。在"Contains"弹出框中有"is"、"is less than"、"is less than or equal to"、"is greater than"或"is greater than or equal to"等选项。在逻辑算符弹出框可选择"and"、"or"或"not"。最后点击"Search"按钮，可显示检索结果。点击"Save Search"按钮可将以上部分的检索表达式以某一文件名存盘。点击"Load Search"

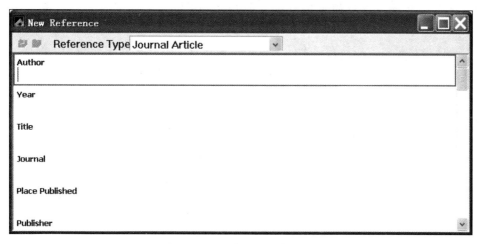

图 6-33　手工输入文献资料窗口

按钮可将已存盘的检索表达式文件调入,以便重新进行检索。如果用户改变了检索字段、包含范围和逻辑算符,可点击"Set Default"按钮,将其设定为系统默认方式。点击"Restore Default"按钮,可将先前设定的默认方式调入。EndNote 默认的检索字段只有两个,如果需要使用更多的检索字段,可点击"Add Field"按钮。点击"Insert Field"按钮则是在已有检索字段中插入新字段,点击"Delete Field"按钮可删除检索字段。窗口的下部还有检索范围的限制选项,另外还提供了"Match Case"、"Match Words"和"Use Full Text Index"三个复选框。

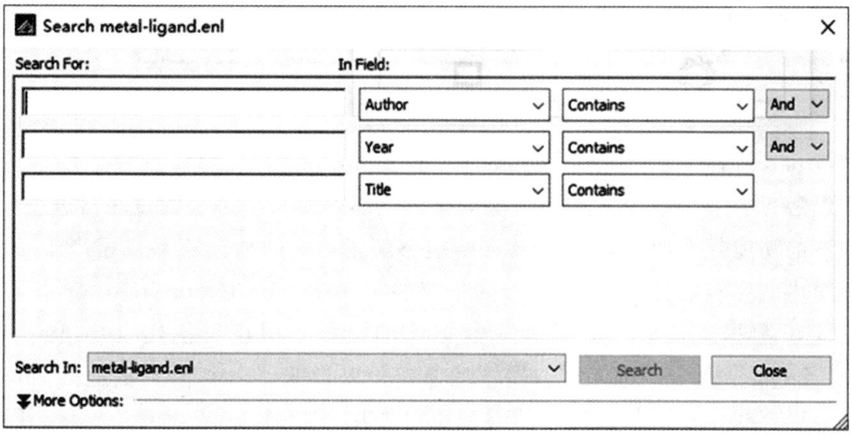

图 6-34　EndNote 文献库检索的窗口

EndNote 文献库中的文献记录有多种显示方式,使用 References/Show Selected References、Hide Selected References 或 Show All References 等命令,可以仅显示所选文献或隐藏所选文献,或者显示所有文献。在检索结果显示时,要注意正确地显示或隐藏文献记录。

三、EndNote 文献数据的导入

EndNote 可以将不同来源的文献导入到已存在的文献库内或新建的文献库中。

（1）将光盘文献数据库检索得到的文献记录通过过滤器导入到 EndNote，例如 CA On CD。

（2）将网络文献数据库检索得到的文献记录通过过滤器导入到 EndNote。例如，MEDLINE、Current Contents 和 Web of Science 等，可选择 EndNote 的输出格式存储文献检索结果，再进行导入。

（3）EndNote 具有在线检索的功能，直接进入网上数据库检索文献，它可将检索结果下载到本地计算机。

使用 File/Import…命令，可进入文献的导入窗口。图 6-35 是 EndNote 的文献导入窗口。用户可点击"Choose File"选择文献数据库检索结果的存盘文件，或在"Import Data"输入框中直接键入文件名。EndNote 在"Import Options"弹出框中提供了 EndNote Library、EndNote Import、Refer/BibIX、ProCite、Tab Delimited、Reference Manager (RIS)、Multi-filter（Special）、EndNote Generated XML、Other Filters 和 Use Connection File 等许多选项。

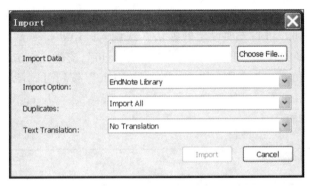

图 6-35　EndNote 的文献导入窗口

选择"Other Filters"可进入"Choose An Import Filter"窗口。每个特定的数据库都是由供应商以各自的数据组织方式输出检索结果，都需要一个特定的过滤器进行导入，不能混用。过滤器的功能是在导入时使 EndNote 能够解读常规的数据资料，相当于一个解读器。它将文献资料内的字段信息转入 EndNote 相应的字段中。EndNote 自带 448 种过滤器，对应于不同的文献数据库，可以导入相应数据库的资料。用户可使用 Edit/Import Filters/Open Filter Manager 命令，进入过滤器管理窗口，以过滤器名和信息供应商名按字母顺序排列，用户可以查找、标记和编辑过滤器，也可使用 Edit/Import Filters/New Filter 命令，创建新的过滤器。图 6-36 是 EndNote 的导入过滤器窗口。要进行正常的导入，文献数据库的检索结果要使用可以导入的文本文件：文件必须是"标注格式"（Tagged Format）的".txt"文档，即不同的信息必须以特定的标注分隔归类，每一个标注及其后面的信息都另起一行。多数数据库支持将其数据资料转换为 Tagged 格式。

"Use Connection File"选项可以将一个连接文件（Connection File）作为过滤器，当用 EndNote 使用 Connect 命令进行在线数据库检索时，会生成 Connect.log 文件，并将此文件的内容导入为文献库数据。在"Duplicates"（重复）弹出框中有以下的选项：Import All（导入所有文献，包括与目的库内有重复的文献）、Discard Duplicates（导入文献时剔除与目的库内有重复的文献）、Import into Duplicates Library（导入文献到复制库）。在"Text

Translation"弹出框中可选择：No Translation 或 ANSEL 等选项。

1. SciFinder 数据的导入

浏览 SciFinder 的检索结果，可勾选所需要的文献记录。点击工具栏上的"Save As"（存储为）图标，可存储已标记文献。将存盘文件类型设为 Tagged File（*.tag），如图6-22 所示。

在 EndNote 中使用 File/Import/Other Filters 命令，进入选择过滤器窗口，图 6-36 是 EndNote 的选择导入过滤器窗口，选择"Chemical Abstract（STN）"过滤器。图 6-37 是 SciFinder 的导入窗口，点击"Import"按钮就可将"SciFinder.txt"文件中的检索结果导入到 EndNote。此时，只有最新导入的文献会显示在当前库内，要查看所有文献，可使用 References/Show All References 命令。

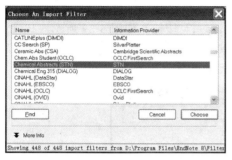
图 6-36　EndNote 选择导入过滤器窗口

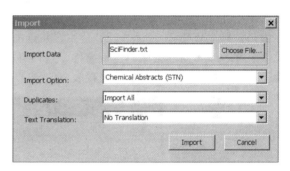
图 6-37　SciFinder 的导入窗口

2. CCWin 文献数据的导入

完成了 CCWin 的检索之后，使用 File/Save 命令，在 File Format（文件格式）弹出框中选择"Dialog-Medline"，进行存盘。而在 EndNote 选择"MEDLIN 155（DIALOG）"过滤器，就可进行文献的正确导入。此时，CCWin 文献数据的导出和 EndNote 的导入是使用第三方的过滤器，以实际使用效果来看，第三方过滤器也可进行正确的导入。

3. Web of Science 数据的导入

由于 EndNote、RM、Procite 与 Web of Science 都是 Thomson 公司的产品，因此在数据库检索结果的输出和文献管理程序的导入设计方面，配合良好，简单易用。在 Web of Science 的检索结果页面上，对需要的记录进行标记操作（Mark、Mark All、Mark Page 等），并进行提交标记操作（Submit Marks）。点击"Marked List"（标记列表）图标，在已标记记录的页面上点击"EXPORT TO REFERENCE SOFTWARE"（输出到文献软件）按钮。如果本地机安装了 EndNote，则可直接将文献数据导入到 EndNote。如果本地机同时安装了 EndNote 和 RM，可先选择输出的程序名，再进行文献的导入。图 6-38 是 Web of Science 选择导入程序页面。在图 6-38 的 Web of Science 已标记记录的页面上，用户也可以点击"SAVE TO FILE"按钮，将已标记检索记录存储为"Field Tagged"格式文件，然后使用在 EndNote 的 File/Import/Other Filters 命令进行导入，过滤器可使用"Web of Science（ISI）"。

四、EndNote 的在线检索

借助于 EndNote 程序可进行许多文献数据库的在线检索，但是用户必须有这些数据库的使用权。换言之，只有购买了文献数据库使用权的用户才可成功地进行在线检索。以下以 Web of Science 为例，说明在线检索的具体操作过程。

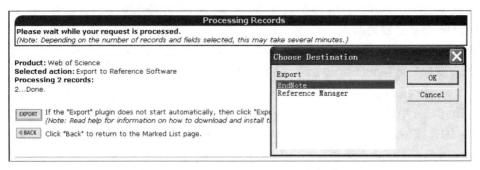

图 6-38　Web of Science 选择导入程序页面

1. 连接

使用 Tools/Connect/Connect... 命令，进入选择连接窗口，在数据库名和供应商名列表中，选择"Web of Science（ISI）"，并点击"Connect"按钮，如图 6-39 所示。EndNote 提供了 253 个不同数据库的连接文件，这样可以方便进行世界上绝大多数的文献数据库的检索。用户也可自己创建或修改连接表（Connection Files）的设置。

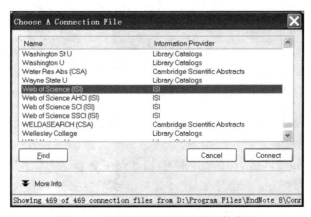

图 6-39　选择在线检索的连接文件窗口

2. 检索

成功地连接以后，进入数据库检索窗口。图 6-40 是 EndNote 的 Web of Science（ISI）数据库检索窗口。该窗口的界面与图 6-34 的 EndNote 文献库检索的窗口界面相同，但其检索的数据库不同。用户输入检索词、检索字段和逻辑算符后，点击"Search"按钮进行在线检索。如果得到了远程数据库的检索结果，接着会出现检索结果确认窗口，如图 6-41 所示。该窗口显示出命中记录数，点击"OK"按钮可将命中记录下载到本地计算机。

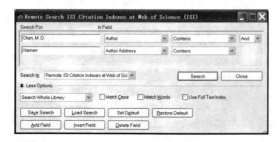

图 6-40　EndNote 的 Web of Science（ISI）
　　　　　数据库检索窗口

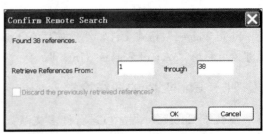

图 6-41　EndNote 的远程检索结果确认窗口

3．检索结果的处理

EndNote 开始从 Web of Science 数据库中将文献信息下载到检索结果窗口，开始时窗口是空白的。下载完毕后，窗口则会显示出所有的检索文献，点击窗口右下角的"Show Preview"按钮可以浏览文献的详细信息，这与本机文献库浏览的方式相同，用户可对选择需要的文献记录，点击某一个文献记录进行选择（蓝色背景显示），多个文献记录的选择可配合使用"Shift"和"Ctrl"键。如果选择了全部文献，点击窗口上方的"Copy All References To"按钮，再选择某一个目标文献库，则可将所选择的文献添加到目标文献库中。或者将选择的文献记录拷贝到新的文献库中去，如图 6-42 所示。

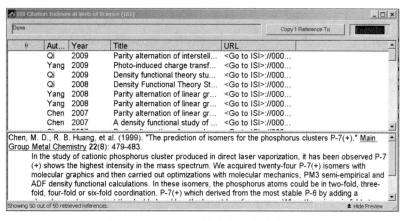

图 6-42　EndNote 检索结果拷贝窗口

五、EndNote 与 Word 的结合使用

撰写学术论文时，尤其是撰写参考文献很多的综述类的论文，作者不得不花费很多的时间进行文献的检索和管理。当修改学术论文时，还需花很多精力去调整参考文献的顺序和格式，稍不小心就可能出现错误。EndNote 与 Microsoft Word 的结合使用可以自动、迅速和准确地完成学术论文的参考文献引用工作。在修改文章内容时，EndNote 会按照用户的调整，自动改变引文的序号和参考文献的顺序。

成功地安装了 EndNote 之后，在 Microsoft Word 的"工具"菜单下应该会增加 EndNote 9 的菜单选项，同时也可以通过"视图/工具栏/EndNote 9"来调出 EndNote 9 的工具栏。以下是在 Word 中自动生成参考文献目录的操作步骤。

（1）分别打开一个 Word 文档和一个 EndNote 文献库。

（2）在 EndNote 文献库中选择某个或某些文献记录，这些文献记录是 Word 文档要引用的文献，如图 6-43 所示。按住"Ctrl"和"Shift"键后，再点击鼠标左键，可进行多个文献记录的选择。

（3）将光标置于 Word 文档中需要插入引用文献的位置，点击 EndNote 工具栏中"Insert Marked References"（插入引用文献）图标。如果参考文献的显示式样是 EndNote 默认的"Annotated（注解）"，此时就会插入带括号的引用文献的作者姓名和出版年份，这些是 EndNote 参考文献的引用标记，同时在 Word 文档末尾出现这个参考文献的基本内容。如果进行"Format Bibliography"（格式化参考书目）的操作后，已经设定某种期刊的式样，

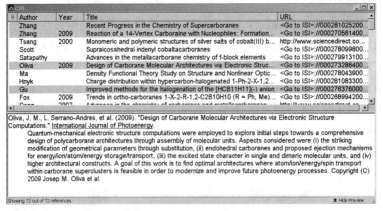

图 6-43　EndNote 文献库中文献记录的选择

则插入引用文献会直接显示该期刊的引文数字编号，例如上标符号"1"等。点击 EndNote 工具栏中"Unformat Citation（s）"（无格式引文）图标，则以上数字编号会改变括号显示，括号内的内容为作者名、年限和文献库中记录编号。重复上述两项操作，直至完成全部文献引用，如图 6-44 所示。

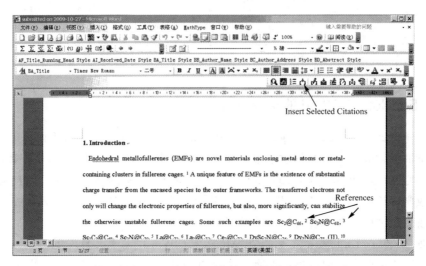

图 6-44　在 Word 中插入引用文献

（4）点击 EndNote 工具栏中"Format Bibliography"（格式化参考书目）图标，在弹出 EndNote 格式化参考书目窗口（EndNote Format Bibliography）中，点击"Browse"（浏览）按钮，在 EndNote 提供了期刊文献格式中，选择适当期刊式样（例如 Chemistry Letter），如图 6-45 所示。在此窗口还可设定生成参考文献的字体和字号等显示格式。在"With output"弹出框中还有 Annotated（注解）、Author-Date（作者-日期）、Numbered（数字）、Show all（全部显示）等选项，它们以不同格式显示 Word 文档中的引文标记。点击"确定"按钮，可在 Word 文档的最后自动生成所选择期刊的参考文献目录，引用参考文献标记符号也自动生成，如图 6-46 所示，它是以 Chemistry Letter 期刊所要求的参考文献格式编排的。

在此之后，对 Word 文档中文献引用标记和文件内容位置的任何修改（增加或删除参考文献），EndNote 都可以自动调整引文序号，并且快速地生成参考文献目录。

使用 Edit/Output Styles/Open Style Manager 命令，可进入输出式样管理窗口，EndNote 共有 1282 种期刊文件格式，以期刊名和学科分类按字母顺序排列，用户可以查找、标记和编辑期刊的输出式样，也可使用 Edit/Output Styles/New Style 命令，创建新的期刊输出式样。

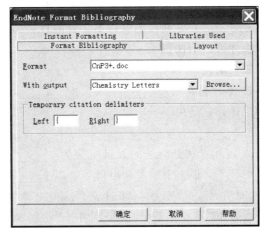

图 6-45　EndNote 格式化参考书目窗口

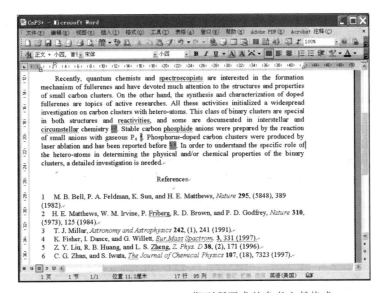

图 6-46　Chemistry Letter 期刊所要求的参考文献格式

一、判断对错（True/False）

1. （　　）专利说明书是专利文献的主题，它必须经过专利性审查。

2. （　　）Derwent World Patents Index（德温特世界专利索引）与 Patents Citation Index（专利引文索引）整合成为了 Derwent Innovations Index（DII）。

3. （　　）超过保护期的专利依然要花钱买。

4. （　　）中国国家专利局和美国专利与商标局是中国、美国的最高专利行政部门。

5. （　　）专利说明书是专利文献的主体，它由三个部分组成，包含法律公正书。

6. （　　）专利发明人就是专利所有权人。

7. （　　）美国专利与商标局（USPTO）专利数据库仅收录自 1790 年以来的所有美国

专利文摘。

8.（　　）专利权的取得不必要向社会公开发明创造的技术内容，但必须通过专利机关的审查才可以依法授予。

二、填空

1. 专利通常有_____，_____，_____三种含义。_____是专利文献的主体，它是由_____，_____和_____三个部分组成。

2. _____，_____和美国专利商标局被称为世界上最大的三个专利机构。

3. 国际专利分类法的五级结构为_____，_____，_____，_____，_____。根据中国专利申请号，以下_____是发明专利，_____是外观设计专利。03151445.6、ZL04102681.7、03301353.3、07253037.8。

4. 中国国家知识产权局对中国专利制定了_____，_____，_____，_____等四种编号体系，例如，CN101045878 是_____，ZL200310100002 是_____。"ZL200310100002"属于_____专利类型。

5. 根据专利检索的要求，通过专利检索平台 SIPO 找出所需资料的过程如下：利用 SIPO 专利检索首选的检索方式_____，输入检索词，也可同时使用多个字段进行_____。此时检索到符合条件的记录列表和记录数，可获取检索结果记录的_____或专利号，点击获取_____，它们均为扫描图形的格式文件。

6. 索引著录中报道了一项发明专利，其中发明人一共_____位，专利号是_____，申请号为：_____，EP1251962（B1） FR2803540（A1） US2003176279（A1） TR200202550（T3） JP2003519567 之间是_____专利。

EP1251962　　METHOD FOR FIXING AND IMMOBILISING A CATALYST ON A SUPPORT

Inventor（s）： BAUDIN ISABELLE [FR]; SUIDAN MAKRAM T [US]; BALASUBRAMANIAN GANESH；[US]

Applicant（s）：ONDEO SERVICES [FR] ± （ONDEO SERVICES）

Classification： -international：B01J37/02；(IPC1-7)：B01J37/02
-cooperative：B01J37/0203，B01J37/0215，B01J37/0234

Application number：EP20000985427 20001213

Priority number（s）：WO2000FR03507 20001213；FR20000000355 20000112

Also published as：EP1251962（B1） FR2803540（A1） US2003176279（A1） TR200202550（T3） JP2003519567

三、单项选择

1. 在以下文摘著录中，**US6235214** 表示的是_____。

135：**347330j** Plasma etching of silicon using fluorinated gas mixtures. Deshmukh, Shashank；Chinn, Jeffrey (Applied Materials, Inc. USA). U.S. **US6235214**（C1. 216-67；C03C15/00），22 May 2001，US Appl. 206 201，3 Dec 1998；9 pp.，Cont.-in-part of U.S. Ser. No. 2006 201.（Eng）

　　A. 文摘号　　　　　　　　　　　B. 专利号
　　C. 专利分类号　　　　　　　　　D. 专利申请号

2. 按照《中华人民共和国专利法》，从申请日起，外观设计专利的保护期是_____。
   A. 3   B. 10
   C. 20   D. 50

3. 查全率最高的专利数据库是_____。
   A. 中国国家知识产权局专利数据库   B. 美国专利与商标局专利数据库
   C. 欧洲专利局专利数据库   D. 德温特世界专利数据库

4. 下列说法正确的是_____。
   A. CN1200281 是标准号   B. 1585-07-5 是化学物质登记号
   C. 1001-1900-2 是 ISSN 号   D. GB/T 23274.3-2009 是专利号

5. 下面哪个不是授予专利权的条件_____。
   A. 严谨性   B. 新颖性
   C. 实用性   D. 创造性

6. 欧洲专利数据库全文文件使用_____格式。
   A. PDF   B. CAJ
   C. TIF   D. HTML

四、简答题

1. 最常用的专利文献有哪几种？并从检索途径和资源方面对它们进行比较。
2. 通过专利检索平台 SIPO 查找三篇光催化剂的专利。
3. 申请专利需考虑哪些内容和因素？
4. 从美国专利与商标局专利数据库查找两篇关于汽车三元催化剂的专利。
5. 最常用的专利文献有哪几种？描述图书馆查阅这些专利文献的步骤。

第七章 常用化学事实数据库

第一节 Reaxys 数据库

一、数据库简介

Reaxys 数据库是由爱思唯尔（Elsevier）公司出品的一个内容丰富的化学数值与事实数据库，它是 CrossFire Beilstein（贝尔斯坦）/Gmelin（盖墨林）数据库系统的升级产品，并提供 Internet 上的检索服务。Reaxys 数据库以优异的分子结构图形检索功能和检索结果的超链接设计，受到了各国化学家的热烈欢迎。使用该数据库，过去要花大量时间才能收集到的参考资料，现在只要几分钟就能够收集齐全。它不仅在资料检索的深度和广度上远远超过传统的检索方式，而且利用功能强大的数据库工具，对检索结果进行整理、分析和归纳，将数据资料提升成有用的知识，对于撷取前人累积的研究成果，将其快速应用到新的研究课题上，提供了无法取代的功能。

Reaxys 数据库配备有强大的检索功能，可以快速检索整个数据库并返回结果，其检索结果带有大量的超链接，包括化合物、化学反应及参考文献。用户可以通过超链接直接查看检索到的化合物的制备信息，以及特定数据的原始文献。Reaxys 数据库还可以快速浏览相关刊物的全文。此外，Reaxys 数据库将贝尔斯坦、专利化学数据库和盖墨林的内容集成在同一系统平台上，相互补充，其涵盖的化学信息是前所未有的，包含了 2800 多万个反应、1800 多万种物质、400 多万条文献。Reaxys 数据库高度的相关性有助于深入探索化学领域，获得比以往更透彻、更丰富的认识，使化学研究人员可以在化学信息的海洋里自由徜徉。

1．贝尔斯坦——世界最全的有机化学数值和事实数据库

贝尔斯坦数据库提供了可供检索的化学结构和化学反应、相关的化学和物理性质、详细的药理学和生态学数据等全面的信息资源。用户可以很方便地查询、浏览已建立了内部关联的数据和结构信息，从而确保研究工作可以全面、顺利地展开。时间跨度从 1771 年至今，包含化学结构相关的化学、物理等方面的性质，化学反应相关的各种数据，详细的药理学、环境病毒学、生态学等信息资源。

2．专利化学数据库

专利化学数据库选自 1869～1980 年的有机化学专利，1976 年以来有机化学、药物（医药、牙医、化妆品制备）、生物杀灭剂（农用化学品、消毒剂等）、染料等的英文专利。

3．盖墨林

盖墨林收集数据的重点在材料科学领域。同时，数据库中有关金属有机化合物的详细信息也使得它成为进行合成化学研究的极有价值的工具。金属有机化合物是许多独特合成反应的中间体或催化剂，使用盖墨林，化学家可以详细了解有关催化剂的化学性质，并有可能发现特定反应的新的和更好的催化剂。盖墨林提供了有关无机和金属有机试剂的海量信息，其中包括各种物理和光谱性质、制备方法以及其他许多信息。

二、检索程序界面

Reaxys 现已全面升级为 Web 版，和老的客户端软件版本相比，基于网页的 Reaxys 具有以下优势：①除了整合 Crossfire Beilstein、Crossfire Gmelin 以外，还新增专利化学数据库内容，数据量增加了 20%，属于 Crossfire 升级产品。②Reaxys 中新增加的专利化学数据库（Patent Chemistry database），是来自世界知识产权组织（1978 年至今）、欧洲专利局（1978 年至今）以及美国专利局（1976 年至今）的英文专利信息。新增的这部分内容，可以使科学家们获得完整的反应操作步骤、Markush 结构以及专利的用途等。③Reaxys 服务平台改变了原有 CrossFire 的客户端访问模式，成为基于网络访问的工作流模式。用户只需在网络浏览器输入 reaxys 网站就可以直接进入数据库。另外，相比于 Crossfire Commander，Reaxys 的界面也更直观，更人性化。Reaxys 基于 IP 进行访问，用户只要在有效 IP 范围内，均可以快速登录系统（图 7-1）。

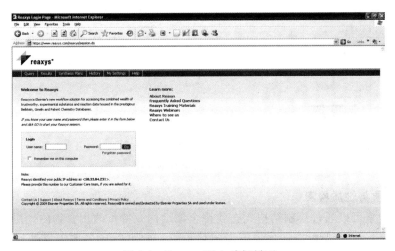

图 7-1　Reaxys Web 访问界面

图中最上面排列着最主要的六个功能菜单。点击不同的菜单，用户就可以切换到不同的功能区。

(1) Query（查询）：递交检索条件。根据检索条件不同，又可分为：结构（反应）检索、文本检索和数据检索。

(2) Results（结果）：显示检索结果。

(3) Synthesis Plans（合成计划）：生成合成计划。

(4) History（历史）：查询历史纪录。

(4) My Settings（设置）：生成通知，当某方面的研究有最新结果时，系统会通知用户。

(5) Help（帮助）：对未知问题求助。

三、数据库检索（Query）

Reaxys 有三种检索方式：化学反应检索、化学物质与性质检索和作者、文献、文本检索。

1．化学反应检索（Reactions）

化学反应检索是通过绘制反应结构式进行检索，检索到的反应可以是完全反应（反应物和产物之间有箭头表示），也可以是半反应（只有产物或反应物）。除了输入反应，也可只输入结构，并将其指定为反应溶剂（Solvent）、催化剂（Catalyst）和反应物（Reactant）等。化学反应检索界面如图 7-2 所示。点击画图绘制反应结构式，可以添加各种结构限制，点击"Search"可以开始检索。

图 7-2　化学反应检索界面

2．化学物质与性质检索

物化性质检索可以通过绘制结构式查找符合该结构式特点的化合物的性质，也可以通过对物性（properties）中的数据选项进行设定后检索。它可以从名字生成结构，即输入化学名、InChI-Key、CAS-No 或 Smiles 名均可完成化学结构的生成。物性的设定有两种方式：基于表单选项和高级选项（图 7-3）。物性字段可以检索的数据包括：熔点、沸点、临界参数、饱和蒸气压、折射率、热容、摩尔蒸发焓、分子偶极矩、电离能、键参数等。这既可以查找特定物质的性质（例如 25℃，酒精密度是多少？），也可以筛选符合特定条件的物质（例如：25℃时，密度在 $0.8\sim1.1\mathrm{g/cm^3}$ 且黏度在 $0.02\sim0.12\mathrm{P}$ 的溶剂？）。

3．文本检索

文本检索分两种方式：快速检索和高级检索。快速检索可以直接输入作者、期刊、专利号、发表年等查询项。在高级检索的检索语句中，检索字段以字段标记符表示，检索表达式是由字段标记符、关系、检索词和逻辑算符连接组成的。例如，BP＜"120" proximity BP.P＝"760" and DV and DEN not ELC＝"cl*"是代表上图所示的引导检索。文本检索输入的过程中，会出现可供选择的条目。可以打开扩展后的索引条目进行浏览和选择，支持多条目选择，各条目之间的逻辑关系是 OR。

第七章 常用化学事实数据库

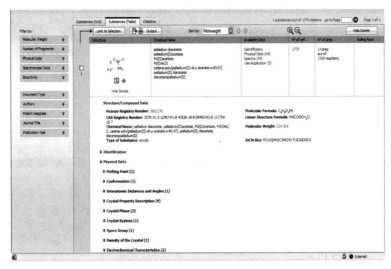

图 7-3 物化性质检索窗口

四、检索结果及处理

图 7-4 是化学反应检索结果显示页面。检索结果页面使用列表的方式显示所有的命中结构或反应，按照产率（Yield）、条件（Condition）和文献（References）列出详细的内容。

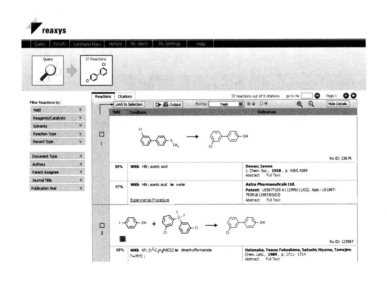

图 7-4 Reaxys 检索结果显示页面

Reaxys 可以对检索结果进行提炼，具有丰富的限定选项。点击文献列表的左边栏，可对结果进行二次筛选：Yield（产率）、Reagant/Catalysts（反应物/催化剂）、Solvents（溶剂）、Reaction Type（反应类型）、Record Type（记录类型）、Document Type（文档类型）、Author（作者）、Patent Assignee（发明权益人）、Journal Title（期刊标题）和 Publication Year（出版时间）。

用户也可以点击某一个记录，单独显示此命中结果的详细信息，如图 7-5 所示。详细信息页面中，在化合物的基本信息之后，程序提供了各种超链接（红色、蓝色、绿色、深蓝色字符且带下划线）可以帮助浏览相关的化合物、反应和文献信息，不同的信息都可以通过超链接来查阅。Reaxys 的超链接具有强大的追踪和关联功能，为用户提供了高效、方便的查询手段。如要获得参考文献原文可链接到网站。

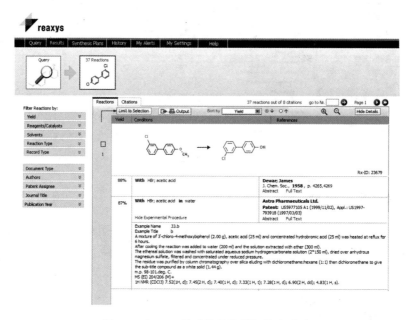

图 7-5　Reaxys 检索结果的详细信息显示

另外，Reaxys 能灵活地对检索结果进行各种处理，帮助用户以各种方式将检索结果自动生成图表和报告，以多种格式进行存储。在检索结果显示时，屏幕最上方的加黑显示由检索输入的 Query 改变为 Results。勾选检索结果，点击"打印（Print）"按钮可打印搜索结果。单击"输出（Output）"，检索结果可导出为各种格式：PDF、Word、Excel、e-notebook、RD/SD/Mol 和 Smiles。对于 XML、RD、SD 和 Smiles 格式，可导出 5000 次，其他文件类型可导出 1000 次。事实的导出次数是 10000 次。

Reaxys 存储查询和检索结果组，将在历史（History）表格中显示这些查询与检索结果组以方便在搜索中导航。图 7-6 是设定 Alerts（通知）的页面，用户可设定感兴趣的某方面信息，当系统有最新结果时，会自动通知用户。

五、应用实例

1. 化合物 Thalidomide 的合成路线的设计

沙利度胺（Thalidomide）又名反应停、酞咪哌啶酮、沙利窦迈，是研制抗菌药物过程中发现的一种具有中枢抑制作用的药物，曾经作为抗妊娠反应药物在欧洲和日本广泛使用，投入使用后不久，数据显示使用该药物的孕妇的流产率和海豹肢症（Phocomelia）畸形胎儿率上升，该药物退出市场，该事件被称为反应停事件。通过化学物质结构检索结果页面提供的超链接可以快速、方便地查看此化合物作为产物的相关反应，并一步步追溯此化合物的反

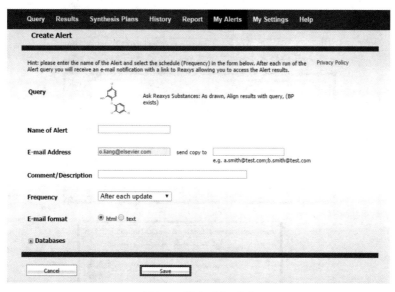

图 7-6 设定通知页面

合成路线。图 7-7 是化合物 Thalidomide 化学物质结构检索结果页面。

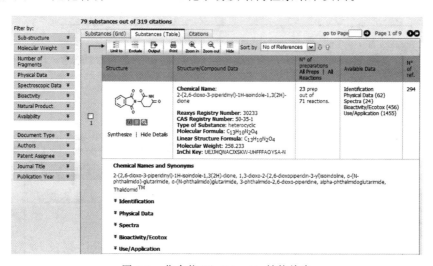

图 7-7 化合物 Thalidomide 结构检索

在检索结果中，可查找到 Thalidomide（Reaxys 编号 30233）。以此为依据，可以十分方便地总结出化合物的合成路线。找到"合成计划（Synthesis Plan）"，点击 New 创建一个新的合成计划（图 7-8）。所获取的反应条件为最后一步生成目标产物的条件列表。根据过滤（Filter By）功能的选项进行筛选，选取采纳的一条或几条并在其条件的选择框勾选，点击"Add Selected"，将其添加到合成计划中（图 7-9）。照此操作，完成整个路线的设计。可以点击每一步反应箭头上的"Details（细节）"来查看该步反应的条件。

2．限定基团检索

Reaxys 可以对检索结构的原子和化学键所连接的基团进行限定检索，也能进行原子与原子匹配的反应式检索，再与数据检索联合使用，可以快速、直接地命中目标。在图 7-10 所示的例子中，希望高产率的醇类转化成硫醇，碳原子上的星号表示此原子上可以有任意长的取代基，两个虚框表示这两对基团在反应前后的一一对应关系。通过预先定义的 Reaction

图 7-8 化合物 Thalidomide 的合成计划设置页面

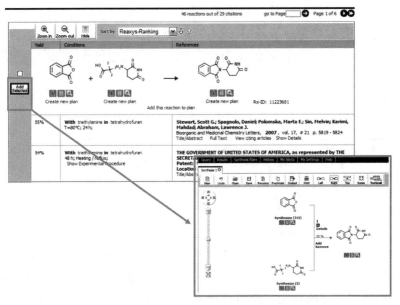

图 7-9 化合物 Thalidomide 的合成计划页面

Data 对话框可以限定反应的产率必须在 85% 以上。通过 Reaxys 提供的各种检索方式，用户可以对检索条件进行详细的描述，非常直接地得到需要的信息，如图 7-11 所示。

由以上两个例子，可以体会到 Reaxys 所具有的几个显著的特点：首先，Reaxys 的数据非常全面，数据量极大，它强大的检索功能可以帮助用户以最简单、最直接的方式来找出所需要的数据。无论是建立查询还是显示查询结果的界面设计都十分合理，简单易用，一目了然。因此，Reaxys 能够最大程度的减少用户在信息收集方面所消耗的时间和精力，从而使用户能够将主要精力集中在科研工作的主要过程上。

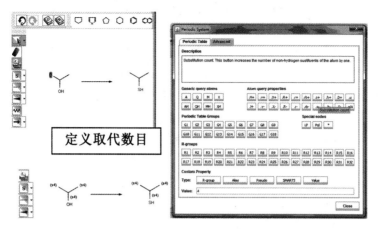

图 7-10　限定基团检索的输入界面

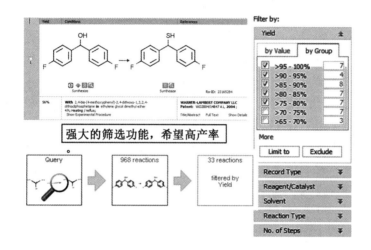

图 7-11　限定基团检索结果

第二节　NIST Chemistry WebBook

一、数据库简介

美国国家标准与技术研究院（National Institute of Standards and Technology，简称 NIST）直属美国商务部，它是美国政府支持的大型研究机构，在国际上享有很高的声誉。NIST 主要从事物理、生物、工程方面的基础和应用研究，以及测量技术和测试方法方面的研究，并提供标准、标准参考数据及有关服务。NIST 下设 4 个研究所：国家计量研究所、国家工程研究所、材料科学和工程研究所和计算机科学技术研究所。

NIST 设置了多个涉及物理、化学、材料、建筑、制造与计算机等学科的实验室，其中涉及化学学科的是化学科学与技术实验室 CSTL（Chemical Science and Technology Laboratory），它为化工制造、能源、保健、生物技术、食品加工和材料加工等方面提供技术和服务。CSTL 下设多个分室，分别为生物技术（Biotechnology）、过程测量（Process Measurements)、表面与微分析科学（Surface and Microanalysis Science）、物理及化学性质（Physical and Chemical Properties）和分析化学（Analytical Chemistry）等。

NIST 的网站具有非常丰富而有价值的信息资源，其参考数据检索服务主要分为三部分：标准参考数据库（Standard Reference Data Program）、在线数据库服务（Online Database）和化学网络手册（Chemistry WebBook）。前二者具有大量的参考数据资源，但都是需要支付费用。NIST Chemistry WebBook 则是免费使用的。此外，还有许多重要的参考数据被 NIST 收录在化学网络手册之外，如化学与晶体结构数据、热力学和热化学数据程序等，因此这些数据库的使用都不是免费的。本节介绍 NIST Chemistry WebBook 的使用。

在 NIST Chemistry WebBook（http：//webbook.nist.gov/）的主页上，列出了数据库所收录的大量数据。NIST Chemistry WebBook 提供的主要参考数据有以下几种。

(1) 7000 多个有机和小的无机化合物的热化学数据，包括生成焓、燃烧焓、热容、熵、相变焓和相变温度、蒸气压等。

(2) 8000 多个反应的反应热化学数据，包括反应焓和反应自由能。

(3) 16000 多个化合物的红外光谱数据。

(4) 15000 多个化合物的质谱数据。

(5) 1000 多个化合物的紫外/可见光谱数据。

(6) 4500 多个化合物的电子和振动光谱数据。

(7) 600 多个化合物光谱数据的双原子分子常数。

(8) 16000 多个化合物的离子能量数据，包括电离能、表面能、电子亲和能、质子亲和能、气体碱性和离子簇结合能。

(9) 34 种流体的物理数据，包括密度、恒压热容、恒容热容、焓、内能、熵和声速等。

NIS 提供了 Chemistry WebBook 的使用指南和说明，用户可浏览有关页面（A Guide to the NIST Chemistry WebBook，http：//webbook.nist.gov/chemistry/guide/）。

二、数据库检索

NIST Chemistry WebBook 的检索方法主要可以分为普通检索（General Searches）和基于物理性质的检索（Physical Property Based Searches）两种。图 7-12 是 NIST Chemistry WebBook 检索页面。其中的检索选项（Search Options）下列出两种检索方法。

1. 普通检索

普通检索包括有：分子式检索（Formula）、物质名称检索（Name）、CAS 登记号检索（CAS registry number）、反应检索（Reaction）、作者检索（Author）和结构检索（Structure）等。在进行具体的检索时，通常还需要对其中的选项进行设定。图 7-13 是分子式检索页面，它提供了许多热力学数据和其他数据的复选框供用户选择，包括 Gas Phase（气相）、Condensed Phase（凝聚相）、Phase Change（相变）、Reaction（反应）、Ion Energetics（离子能量）、Ion Clustering（离子簇数据）、IR Spectrum（红外光谱）、Mass Spectrum（质谱）、UV/Vis Spectrum（紫外/可见光谱）、Vibrational and Electronic Energy Levels（振动和电子谱）、Constants of Diatomic Molecules（双原子分子常数）和 Henry's Law Data（亨利定律数据）等。在检索页面中均提供在线帮助（Help）的超链接，用户可以学习其使用方法。

第七章 常用化学事实数据库

```
NIST Chemistry WebBook
NIST Standard Reference Database Number 69
View: Search Options, Models and Tools, Special Data Collections, Documentation, Changes, Notes
▷Credits

NIST reserves the right to charge for access to this database in the future.

Search Options top
    General Searches          Physical Property Based Searches
    • Formula                 • Ion energetics properties
    • Name                    • Vibrational and electronic energies
    • IUPAC identifier        • Molecular weight
    • CAS registry number
    • Reaction
    • Author
    • Structure
```

图 7-12　NIST Chemistry WebBook 检索页面

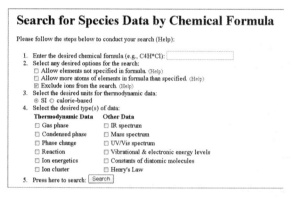

图 7-13　分子式检索页面

2．基于物理性质的检索

基于物理性质的检索（Physical Property Based Searches）可检索的数据有：离子能量（Ion energetics properties）、振动及电子能级（Vibrational and electronic energies）和分子量（Molecular weight）等。离子能量检索（Ion Energetics Searches）可检索数据有：电离能（Ionization Energy）、电子亲和能（Electron Affinity）、质子亲和能（Proton Affinity）、酸度（Acidity）和出峰能产物（Appearance Energy Product）等。

在网页上提供了 Java 小程序可绘制分子结构，也可以上传绘制好的 MDL 的 MOL 格式分子结构文件，进行基于结构模型的检索。

三、检索结果及处理

进行分子式检索时，检索结果可能带有同分异构体，因此需要对检索结果进行选择。例如进行分子式为 C_3H_6 的检索，得到的结果有丙烯（Propene）和环丙烷（Cyclopropane）。如果要得到丙烯的详细资料，点击"Propene"超链接，即可显示有关丙烯的详细资料。

图 7-14 是丙烯的检索结果页面的前面部分。在检索结果页面，首先显示一般信息（General Information），这些信息是物质名称、分子量、CAS 登记号、化学结构式、2D Mol 文件、3D Mol 文件和物质的其他名称。在结果页面上还提供了其他数据的超链接和定位，点击数据定位和超链接可显示相应的数据，点击分子图形文件的超链接后可显示分子图

形,3D 结构的显示要安装 MDL Chime 插件。

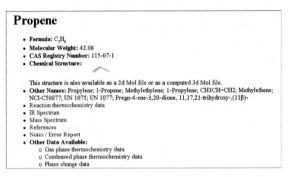

图 7-14　丙烯的检索结果页面

除一般信息外,在检索结果中物理化学参数和热力学数据等都以表格形式显示。图 7-15 是丙烯的反应热力学数据的表格显示。而光谱数据、物质结构、流体性质数据和一些函数图形等以图形方式显示。图 7-16 是丙烯的红外光谱图。

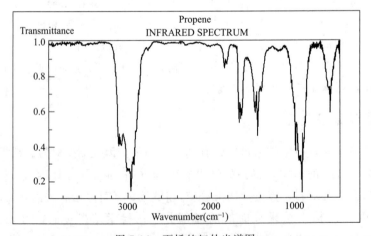

图 7-15　丙烯的反应热力学数据的表格显示

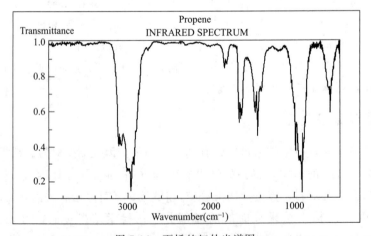

图 7-16　丙烯的红外光谱图

在检索结果页面中也带有许多引用的参考文献,通过点击这些参考文献中的作者名,就可以检索和显示出包含该作者名的所有引用文献,但它只限制于 WebBook 数据库范围内,而不是全面的文献检索。在显示的反应式中点击反应物或产物的超链接,可显示出与该化合物有关的数据(性质和参考文献等)。

WebBook的检索结果提供了很多数据的超链接,将化合物、化学反应、谱图和参考文献按一定方式建立了相互关联,用户可以很方便地浏览这些相互关联的数据。

第三节　谷歌学术搜索(Google Scholar)

一、概述

Google搜索引擎是目前国内外使用最频繁的搜索引擎之一,是目前世界上规模最大、功能最强的网页搜索引擎,收录了互联网中88.9%的网页,并向Yahoo、AOL等其他搜索引擎提供后台网页查询服务。Google拥有庞大的数据库资源,快速的搜索速度,并把最相关、最可靠的搜索结果放在首位,但是利用这种方式获取学术资源时,质量参差不齐,夹杂了大量的非学术性资源,真正有学术价值的学术文章不多。2004年11月18日,Google公司宣布针对科学家和研究人员推出学术性文献搜索Google Scholar(http://Scholar.google.com)新服务,为学术文献检索和新型的引文分析提供了新的解决方案。自2006年1月11日以来,Google Scholar搜索扩展至中文学术文献各领域。一方面Google Scholar搜索通过自有的引文链接能让检索者方便地掌握引文情况;另一方面它用特定的技术搜索,自动提取相符合的文献并进行有效的排序。Google Scholar通过引用链接方便地找到与搜索结果关联的其他学术资料,避免了一般搜索引擎大量冗余信息筛选不足。Google Scholar的推出为人们从大量信息中快捷、准确地查找出有价值的学术信息提供了方便。

Google Scholar的收录范围非常广。使用Google Scholar除了可以搜索普通网页中的学术论文以外,还可以搜索同行评议文章、学位论文、图书、预印本、文摘、技术报告、专利等学术文献,文献来源于学术出版物、专业学会、预印本库、大学机构,内容从医学、物理学到经济学、计算机科学等横跨多个学术领域。检索结果中不仅包含有学术性的电子期刊中的文章,而且还包含此文章所引用的次数(cited)。由于搜索引擎在检索范围上比文献数据库广,收录资源种类比数据库多,所以检索结果数量比文献数据库广。

二、检索方法

Google Scholar搜索提供基本检索和高级检索两种检索方式。可选择中文或英文界面。英文界面中提供了一个选项,可选择检索范围是否包括专利信息。

基本检索。Google Scholar基本检索非常简单,图7-17是Google Scholar基本检索界面。基本检索只有一个检索框,可输入关键词、人名、期刊名等检索词或多个词语检索表达式。Google Scholar基本检索也支持多数Google Web搜索中的高级操作符。

高级检索。高级检索有多个检索框,检索效率和检索结果的精度都比较高。点击检索框右面的"学术高级搜索"即可进入高级检索界面(图7-18所示),进行更为精确的查询。Google Scholar搜索的高级检索提供了包括关键词、作者、出版物名称、出版日期以及结果显示等多种选项。关键词提供限于文献题名或者文中其他任何位置的搜索,并且有4种题名

图 7-17　Google Scholar 的基本检索页面

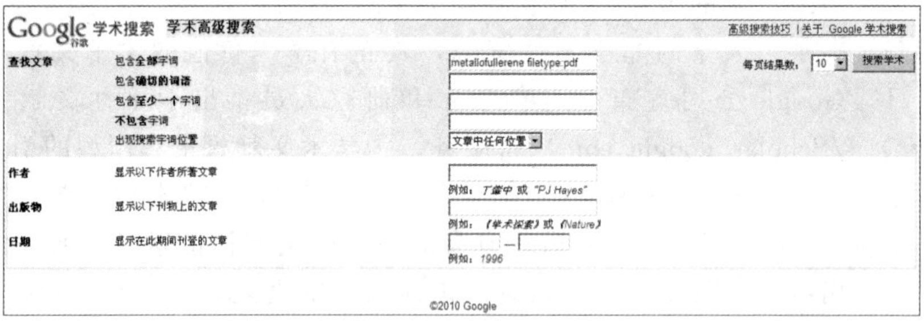

图 7-18　Google Scholar 的高级检索页面

匹配方式,"包含全部字词"、"包含确切的词语"、"包含至少一个字词"、"不包含字词"。采用作者姓名搜索是简单有效的搜索途径,只要在检索框内输入作者姓名,便可以检索到与该作者有关的文献。而在出版物后面的检索框中输入所要检索刊物的名称,与所查文献的篇名结合起来使用,可以更为精确地查找到需要的文献。按照出版日期范围搜索,可将文献出版时间限制在一定范围之内,只需直接输入起始年或者起止年。

三、检索结果

Google Scholar 搜索的每一结果都提供了文章标题、作者以及出版信息等编目信息。Google Scholar 搜索与 Google 网页搜索一样,把最合适的结果排到前面,对搜索结果按相关性进行排序。结果排序主要以文献的全文内容、被引频次为依据,同时兼顾作者、出版物知名度等因素。其中被引频次包括文献在书籍和各类非联机出版物中的引用;文献作者越出名,其学术专业的价值地位就越高,排序时往往越靠前。Google Scholar 对检索结果提供引用情况、相关文章和多版本结果等进一步分析功能。Google Scholar 搜索的每一个搜索结果都代表一组学术研究成果,其中可能包含一篇或多篇相关文章甚至是同一篇文章的多个版本。例如,某项搜索结果可以包含与一项研究成果相关的一组文章,其中有文章的预印版本、学术会议上宣读的版本、期刊上发表的版本以及编入选集的版本等。将这些文章组合在一起,可以更为准确地衡量研究工作的影响力,并且更好地展现某一领域内的各项研究成果。

应用 Google 学术搜索有的条目直接点击就可下载 PDF 格式原文,有的条目是否可全文下载则是取决于检索者所在 IP 位置是否被赋予了权限,若许可,亦可直接点击获取原文。一般情况下,专业数据库检索系统都会对用户有一定的限制,要求用户先登录然后才能使用,用户才能选择自己需要的数据库和获取全文。Google Scholar 搜索可以说是各种传统专业文献数据库的集成,它能实现多字段的跨库检索,采用这样一个检索平台来检索某一个课题,可方便地一次性获得多个数据库的检索结果,极大地提高了检索效率。

第四节　科学搜索引擎(Scirus)

一、概述

Scirus(http://www.scirus.com)是 Elsevier Science 公司开发的互联网上最全面、综合性最强的科技文献搜索引擎。Elsevier Science 公司出版的期刊是世界上公认的高质量学术期刊,已有 100 多年的历史。Scirus 采用最新的搜索引擎技术,可以检索 16700 万个科技网页,被誉为最好的专业搜索引擎。Scirus 搜索的学科范围包括:农业与生物学;天文学;生物科学;化学与化工;计算机科学;地球与行星科学;经济、金融与管理科学;工程、能源与技术;环境科学;语言学;法学;生命科学;材料科学;数学;医学;神经系统科学;药理学;物理学;心理学;社会与行为科学;社会学等。Scirus 索引每月更新,可搜索从 1973 年至今发表的文献。

Scirus 可搜索的网站包括:5850 万个美国大学网站(.edu)、1800 万个组织网站(.org)、680 万个英国大学网站(.ac.uk)、1860 万个公司网站(.com)、500 万个政府机构网站(.gov)以及全世界 4500 万个有关 STM 和大学网站。此外,Scirus 还可搜索:1460 万篇的 MEDLINE 文献;550 万篇 ScienceDirect 的全文文献;120 万项 USPTO 的专利;261000 篇 ArXiv 的电子文献;5352 篇 BioMed Central 的全文文献;10600 篇 NASA 的技术报告;14878 篇 Project Euclid 的全文文献;56000 篇 Crystallography Journals Online 的全文文献;230000 篇 Scitation 的全文文献。

Scirus 以科学信息资源为其主要搜索对象,它在资源的选取上有严格的标准,一方面选取涵盖科学内容的网站和网页,例如:大学网站、学会网站、政府机构网站、研究机构网站和作者主页等。另一方面以出版高品质期刊而著称的 Science Direct 资源为主体,选取拥有科学资源的网站为合作伙伴,在保证资源的学术性和专业性基础上,使各个独立的网络信息得以共享,扩大了用户查询信息的来源。其他通用搜索引擎不具备这些特点。

Scirus 设计的检索模式较之其他搜索引擎更具个性化,不仅注重检索界面的友好程度,更注重扩展适应个人的偏好。其个性化主要体现在检索界面的多样性、选择性和灵活性,使用户可优先选择感兴趣的信息源,从所喜欢的信息源中挑选出特定类型文献集合。这主要通过检索字段的选择、特定资源的选择、学科内容的选择、在线检索词选择以及检索结果的排序选择来实现。Scirus 提供了二次检索功能,可进行检索表述式的修正和限定,也可进行检索历史的存储,体现了以人为本的个性化思路。

二、检索方法

1. 基本检索(Basic Search)

基本检索是 Scirus 系统默认的检索方式,如图 7-19 所示。Scirus 的基本检索非常简单,用户仅需在检索输入框中键入检索词，点击"Search"按钮就可进行搜索。在检索词输入框中，用户可以使用字段标记符限定检索字段，其检索表达式的格式为字段标记符："检索词"或字段标记符："检索短语"，例如，ti："binary clusters"表示准确地检索在标题中包含"binary clusters"的文献。如果检索词组成的检索短语不加双引号，则各检索词之间是逻辑"与"（AND）的关系。检索字段标记符与检索字段的对应关系如下：au＝author（作者）、ti＝title（标题）、jo＝journal title（期刊名）、ke＝keywords（关键词）、url＝URL（全球信息资源定位）、dom＝domain name（域名）、af＝author affiliation（s）（作者单位）。

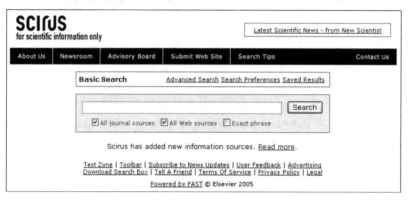

图 7-19 Scirus 的基本检索页面

在基本检索的输入框下部，Scirus 提供了三个复选框，用户可以根据需要进行选择，缩小检索范围：All journal sources（所有期刊）、All Web sources（所有网页）、Exact phrase（精确短语）。精确短语相当于引号的作用，检索结果与输入短语严格匹配。

2．高级检索（Advanced Search）

如果需要进行更复杂和精确的检索，可在简单检索的页面或检索结果的页面上，点击"Advanced Search"超链接可进入高级检索页面。图 7-20 是 Scirus 高级检索页面。

在高级检索页面上，Scirus 提供了二行的检索输入框。用户可在输入框键入检索词。在同一检索字段中，可以键入多个检索词，检索词之间用逻辑算符 AND（与）、OR（或）、ANDNOT（非）来确定相互关系。系统默认各检索词之间的逻辑关系为 AND。除了逻辑算符外，Scirus 还支持截断符、位置算符、同音词检索和不同拼写词检索。

Scirus 提供的检索字段有：The complete document（全文）、Article title（论文标题）、Journal title（期刊名）、Author（s）name（作者姓名）、Author affiliation（s）（作者单位）、Keyword（s）（关键词）、ISSN（国际标准期刊编号）、（Part of a）URL（部分网址）等，用户可以选择所需的字段进行检索。使用 The complete document 字段，可在文献的全文中进行检索，因此可大大提高查全率。

在检索字段右边的下拉菜单中提供了检索词在文献中出现的三种方式。All of the words（所有的检索词）是指所有的检索词都要出现，相当于 AND。Any of the words（任意的检索词）是指只要任何检索词出现就可以，相当于 OR。Exact phrase（精确短语）是指检索结果与输入短语严格匹配，相当于双引号的作用。

为了进行更准确和快速的检索，用户可以对检索进行个性化限制设置，包括设置检索年限、信息类型、文件格式、信息内容来源和学科范围等。Scirus 默认设置是最通用和广义的 All 选项。限制设置是通过复选框的选择进行的。

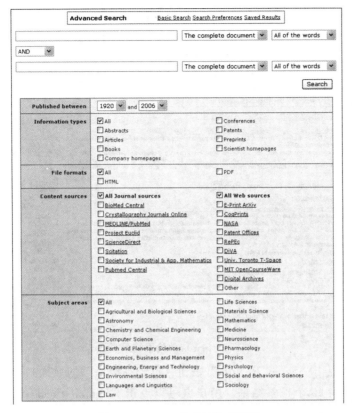

图 7-20 Scirus 的高级检索页面

（1）检索年限（Published between）：可在 1920 年至今的任意区间进行设定。

（2）文献类型（Information types）：All（全部）、Abstracts（摘要）、Articles（论文）、Books（书籍）、Company homepages（公司主页）、Conferences（会议）、Patents（专利）、Preprints（预印本）和 Scientist homepages（科学家主页）。

（3）文献格式（File formats）：All、HTML 和 PDF。

（4）信息来源（Content sources）：系统提供了 7 种期刊来源和 8 种网络来源供用户选择。All journal sources 是选择所有期刊资源，All Web sources 是选择所有网络资源。

（5）学科范围（Subject areas）：系统列出了 20 学科供用户选择。

另外，通过点击"Search Preferences"超链接，可进入检索结果的参数设定页面。在此页面上，可以对每页显示的记录数目、是否新开窗口、是否将检索结果按域名归类和是否自动重写检索表达式进行设定。

三、检索结果及处理

图 7-21 是 Scirus 检索结果显示页面。页面的上方是已进行检索的简单检索输入框，它为用户重新检索提供了方便。接着显示检索条件、命中的文献记录数和检索结果分类信息。Scirus 检索结果在默认情况下按照相关度（relevance）进行排序，点击"date"超链接，可使检索结果按照日期顺序排序。

用户可点击每条文献记录左边的复选框，对该文献做上标记，完成了检索结果标记后，可点击"Save checked results"按钮对已标记结构存储在 Scirus 服务器上。用户以后重新使

图 7-21　Scirus 的检索结果页面

用 Scirus 时，可以点击"Saved Results"按钮（位于高级检索的后面），调出以前存储的检索结果，每次可存储 25 个检索结果。用户也可以点击"E-mail checked results"按钮使用电子邮件发送已标记文献。

每一文献记录会显示出论文标题、作者、期刊、日期、摘要、信息来源和全文来源。点击文献记录的标题可以链接到该文献详细信息的相关页面，包括带有 PDF 格式的论文全文。如果文献有全文，会显示出"Full text article available from"的提示。如果文献全文是 HTML 格式，用户直接用浏览器上的命令将文献保存到本地计算机上。如果文献带有 PDF 格式的全文时，可直接下载打印。

点击"similar results"超链接可显示与该文献具有类似结果的文献列表，这种相关性链接大大提高了文献的查全率，它是 Scirus 的突出优点之一，其功能类似于 Web of Science 中的"FIND RELATED RECORDS"（查找相关记录）。

在检索结果屏幕右方提供了检索结果的二次检索（refine）功能，Scirus 自动列出进行二次检索的建议检索词或检索短语，点击建议检索词或检索短语的超链接，系统自动使用逻辑"与"（AND）连接原检索词与建议检索词，并进行新的检索，以缩小检索范围。用户也可以在输入框中键入其他检索词进行二次检索。

第五节　ChemFinder

一、概述

ChemFinder 是由 CambridgeSoft 公司推出的一款化学化工专业搜索引擎，为化学化工、生物医药等领域的企业提供解决方案。ChemFinder 是一个面向化学信息工作者的数据库管理系统,可以存储化学结构、物理性质、各种记录和数据表。可以很方便地搜索分子和反应,并及时地组织数据。用 ChemFinder 可以建立化学数据库、储存及搜索化学数据。ChemFinder 是一个智能型的快速化学搜索引擎,所提供的 ChemInfo 是目前世界上最丰富的数据库之一:包含 ChemACX、ChemINDEX、ChemRXN、ChemMSDX,并不断有新的数据库加入。ChemFinder 可以从本机或网上搜索 Word、Excel、Powerpoint、ChemDraw 和 ISIS 格式的分子结构文件。还可以与微软的 Excel 结合,可连结的关联数据库包括 Oracle 及 Access。ChemFinde.com 自 1995 年就开始提供化学资源检索服务,在这个网站上一共收集了最为常见的大约 75000 个化合物。并且它查询方便、快捷,而且部分功能免费,相对价格低廉。它提供了参考数据库、化学数据库、反应数据库和安全数据库这四类检索数据库,用户可按需要选择。

二、检索方法

Chemfinder 提供了化学结构检索(Structure)和物性(multiple properties)检索两种方式。化学结构检索是通过绘制化学结构式进行检索。点击"New Search",双击结构窗口,用 ChemDraw 绘制结构或从已有结构中导入,最后点击"Find Now"。图 7-22 为 Chemfinder 化学结构检索页面。

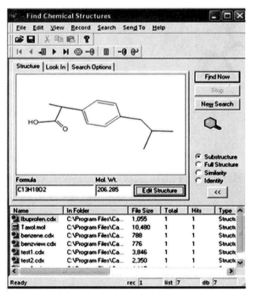

图 7-22　Chemfinder 化学结构检索页面

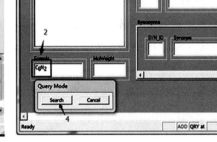

图 7-23　Chemfinder 物性检索页面

Chemfinder 物性检索途径包括:化学名称(或俗名)、CAS(Chemical Abstracts Service)编码、分子式、相对分子质量。注意,在输入化学名称时,如果名称不完整,可以用 * 代替进行模糊检索。通过检索可以得到包括分子式、CAS 编码、相对分子质量、密度、熔点、沸点、闪点、溶解度、蒸气压、蒸汽密度等化合物的基本性质。图 7-23 为 Chemfinder 物性检索页面。

三、检索结果

ChemFinder 短时间内即可完成查询任务,在查询结果中用户可以获取的化学信息包括：反应结构式、反应方程式、反应说明、反应总能量等相关信息，可以通过复制或打印的形式运用反应过程查询结果。可以用"Search Tool"对检索结果进行限定。

一、单项选择

1. 对于 Google Scholar 搜索的结果，下列说法错误的是_____。

A. 把最合适的结果排在前面　　　　　　B. 按相关性进行排序

C. 结果排序主要以文献的新旧程度为依据　　D. 文献作者越出名，排序往往越靠前

2. 在线化学数据库中，数据来源于期刊数目最多的是_____。

A. CA　　　　　B. Medline　　　　　C. Webbook　　　　　D. Reaxys

二、**Reaxys 操作训练**

1. 请使用 Reaxys 检索（1）CAS 登记号 9002-84-0 化合物，（2）三聚氰胺（Melamine），（3）CAS 登记号 1317-80-2（金红石型二氧化钛）。

2. 使用 Reaxys 结构检索完成：

（1）精确结构检索 Luciferin

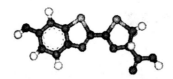

（2）子结构检索苯基丙氨酸

3. 使用 Reaxys 规划吉非替尼（Gefitinib），又名易瑞沙的合成计划。

4. 使用 Reaxys 检索丙烯酸涂料制备的文献。

第八章 化学结构的可视化

第一节 化学结构的表示和可视化

化学结构可采用多种表示方法。分子的二维平面结构、三维空间结构和分子表面结构等表示法都属于化学结构的可视化表示方法，它们使用计算机图形技术直观、形象地表示分子结构。化学结构的可视化表示采用了大量计算机图形学的技术，现已发展成为一门新兴的边缘学科——分子图形学。分子图形学采用计算机图形技术处理分子结构的显示和操作。分子建模技术是分子图形学的一个重要分支，它包括三维分子结构的构建、操作及其物理化学性质的表示，任何一个分子建模型软件都需要以分子图形作为交互界面。分子图形学为化学工作者的研究工作提供了很大的方便，也对深入认识化合物的结构和化学反应的本质带来了可能，尤其对于复杂的生物大分子更是如此。分子图形学是物理化学、有机化学、生物化学和医药化学等基础研究及技术开发的常用研究工具。现今许多公司开发了速度快、图形质量高、功能强、价格低且具有友好用户界面的分子图形软件。

一、化学结构的表示

任何一门科学都具有自己的表述语言，化学学科也不例外。原子和分子是化学研究的主要对象，而原子和分子又是不可见的微观物体，目前人类发现的化学物质已经超过2300万种以上，科学和有效的化学结构表示是化学家面临的重要问题。化学结构的表示有：命名法、线型编码法、二维结构、三维结构、表面结构等方法。化合物结构的可视化表示具有表示简单、直观和容易记忆的优点，因此化学物质结构图（结构式）常作为化学家的共同表述语言。随着化学研究的深入，大多数化学物质的结构已经清楚，描述分子最好、最准确的方法就是绘制分子结构式。分子结构的绘制既是化学教育的重要内容，也是化学研究的重要工具。

化学结构的表示要具体说明组成分子的原子数目、原子种类、各原子间的相对位置和连接性，这些化学结构信息可以使用图形方式表示，也可使用结构代码的命名法表示。化学结构的表示应该是准确、简洁和单义的，并且可以方便地进行计算机的存储、检索和显示。

由于化合物有很多同分异构体，使用分子式无法准确地表示其结构。无机和有机化合物采用系统的命名法是 IUPAC（International Union of Pure and Applied Chemistry）法，它给化合物定义唯一的名称，但其表达冗长、复杂且难以记忆。为了适应计算机检索的要求，有关科学工作者正在大力研究和设计化学结构信息的表示方法。化合物结构线性代码是采用线性顺序数字、字母的字符串表示化学物结构，对线型编码已开展了大量研究工作，制定了许多线型编码方法，例如 WLN（Wiswesser Line Nation）法、ROSDAL（Representation of Organic Structure）、SLN（Sybyl Line Notation）法、SMILES（Simplified Molecular Input Line Entry Specification）法等。目前 WLN 命名法近于过时。SMILES 是一种应用广泛的相当重要的表示法，它可以将复杂的有机结构以字符串方式表示，已经广泛使用于结构数据库搜索中。许多著名的化学结构检索数据库都可使用 SMILES 字符串进行检索。

虽然线型编码可用于化学数据库的输入、存储和检索，但线性结构代码缺少直观性，需要专门学习其编码规则。许多用户进行化学结构检索时，更愿意使用二维化学结构的输入方式。使用二维图形表示化学结构是化学家最常用的方式之一，这些结构图形形象地代表了分子模型，使得分子表示更直观。在二维结构图形中，原子以元素符号表示，以线条表示化学键，然而二维化学结构只能简单地表示分子中化学键的拓扑结构。三维化学结构的表示还需要分子中原子在三维空间的位置信息，它可形象、逼真地表示分子的真正结构。如果在分子的表面增加了更复杂的分子性质信息（例如静电势等），则化学结构可以使用分子三维表面结构图形表示。图 8-1 是苯基丙氨酸（phenylalanine）的各种化学结构表示。

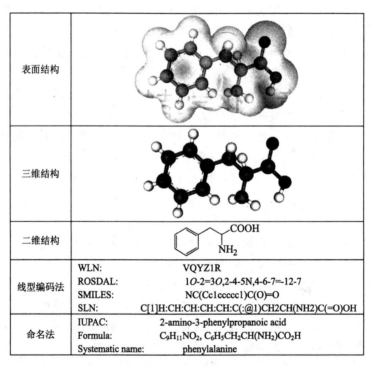

图 8-1　苯基丙氨酸（phenylalanine）的各种化学结构表示

二、二维化学结构的表示和可视化

化学家绘制化学结构已经有近百年的历史。现今化学结构图不仅可在纸张上绘制，也可使用计算机软件绘制。二维结构是典型的图形方式：以节点代表原子，以边代表化学键。由于二进制的计算机无法直接处理由计算机软件绘制的结构图形，需要对化学结构图形进行转换，建立与分子结构对应的计算机内部表达方式。分子图形常以矩阵方式表示，分子中不同的原子和成键类型可使用不同形式的矩阵表示：连接矩阵、距离矩阵、关联矩阵、成键矩阵、键-电子矩阵。例如，苯基丙氨酸的二维结构图（见图 8-2）的成键可使用连接矩阵表示，表 8-1 是苯基丙氨酸成键连接表，成键连接表可表示分子中原子连接成键的方式，其中第一行和第一列代表分子中原子（带编号），表中数值"0"代表行原子与列原子不成键，数值"1"代表行原子与列原子成单键，数值"2"代表行原子与列原子成双键。使用连接矩阵表示分子结构的优点是其结构信息的表示容易在计算机上实现。

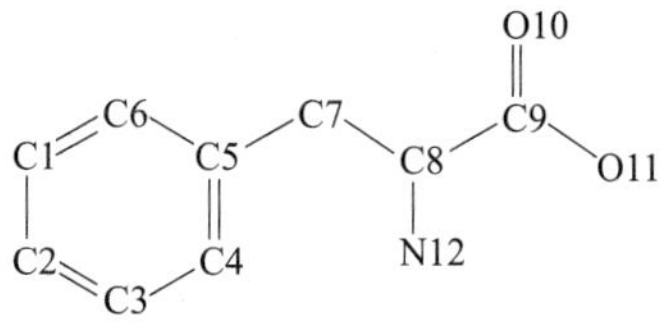

图 8-2 苯基丙氨酸（phenylalanine）的二维化学结构表示

表 8-1 苯基丙氨酸成键连接表

项目	C1	C2	C3	C4	C5	C6	C7	C8	C9	O10	O11	N12
C1	0	1	0	0	0	2	0	0	0	0	0	0
C2	1	0	2	0	0	0	0	0	0	0	0	0
C3	0	2	0	1	0	0	0	0	0	0	0	0
C4	0	0	1	0	2	0	0	0	0	0	0	0
C5	0	0	0	2	0	1	1	0	0	0	0	0
C6	2	0	0	0	1	0	0	0	0	0	0	0
C7	0	0	0	0	1	0	0	1	0	0	0	0
C8	0	0	0	0	0	0	1	0	1	0	0	1
C9	0	0	0	0	0	0	0	1	0	2	1	0
O10	0	0	0	0	0	0	0	0	2	0	0	0
O11	0	0	0	0	0	0	0	0	1	0	0	0
N12	0	0	0	0	0	0	0	1	0	0	0	0

二维化学结构图形除了可以在化学数据库检索中使用外，还大量地使用在科技论文编印和专业幻灯片的制作上。最常用的绘制二维化学结构的软件有：ChemDraw、ChemWindows、ChemSketch、ISIS/Draw 等。这些软件具有各自的特色，ChemDraw 是 ChemOffice 的重要组件之一，功能强大。ISIS/Draw 是免费且通用性很强的二维分子图形绘制软件。

三、三维化学结构的表示和可视化

二维化学结构描述了分子中原子的连接，三维化学结构则是描述分子中原子在三维空间的排列位置。因而，三维化学结构表示明显地比二维结构表示更接近分子的真实情况。在不同的条件上，分子常具有完全不同的几何构型，这些同分异构体表现出不同的性质。不同几何构型的三维分子结构对深入的化学研究可能产生很大的影响。在计算分子性质、分子可视化和定量构效研究等方面，三维化学结构表示就更为有用。

使用 X 射线晶体学、电子衍射、NMR、IR 和微波光谱等实验方法可在一定的化学或物理条件下观察分子。使用计算机程序也可将二维分子的拓扑信息表示转换成三维结构信息。基本的分子三维表示法有坐标表和距离矩阵。分子的原子空间排列可使用直角坐标和内坐标（Z-矩阵）来描述。表 8-2 是苯基丙氨酸原子直角坐标表（不带氢原子）。表 8-3 是苯基丙氨酸距离矩阵表，它与成键矩阵表类似，但表中数值是两个原子间的距离，包括成键和非成键原子对。

表 8-2 不带氢原子的苯基丙氨酸原子直角坐标表

项目	X	Y	Z
C1	−3.7325	0.0038	0.0000
C2	−3.7325	−1.4362	0.0000
C3	−2.4855	−2.1563	0.0000
C4	−1.2384	−1.4362	0.0000
C5	−1.2384	0.0038	0.0000
C6	−2.4855	0.7239	0.0000
C7	0.0043	0.7212	0.0000
C8	1.2470	0.0038	0.0000
C9	2.4898	0.7212	0.0000
O10	2.4898	2.1563	0.0000
O11	3.7325	0.0038	0.0000
N12	1.2470	−1.4311	0.0000

表 8-3 苯基丙氨酸距离矩阵表

项目	C1	C2	C3	C4	C5	C6	C7	C8	C9	O10	O11	N12
C1	0.00											
C2	1.44	0.00										
C3	2.49	1.44	0.00									
C4	2.88	2.49	1.44	0.00								
C5	2.49	2.88	2.49	1.44	0.00							
C6	1.44	2.49	2.88	2.49	1.44	0.00						
C7	3.81	4.32	3.81	2.49	1.44	2.49	0.00					
C8	4.98	5.18	4.31	2.87	2.49	3.80	1.43	0.00				
C9	6.26	6.59	5.75	4.31	3.80	4.98	2.49	1.44	0.00			
O10	6.58	7.19	6.58	5.18	4.31	5.18	2.87	2.49	1.44	0.00		
O11	7.47	7.60	6.58	5.18	4.97	6.26	3.80	2.49	1.43	2.49	0.00	
N12	5.18	4.98	3.80	2.49	2.87	4.31	2.49	1.44	2.49	3.80	2.87	0.00

　　三维化学结构的文件中存储了分子中各原子的坐标、成键连接表等信息。三维化学结构文件的格式很多。MOL 是一种典型的化学 MIME 文件格式，最先是由 MDL 公司（MDL Information Systems Inc）定义使用，现已成为化学绘图软件和网络化学分子结构出版的标准文件格式，支持 MOL 文件格式的化学软件很多。MOL 文件记录了分子结构的原子坐标、成键原子连接和其他结构化学信息，它以 ASCII 文本格式保存。图 8-3 是苯基丙氨酸（不带氢原子）的 MDL MOL 格式文件。图的第 1 列为行编号。第 1～3 行为标题部分。第 4 行为计数部分，第一个数值"12"代表原子数目，第二个数值"12"代表成键数目。第 5～16 行为原子坐标和原子种类部分。第 17～28 行为成键部分，第 1、2 列代表原子编号，第 3 列代表键级，例如在第 27 行中，"10"代表编号为 10 的氧原子，"9"代表编号为 9 的碳原子，"2"代表 C—O 键的键级为 2（双键）。第 29～30 行为性质部分。

　　三维化学结构能真实、有效地表示分子空间结构，它具有多种显示模式，其显示图形可参见第九章的 DS ViewerPro 的分子模型的显示部分。以下是常用的显示模式。

　　（1）线状表示法（Line）是三维分子结构显示最简单的一种，用定长的直线表示化学键，直线的交点为原子。这种显示方法只突出了分子的骨架，类似于二维化学结构的空间连接关系，缺少立体感。

　　（2）棒状表示法（Stick）是从线状表示方法发展而来的，它使用较粗的圆棒表示化学

```
1
2      Chem3D    03190515443D
3
4    12 12  0     0  0  0  0  0  0  0999 V2000
5      -3.7325    0.0038    0.0000 C   0  0  0  0  0  0  0  0  0  0  0  0
6      -3.7325   -1.4362    0.0000 C   0  0  0  0  0  0  0  0  0  0  0  0
7      -2.4855   -2.1563    0.0000 C   0  0  0  0  0  0  0  0  0  0  0  0
8      -1.2384   -1.4362    0.0000 C   0  0  0  0  0  0  0  0  0  0  0  0
9      -1.2384    0.0038    0.0000 C   0  0  0  0  0  0  0  0  0  0  0  0
10     -2.4855    0.7239    0.0000 C   0  0  0  0  0  0  0  0  0  0  0  0
11      0.0043    0.7212    0.0000 C   0  0  0  0  0  0  0  0  0  0  0  0
12      1.2470    0.0038    0.0000 C   0  0  3  0  0  0  0  0  0  0  0  0
13      2.4898    0.7212    0.0000 C   0  0  0  0  0  0  0  0  0  0  0  0
14      2.4898    2.1563    0.0000 O   0  0  0  0  0  0  0  0  0  0  0  0
15      3.7325    0.0038    0.0000 O   0  0  0  0  0  0  0  0  0  0  0  0
16      1.2470   -1.4311    0.0000 N   0  0  0  0  0  0  0  0  0  0  0  0
17    2  1  1  0  0  0
18    6  1  2  0  0  0
19    3  2  2  0  0  0
20    3  4  1  0  0  0
21    5  4  2  0  0  0
22    5  6  1  0  0  0
23    5  7  1  0  0  0
24    7  8  1  0  0  0
25    8  9  1  0  0  0
26    8 12  1  0  0  0
27   10  9  2  0  0  0
28   11  9  1  0  0  0
29   M   END
30
```

图 8-3 苯基丙氨酸（不带氢原子）的 MDL MOL 格式文件

键，棒与棒的交接处表示原子，已经具有空间立体感。

（3）球棒表示法（Ball and Stick）使用圆球表示原子，连接圆球的化学键用圆棒表示。这是最常用的分子结构表示方法之一。不同元素的原子以不同颜色区分，圆球大小可按原子半径的比例显示。

（4）电子云空间填充表示法（Space Fill）使用原子范德华半径的圆球来表示原子，它可体现分子中原子的拥挤程度和分子体积，更接近分子的实际形状，更容易理解分子的空间结构。该表示法首次由 Corey、Pauling 和 Koltun 使用，故又称为 CPK 表示法。

三维化学结构显示的软件很多。有的只具有显示功能，例如：ACD/3D Viewer、RasMol、Chime 等。但大部分的分子图形软件除了显示功能外，还可以进行分子结构绘制和建模，例如，Chem3D、HyperChem、DS ViewerPro、Alchemy 2000 等。这些软件都是功能强大的优秀分子图形软件，还能实现绘制的 2D 结构与 3D 结构的互相转换。其中以 DS ViewerPro 的显示功能最佳，Chem3D 的综合功能最全面，HyperChem 的建模和计算功能最强。本书第九章将介绍基于 Windows 平台的 DS ViewerPro、Chem3D、HyperChem 软件的使用。

四、大分子化学结构的表示和可视化

大分子一般指带有数千个以上原子的分子。例如，蛋白质、多肽、核苷、多糖。大分子通常是由一系列的小基元构建而成的。在生物体内蛋白质由一个或多个链状氨基酸构成。蛋白质信息由原子、一级结构、二级结构和三级结构等四部分组成，它们需要使用特别的方法表示。

（1）原子信息是标准的三维坐标信息，它与小分子的表示相同，使用坐标表和距离矩阵存储信息。

（2）一级结构信息也称为顺序信息，蛋白质是由于多个氨基酸按一定顺序串接生成了链状结构。顺序信息以一列的标准氨基酸缩写表示，例如以三个字母缩写氨基酸顺序：Ser-Tyr-Ser-Met-Glu-His-Phe-Arg-Trp-Gly-Lys，这些一维信息能以字符串的形式存储在计算机中。

（3）二级结构信息表示多个氨基酸串接的三维空间构型，主要有：alpha-helices（α 螺旋）、Beta sheets（β 折叠）、Turns（翻转）。

（4）三级结构信息表示氨基酸的可塑长链在三维空间的折叠方式，它通常来源于坐标信息，但受多种性质的影响。

蛋白质分子或复杂的生命大分子体系所含原子数目很多，除了采用与简单分子相同的线状显示模式外，也常用带状（Ribbon）和管状（Tube）显示模式。尽管省略分子结构的许多细节信息，但带状显示可充分表现分子中的螺旋、折叠、无规律卷曲及三级结构的信息。带状显示又可分为线性带状（Ribbon Lines）、薄带状（Thin Ribbons）和厚带状（Thick Ribbons）等。图 8-4 是 HIV-1 Protease（蛋白酶）的带状（Ribbon）显示图。图 8-5 是 HIV-1 Protease（蛋白酶）的管状（Ribbon）显示图。图 8-6 是 HIV-1 Protease（蛋白酶）的示意（Schematic）显示图，它将 α 螺旋表示成实心圆柱体（Cylinder）的螺旋，β 折叠表示成实体箭头，有时也将其称为动画（Cartoon）显示。这些显示模式对识别如蛋白质中折叠的模式和三级结构信息都是十分有用的。

图 8-4　HIV-1 Protease（蛋白酶）的带状（Ribbon）显示图

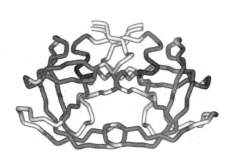 

图 8-5　HIV-1 Protease（蛋白酶）的管状（Ribbon）显示图　　　图 8-6　HIV-1 Protease（蛋白酶）的示意（Schematic）显示图

最通用的蛋白质文件格式是 PDB 文件，PDB 是蛋白质结构数据库（Brookhaven Protein Data Bank）专用设计存储蛋白质的各种性质的文件格式。图 8-7 是 HIV-1 Protease（蛋白酶）的 PDF 文件的示意图，为了减少版面，省略了部分相同的类型。PDB 文件记录的信息详细且周全，它包括标题、一级结构、二级结构、坐标、连接表等。HEADER 表示标题（包括 PDB ID）；COMPND 表示蛋白质名；AUTHOR 表示作者姓名；REVDAT 表示发表日期；JRNL 表示发表数据的文献期刊；REMARK 表示注释，它带有参考文献和实验条件的说明；SEQRES 表示一级结构的残基序列信息；二级结构信息以关键词 HELIX、SHEET、TURN 表示；ATOM 表示原子坐标，它通过标准格式进行排序；HETATM 则是表示"非标准"原子的坐标；FORMUL 表示分子式；CRYST、ORIGX、SCALE 分别表示晶胞参数和坐标转换；CONECT 表示原子连接关系；TER 表示链状结构的结束；MASTER 则表示控制整个文件特殊记录；END 表示结束标记。

```
HEADER    HYDROLASE(ACID PROTEASE)              26-JAN-94   1HVI     1HVI    2
COMPND    HIV-1 PROTEASE COMPLEXED WITH THE INHIBITOR A77003 (R,S)    1HVI    3
SOURCE    HIV-1 PROTEASE OF STRAIN HIVLAI EXPRESSED IN                1HVI    4
SOURCE   2 (ESCHERICHIA COLI)                                         1HVI    5
AUTHOR    T.N.BHAT,M.V.HOSUR,E.T.BALDWIN,J.W.ERICKSON                 1HVI    6
REVDAT   1   30-APR-94 1HVI    0                                      1HVI    7
JRNL        AUTH   M.V.HOSUR,T.N.BHAT,D.KEMPF,E.T.BALDWIN,B.LIU,      1HVI    8
......
REMARK   1 REFERENCE 1                                                1HVI   17
......
REMARK   2 RESOLUTION. 1.8 ANGSTROMS.                                 1HVI   23
......
SEQRES   1 A   99  PRO GLN ILE THR LEU TRP GLN ARG PRO LEU VAL THR ILE  1HVI  42
SEQRES   2 A   99  LYS ILE GLY GLY GLN LEU LYS GLU ALA LEU LEU ASP THR  1HVI  43
......
SEQRES   7 B   99  PRO THR PRO VAL ASN ILE ILE GLY ARG ASN LEU LEU THR  1HVI  56
SEQRES   8 B   99  GLN ILE GLY CYS THR LEU ASN PHE                      1HVI  57
HET    A77          800       A-77003(C2 SYMMETRY-BASED DIOL)         1HVI   58
FORMUL   3  A77    C44 H58 N8 O6                                      1HVI   59
FORMUL   4  HOH    *H2 O1                                             1HVI   60
CRYST1   51.980   59.650   62.310  90.00  90.00  90.00 P 21 21 21  8  1HVI   61
ORIGX1      1.000000  0.000000  0.000000        0.00000              1HVI   62
......
SCALE1      0.019238  0.000000  0.000000        0.00000              1HVI   65
......
ATOM      1  N   PRO A   1      -3.609   7.549  33.926  1.00 27.71   1HVI   68
ATOM      2  CA  PRO A   1      -2.655   6.720  34.710  1.00 27.34   1HVI   69
......
ATOM   1847  H   PHE B  99      -1.220   8.929  31.561  1.00 15.00   1HVI1914
TER    1848      PHE B  99                                            1HVI1915
HETATM 1849  C1  A77   800       3.484   3.332  10.744  1.00 19.36   1HVI1916
HETATM 1850  O2  A77   800       3.336   4.024  11.730  1.00 16.82   1HVI1917
......
HETATM 1966  1H  HOH   415       4.846  -2.390  12.262  1.00  0.00   1HVI2033
HETATM 1967  2H  HOH   415       5.708  -3.499  12.734  1.00  0.00   1HVI2034
CONECT 1849 1850 1851 1860                                            1HVI2035
CONECT 1850 1849                                                      1HVI2036
......
CONECT 1964 1895                                                      1HVI2150
MASTER       26    0    1    0    0    0    6 1965    2  116   16    1HVI2151
END                                                                   1HVI2152
```

图 8-7　HIV-1 Protease（蛋白酶）的 PDF 文件的示意图

五、 分子表面的显示

分子的三维化学结构是描述化合物的化学和物理性质的基础，但是它只能表示分子的三维骨架，而无法表示分子真实的空间状况。在量子化学中，构成分子的原子是由原子核（质子和中子）和电子组成的，电子在空间以"电子云"形式分布，电子的分布对分子的相互作用和分子的性质具有显著的影响。分子表面的表示源于扫描隧道电子显微镜对分子外形的观察，基本上代表分子的真实形状。分子表面的表示和计算对于分子的稳定性、分子间的相互作用、化学反应、分子性质以及分子三维结构的预测都起着十分重要的作用。在蛋白质三维结构预测中，二级结构或三级结构的结合方式，对于建立具有蛋白质天然构象的合理模型是至关重要的。目前，科学家已提出了不同的模型和算法用来表示、计算和分析分子表面和形状，进而表示蛋白质分子疏水表面，计算分子表面静电势，并广泛地应用于对接（Docking）问题和蛋白质折叠（Folding）问题的处理，再结合相应的计算可显示表面的静电荷。

分子表面显示可用于表示分子轨道、电子密度、范德华半径等。分子表面的图形显示模式主要有网格状、立体状和半透明等三种。目前已经提出多种分子表面的定义，最主要的定义类型有：范德华表面（van der Waals Surface）、Connolly 表面和溶剂可及表面（Solvent-Accessible Surface）等。范德华表面是表示原子的范德华半径堆积形成的表面。Connolly 表面是一个通过优化得到的平滑表面。溶剂可及表面则是表示假想的溶剂分子球沿范德华表面探测运动时，其球心的运动轨迹所得到的表面。图 8-8 是苯基丙氨酸的溶剂可及表面网格图。图 8-9 是苯基丙氨酸的溶剂可及表面的立体图。图 8-10 是苯基丙氨酸的范德华表面立体图，以不同颜色表示静电荷。

 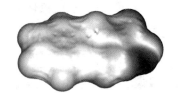 

图 8-8　苯基丙氨酸的　　　　图 8-9　苯基丙氨酸的　　　　图 8-10　苯基丙氨酸的
　　　溶剂可及表面网格图　　　　　　溶剂可及表面立体图　　　　　　范德华表面立体图

六、化学结构的网络表示

随着 Internet 的普及和 Web 的广泛应用，人们对网络的要求也不断提高，化学结构的网络表示就显现出其重要性。基于 Web 的分子结构模拟技术，主要包括虚拟语言和插件技术，在浏览器界面描述和显示物质的三维化学结构，具有生动、形象、直观和可操作等优点，可将复杂的化学结构以"虚拟现实"的形式表示出来。接近于"虚拟实景"的分子结构模拟具有可操纵和交互性强的特点，能改变分子结构的形状和颜色的表现形式，也可以进行旋转、缩放、平移和变动视角等实时操作，在化学的教学和科研中可发挥重要的帮助作用。目前，许多三维分子模型设计软件的功能不断地改进和提高，不少公司推出其支持 Web 浏览器的三维分子模型插件。

1. VRML

虚拟现实（Virtual Reality）技术使用计算机逼真地模拟人的视、听、触等行为，它已在工程设计、军事仿真、医学技术和电子游戏等领域得到广泛应用。虚拟现实技术不仅可真实地显示物体的图像，还可制造一组虚拟物体的环境，人们可在想象的虚拟世界中通过触觉、感觉和听觉感受到大量仿真信息，并及时做出响应和反馈。虚拟现实技术能够逼真地描述微观世界，它具有身临其境的感觉，增加了对复杂问题理解的直观性和洞察力。虚拟现实技术为进一步研究化学物质的本质提供了极为重要的工具，它也将成为网络多媒体发展的主流之一。分子图形学的最新发展是可视化技术与虚拟现实技术的结合。虚拟现实技术与传统的图形学技术最大的不同在于：它动态地传递信息，使人十分清楚地感受到所处的环境，具有身临其境的感觉。

在化学方面应用虚拟现实技术的时间不长，但已经展现出巨大的活力。VRML（Virtual Reality Modeling Language）是一种基于 Web 的虚拟现实建模语言，它可描述三维物体及其行为，以构建出三维虚拟空间。VRML 文件通过超链接指向新的 VRML 文件，将普通的三维世界扩展到动态的"虚拟现实"空间。化学结构的 VRML 表达是虚拟现实技术在化学中的主要应用之一。观看 VRML 格式的分子结构，可在屏幕上以不同角度观察对象，也能以其中的分子中某一个原子观察出发点。VRML 可以用于创建原子轨道、分子轨道、分子结构、晶体结构、实验设备、虚拟实验室和模拟反应过程等。

VRML 语言类似于 HTML 语言，但比较费解。使用文本编辑器编写 VRML 文件，十分麻烦，使用 VRML 的专用工具可使编写更容易些。最常用方法是使用格式转换程序将已有图形文件转换成 VRML 文件。在 Internet 上有专门网站（VRML Creator for Chemical Structures），提供三维化学结构 VRML 创建和转换的在线服务。使用 ViewerPro 程序可方便地将多数三维分子模型格式另存为 VRML World 文件格式（以 wrl 为扩展名）。与其他三维分子图形文件相比较，VRML 三维分子图形文件具有文件小、适合于在网络传输的优点。

要显示 VRML 文件，必须安装浏览器插件或使用专用的浏览器，常用的浏览器插件有 Microsoft VRML 2.0 Viewer，它是基于 Intervista Software 的 WorldView 2.0 开发的。Cosmo Player 是另一个著名的 VRML 浏览器插件。图 8-11 是 MS VRML Viewer 插件显示苯基丙氨酸的分子结构，在浏览器显示窗口的左部垂直工具栏上有 6 个工具图标，"Walk"可以缩放分子模型并使分子沿左、右方向连续转动，"Pan"可实现分子模型在各个方向平移，"Turn"可实现分子模型沿各个方向旋转，"Roll"可使分子沿 Z 轴方向旋转。"Goto"可以将分子模型某些特殊部分（如原子或键）放大显示，"Study"可在"Goto"选择部分的各个方向进行研究。在浏览器的下部水平工具栏带有 4 个工具图标，用来实现特定的行动及从以前定义的位置观看空间，"Zoom Out"可显示整个模型的全貌，"Straighten Up"可设置垂直向上的重新定位，"View"可观看各个观察点，"Restore"可恢复模型的原先位置。在 VRML 显示窗口点击鼠标右键可弹出功能菜单，它具有 Viewpoints、Graphics、Speed、Movement、Show Navigation Bar、Help 和 Options 等选项。

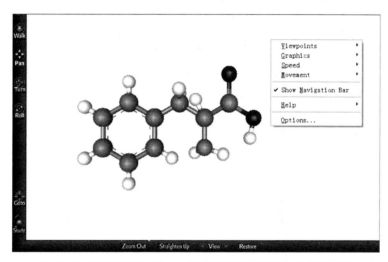

图 8-11　MS VRML Viewer 插件显示苯基丙氨酸的分子模型

2. Chime Pro 插件

Chime 是由 MDL 公司开发的功能强大的优秀浏览器插件，目前其最高版本是 Chime26 SP5。Chime 能直接在 Web 页面上模拟三维分子模型结构，显示分子表面图形、分子性质图形（如静电势等）和分子轨道图形等，还可显示各种光谱图形。Chime 的使用十分简便，只要在 HTML 文件中插入有关"embed"语句，就可实时地在 Web 页面中显示的分子结构进行旋转、平移和缩放等交互操作，并将分子模型存储供其他程序使用。

在 Chime 显示窗口点击鼠标右键，可弹出功能菜单，它具有 File、Edit、2D（3D）Rendering、Animation、Rotation、Display、Options、Color、Sculpt Mode、Select 和 Mouse 选项，通过功能菜单可以改变分子显示特性。如果想通过 HTML 交互地触发事件或动作，可使用 Chime 和 JavaScript 结合的技术。使用鼠标的左、右键和功能键（Alt、Ctrl 和 Shift 键）相结合可控制分子模型的旋转、平移和缩放等。图 8-12 是 Chime 插件显示的氨苄青霉素的三维分子结构模型。

Chime 的另一个突出优点是可以直接显示多种光谱图。许多光谱数据处理软件可将其数据以 JCAMP 的文件格式存储，使用"embed"语句将 JCAMP 格式的文件名插入 HTML 文

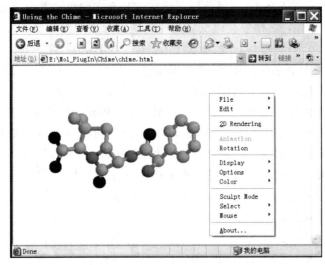

图 8-12　Chime 插件显示的氨苄青霉素分子模型

件，就可在网页上浏览各类光谱图。另外，用户还可以直接对显示的谱图进行某些操作，例如，使用鼠标在窗口的显示区选择适当的范围，可对该范围的谱图进行放大。这种高兼容性、高分辨率且文件容量很小的谱图显示方式比传统的以图形方式显示具有明显的优点。图 8-13 是 Chime 插件显示的嘧啶 NMR 谱图。

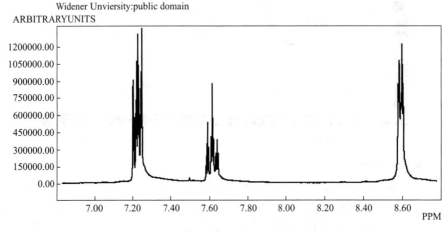

图 8-13　Chime 插件显示的嘧啶 NMR 谱图

3. ChemOffice 插件

ChemOffice 中的 Chem3D 和 ChemDraw 都带有插件，用户安装程序时可根据需要选择安装。这些插件除了具有其他分子模型的可操作性外，还具有对分子模型的几何参数（键长、键角和扭角）进行分析和计算功能。图 8-14 是 ChemDraw 插件显示苯分子模型的网页，点击 ChemDraw 插件的工作区（页面中间显示苯环部分），ChemDraw 的绘图工具栏会自动弹出，用户可直接在网页上编辑分子的二维结构。

图 8-15 是 Chem3D 插件显示的分子模型样例。在显示窗口点击鼠标右键时，会弹出功能菜单，它带有以下选项：Export、Full Screen（Restore Window）、Zoom、Edit、Model Types、Background Color、Color By、Show Atom Labels、Show Serial Numbers、Show

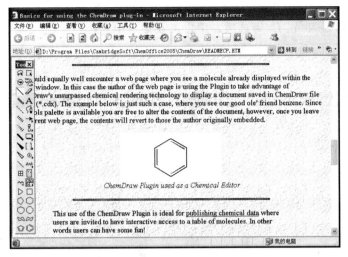

图 8-14 ChemDraw 插件显示苯分子模型的网页

Atom Dots、Show H's and Lp's、Red & Blue Glasses、Chromatek Glasses、Stereo Pairs、Perspective、Depth Fading、Movie、Model Settings，在菜单选项还带有子菜单。使用鼠标的左、右键和功能键（Alt、Ctrl 键）结合可进行分子模型的旋转、平移、缩放等操作。鼠标左键点击某个原子可显示该原子的信息，鼠标左键和功能键的配合使用可显示出键长、键角和二面角。Chem3D 插件也可显示溶剂可及表面图和分子轨道图。另外可将分子模型沿 X、Y、Z 轴方向旋转，具有类似电影的效果。

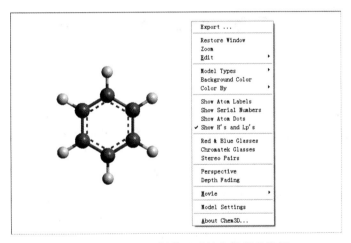

图 8-15 Chem3D 插件显示的分子模型样例

4. HyperChem 插件

HyperChem 是 Hypercube 公司开发的著名的分子模型设计与计算软件。HyperChem 6.0 以上的版本带有 WebViwer 插件，它可在浏览器上显示三维分子模型、分子轨道、振动频率等。在 HyperChem 文件菜单选择"Save As HTML 文件"选项后，会形成一个扩展名为 htm 和 tow 的同名文件。tow 文件是 WebViwer 插件的数据文件，htm 文件内带有调用同名 tow 文件的 embed 语句。这样就可方便地将 HyperChem 显示窗口的图形转换成供浏览器浏览的文件。

在 WebViwer 插件的显示窗口点击鼠标右键，可弹出功能菜单，该菜单具有 Style、

Ribbons、Orbitals、Vibrations、Dynamics、Scripts、Selections、Background color、Redraw window 和 Scale to fit 等选项，用户可在菜单中选择显示模式和背景颜色等。拖拉鼠标左、右键也可进行分子的旋转和缩放等。图 8-16 是 HyperChem Web Viwer 插件显示苯基丙氨酸的棒状图。

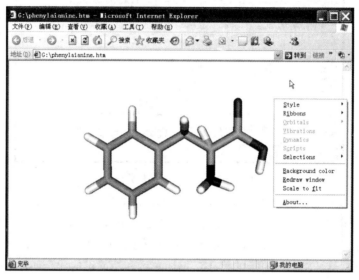

图 8-16　HyperChem Web Viwer 插件显示苯基丙氨酸棒状分子模型

第二节　ISIS/Draw 的使用

一、简介

ISIS/Draw 是由 MDL Information Systems Inc（http：//www.mdli.com）开发的二维分子图形软件，它是 ISIS 系列产品之一，具有短小精悍和简单易用的特点。ISIS/Draw 具有友好的用户操作界面、丰富的模板和绘图工具，其绘制二维分子图形的功能也相当强大。它可绘制化学分子结构式、化学反应式、各种官能团、自由基、价态、电荷状态和电荷转移示意图等，绘制的分子结构或者结构碎片可以在三维空间内做任意旋转，以构成更加形象逼真的三维结构表达式。ISIS/Draw 绘制的分子图形可以拷贝并嵌入 Microsoft Office 文件中。由于 ISIS/Draw 是免费软件，许多化学物质数据库常将其作为检索的图形输入工具，例如著名的 Reaxys 数据库。另外，大多数分子图形软件都接受 ISIS/Draw 格式（Sketch）的图形文件，其通用性很强。

ISIS/Draw 最高版本是 2.5，用户进行简单的网上注册后，就可以免费下载。

二、操作界面

ISIS/Draw 2.5 是标准 Windows 应用软件，它具有 Windows 软件的特征、使用方法和界面，如图 8-17 所示。其界面主要分为 4 个区域：菜单选项、模板和绘图栏、工具栏、工作区。最上方是菜单选项，共有 9 项：File（文件）、Edit（编辑）、Options（选项）、Object（对象）、Text（文本）、Templates（模板）、Chemistry（化学）、Window（窗口）、

Help（帮助）。

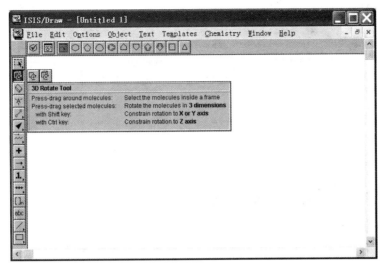

图 8-17　ISIS/Draw 2.5 的界面

在菜单选项下方是模板菜单和模板工具栏，它提供了常用的官能团与分子模板的 13 个图标，主要用来加快分子结构的绘制。它们分别是 Run Chem Inspector（运行化学式检验）、Open Last Template Page（打开模板页面）、Draw Previews Template（绘制前一个模板）、Cyclohexane（环己烷）、Cyclopentane（环戊烷）、Cycloheptane（环庚烷）、Benzene（苯环）、Cyclopentadiene（环戊二烯）、Cyclobutane（环丁烷）、Cyclopropane（环丙烷）。点击后面十种基本有机分子的图标，就可以直接在编辑窗口绘制出相应的分子结构，如果按住鼠标再拖动，可以旋转分子结构图形。用户可将这些有机分子结构作为结构碎片，进行多次选取和叠加，组成复杂的有机大分子。如果是绘制的分子结构有错误，软件还给以提醒警告。

在屏幕左边的工具栏有 15 个图标，分别是 Lasso Select（绳索选取）、2D Rotate（2D 旋转）、Eraser（橡皮擦）、Atom（绘制原子）、Single Bond（单键）、Up Wedge（向上楔入）、Chain（链）、Plus（加号）、Arrow（箭头）、Atom-Atom Map（原子-原子图示）、Sequence（序列）、Bracket（括号）、Text（文本）、Straight Line（直线）、Rectangle（矩形）。鼠标左键点击图标并按住不动，在图标的右方会弹出操作方法和工具图标作用的提示信息框，可很方便地得到快速的提示和帮助，用户如果需要详细信息，可在帮助文件中查找。有些图标的右下角有"▶"小符号，表示该图标有多重选项，在鼠标左键点击图标并按住不动时，在帮助信息上方还会出现多重选项的全部图标，按住鼠标向右边拖动，选择所需要的图标，再放松鼠标，此时选中的图标显示在工具栏上。选中的工具图标是以黑色背景显示，用户在绘图工作区域内的操作就是选中工具的操作。

ISIS/Draw 2.5 带有丰富的常用分子结构、子结构、官能团等模板和化学符号素材，通过这些模板和素材的调用，用户可快速地绘制复杂的大分子结构。在菜单 Templates 中提供了 21 种常用的模板供用户快速调用。使用 open 选项可将磁盘上的模板文件调入。ISIS/Draw 提供了约 279 个存盘模板文件，在 Templates 菜单中提供了 23 种模板菜单选项。用户可以根据需要，自行定义常用的模板菜单和模板工具，使用 Templates/Customize Menu and Tools/Templates Menu，点击"Insert"按钮，可将磁盘上的模板文件添加到模板菜单中，点击"Rename"按钮可更改模板名称，点击"Remove"可删除选定的模板，在

"Templates Tools"选项中，可进行程序默认模板工具的替换，更改模板工具中的分子结构。如图 8-18 所示。

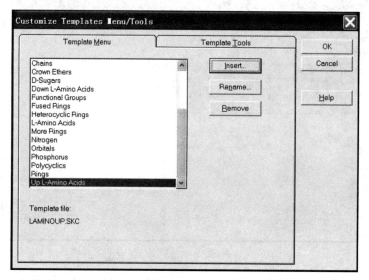

图 8-18 自定义模板菜单和模板工具

三、分子结构图的绘制

分子图形的绘制可使用工具栏上的图标。如果在模板工具中没有所需要的分子结构，可以选择程序提供的模板菜单，ISIS/Draw 2.5 自带 23 类 279 个模板，从芳环、杂环、多元环到糖类、氨基酸及轨道等。模板菜单可以从菜单栏中的"Templates"选取。用户先在模板菜单中选择某一个结构碎片，再在工作区点击左键即可绘出选取的结构碎片。不同的模板结合使用可绘出基本框架，在框架上进行原子、键及分子编辑，绘制出完整的分子结构，最后点击"Run Chem Inspector"图标，进行结构式检查，确保所绘结构式的正确性。

图 8-19 是 Cromakalim 分子结构整个绘制过程的分步示意图，现说明如下。

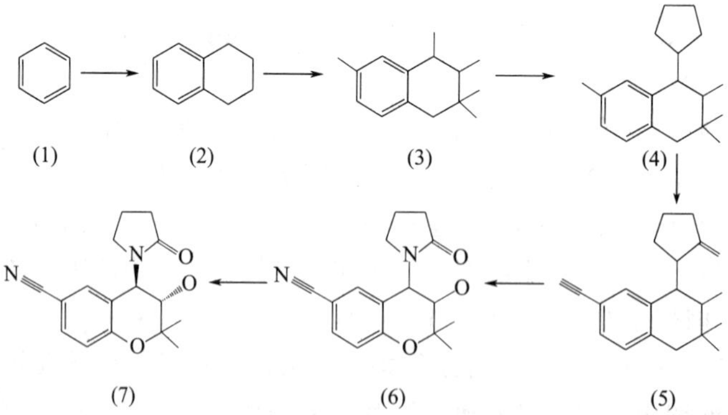

图 8-19 Cromakalim 分子结构整个绘制过程的分步示意图

(1) 在模板工具栏中点击"Benzene"（苯环）图标，并在窗口的适当位置点击，生成一个苯环。

(2) 在模板工具栏中点击"Cyclohexane"（环己烷）图标，点击苯环最左边键的中点，可并接一个六元环。

（3）在屏幕左侧工具栏中点击"Single Bond"（单键）图标，在苯环和六元环的特定位置点击鼠标并向一定方向拖拉，建立侧链结构。

（4）在模板工具栏中点击"Cyclopentane"（环戊烷）图标，在六元环上方的侧链上点击，在其连接一个五元环。

（5）在屏幕左侧工具栏中分别点击"Double Bond"（双键）、"Triple Bond"（三键）图标，在两个单键的中部点击，将其改变为双键、三键。

（6）在屏幕左侧工具栏中点击"Atom"（绘制原子）图标，在需要添加显示原子或功能团的位置点击，并用键盘输入该原子或功能团符号，或者在下拉菜单选择元素符号。

（7）在屏幕左侧工具栏中点击"Up Wedge"（向上楔入）图标，点击六元环上方碳原子并向 N 原子拖动，生成的实心楔形键表示化学键朝向平面外。点击"Down Wedge"（向下楔入）图标，点击六元环侧方碳原子并向 O 原子拖动，生成的虚线楔形键表示化学键朝向平面内。

ISIS/Draw 一般不显示分子结构中的碳原子和氢原子，当需要显示碳原子时（如羰基中的碳原子），使用选择工具（箭头）在该碳原子位置双击，再在 Symbol 的弹出式窗口选择"C（show）"。另外，输入官能团时下标是自动生成的，ISIS/Draw 2.5 会自动将输入正常字体的数字转换成下标。

四、电子转移和原子特征的表示

ISIS/Draw 2.5 可以绘制电子转移方向、原子价态、同位素、自由基、原子位置编号等图形。

（1）在化学中经常用箭头或弯箭头表示电子转移方向。图 8-20 是对硝基苯酚的电子转移示意图。首先使用前面介绍的方法绘制对硝基苯酚的分子结构，在工具栏中选择带弧形箭头图标，在窗口适当位置按下鼠标左键并拖动，并改变弧形的大小和方向，形成一段弧形箭头。

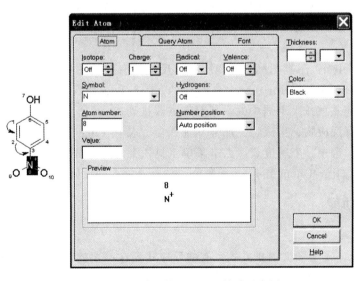

图 8-20　对硝基苯酚的电子转移示意图

（2）为了标识复杂分子结构，有时需要对分子中各原子进行编号。先使用鼠标选择需要编号的分子或原子（使用选择工具，按下左键后拖动鼠标，可进行矩形框范围内原子的选择），再使用 Object/Edit Objects 命令，在 Number position 弹出窗口中，选择"Auto position"，点击"OK"按钮后原子编号将自动完成。需要去掉编号只需重复前述过程，在 Number position 弹出窗口中，选择"off"选项，原子编号将全部消除。

（3）ISIS/Draw 2.5 中可以表示同位素、价态、电荷数。例如，在对硝基苯酚分子中 N 原子带正电荷，选择 N 原子，使用 Object/Edit Atom 命令，在 Charge 输入框中键入 1。另外还可以分别在 Isotope、Radical、Valence 的弹出窗口中，选择合适的选项，进行原子的同位素、孤对电子或未成对电子（自由基）和电荷数的设定。ISIS/Draw2.5 对以上选项的默认设定都是"off"。

五、 化学反应式的绘制

化学反应式主要是反应物、产物、反应条件和相关符号构成的。首先绘制反应物和产物，然后使用相关符号将其连接起来，并加注反应条件。例如，绘制乙酰氯与苯进行酰化反应生成乙酰苯的简单化学反应（如图 8-21 所示），其操作步骤如下。

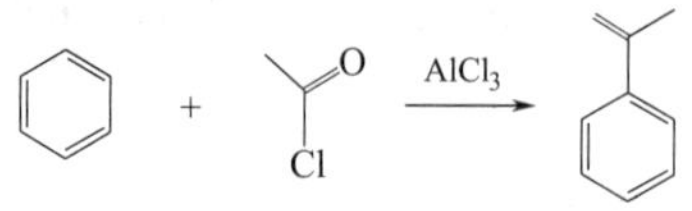

图 8-21 乙酰氯与苯生成乙酰苯的化学反应

（1）依次绘制苯、乙酰氯和乙酰苯分子结构等，并按反应物及生成物的顺序排列。

（2）点击"Arrow"和"Plus"工具图标，在窗口合适位置绘制箭头符号和"＋"符号，建立一个化学反应式。

（3）化学反应的条件一般放在反应式箭头的上方或下方，多由分子式、分子结构、文字符号等组成。化学结构可以使用绘制工具完成，并进行结构大小的调整。文字的输入可以使用文字工具"Text"实现。分子式可使用原子工具"Atom"来实现，在反应式箭头上方或下方适当位置点击，然后在矩形框内键入文字和符号。例如，从键盘输入 AlCl3，程序会自动调整为 AlCl$_3$。绘制的反应式可以用 RXN 扩展名存盘，或者通过拷贝再粘贴到其他文件的指定位置。

（4）点击"Select"工具图标，选择所有与反应式有关的图形，包括结构式、箭头、符号等，使用 Object/Align/Horizontal 命令，再点击 Top/Bottom Centers 单选项，点击"OK"按钮，反应式就按上下居中的水平对齐方式排列。

（5）选中所有反应物、生成物、加号和箭头等，使用 Object/Group 命令，将它们组合为一个整体图形。选中整个反应式，点击菜单工具栏上的"Run Chem Inspector"图标，或者运行 Chemistry/Run Chem Inspector 命令，检查反应式的正确性。

六、 其他功能

1. 图文混排

ISIS/Draw 2.5 支持图文混排方式。有的反应式需在一定的反应条件下进行，反应条件的描述只有通过文字表达。点击左边工具栏上"Text"图标，鼠标的形状变为"＋"，在要写文本处单击左键，键入所需的文本。使用"Select"工具双击文本，在弹出文本编辑（Edit Text）窗口中，可以修改文本的字体、大小、颜色等属性。同样可将反应式与文本组合为一个完整图形,进行拷贝,再粘贴到其他程序中。

2．分子图形的二维和三维旋转

ISIS/Draw 2.5 不仅支持二维平面旋转,还可以进行三维立体旋转。点击左边工具栏"2D Rotate"图标,鼠标形状变为带弯曲箭头,点击屏幕上某一位置,此时出现了"+"符号(旋转轴心点),拖拉鼠标选中欲旋转的结构式,按住鼠标左键向顺、反时针拖动,所选的结构式会以"+"为轴心旋转。如果要改变"+"轴心位置,可拖拉"+"轴心符号。进行三维结构旋转时,点击左边工具栏"3D Rotate"图标,鼠标形状变为旋转图形,将鼠标指向欲旋转的结构式,按住鼠标左键向上下或左右方向拖拉,旋转至满意角度,分子结构图形就具有空间立体感。

3．分子量、分子式及元素百分含量的计算

分子结构绘制完后,可利用程序内嵌的库函数,进行分子量、分子式和元素百分含量的计算。选择要计算的分子结构,使用 Chemistry/Calculate Mol Values/Calculate 命令,点击"Paste"按钮,可在结构式下方粘贴上算出的分子量、分子式及元素百分含量等文本。

4．分子结构图的等比例缩放

如果需要调整分子结构图的大小,可以进行缩放处理。点击"Select"图标,选中分子结构图后,在矩形框的四个角拖拉鼠标即可缩放分子结构图,同时出现放大、缩小百分比。

5．分子结构的三维显示

ISIS/Draw 2.5 可以显示出所绘分子结构的三维模型图。选中分子结构,使用 Chemistry/View Molecule in RasMol 命令,可调用分子模型显示程序 RasMol 显示该结构的三维分子模型。RasMol 提供了多种显示方式:Wireframe(线式)、Stick(棍式)、Spacefill(填充式)和 Ball & Stick(球棍式)等。RasMol 是免费软件,它具有三维分子显示的基本功能。另外,用户还可以安装 ACS/3D Viewer 插件,插件安装成功后,在菜单 Object 中就会增加 ACS/3D Viewer 选项,用户可使用 ACS/3D Viewer 显示分子的三维模型。

6．分子图形的输出与输入

ISIS/Draw 2.5 的图形和文字可以进行拷贝,通过剪贴板粘贴到大多数 Windows 应用程序。相反,大多数 Windows 应用程序输出的图形和文字也可以通过剪贴板粘贴到 ISIS/Draw 2.5。使用 File 菜单下的 Open 和 Insert 选项,只能输入 ISIS/Draw 2.5 格式的文件(∗.skc),但使用 Import 选项,可以输入其他格式(Molfile、Rxnfile、TGFfile、BSD file 和 Sequence 等)的分子结构图形文件。

ISIS/Draw 2.5 可使用存盘(Save,Save as)和 Export 命令将分子二维图形保存为以 SKC 为扩展名的文件。用户也可以通过 File 菜单中 Export 命令,将分子图形以 Molfile、CPSS Rxnfile、REACCS Rxnfile、TGFfile、BSD file 和 Sequence 等格式存盘。以不同方式存储的同一分子图形,其占用磁盘空间是不一样的,以 SKC 格式占用最少,TGF 格式占用最多。

第三节　ChemDraw 的使用

一、简介

CambridgeSoft 公司(http://www.cambridgesoft.com/)开发的 ChemOffice 是一套

功能强大的优秀化学应用软件包。Chem Office 有三个重要组件：Chem3D、ChemDraw 和 ChemFinder，其中 ChemDraw 是目前最优秀的分子二维图形软件之一。ChemDraw 具有强大的二维绘图功能，可以绘制各种高质量的化学结构、反应中间体、化学结构投影式、化学结构透视图、化学反应式和立体化学结构等；它自带有分子式纠错功能，能够对结构和名称（IUPAC Name）进行相互转换；它能生成 ^{1}H NMR 和 ^{13}C NMR 核磁共振谱图，直接计算出谱峰的位置和面积；它能够进行在线网络信息检索；它具有多种输入、输出功能，可以将所绘制的图形嵌入 Microsoft Office 文件。另外，结合 ChemDraw 和 Chem3D 进行了有效的结合，ChemDraw 已经整合入 Chem3D 的软件界面中，方便地实现了二维和三维分子模型的相互转换，为 Chem3D 的三维模型构建提供了另一种快捷的结构输入方法。

由于 ChemDraw 的强大功能，它已成为全世界最流行的二维分子图形软件之一。ChemDraw 大量应用于化学、化工和生命科学的出版物和软件中，其输出文件格式成为撰稿、学术报告、学术交流和出版时被普遍接受的格式。ChemDraw 的使用为化学的教学与科研提供了一个有效的图形工具。

ChemDraw 目前的最新版本是集成于 ChemOffice 2015 中的 15.0 版，ChemDraw 的版本分为：Ultra（超级版）、Pro（专业版）、Std（标准版）、Ltd（受限版）四种。ChemDraw 15.0 版的工作界面和功能与 9.0 版差别不大，以下以 ChemDraw 9.0 为例来介绍 ChemDraw 的用法。

二、操作界面

图 8-22 是 Chem Draw 9.0 的图形界面。它主要是由菜单栏和工具栏组成。ChemDraw 可使用的工具栏很多，其中最重要的是 Main Tools（主要工具）和 Object ToolBar（对象工具栏）工具栏。

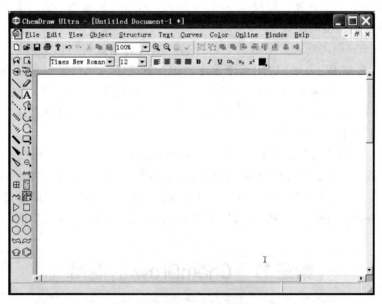

图 8-22　Chem Draw 9.0 图形界面

1．菜单栏

ChemDraw 的操作可使用下拉菜单中各项命令实现，程序提供了以下 10 个菜单，在某些菜单下还有子菜单，以下介绍各个菜单的选项。

（1）File（文件）菜单有：New Document（新建文档）、Open（打开文档）、Open Special（打开特殊文档）、Close（关闭）、Save（保存）、Save As（另存为）、Revert（恢复）、Page Setup（页面设置）、Print（打印）、Document Settings（文档设定）、Apply Document Setting from（从应用文档设定）、Preferences（参数选择）、List Nicknames（俗名列表）、Exit ChemDraw Ultra（退出）等选项。

（2）Edit（编辑）菜单有：Undo（撤销）、Redo（重复）、Cut（剪切）、Copy（复制）、Paste（粘贴）、Clear（清除）、Select All（全选）、Repeat List Nicknames（重复俗名列表）、Copy As（复制为）、Paste Special（特殊粘贴）、Get 3D Model（获得3D模型）、Insert File（插入文件）、Insert Object（插入对象）等选项。

（3）View（视图）菜单有：Show Crosshair（显示交叉线）、Show Rulers（显示标尺）、Show Main Tools（显示主要工具）、Show General ToolBar（显示普通工具栏）、Show Style ToolBar（显示格式工具栏）、Show Object ToolBar（显示对象工具栏）、Show Analysis Window（显示分析窗口）、Show Chemical Properties Window（显示化学性质窗口）、Show Info Window（显示信息窗口）、Show Periodic Table Window（显示周期表窗口）、Show Character Map Window（显示字符集窗口）、Other Toolbars（其他工具栏）、Show Chemical Warning（显示化学警告）、Actual Size（实际大小）、Show Document（预览文档）、Magnify（放大）、Reduce（缩小）等选项。

（4）Object（对象）菜单有：Object Settings（对象设定）、Apply Object Settings from（应用对象设定）、Fixed Lengths（固定长度）、Fixed Angles（固定角度）、Show Stereochemistry（显示立体化学）、Center on Paper（居中）、Align（对齐）、Distribute（分布）、Add Frame（增加帧）、Group（组）、Ungroup（取消组）、Join（联合）、Bring to Front（置为前方）、Send to Back（置为后方）、Flatten（平滑）、Flip Horizontal（水平翻转）、Flip Vertical（垂直翻转）、Rotate 180° Horizontal（水平旋转180°）、Rotate 180° Vertical（垂直旋转180°）、Rotate（旋转）、Scale（比例缩放）等选项。

（5）Structure（结构）菜单有：Atom Properties（原子属性）、Bond Properties（键属性）、Bracket Properties（括号属性）、Check Structure（检验结构）、Clean Up Structure（构建结构）、Expand Label（扩展标记）、Contract Label（收缩标记）、Expand Generic Structure（扩展一般结构）、Add Multi-Center Attachment（增加多中心附件）、Add Variable Attachment（增加可变的附件）、Add 3D Property（增加3D特性）、Map Reaction Atoms（绘制对应的反应原子）、Clear Reaction Map（清除对应的反应原子）、Predict 1H-NMR Shift（预测 ^{1}H-NMR 谱图）、Predict 13C-NMR Shifts（预测 ^{13}C-NMR 谱图）、Make Spectrum-Structure Assignment（分配光谱结构）、Define Nickname（定义俗名）、Convert Name to Structure（将名字转化为结构）、Convert Structure to Name（将结构转化为名字）等选项。

（6）Text（文本）菜单有：Font（字体）、Style（字形）、Size（字号）、Flush Left（左对齐）、Centered（居中）、Flush Right（右对齐）、Justified（两端对齐）、Stacked Above（堆积）、Automatic（自动）、Line Spacing（行间距）等选项。

（7）Curves（曲线）菜单有：Plain（平滑）、Dashed（虚线）、Bold（加粗）、Doubled

（加倍）、Arrow at Start（箭头位于开始处）、Arrow at End（箭头位于结束处）、Half Arrow at Start（半边箭头位于开始处）、Half Arrow at End（半边箭头位于结束处）、Closed（封闭）、Filled（填充）、Shaded（阴影）等选项。

（8）Color（颜色）菜单有：Foreground（前景）、Other（其他）等选项。

（9）Online（在线）菜单有：Find Suppliers on ChemACX. com（从 ChemACX. com 查找供给商）、Find Information on ChemFinder. com（从 ChemFinder. com 查找信息）、Find ACX Number from Structure（从结构查找 ACX 编号）、Find Structure from ACX Number（从 ACX 编号查找结构）、Find Structure from Name at ChemACX. com（从 ChemACX. com 查找结构）、Browse ChemStore. com（浏览 ChemStore. com 网站）、Browse CambridgeSoft. com（浏览 CambridgeSoft. com 网站）、Browse CambridgeSoft Documentation（浏览 CambridgeSoft. com 文件）、Browse CambridgeSoft Technical Support（浏览 CambridgeSoft. com 技术支持）、Browse CambridgeSoft Downloads（浏览 CambridgeSoft. com 下载）、Register Online（在线注册）、Browse ChemOffice SDK（浏览 ChemOffice SDK）等选项。

（10）Window（窗口）菜单有：Cascade（层叠）、Tile Vertical（垂直并列）、Tile Horizontal（水平并列）、Arrange Icons（排列图标）等选项。

使用 File/Open Special 命令可选择特殊文档，特殊文档已经设置好了各种参数，包括键长、键宽、间距和字体，它们适用于特定的期刊的排版格式。ChemDraw 提供了以下格式的特殊文档：ACS Document 1996（美国化学会 1996 年文档）、Adv. Synth. Catal. Document（Adv. Synth. Catal. 期刊文档）、Helvetica Chimica Acta Document（Helvetica Chimica Acta 期刊文档）、J. Chin. Chem. Soc. Document（J. Chin. Chem. Soc. 期刊文档）、J. Mol. Mod.（1 Column）（J. Mol. Mod 一栏期刊文档）、J. Mol. Mod.（2 Column）（J. Mol. Mod. 二栏期刊文档）、New A4 Document（新 A4 文档）、New Document（新文档）、New Slide（新幻灯片文档）、New Templates（新模板）、Phytomedicine Document（Phytomedicine 期刊文档）、RSC（1 Column）Document（英国皇家化学会一栏期刊文档）、RSC（2 Column）Document（英国皇家化学会二栏期刊文档）、Science of Synthesis（Science of Synthesis 期刊文档）、SYNTHESIS，SYNLETT Document（SYNTHESIS，SYNLETT 期刊文档）、Amino Acids（氨基酸）、Aromatics（芳香性）、Bicyclics（双环）、Bioart（生物图片）、Clipware, Part1（实验装置 1）、Clipware, Part 2（实验装置 2）、Conformers（构象）、Cp Rings（楔状环）、Cycloalkanes（环烷烃）、DNA Templares（DNA 模板）、Functional Groups（官能团）、Hexoses（己糖）、Ph Rings（苯环）、Polyhedra（多面体）、RNA Templates（RNA 模板）、Stereocenters（立体中心）、Supramolecules（超分子）。

2．工具栏

ChemDraw 常用的工具栏有：Main Tools（主要工具栏）、General ToolBar（普通工具栏）、Style ToolBar（格式工具栏）、Object ToolBar（对象工具栏）。表 8-4 是 ChemDraw 主要工具栏的工具图标。

表 8-4　ChemDraw 主要工具栏的工具图标

图标	描述	图标	描述
	Lasso，套索选择		Marquee，矩形框选择

续表

图标	描述	图标	描述
	Structure Perspective,旋转		Fragmentation Tools,分割工具
	Solid Bond,单键		Erase,删除
	Multiple Bonds,多重键		Text,文本
	Dashed Bond,虚线键		Pen,画笔
	Hashed Bond,间隔键		Arrows,箭头
	Hashed Wedged Bond,楔形间隔键		Orbitals,轨道
	Bold Bond,粗体键		Draw Elements,绘图元素
	Wedged Bond,楔形粗体键		Brackets,括号编辑工具
	Hollow Wedged Bond,空心楔形键		Chemical Symbols,化学符号
	Wavy Bond,波状键		Query Tools,质询工具
	Table,表格		TLC Plate,薄板层析图板
	Acyclic Chain,脂肪链		Templates,模板
	Cyclopropane Ring,环丙烷		Cyclobutane Ring,环丁烷
	Cyclopentane Ring,环戊烷		Cyclohexane Ring,环己烷
	Cycloheptane Ring,环庚烷		Cyclooctane Ring,环辛烷
	Chair Cyclohexane Ring,椅式环己烷结构		Chair Cyclohexane Ring,椅式环己烷
	Cyclopentadiene Ring,环戊二烯		Benzene Ring,苯环

在使用模板、绘图元素、箭头、化学符号等工具时,每次需要在弹出窗口的大量图标中查找某个工具图标,进行多次的同类操作就显得不方便。用户可使用 View/Other ToolBars 命令直接将模板调出作为工具栏使用。ChemDraw 可使用的其他工具栏有:Multiple Bonds(多重键)、Arrow(箭头)、Orbitals(轨道)、Drawing Elements(绘图元素)、Brackets(括号)、Chemical Symbols(化学符号)、Query Tools(质询工具)、Fragmentation Tools(分割工具)、Colors(颜色)、Amino Acids(氨基酸)、Aromatics(芳香性)、Bicyclics(双环)、Bioart(生物图片)、Clipware,Part1(实验装置1)、Clipware,Part 2(实验装置2)、Conformers(构象)、Cp Rings(楔状环)、Cycloalkanes(环烷烃)、DNA Templares(DNA 模板)、Functional Groups(官能团)、Hexoses(己糖)、Ph Rings(苯环)、Polyhedra(多面体)、RNA Templates(RNA 模板)、Stereocenters(立体中心)、Supramolecules(超分子)。

3. 分子结构的输入与输出

ChemDraw 支持许多分子图形软件的输入和输出文件格式,其通用性很强,它可以作为分子图形格式文件的互相转换工具。良好的输入和输出接口是 ChernDraw 的特点之一。

ChemDraw 可打开的文件格式有:ChemDraw、CD Style Sheet、Chemical Markup Language、Connection Table、GIF Image、BMP Image、JPEG Image、ISIS Reaction、

ISIS Sketch、ISIS Transp Graph、Galactic spectra、Jcamp spectra、MDL Molfile、MSI ChemNote、PNG Image、SMD 4.2、TIFF Image、Windows Metafile、Enhanced Metafile、ChemDraw Templates、ChemDraw Templates Style Sheet。

ChemDraw 可存盘的文件格式有：ChemDraw、ChemDraw XML、ChemDraw 3.x、CD Style Sheet、Chemical Markup Language、Connection Table、GIF Image、BMP Image、ISIS Reaction、ISIS Sketch、ISIS Transp Graph、MDL Molfile、MSI ChemNote、PNG Image、PostScript、PostScript with Preview、SMD 4.2、TIFF Image、Windows Metafile、Enhanced Metafile。

三、二维分子结构的绘制

1. 化学反应式的绘制

化学反应是化学研究的重要部分，化学反应式反映了化学物的动态信息。图 8-23 是绘制 2-propanone（丙酮）二聚合反应的过程图。

（1）在主工具栏中选择"Solid Bond"（单键）绘制工具，在工作窗口点击左键并向一定方向拖拉，使之调整生成 30°方向的单键。再将鼠标指向需要增加化学键的末端，此时末端所处位置会显示深蓝色方框，点击左键向上垂直拖拉。同理绘制第三个单键，如图 8-23 之（1）所示。使用固定键长和键角是 ChemDraw 的默认设定，用户可使用 Object/Fixed Lengths 和 Object/Fixed Angles 命令来进行固定键长和键角设定，使用 File/Document Settings/Drawing 命令可改变固定键长的设定值，固定键角的变化增量是 15°。

（2）鼠标左键点击中心原子，沿已有单键的方向向上垂直拖拉，单键改变为双键。或者选择"Multiple Bonds"（多重键）中的双键工具，将鼠标指向单键的中间，此时单键所处位置会显示深蓝色矩形框，点击左键，单键也会改变成双键。将鼠标指向双键的末端，在末端所处位置显示深蓝色矩形框时，使用键盘输入字母"O"（注意区分大小写），如图 8-23 之（2）所示。或者使用左键双击双键的末端位置，在弹出输入框键入"O"，再按回车键。使用上述方法可在图形中添加或改变元素符号，系统会自动调整 H 原子的数目。

（3）使用鼠标点击"Marquee"（矩形框选择）或"Lasso"（套索选择）图标，ChemDraw 会自动选择最后操作的图形，也可使用左键拖拉，将所需要的图形包括在生成矩形框内。如果图形颜色变淡，且在虚线矩形边框内闪动，表明该图形已经被选择（任意点击其他位置可去掉选择）。将鼠标指向选定的区域，鼠标的形状变为手形，左键拖拉可进行选择图形的平移；按下"Ctrl"键并拖拉则能进行图形的拷贝。如果在平移和拷贝过程中，再按下"Shift"键，则移动与拷贝只限于垂直或水平方向进行。使用"Solid Bond"（单键）绘制工具在拷贝生成图形的右部，绘制新键及更改元素符号。点击"Marquee"（矩形框选择）图标，按鼠标左键沿对角线的方向拖拉，将全部图形选上，使用 Object/Align/（T/B Centers）进行两个分子顶部、底部的中央对齐，如图 8-23 之（3）所示。

（4）在主工具栏中"Arrows"（箭头绘制）工具图标右下角的"▶"符号（表示该图标带有多种的不同图标）位置上按鼠标左键，在弹出箭头面板中选择第一行第三列箭头符号。选择了箭头工具键后，在两个分子之间从左向右拖拉鼠标左键。如果想改变已经绘制的箭头的长短，可按下"Shift"键，鼠标指向箭头的头部，当出现蓝色小框时，拖拉鼠标左键。使用"Text"（文本）工具，在箭头上方的输入框中键入 OH，点击其他位置或选择其他工具可结束文本输入。此时 OH 的周围出现红色波浪框是化学错误提示，因为它没有带有电

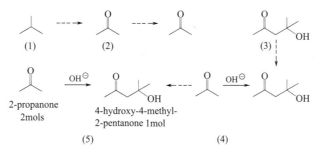

图 8-23　绘制 2-propanone（丙酮）二聚合反应的过程图

荷。在"Chemical Symbols"（化学符号）工具图标面板上，选择负电荷符号⊖，在 OH 内点出并拖拉至右上方，添加负电荷符号，如图 8-23 之（4）所示。增加的化学符号会自动合并其最接近的对象中。有些图形是（例如箭头）独立对象，与其他图形对象（Object）互不关联。如果要合并两个对象，可使用"Marquee"（矩形框选择）或"Lasso"（套索选择）工具先选择第一个对象，按下"Shift"键，再选择第二个对象，此时选择范围包括了两个对象，使用 Object/Group 可将两个对象合并为同组对象。

（5）选择"Text"（文本）工具，在第一个结构下方点击，在输入框中键入"2-propanone"，按回车键，在下一行键入"2 moles"，设定居中排列方式。按"Tab"键，在右方的输入框中键入"4-hydroxy-4-methyl-2-pentanone"，按回车键，再键入"1 mole"。点击"Marquee"工具，按"Shift"键将第二个文本框拖拉到第二个分子下方，如图 8-23 之（5）所示。"Tab"键的作用是建立的第二个文本框中的字体、字号和对齐方式与第一个文本框完全相同。

最后，在"Draw Elements"（绘图元素）图标面板中选择第四行第五列的边框图标，在已经绘制的反应方案的左上角点击，沿对角线方向拖拉至右下角，在反应式外部添加了带阴影的边框，如图 8-24 所示。

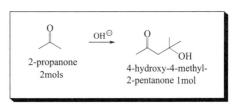

图 8-24　2-propanone（丙酮）二聚合反应

2．中间体的绘制

中间体的绘制以环状结构开始，并结合弯曲箭头的使用，图 8-25 是中间体绘制的过程图。

（1）使用"Cyclohexane Ring"（环己烷）工具，在工作区点击绘制环己烷，如图 8-25 之（1）所示。

（2）使用"Erase"（删除）工具，删除环己烷顶端的原子，如图 8-25 之（2）所示。

（3）使用"Solid Bond"（单键）工具，在分子图形上增加三个键，并将左下方的单键改为双键。如果要改变双键显示的位置（在单键内侧、中间或外侧），可将光标指向双键中间，双击鼠标左键，如图 8-25 之（3）所示。

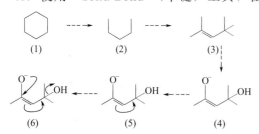

图 8-25　中间体绘制的过程图

（4）使用"Text"（文本）工具，在适当的位置文本键入 O— 和 OH，负号"—"会自动转换成上标，如图 8-25 之（4）

所示。

（5）使用"Pen"（画笔）工具，并使用 Curves/Arrow at End 命令，进行弯曲箭头的绘制，首先在箭头的起始位置沿左下角方向拖拉左键，拖拉了一定长度后点击，再在箭头的结束位置点击，然后拖拉鼠标改变曲线的曲率，如图 8-25 之（5）所示。

（6）以相同的方法绘制另外两条带箭头的弯曲箭头，如图 8-25 之（6）所示。

3．透视图的绘制

透视图使用楔形粗体键显示，它使得绘制的分子图形具有立体感。

（1）使用"Cyclohexane Ring"（环己烷）工具，在工作区点击绘制环己烷，如图 8-26 之（1）所示。

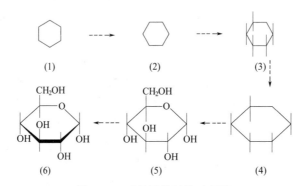

图 8-26　透视图绘制的过程图

（2）点击"Marquee"（矩形框选择）工具，选择环己烷结构，此时环己烷结构会在矩形框内闪动。将鼠标指向矩形框内时，鼠标的形状变为手形，左键拖拉能进行选择图形的平移，按下"Ctrl"键并拖拉则能进行图形的拷贝。当鼠标指向边框右上角的黑色三角形，鼠标的形状变成弯曲的双箭头时，使用左键拖拉，可使图形绕 Z 轴旋转，并同时显示旋转的角度，待旋转到合适的角度后，松开鼠标。如果要进行精确角度的旋转，可在出现弯曲的双箭头时双击鼠标，在弹出窗口输入准确的角度值（30°）和旋转方向（顺、反时针），如图 8-26 之（2）所示。当鼠标指向边框右下角的黑色三角形，鼠标的形状变成直线双箭头时，使用左键拖拉，可进行图形缩放，并同时显示缩放的比例，待缩放到合适的比例后松开鼠标。如果要进行精确比例的缩放，可在出现直线双箭头时双击鼠标，在弹出窗口输入准确的缩放比例值。图 8-27 是矩形选框的使用。

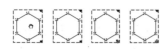

图 8-27　矩形选框的使用

（3）使用"Solid Bond"（单键）工具，按默认的固定键长绘制 5 个向上和 4 个向下的单键。在绘制左上角向下的单键时，按"Alt"键的同时向下拖拉鼠标，待键的长度适当时，松开鼠标及"Alt"键，以这样方式绘制的键将不受固定键长的限制，如图 8-26 之（3）所示。

（4）选择已绘制的结构，该结构的周围会出现闪动的矩形边框，鼠标指向边框的右下角的黑色三角形，同时按"Shift"键，待鼠标形态变为⊕时（图 8-27），按左键向上拖拉，缩短图形上下方向的长度，屏幕上同时显示缩小的比例，待恰好缩为原来的 50% 时，松开鼠标及"Shift"键，如图 8-26 之（4）所示。

（5）使用"Text"（文本）工具，在适当的位置输入文本 O、OH 和 CH_2OH，如图 8-26 之（5）所示。

(6) 使用"Bold Bond"（粗体键）工具，在下部水平单键中间点击，将其替换为粗体键。使用"Wedged Bond"（楔形粗体键）工具，在粗体键的左、右两个单键的中间点击，将其替换为楔形粗体键。如果在楔形粗体键中间双击，可改变楔形粗体键的方向，如图8-26之（6）所示。

4. Newman（纽曼）投影式的绘制

Newman（纽曼）投影式的绘制需要旋转部分结构，并将两个子结构重合。使用Templates/Conformers命令，选择其中现成的纽曼投影式图标，可直接绘制纽曼投影式。图8-28是Newman（纽曼）投影式绘制的过程图，主要用于学习ChemDraw的基本操作。

（1）使用"Solid Bond"（单键）工具，绘制互成120°键角的三个单键，如图 8-28 之（1）所示。

（2）点击"Marquee"（矩形框选择）工具，选择以上图形，按下"Ctrl"键，向右上角拖拉鼠标左键，将以上图形拷贝到右上角，如图 8-28 之（2）所示。

（3）使用"Solid Bond"（单键）工具绘制连接两个中心原子的单键，鼠标指向较低结构的中心原子，点击鼠标左键并向右上方拖拉至另一个结构的中心原子时松开鼠标。此时绘制的单键将不受固定键长的限制，如图 8-28 之（3）所示。

（4）在"Orbitals"（轨道）工具的模板中选择第一行第一列的空心圆图标，在位置较低结构的中心原子上点击左键，绘制出一个空心圆，如图 8-28 之（4）所示。

（5）使用"Marquee"（矩形框选择）工具，在适当位置拖拉，选择右上方的图形，该部分结构会在矩形边框内闪动。鼠标指向矩形边框右上角的黑色三角形，待光标变为↰时，双击鼠标左键。在弹出"Rotate Objects"窗口中，输入180°键角值，并选择顺时针方向（degrees CW），点击"Rotate"按钮可实现旋转，如图 8-28 之（5）所示。

（6）使用Object/Bring to Front命令，将已经被选择的右上方的结构式移向前方，再按左键向左下方拖拉直至两结构的中心原子重合，松开鼠标。最后在屏幕空白位置点击鼠标，去掉选择，如图 8-28（6）所示。

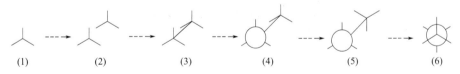

图 8-28　Newman（纽曼）投影式绘制的过程图

5. 立体化学结构的绘制

立体化学结构要绘制楔形粗体键和楔形间隔键，图8-29是立体化学结构绘制的过程图。

（1）使用"Solid Bond"（单键）工具，绘制基本结构，如图8-29之（1）所示。

（2）使用"Wedged Bond"（楔形粗体键）工具，在中心原子位置向下拖拉，生成楔形粗体键，并将右上侧的单键改变为双键，如图8-29之（2）所示。

（3）使用"Text"（文本）工具，在相应位置输入O、OH和NH_2，如图8-29之（3）所示。

（4）点击"Marquee"（矩形框选择）工具，选择以上分子结构，使用Object/Show stereochemistry命令，可显示出分子立体化学信息，此时在中心原子上方显示出（S），如图8-29之（4）所示。

（5）点击"Marquee"（矩形框选择）工具，选择以上分子结构，使用Object/Flip Hor-

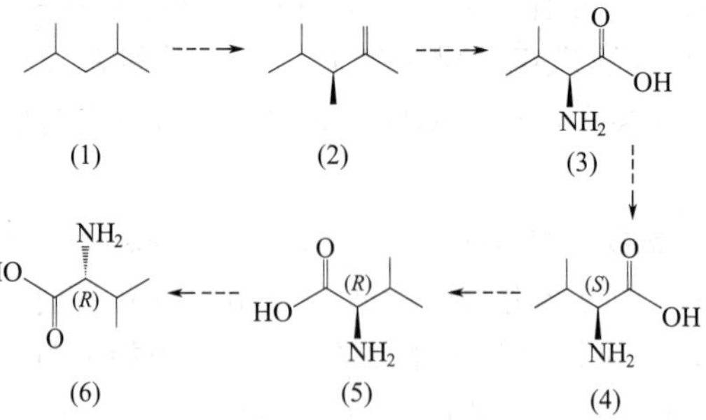

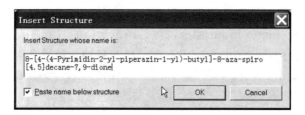

图 8-29 立体化学结构绘制的过程图

izontal，将分子进行水平翻转，此时在中心原子上方显示出（R），如图 8-29 之（5）所示。

（6）点击"Marquee"（矩形框选择）工具，选择以上分子结构。按住"Alt"键的同时，使用 Object/Rotate 180°Vertical，分子构型除了进行垂直翻转外，楔形粗体键改变为楔形间隔键，如图 8-29 之（6）所示。

四、其他功能

1. 命名与结构的相互转换

ChemDraw 能将标准的 IUPAC 命名的化合物转换成二维化学结构式。例如，使用 Structure/Convert Name to Structure 命令，在 Insert Structure 弹出窗口中输入 8-[4-(4-Pyrimidin-2-yl-piperazin-1-yl)-butyl]-8-aza-spiro[4.5]decane-7,9-dione，如图 8-30 所示。点击"OK"按钮，可得到以上名称对应的分子结构，如图 8-31 所示。

图 8-30 由名称转换结构的输入窗口

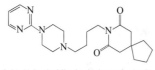

8-[4-(4-Pyrimidin-2-yl-piperazin-1-yl)-butyl]-8-aza-spiro[4.5]decane-7,9-dione

图 8-31 由名称转换结构得到分子结构图

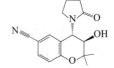

图 8-32 未知名的化学结构图

ChemDraw 也能将在工作窗口显示的二维化学结构进行 IUPAC 法命名。在工作窗口有未知名的化学结构，如图 8-32 所示。使用 Structure/Convert Structure to Name 命令，可得到 (3R,4S)-3-hydroxy-2,2-dimethyl-4-(2-oxopyrrolidin-1-yl)chroman-6-carbonitrile 的 IUPAC 法命名。

2. 推测 NMR 谱

ChemDraw 可预测有机化合物的 ^{13}C 和 ^1H 的 NMR 光谱，并计算核磁峰的高度和数目。使用 Structure/Predict ^{1}H-NMR Shifts 命令预测诺氟沙星药物分子的 ^1H NMR 图，如图

8-33所示。使用 Structure/Predict ^{13}C-NMR Shifts 命令预测诺氟沙星药物分子的^{13}C-NMR图，如图 8-34 所示。

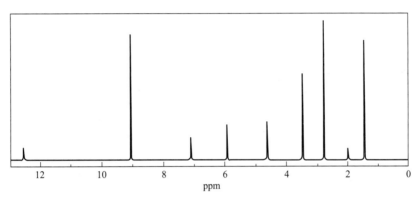

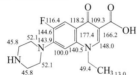

图 8-33　诺氟沙星的^{1}H NMR 谱图

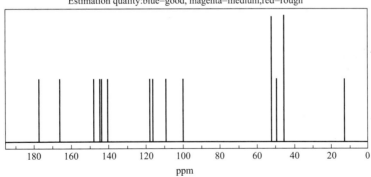

图 8-34　诺氟沙星^{13}C NMR 谱图

3．化学性质的报告

由 CS ChemProp 能预测 BP、MP、临界温度、临界气压、吉布斯自由能、$\lg P$、折射率、热结构等化学性质。使用 View/Show Chemical Properties Windows 命令，可在弹出窗口显示化学性质，如图 8-35 所示。点击"Report"按钮可生成更详细化学性质文本文件。

4．分子的三维旋转

ChemDraw 可旋转分子结构中某一子结构，例如，点击"Structure Perspective"（旋转）工具图标，拖拉矩形框选择右边苯环，将鼠标移到选框中，此时光标变为手形，上下拖拉可旋转右边苯环，屏幕上同时显示旋转的角度。图 8-36 是分子三维旋转的示意图。

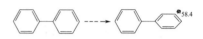

图 8-35　化学性质文本文件　　　　　　图 8-36　分子三维旋转的示意图

1. 请使用 ISIS/Draw 绘制（1）对羟基苯丙酸异丙酯，(2）水杨酸，(3）三甲基双十八烷基氯化铵。
2. 请使用 ISIS/Draw 绘制下列反应过程：

3. 请使用 ChemDraw 绘制（1）诺氟沙星（2）舒乐安定（3）妥布霉素
4. 用 ChemDraw 预测下面几种物质的物性和实验比较，看预测是否准确？

	T_c/K	P_c/bar	V_c/(cm^3/mol)
n-C$_{10}$H$_{22}$	594.6	22.9	544.0
CO$_2$	304.2	73.83	94.0
Benzoic Acid	751.0	44.7	344.0

5. 通过 ChemDraw 绘制反应图

第九章 三维分子模型设计

第一节 分子力学和分子建模

分子力学（Molecular Mechanics）是模拟分子行为的一种计算方法。分子力学认为分子体系的势能函数是分子体系中原子位置的函数。分子力学将分子体系作为在势能面上运动的力学体系来处理，它求解的是经典力学方程，而不是量子力学的薛定谔方程。所以分子力学方法能获得分子的平衡结构和热力学性质等，不能得到分子体系与电子结构有关的其他性质。分子力学的势能表达方程很简单，其计算速度很快（约是半经验量子化学计算方法的1000倍），能够计算大分子体系。对于力场参数成熟分子力学方法，可达到很高的计算精度。目前分子力学是模拟蛋白质、核酸等生物大分子结构和性质以及配体-受体相互作用的常用方法，在生命科学领域得到了广泛的应用。

随着分子图形学的不断发展，分子力学已广泛地应用于分子模型设计。当今优秀的分子设计程序都将分子力学作为初始模型优化的主要方法，分子力学和分子图形学已经充分地融合在分子设计中，分子模型的构建也是以分子力学为主，分子力学方法是计算机辅助分子设计中的常用方法。特别是在药物分子设计中，已离不开分子力学计算和模拟方法。应用分子力学方法，可以迅速地得到药物分子的低能构象，通过构象分析可获得合理的药效构象和药效基团。如果已知受体的三维结构，可用分子力学模拟药物与受体的相互作用。在对分子的三维定量构效关系（3D-QSAR）、全新药物设计和计算机模拟组合化学研究方面等，均需使用分子力学方法进行计算。

一、分子力学基本原理

分子力学主要是用分子力场方法计算分子势能，分子力场使用解析经验势函数描述分子的势能面。每个分子都有其固有的力场。在分子力学实际计算时，将力场分解成不同的组分，使用理论计算和实验拟合的方法建立力场参数。力场参数要有可移植性，它要适应于同类分子的计算，即同一类分子要有很高的计算精度。

由于分子力学是经验的计算方法，不同的分子力学方法采用不同的势函数表达式，而且其力场参数数值也不相同。通常将分子的势函数分解成键伸缩能 $V_{stretch}$、角弯曲能 V_{bond}、二面角扭曲能 $V_{torsion}$、范德华作用能 V_{vdw} 和静电作用能 V_{elec} 等项，总能量 V_{total} 可表示为：

$$V_{total} = V_{stretch} + V_{bond} + V_{torsion} + V_{vdw} + V_{elec}$$

与化学键有关的能量有键伸缩、角的弯曲、二面角的扭曲，与化学键无关的能量有：范

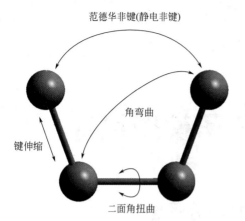

图 9-1 分子力学势函数的成键和非成键作用示意图

德华相互作用、氢键和静电相互作用。图 9-1 是分子力学势函数的成键和非成键作用示意图。对于更精确的分子力场，可在以上势函数表达式中增加一些交叉项，如键伸缩-键弯曲振动交叉项、二面角扭曲-键伸缩交叉项等，也可加入氢键函数项等其他修正项。以下简单介绍上述势函数表达式的各势能项。

1. 键伸缩能

根据经典力学的虎克定律，两个成键原子可以视为由一根弹簧连接的两个小球，其势函数是谐振势函数，谐振势函数计算方便，许多分子力场，特别是一些计算生物大分子的力场常采用此种势函数，相应的函数表达式是：

$$V_{\text{stretch}} = \sum_{\text{bond}} K_r (r - r_0)^2$$

其中：K_r 为键伸缩力常数，r 为实际键长，r_0 为平衡键长。例如，对于 AMBER 分子力场而言，羰基中 C—O 平衡键长 1.229Å（1Å=0.1nm，下同），键伸缩力常数为 570kcal/(mol·Å^2)，（1cal = 4.1840J，下同）而 C—C 平衡键长为 1.526Å，键伸缩力常数为 310kcal/(mol·Å^2)。图 9-2 是羰基中 C—O 键和 C—C 键的谐振势函数曲线图。

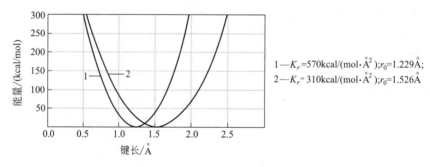

1—K_r=570kcal/(mol·Å^2); r_0=1.229Å;
2—K_r=310kcal/(mol·Å^2); r_0=1.526Å

图 9-2 羰基中 C—O 键和 C—C 键的谐振势函数曲线图

2. 角弯曲能

两个相连的化学键（三个成键原子）具有一定的键角，键角弯曲势能函数与键伸缩势函数相类似，可用虎克定律来描述：

$$V_{\text{bend}} = \sum_{\text{angle}} K_\theta (\theta - \theta_0)^2$$

其中，K_θ 是角弯曲能力常数；θ 为实际键角；θ_0 为平衡键角。Amber 分子力场键角弯曲势函数采用谐振模型。对于键角很小的化合物（如含有三元环和四元环的化合物），非谐振现象就很明显，此时要对谐振模型相应地修正，即增加高阶项进行修正。

3. 二面角扭曲转动能

三个相连的化学键（四个成键原子）具有一定的二面角（扭角）。头尾两个成键原子绕中间化学键旋转时，需要一定的能量，存在着明显的旋转势垒，在分子力学中，二面角扭曲转动势函数常用傅里叶（Fourier）级数模拟：

$$V_{\text{dihedrals}} = \sum_{\text{dihedrals}} \frac{V_n}{2}[1+\cos(n_\Phi - \Phi_0)]$$

其中，V_n 是二面角力学常数，n 为傅里叶（Fourier）级数的周期，Φ_0 为相角，Φ 为实际二面角。例如，对于 AMBER 分子力场而言，酰胺中 HN—C(O) 的扭角，$n=1$ 时，相角为 $0°$，V_1 最大值在 $0°$，最小值为 $-180°$ 和 $180°$。当 $n=2$ 时，相角为 $180°$，V_2 最大值在 $90°$ 和 $-90°$，最小值为 $0°$、-180 和 $180°$。V_1 和 V_2 的加和曲线（sum）最小值为 $-180°$、$0°$ 和 $180°$，最大值为 $-90°$ 和 $90°$。图 9-3 是酰胺中 HN—C(O) 的傅里叶（Fourier）级数模拟函数曲线图。

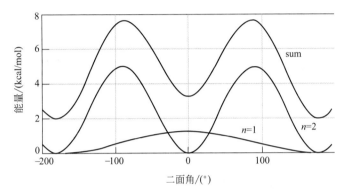

图 9-3　酰胺中 HN—C(O) 的傅里叶（Fourier）级数模拟函数曲线图

4．范德华相互作用能

范德华非键相互作用是分子力学中较为重要的作用，它可分为近程作用的排斥力和远程吸引力。一般以伦纳德-琼斯（Lennard-Jones）公式来模拟范德华非键相互作用分子力场：

$$V_{\text{VDR}} = \sum_{i<j}\left[\frac{A_{ij}}{R_{ij}^{12}} - \frac{B_{ij}}{R_{ij}^{6}}\right]$$

其中，R_{ij} 是两个非键原子距离，A_{ij} 和 B_{ij} 是非键原子对的范德华参数；R 的 6 次方项为原子对吸引作用，R 的 12 次方项为排斥作用。

对于 AMBER 分子力场而言，由于氢键的原子对吸引作用不显著，也可以以 10 次方项和 12 次方项描述氢键的非键作用：

$$V_{\text{Hbonds}} = \sum_{\text{Hbonds}}\left[\frac{C_{ij}}{R_{ij}^{12}} - \frac{D_{ij}}{R_{ij}^{10}}\right]$$

图 9-4 是范德华（6、12 次方项）和氢键（10、12 次方项）势函数曲线图。曲线快速衰减，在 4Å 附近的值约为零。氢键的势阱深度约为 0.5kcal/mol。

5．静电相互作用能

在生物体系中，静电相互作用是十分重要的。对于带有电荷和偶极矩的分子，静电作用本身比诱导偶极矩引起的相互作用重要。根据经典力学原理，静电作用能表示成电荷—电荷、电荷—偶极、偶极—偶极相互作用以及其他高阶项的级数之和。静电相互作用可用以下经典方程表示：

$$V_{\text{EEL}} = \sum_{i<j}\frac{q_i q_j}{\varepsilon R_{ij}}$$

其中，q_i 和 q_j 分别是原子 i 和 j 的点电荷；R_{ij} 为两个原子的距离；ε 为介电常数。介电常数有距离相关和不变两种计算方法，在真空的环境中，常用距离相关介电常数，而在水

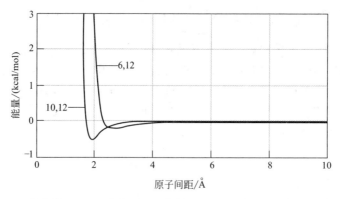

图 9-4　范德华（6、12 次方项）和氢键（10、12 次方项）势函数曲线图

溶液的环境中，常用不变介电常数。图 9-5 是静电相互作用势能曲线图。与范德华相互作用与氢键势能曲线不同，两个原子的静电相互作用在长的距离时仍有相当的能量值。

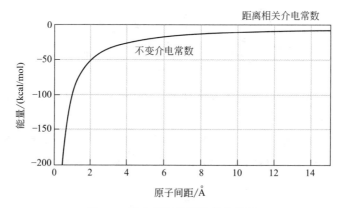

图 9-5　静电相互作用势能曲线图

分子力学总能量（也称为空间能）并没有严格的物理意义，为了取得精确的计算结果，分子力场能量函数表达式的复杂程度没有限制。根据适用范围不同，目前已经发展了很多分子力场，分子力学方法根据适用范围可分为小分子和大分子两类。适用小分子的分子力学的函数形式较复杂和精确，例如：MM2/MM3/MM4、TINKER、UFF、MOMEC、COSMOS 等。适用在大分子的分子力学函数形式较简单，有些生物大分子势函数仅考虑静电相互作用、氢键相互作用和范德华相互作用以提高计算速度。例如：AMBER、CHARMM、GROMOS、OPLS、ECEPP、CVFF/CFF、MMFF 等。

一般说来，分子力学优化可得到势能面上局域最小点结构。对于复杂的大分子体系（特别是链状分子），存在着许多同分异构体，其势能面极其复杂，局域最小点数目很多。只有通过多个局域最小点结构的能量比较，才能得到全局最小点结构。图 9-6 是势能面示意图。

二、分子力场参数化

分子力学计算结果的精确性除了与力场势函数表达式有关外，还与力场参数的数值密切相关。有效的力场势函数和正确的力场参数可使分子力学计算达到很高的精度，某些分子力学方法对分子性质的计算结果很好，其精度甚至高于实验值。由于不同分子力学方法的力场势函数表达式是不同的，其力场参数不能相互替代使用。相对而言，分子力学在原子类型较

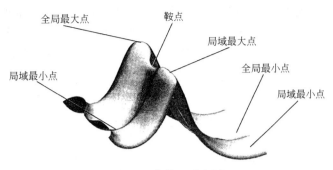

图 9-6　势能面示意图

少的有机化学领域应用较成熟。由于化合物原子类型很多，目前分子力场不可能适用于各种的原子类型，满足各种化合物计算的要求。在缺乏力场参数时，就需要进行分子力场参数的优化。一般说来，优化一套适用于特定类型分子的力场参数是比较容易的，而优化一套适用同种原子类型的通用力场参数是不容易的。

分子力学势函数是由一系列的可调参数组成的。对可调参数进行优化，使分子力学的计算值最符合分子某些性质的实验数值，得到一套力场的优化参数，再使用这套参数去预测相同原子类型的其他分子的结构和性质（也称为力场的移植性），这就是力场参数化的过程。传统的分子力场参数化方法是通过拟合实验数据（几何构型、构象能、生成热、光谱数据等）来优化参数。分子的几何结构和力场参数可由实验或量子化学计算获得。键伸缩振动常数可直接由价键力场计算或振动光谱获得。平衡键长、平衡键角和角弯曲常数可由 X 射线衍射、中子衍射、电子衍射和微电子光谱等方法测定，也可由量子化学计算得到。扭转位能参数则来自于 NMR 谱带和弛豫时间。构象能可从光谱及热化学数据得到。非键参数可从晶格参数和液体的物理性质数据得到。如果缺乏足够的实验数据，力场的参数化就很困难。

优化力场参数时，先要选择某些代表性化合物，根据其原子和成键化学环境不断修正力场参数，使得力场参数的计算结果与真实分子的结构、能量和分子的振动光谱一致，接着进行同类型化合物分子计算，验证这套参数的可靠性。力场参数的优化可使用最小二乘拟合法和尝试法。如果可用的实验数据很多，使用尝试法更困难，而最小二乘法就更为实用。在实际优化过程中，经常结合使用两种方法。

三、三维分子模型的构建

分子的各种化学、物理和生物性质是与其三维结构密切相关的。使用分子三维结构信息可进行深入的定量构效关系的研究（QSAR），建立符合实际情况的分子模型。对生物活性预测、虚拟筛选、分子对接及化合物的化学反应模型研究都明确地需要三维分子结构信息。以实验数据为基础的结构解析技术（如 X 射线衍射、NMR 和 IR 光谱），分子初始的几何构型会很大地影响结构精修。在理论化学的计算中，初始的三维分子结构模型也是不可缺少的。三维分子结构除了包含键长、键角、二面角等几何参数信息外，还带有原子半径、电负性、价态、成键类型等信息。由于分子结构的复杂性，很难像数学或物理学那样使用有限的专业符号来完成其思想的表达。将分子结构以模型方式表现是化学研究最常用的方式之一。在化合物的结构数据库和反应数据库中存储了数量极多的二维分子结构，而进行化学的深入研究时，需要将二维结构构建三维分子模型。分子结构模型将微观分子以宏观的方式表现出来，三维分子模型的构建在化学和生物学研究占有重要的地位。

先前分子模型的构建主要是靠低效率、低质量、高成本的手工绘制和模型搭建。随着计算机图形技术的快速发展，使用分子图形学技术处理分子结构已得到广泛应用。分子图形学以逼真的模拟技术表现分子结构，它具有直观、准确、快捷的突出优点，为分子模型的构建提供了一种全新的手段。三维分子模型的构建使用计算机程序以分子构成和立体化学信息为出发点，将分子的二维拓扑信息表示自动生成三维结构。三维分子模型的构建可利用分子碎片、成键规律、实验得到的分子几何参数和能量等信息，进行经验性的近似。另外，它还可以使用量子化学和分子力学等理论化学方法进行几何构型的优化，得到较为合理的三维分子结构，但理论化学方法计算本身有一定的局限性，而且优化前需要分子的初始几何构型，因此不能真正称为三维分子模型的构建近似方法。三维分子模型的构建是分子模型设计的重要部分，完整的三维分子模型的构建包括二维结构模型绘制、构型的标准化和能量优化三个部分。

（1）分子图形软件提供了许多绘制工具，有的软件还带有丰富的子结构和取代基团模板以提高绘制的效率。用户可使用各种绘制工具，绘制以原子和化学键连接生成的二维分子的骨架模型。

（2）由于在二维平面上绘制的分子图形受视觉的影响，二维分子的绘制只能保证分子的原子和成键类型的正确性。此时分子的几何参数（键长、键角和二面角）与真实三维空间的分子还有很大不同。因此，必须进行分子结构的三维模型的标准化操作，也称建模操作。标准化操作后的分子结构类似于分子力学中的平衡态分子结构。分子力学力场参数具有一套理想的平衡态数值（键长、键角和二面角等），分子图形程序存储了这些由实验数据得到的理想平衡态数值和分子的结构碎片，根据二维分子结构骨架的元素符号、原子类型、键级、键长、键角、二面角和杂化方式，使用相应实验数值和结构碎片来构建三维分子模型，使得分子的几何结构参数（键长、键角和二面角）标准化。

（3）完成了将二维转换成三维的标准化过程的分子模型并不是势能面上的局域最小构型。一般要进行三维分子模型的构型的能量优化。能量优化的方法很多，分子力学是最常用的方法之一，特别是对于大分子体系，许多分子图形软件也带有分子力学的优化方法。用户也可以进行量子化学方法（半经验方法、从头算、密度泛函等）的优化。能量优化也有很多不同的算法可以使用。

不同的分子图形程序会使用不同的三维分子模型构建方法。有的程序（如 Chem3D）可将二维绘制和标准化结合在一起进行，也可分开进行。有的程序（如 HyperChem）二维绘制和标准化必须分开进行。不同的程序使用不同的命令名进行三维分子模型的构建，Chem3D 的三维分子模型构建命令是 Clean up，DS ViewerPro 使用的是 Clean，而 HyperChem 的命令 Model Build 最为直观。

第二节　DS ViewerPro 的使用

一、简介

DS ViewerPro 是 Accelrys Inc.（http：//www.accelrys.com）公司开发的产品，它是世界上著名的分子图形软件之一。2001 年 6 月著名的 Molecular Simulations Inc. 公司改名

为 Accelrys Inc. 公司。DS ViewerPro 不仅可以构建分子模型，还可显示有机和无机分子、蛋白质和 DNA 等生物大分子、金属络合物、合成和天然药物等多种分子的结构信息。DS ViewerPro 带有丰富的分子结构模型样例，包括近两百种重要的常见分子结构，涵盖了天然产物、药物、石油化工产品、无机矿物、材料类分子、环境保护相关的分子、DNA 与核酸结构、重要小分子八种类型。DS ViewerPro 具有表现形式多样、颜色丰富多彩和显示质量高的特点。

DS ViewerPro 是基于 PC 机硬件平台的显示效果最佳的软件之一，它具有构建、显示、分析和测定分子性质等多种功能。

（1）使用 DS ViewerPro 的绘图工具，用户可在屏幕的工作区内绘制二维分子的骨架，软件内存储了原子的成键化学数据，可进一步构建三维分子结构模型。DS ViewerPro 可以方便地通过坐标变化构建同分异构体，也可以通过扭角变化构建同分异构体。构建的分子模型可在三维空间中任意旋转、平移、缩放，可方便地从任何角度观看分子模型的全部或局部。用户还可以根据自己的意愿对原子和化学键进行着色或标定，以增强显示效果。

（2）具有多种分子结构的显示模式：线形、棒形、球棒、比例球棒、电子云空间填充、多面体等。DS ViewerPro 提供了蛋白质、DNA 等生物大分子的带状显示模式，它还可显示晶胞和分子表面图形，除了显示有机分子模型外，对于许多聚合物材料和无机材料也有特殊的显示模式。

（3）分子中不同化学键和原子可以通过不同颜色和大小进行区分，显示颜色丰富多彩，显示效果良好。用户可任意调整显示质量和打印质量，高质量的显示和打印明显地增加了图形外沿的平滑，可以方便地将高分辨率的分子结构图形进行排版和印刷。

（4）用户可以将分子的结构性质参数拷贝到 Excel 兼容的电子表格，也可以将分子模型直接拷贝并嵌入到 Microsoft Office 文件中。在 Office 文件中，通过双击这些嵌入分子图形，可调用 DS ViewerPro 程序，直接进行编辑处理。

（5）DS ViewerPro 带有较强的计算功能，可方便地进行分子结构几何参数测定，显示出键长、键角、二面角、非键距离和其他立体化学信息，这些数据会随着分子结构的变动和调整进行动态的修改。DS ViewerPro 可提供两个窗口：以纵向平铺方式显示结构层次窗口和 3D 窗口。

（6）DS ViewerPro 可以读入多种分子图形软件的格式文件，它可以将 ISIS/Draw 绘制的二维结构的格式文件自动转换成三维分子结构模型，还可以读入晶体衍射数据。DS ViewerPro 可输出多种格式分子图形文件，最具有特色的是它可以输出 VRML World 格式的文件（.wrl），而不必使用其他的转换程序。

DS ViewerPro 最新版本是 6.0 版，Accelrys 公司提供 DS ViewerPro Suit 6.0 的 30 天试用版免费软件，它除了不具备建立分子模型等少数功能之外，其他功能与 DS ViewerPro 6.0 基本相同。本节说明 DS ViewerPro 5.0 的使用方法。

二、操作界面

DS ViewerPro 5.0 的程序界面由下拉式菜单、水平工具栏、垂直工具栏和工作区等组成，如图 9-7 所示。在工作区中根据不同的工作目的，可以显示分子模型的 3D 窗口，或者显示结构数据的数据表，或者显示分子层次等级的 Hierarchy 窗口。3D 窗口可用于显示分子模型，并通过 3D 工具对窗口中的模型进行旋转、平移和缩放，还可以通过绘制工具构建分子模型,并进行文本注释等。

1. 菜单选项介绍

DS ViewerPro 5.0 基本命令是通过选择下拉式菜单中的令选项实现的,程序提供以下 7 个下拉菜单。

(1) File(文件)菜单有:New(建立新文件)、Open(打开已有文件)、Open Location(在互联网上打开文件)、Close(关闭文件)、Save(存盘)、Save as(将文件另存为)、Print(打印)、Print preview(打印预览)、Print setup(打印设置)、Send(通过 E-mail 发送)、Exit(退出程序)等选项。

(2) Edit(编辑)菜单有:Undo(取消上一个操作)、Redo(重复上一个操作)、Cut(剪切)、Copy(复制)、Paste(粘贴)、Delete(删除)、Paste from(从指定位置粘贴)、Select all(全部选择)、Select(选择)、Group(将选定的内容组合成组)和 Properties(性质)等选项。

(3) View(显示)菜单有:Display Style(显示模式)、Color(颜色)、Reset Rotation(恢复旋转前状态)、Fit to Screen(在窗口合适位置显示模型)、Center(在窗口中间显示模型)、Animate(动画显示)、Spin(自动旋转显示)、Full Screen(全屏显示)、Show(显示)、Hide(隐藏)、Show All(显示窗口中的全部内容)、Show Only(仅显示选定内容)、Tool Bar(工具栏显示)和 Option(参数选项)等选项。

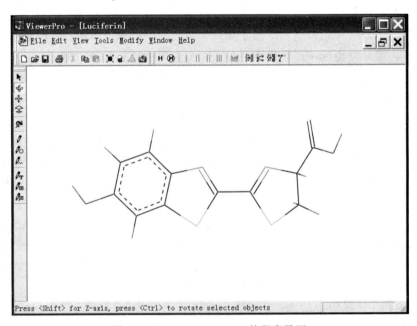

图 9-7　DS ViewerPro 5.0 的程序界面

(4) Tools(工具)菜单有:Hydrogens(氢原子)、Labels(标识符号)、Monitors(结构参数测定)、Surfaces(分子表面)、Query Feature(疑问性质)、Markers(原子标识)、Crystal Cell(晶胞参数)、Element Properties(元素性质)、Calculate Properties(计算性质)、Enter Command(运行命令)、Play Script(运行命令文件)等选项。

(5) Modify(修改)菜单有:Element(原子元素符号)、Charge(电荷状态)、Bond(化学键类型)、Hybridization(杂化方式)、Stereochemistry(手性立体结构)、Insert Atom(插入原子)、Contract Bond(缩减键)、Invert Center(构型倒置)、Fuse(融合)、

Align Structure（排列结构）、Torsion Kick（通过扭角变化构建同分异构体）、Coordinate Kick（通过坐标变化构建同分异构体）、Clean Structure（构建三维分子结构）、Add on Molecules（能量优化）等选项。

（6）Window（窗口）菜单有：New 3D Window（新建三维分子模型窗口）、New Stereo 3D Window（新建三维立体分子模型窗口）、New Hierarchy Window（新建层次结构窗口）、New Data Table（新建数据表窗口）、Cascade（叠层显示窗口）、Tile Horizontal（水平平铺显示窗口）、Tile Vertical（垂直平铺显示窗口）、Title Molecules in Windows（将窗口中分子平铺显示）、Arrange Icons（重排图标）、Close All（关闭所有窗口）等选项。

（7）Help（帮助）菜单有：Contents（目录）、Index（索引）、Tip of the Day（每日一题）、About ViewerPro（关于信息）等选项。

2．工具栏介绍

除了上述菜单指令以外，DS ViewerPro 还提供了各种工具图标。在菜单栏下方有水平工具栏，水平工具栏共有 22 个工具图标。按从左至右的顺序分别是：New（建立新文件）、Open（打开已有文件）、Save（存盘）、Print（打印）、Cut（剪切）、Copy（复制）、Paste（粘贴）、Fit to Screen（在窗口合适位置显示模型）、Display Style（显示模式）、Measure（结构数据）、Calculate Properties（计算分子性质）、Add Hydrogens（加氢）、Hide Hydrogens（隐藏氢原子）、Single Bond（单键工具）、Double Bond（双键工具）、Aromatic Bond（芳香键工具）、Triple Bond（三键工具）、Change Element（改变元素）、Clean Structure（构建结构模型）、Coordinate Kick（通过坐标变化构建同分异构体）、Dreiding（能量优化）、Torsion Kick（通过扭角变化构建同分异构体）。上述工具栏图标是系统安装后的默认图标，用户可以使用 View/Toolbars 命令增减其他工具图标的显示，也可以通过 Customize 选项定制自己个性化的工具栏图标。

在主窗口的左侧还有垂直工具栏，垂直工具栏共有 13 个图标，用于屏幕显示、选择、控制和建立分子模型。按从上至下的顺序分别是：Select（选择，F5）、Rotate（旋转，F6）、Translate（平移，F7）、Zoom（尺寸缩放，F8）、Torsion（旋转扭角）、Sketch（绘制结构）、Ring（绘制环状结构）、Chain（绘制链状结构）、Annotation（注释文本）、Text Box（带框注释文本）、Text Callout（带指向框注释文本）等。最后两个工具图标只有在使用层次结构窗口才可使用，它们是：Select（选择）、Display（显示）。

在点击某一工具图标之后，在屏幕最下方的状态栏会显示该图标的操作帮助提示。使用垂直工具栏的工具时，还要注意以下要点。

（1）如果要将"Select"（选择）工具的选择方式由"Lasso"（套索）改为"Rubber band box"（矩形框）可使用 View/Options/General 命令更改。

（2）完成了一个选择操作后，如要进行多个对象的同时选择，可按下"Shift"键，再进行另一个选择。

（3）使用"Torsion"（旋转扭角）工具时，先要点击构成扭角的中间化学键，再进行拖拉旋转。

（4）如果工作区中存在多个分子或对象，要对某一个分子或对象进行旋转或平移操作，可先选择该分子或对象，按"Ctrl"键，再进行"Rotate"（旋转）或"Translate"（平移）操作。

（5）如要选择某一分子，可双击分子中任一个原子或键。

(6) 使用键盘的四个光标移动键（左、右、上、下），也可以对分子结构进行 X、Y 轴旋转。使用键盘上 "Page Up" 和 "Page Down" 键，也可对分子结构进行缩放操作。

三、分子模型的绘制

DS ViewerPro 具有以绘制分子模型的基本功能。图 9-8 是 Luciferin（虫荧光素）分子二维结构图。现以此结构为例，说明构建分子模型的过程。

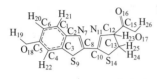

图 9-8 Luciferin（虫荧光素）分子二维结构图

(1) 绘制分子结构时，程序默认的显示方式是球棒方式（Ball and Stick），如要将显示方式改为直线式（Line），可使用 View/Options/Sketch and Clean/Default Sketch/Line 命令。

(2) 点击垂直工具栏上 "Ring"（环状）图标，按 "Ctrl" 键，在窗口中适当位置点击拖拉形成一个苯环结构（原子序号 1～6）。在原子 2、3 之间点击拖拉生成一个并接的五元环（原子序号 7～9）。

(3) 使用 "Sketch"（绘制）工具，点击原子 8，向左拖拉后双击，生成原子 10。再使用环状（Ring）工具，点击原子 10 向左拖拉，生成五元环。

(4) 使用 "Sketch"（绘制）工具，点击原子 12，生成原子 15。再从原子 15 生成原子 16 和 17。另外，从原子 5 生成原子 18。

(5) 使用 "Select"（选择）工具，点击原子 7，按 "Shift" 键，点击原子 11，从键盘输入 "N"，原子 7 和 11 的元素由碳改变为氮（蓝色）。同样，将原子 16、17、18 的碳原子改变为氧原子（红色）。最后，将原子 9、14 的碳原子改变为硫原子（橙色）。

(6) 使用 "Select"（选择）工具，点击原子 7、8 中间部分，选择单键 7～8，按 "Shift" 键，选择单键 10～11 和 15～16，再在工具栏上点击 "Double Bond" 图标（双键），将以上三个单键改变为双键。

(7) 点击水平工具栏上 "Add Hydrogens"（加氢）图标，增加了 8 个氢原子（序号 19～26）。

(8) 点击水平工具栏上 "Clean Structure"（建模）图标，程序会根据各元素的键级和杂化方式给出标准化的键长、键角和扭角，使分子模型的构型较为合理。

(9) 点击水平工具栏上 "Dreiding"（能量优化）图标，程序根据 Dreiding 分子力学方法进行能量优化，优化收敛后得到一个局域最小点的构型。

四、分子模型的显示

使用垂直工具栏上相应的工具，可实时地对分子模型进行旋转、平移和缩放操作，以取得最佳的视觉效果。使用 "Rotate (F6)" 工具对分子进行三维旋转操作（拖动鼠标左键可沿 X、Y 轴方向旋转，或按 "Shift" 键的拖动可沿 Z 轴旋转），使用 "Translate (F7)" 工具进行平移操作（拖动鼠标左键使模型在窗口内移动），使用 "Zoom (F8)" 工具进行缩放操作（向上拖动鼠标左键可使显示模型增大，反之变小）。此外，使用 View/Fit to Screen 命令（或点横向工具栏上的相应图标），使显示模型位于窗口的合适位置。使用 View/Full Screen 命令（F2 键）可进行全屏显示（Full Screen）操作。使用 View/Spin 开关命令，可使分子模型自动绕 X 轴旋转。

1. 原子显示 (Atom)

DS ViewerPro 程序提供了多种原子显示模式。对于普通分子，主要有线形（Line）、棒状（Stick）、球棒状（Ball and Stick）、比例球棒状（Scaled Ball and Stick）、空间填充（CPK）、多面体（Polyhedron）等模式。点击工具栏上的 "Display Style" 图标（"Ctrl+

D"),在 Display Style（显示方式）窗口的 Atom 选项中，选择合适的显示方式，如图 9-9 所示。另外，还可以根据需要在 Stick、Ball、CPK 输入数值，改变棒、球和填充球的大小。在 Color By 的下拉菜单具有以下显示颜色类型：Element、Parent Color、Charge 和 Molecule 等。在 Custom 选项中，用户可以自行定义所喜爱的颜色。

以虫荧光素为例，图 9-7 是原子的线状图显示，图 9-10 是棒状图显示，图 9-11 是球棒状图显示，图 9-12 是比例球棒状图显示，图 9-13 是空间填充图显示，图 9-14 是铱化合物的中心铱原子的多面体显示。

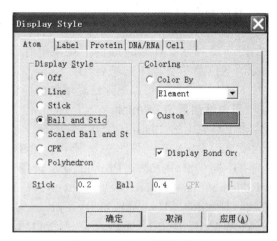

图 9-9　原子显示模式的选择

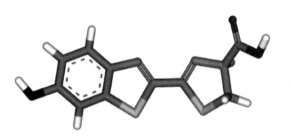

图 9-10　Luciferin（虫荧光素）的棒状图

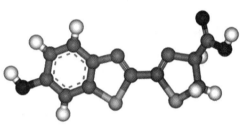

图 9-11　Luciferin（虫荧光素）的球棒状图显示

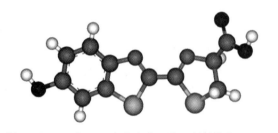

图 9-12　Luciferin（虫荧光素）的比例球棒状图显示

图 9-13　Luciferin（虫荧光素）的空间填充图显示

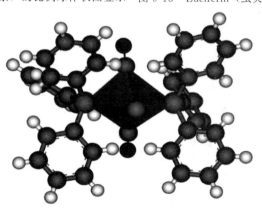

图 9-14　铱化合物的中心铱原子的多面体显示

2. 标记显示（Label）

使用 Tools/Labels/Add…命令（或右键点击工作区窗口选择 Labels），可弹出标记窗口，如图 9-15 所示。在 Object 的下拉菜单有以下选项：Atom、Bond 和 Molecule。在 Attribute 的下拉菜单有以下选项：ID、Name、Parent、PartialCharge 和 XYZ。使用 Tools/Labels/Remove 命令，可以删除已经增加的标记。

3. 蛋白性质显示（Protein）

点击工具栏上的"Display Style"图标（或"Ctrl+D"），再选择 Protein 选项，可进入蛋白质显示设定窗口，如图 9-16 所示。由于蛋白质分子的复杂性和特殊性，显示蛋白质分子时有不同的显示方法，Protein 显示选项中含有 7 种显示方式：Ca Wire、Ca Stick、Line Ribbon、Flat Ribbon、Solid Ribbon、Tube、Schematic。在 Color By 的下拉菜单有以下选项：Residue、Hydrophobicity、pKa、CApha、Secondary Type、AminoAcidChain、Molecule 和 Cell。图 9-17 是 Protease（蛋白酶）的示意（Schematic）显示模式。

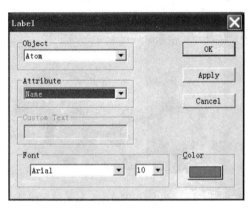

图 9-15　设定标记窗口

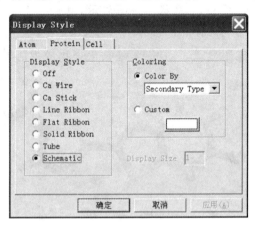

图 9-16　蛋白质显示设定窗口

4. 脱氧核糖核酸/核糖核酸的显示（DNA/RNA）

点击工具栏上的"Display Style"图标（或"Ctrl+D"），再选择 DNA/RNA 选项，可进入脱氧核糖核酸/核糖核酸的显示设定窗口，如图 9-18 所示。DNA/RNA 的 Backbone 选项中有 Arrows 和 Tubes 显示方式。Base Pairs 选项中有 Ladder 和 Rings 显示方式。在 Color By 的下拉菜单有以下选项：Residue、Base Type、NucleicAcidChain、Molecule 和 Cell。

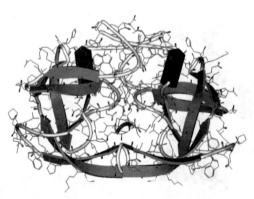

图 9-17　Protease（蛋白酶）的示意
　　　　（Schematic）显示模式

图 9-18　DNA/RNA 显示设定窗口

使用 Windows/New Hierarchy Windows 命令，能以纵向平铺方式显示结构层次窗口（Hierarchy 窗口）和 3D 窗口。结构层次窗口用于显示 3D 窗口分子模型的结构层次。对于一个小分子，在该窗口中只显示分子及其所含的原子两个层次的信息。对于一个生物大分子，则可以分别依次显示蛋白质分子、肽链、官能团和原子等层次信息。点击"＋"可扩展显示层次，点击"—"则可缩减显示层次，它类似于 Windows 中的文件夹的树状结构。用户可以根据分子模型的结构，在结构层次窗口中选择一个或数个对象（原子、化学键、核酸、氨基酸链、核酸链），则在 3D 窗口中的图形部分也作了对应的选择，再使用 View/Show、Hide、Show all、Show only 等命令，控制该部分显示或者不显示。在结构层次窗口的选择和显示，也可使用垂直工具栏最下方的"Select"和"Display"工具。结构层次窗口的使用对于显示复杂大分子的子结构带来了很大的方便。图 9-19 是酵母 DNA 碎片和蛋白质二聚体的显示图及结构层次窗口。

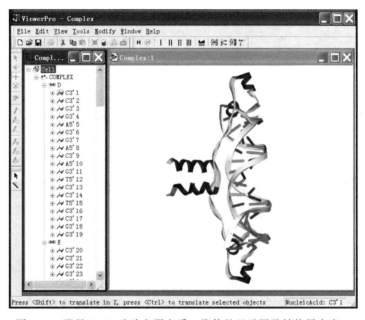

图 9-19　酵母 DNA 碎片和蛋白质二聚体的显示图及结构层次窗口

5．晶胞的显示（Cell）

使用 Tools/Crystal Cell…命令，可在晶胞构建的窗口进行显示设定，如图 9-20 所示。该窗口还有 Cell Parameters（晶胞参数）、Style（网格显示方式）、Space Group（空间群）、Preferences（参数）等选项，用户可根据需要进行必要的设置。图 9-21 是黄铁矿晶胞图。

6．分子表面的显示（Surface）

使用 Tools/Surface/Add…命令，可显示分子表面图。表面显示方式有：Solvent（溶剂可及）、Soft（柔和）、VDW（范德华）三种方式。图 9-22 是 Luciferin（虫荧光素）的 VWD 分子表面显示图。

五、其他功能

1．结构参数的测定

DS ViewerPro 可以计算分子模型的以下结构数据：键长、键角、非键距离、二面角、氢键和分子表面形态等，这些数据可为分子的进一步研究提供详细的信息。用户自己绘制的

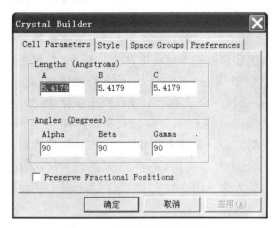

图 9-20 晶胞构建的设定窗口

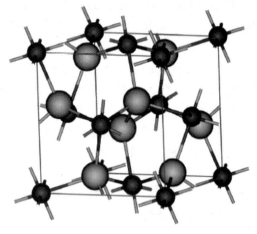

图 9-21 黄铁矿晶胞图

分子结构，在测定结构参数前，一般需要对分子结构模型进行构建操作（Clean Structure）和能量优化（Dreiding），使分子模型接近于实际分子状态。

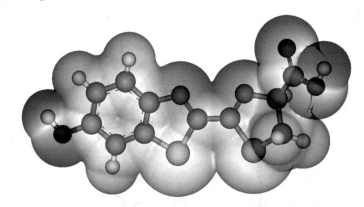

图 9-22 Luciferin（虫荧光素）的 VWD 分子表面显示图

如果要在显示分子模型时进行结构参数的监测，可使用选择工具，点击或拖动鼠标选择需要测定的对象（包含的分子、原子和化学键等）。例如，计算键长要同时选择构成化学键的两个原子（黄色显示），计算键角要同时选择形成键角的三个原子。然后使用 Tool/Monitors 命令，并从中选择以下的具体选项：Distance（距离）、Angle（角度）、Torsion（扭角）、Centroid（质心）、Chirality（手性）、Hbond（氢键）、Bump（原子接触）、Structure（结构）。此时屏幕上将显示测定数据和标识，如果要删除以上显示的数据信息，可使用 Tool/Monitors/Remove 命令。

DS ViewerPro 默认显示窗口是显示分子模型的 3D 窗口，使用 Window/New Data Table 命令可以打开数据表窗口，此时在屏幕上将出现一个数据表格窗口（Data Table Window）。对于普通小分子，数据窗口可以给出三类分子数据，分别为分子（Molecule）数据、原子（Atom）数据和化学键（Bond）数据表。对于蛋白质等大分子，还可以显示核酸、氨基酸和肽链结构信息。显示的项目随分子结构模型的不同而有所不同。分子数据表可给出分子名称、分子中原子数目、分子式、相对分子质量、分子体积等数据。原子数据表可给出原子编号、元素名称和符号、杂化类型、荷电状态和手性构型等数据。化学键数据表给出化学键的类型和长度。当进行分子模型的结构数据的监测时，计算的所有数据在数据表中也都有专项显示。例如测定了距离、角度和氢键以后，在数据窗口中将出现上述测定结果表。晶胞数据可以使用 Tools/Crystal Cell 命令得到，包括分子晶胞所有参数和该晶系所属空间点群类型等数据。图 9-23 是酵母 DNA 碎片和蛋白质二聚体的数据表窗口。

	Name	ID	Parent	Type	1-Letter	1-Letter & ID#	3-Letter	Hydrophobicity	Ribbon Size
1	C3'1	1	D	Cytosine	C	C1	Cyt	0.000	1.00
2	C3'2	2	D	Cytosine	C	C2	Cyt	0.000	1.00
3	G3'3	3	D	Guanosine	G	G3	Gua	0.000	1.00
4	G3'4	4	D	Guanosine	G	G4	Gua	0.000	1.00
5	A5'5	5	D	Adenosine	A	A5	Ade	0.000	1.00
6	G3'6	6	D	Guanosine	G	G6	Gua	0.000	1.00
7	G3'7	7	D	Guanosine	G	G7	Gua	0.000	1.00
8	A5'8	8	D	Adenosine	A	A8	Ade	0.000	1.00
9	C3'9	9	D	Cytosine	C	C9	Cyt	0.000	1.00
10	A5'10	10	D	Adenosine	A	A10	Ade	0.000	1.00
11	G3'11	11	D	Guanosine	G	G11	Gua	0.000	1.00
12	T5'12	12	D	Thymidine	T	T12	Thy	0.000	1.00
13	C3'13	13	D	Cytosine	C	C13	Cyt	0.000	1.00
14	C3'14	14	D	Cytosine	C	C14	Cyt	0.000	1.00
15	T5'15	15	D	Thymidine	T	T15	Thy	0.000	1.00
16	C3'16	16	D	Cytosine	C	C16	Cyt	0.000	1.00
17	C3'17	17	D	Cytosine	C	C17	Cyt	0.000	1.00
18	G3'18	18	D	Guanosine	G	G18	Gua	0.000	1.00
19	G3'19	19	D	Guanosine	G	G19	Gua	0.000	1.00
20	C3'20	20	E	Cytosine	C	C20	Cyt	0.000	1.00
21	C3'21	21	E	Cytosine	C	C21	Cyt	0.000	1.00
22	G3'22	22	E	Guanosine	G	G22	Gua	0.000	1.00
23	G3'23	23	E	Guanosine	G	G23	Gua	0.000	1.00
24	A5'24	24	E	Adenosine	A	A24	Ade	0.000	1.00
25	G3'25	25	E	Guanosine	G	G25	Gua	0.000	1.00
26	G3'26	26	E	Guanosine	G	G26	Gua	0.000	1.00
27	A5'27	27	E	Adenosine	A	A27	Ade	0.000	1.00
28	C3'28	28	E	Cytosine	C	C28	Cyt	0.000	1.00

Molecule / NucleicAcidChain / NucleicAcid / Atom / Bond / AminoAcidChain / Amin

图 9-23　酵母 DNA 碎片和蛋白质二聚体的数据表窗口

2. 数据的输入和输出

DS ViewerPro 除了使用默认的文件格式（.msv）进行输入和输出外，还可使用多种图形文件格式。DS ViewerPro 可直接打开多种著名的图形格式文件，这为用户读入其他图形软件的输出文件提供了很大的方便，使软件的适应能力大大增强。这些图形文件格式有：Viewer、Brookhaven PDB、MDL MOL、Insight II CAR、Cambridge Crystallographic、Quanta、Sybyl MOL2、Cerius2、Catalyst、Catalyst Query、Crystallographic Information、XYZ Coordinate、MDL Sketch、Insight II Grid、Viewer Script 和 Smiles。DS ViewerPro 还提供了通过互联网输入数据的途径，使用 File/Open location 命令，然后输入目标网络地址，就可以打开网络上的分子模型图形文件。

DS ViewerPro 可将分子结构数据和分子结构图形通过 Windows 的剪贴板直接粘贴到其他应用程序。将 3D 窗口的分子图形拷贝后，粘贴（内嵌）到 Word 或 PowerPoint 文件中，双击这些文件中 DS ViewerPro 图形，可启动 DS ViewerPro 程序，直接进行修改。选择数据表格的单元格中数据，通过拷贝可将数据粘贴到 Excel 中。DS ViewerPro 可以输出很多不同格式的图形文件。这些图形文件格式有：Viewer、Brookhaven PDB、MDL MOL、XYZ Coordinate、Catalyst、Catalyst Query、VRML World、POV-Ray Scene、GIF、JPEG、Bitmap 和 PNG。其中 VRML World 格式的图形文件（.wrl）最具特色，用户可使用专用的浏览器，形象、生动地显示 VRML 格式的分子图形。DS ViewerPro 还可将分子图形和结构数据作为附件通过 E-mail 发送。

3. 动画播放

DS ViewerPro 可创建和显示动画。用户可新建一个未命名文件，并在其中绘制（或输入）多个分子图形，然后将全部分子图形以特定的文件格式（.MOL、.XYZ、.CPD、.SMI）存盘。播放动画时，使用 View/Options/Import/Create Animation from Multiple Molecules 命令。打开以上特定格式的文件，动画不会自动播放，屏幕显示动画的第一帧，使用 View/Animate 命令可进行播放，也可通过 Animation 工具栏的工具控制动画的播放。

除了上面介绍的基本操作以外，利用 DS ViewerPro 软件还可以进行多种高级操作。例如，Coordinate Kick（通过坐标变化构建同分异构体）、Torsion Kick（通过扭角变化构建同分异构体）、复杂分子特殊参数测定的显示等功能，请用户参阅在线说明书学习使用。

第三节　Chem3D 的使用

一、简介

ChemOffice 是 CambridgeSoft 公司（http：//www.cambridgesoft.com/）的重要产品之一，它是一套功能强大的化学应用软件包。Chem3D 12.0 是 ChemOffice 的重要组件，它是目前最优秀的分子三维图形软件之一，其富有特色的功能已经接近于在工作站平台上运行的分子图形软件。Chem3D 可将 ChemDraw 或 ISIS/Draw 的二维分子结构直接转化为三维分子结构，它可利用分子力学、分子动力学和量子化学计算方法研究分子的立体构象。Chem3D 能以多种方法快速构建分子模型，由于使用了 OpenGL（Sun 公司开发的三维图形应用程序接口库），其图形显示模式多，图形显示质量高。Chem3D 还可计算许多分子的电子性质，并以多种模式显示相关图形。Chem3D 将分子结构的构建、分析、计算工具融于一体，组合成完整的工作界面。另外，Chem3D 也为著名的从头计算程序 Gaussian 程序和 GAMESS 程序提供了计算接口，它可直接输入、输出 Gaussian 和 GAMESS 文件，为这些程序的使用提供良好的前端图形界面。

目前 Chem3D 的最新版本是集成于 ChemBioOffice Ultra 2010 中的 12.0 版。以下以 Chem3D Ultra 12.0 为例来介绍 Chem3D 的用法。

二、操作界面

Chem3D Ultra 12.0 的图形界面与以前版本区别不大，如图 9-24 所示，它对菜单栏做了调整，增加左、右、下部的弹出式自动隐藏窗口。

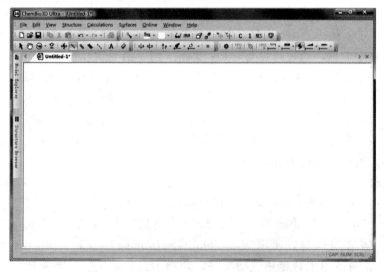

图 9-24　Chem3D Ultra 12.0 的图形界面

1．菜单栏

Chem3D 的操作可使用下拉菜单中各项选项实现，程序提供了 10 个菜单，在某些菜单下还有子菜单，以下介绍各个菜单的选项。

（1）File（文件）菜单有：New（新建）、Sample File（样例文件）、Open（打开）、Import File（导入文件）、Close Window（关闭窗口）、Save（保存）、Save as（另存为）、Revert to Saved（返回已保存状态）、Print Setup（打印设置）、Print（打印）、Model Settings（模型设定）、Preferences（参数选择）、Recent Files（最近的文件）、Exit Chem3D Ultra（退出）等选项。

Model Settings（模型设定）和 Preferences（参数选择）是两个重要参数的设定选项。图 9-25 是模型设定和参数选择的窗口。Model Settings（模型设定）窗口具有以下选项：Model Type（模型类型）、Model Building（模型构建）、Atom Display（原子显示）、Color & Fonts（颜色和字体）、Movie（动画）、Stereo & Depth（立体和深度）。Preferences（参数选择）窗口具有以下选项：General（常规）、OpenGL（OpenGL 图形库）、GUI（图表用户界面）、Popup Info.（弹出信息）、ChemDraw（二维图形软件 ChemDraw）、Dihedral Driver（二面角驱动）。用户可以选择以透明背景保存模型图片；可以设置输出图片的分辨率，也可使用显示器分辨率输出图形（96DPI）；可以决定是否在图形中显示 H 原子；可以设置默认的输出路径。另外，可以 Set As Default（将当前设定设为默认值），这样就为不同使用习惯的用户提供了更大的便利。

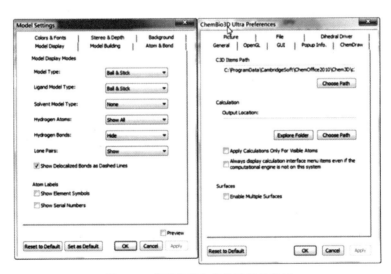

图 9-25　模型设定和参数选择的窗口

（2）Edit（编辑）菜单有：Undo（撤销）、Redo（重复）、Cut（剪切）、Copy（复制）、Copy As（复制为）、Paste（粘贴）、Paste Special（特殊粘贴）、Clear（删除）、Select All（全选）、Select Fragment（选择碎片）等选项。

（3）View（视图）菜单有：Parameter Table（参数表）、Toolbars（工具栏）、Model Explore（模型资源管理器）、ChemDraw Panel（ChemDraw 面板）、Cartesian Table（直角坐标表）、Z-Matrix Table（Z 矩阵表）、Measurement Table（测量表）、Output Box（输出框）、Comments Box（注释框）、Dihedral Chart（二面角图）、Align with（对齐）、Model

Display Mode（模型显示模式）、Show Atom Labels（显示原子标记）、Show Serial Number（显示序号）、Show Atom Dots（显示原子电子云）、Show H's and Lp's（显示氢原子和孤对电子）、Red & Blue（红蓝模式）、Chromatek Glasses（以深色显示）、Stereo Pairs（立体对）、Perspective（透视图）、Depth Fading（深色隐没）、Background Color（背景颜色）、Color By（取色）、Full Screen（全屏）等选项。

（4）Structure（结构）菜单有：Measurement（度量）、Fit（调整）、Center Model（居中模型）、Reflect（反射）、Set Z-Matrix（设置 Z-矩阵）、Detect Stereochemistry（探测立体化学）、Invert（反转）、Deviation From Plane（偏离平面）、Add Centriod（增加质心原子）、Rectify（矫正）、Clean Up（清除）、Overlay（覆盖）、Dock（对接）等选项。

（5）Calculation（计算）菜单有：Calculation Results（计算结果）、Stop（停止）、Dihedral Driver（二面角驱动）、Extended Huckel（扩展 Huckel 方法）、MM2（MM2 分子力场）、Compute Properties（计算分子性质）、Gamess（Gamess 程序）、Gaussian（高斯程序）、Mechanics（分子力学）、MOPAC（MOPAC 方法）等选项。

（6）Surfaces（表面）菜单有：Choose Surface（选择表面）、Radius（半径）、Display Mode（显示模式）、Color Mapping（彩色绘图）、Surface Color（表面颜色）、Resolution（分辨率）、Molecular Orbital（分子轨道）、Iso（等高线）、Color A（正电荷颜色）、Color B（负电荷颜色）等选项。

（7）Movie（动画）菜单有：Play（播放）、Stop（停止）、First Frame（第一帧）、Previous Frame（前一帧）、Movie Process（影片进程）、Next Frame（下一帧）、Last Frame（最后一帧）、Delete（删除）、Delete All（全部删除）、Record（录制）、Spin About X Axis（绕 X 轴旋转）、Spin About Y Axis（绕 Y 轴旋转）、Spin About Z Axis（绕 Z 轴旋转）、Spin About Selected Axis（绕所选轴旋转）、Spin About Bond（绕化学键旋转）等选项。

（8）Online（在线服务）菜单有：Find Suppliers on ChemACX.com（从 ChemACX.com 查找供给商）、Find Information on ChemFinder.com（从 ChemFinder.com 查找信息）、Find Structure from PDB ID（从 PDB ID 查询结构）、Find Structure from ACX Number（从 ACX 编号查找结构）、Find Structure from Name at ChemACX.com（从 ChemACX.com 查找结构）、Browse ChemStore.com（浏览 ChemStore.com 网站）、Browse CambridgeSoft.com（浏览 CambridgeSoft.com 网站）、Browse CambridgeSoft Documentation（浏览 CambridgeSoft.com 文件）、Browse CambridgeSoft Technical Support（浏览 CambridgeSoft.com 技术支持）、Browse CambridgeSoft Downloads（浏览 CambridgeSoft.com 下载）、Register Online（在线注册）、Browse ChemOffice SDK（浏览 ChemOffice SDK）等选项。

（9）窗口菜单（Window）菜单有：Cascade（层叠）、Tile（并排）、Arrange Icons（排列图标）、Close（关闭）、Close All Window（关闭所有窗口）。

2．工具栏

Chem3D 12.0 有 6 个工具栏：Standard（标准）、Building（建模）、Model Display（模型显示）、Surface（表面）、Movies（动画）、Calculation（计算）。表 9-1 是 Chem3D 12.0 的主要工具栏的工具图标。

表 9-1 Chem3D 12.0 的主要工具栏的工具图标

图标	描述	图标	描述
	Select,选择		Stereo Pair,显示一对有立体感的结构
	Rotate,旋转		Perspective,透视显示(前大后小)
	Zoom,缩放		Depth Fading,深度阴影显示(前亮后暗)
	Singel Bond,单键		Atom Label,显示元素符号
	Double Bond,双键		Serial Number,显示原子序号
	Trible Bond,三键		Full-screen,全屏显示
	Dummy Bond,哑键		Demo,演示
	Build From Text,文本构建		Surface,分子表面显示
	Eraser,删除		Solvent Radius,表面溶剂原子半径
	No Calculation Running,没有运行计算		Display Mode,显示模式
	Calculation Running,正在进行计算		Color mapping,分子表面的彩色模式
	MM2 minimize,MM2 能量优化		Surface Color,表面显示的颜色
	Stop running,停止计算的运行		Resolution,模型显示的分辨率
	Model Display Mode,分子显示模式		Molecular Orbital Select,选择分子轨道
	Background Color,工作区背景颜色		Isocontour,网格等高线
	Red blue Glasses,红蓝眼镜的立体显示		Positive Amplitude Color,正电荷颜色
	Glasses,深色眼镜的立体显示。		Negative Amplitude Color,负电荷颜色

  Chem3D 12.0 在工作窗口的左、右边框上增加了 Model Explorer（模型管理器）和 ChemDraw Panel（ChemDraw 面板）的弹出式窗口功能。用户使用 View/Model Explorer（"Ctrl+E"）命令激活模型管理器，使用 View/ChemDraw Panel（"Ctrl+W"）命令可激活 ChemDraw 程序。除了模型管理器和 ChemDraw 面板是 Chem3D 固定在工作窗口的左、右边框上，其他的显示窗口（如 Output、Measurement 等）可拖放在上、下、左、右四个边框上。所有窗口都具有自动隐藏的功能，点击窗口右上角的"Auto Hide"图标，可实现自动收缩隐藏的效果，将光标移到 Chem3D 的工作区窗口内时，自动隐藏窗口会向边框方向收缩，直至完全隐藏，将光标指向边框上自动隐藏窗口的标记时，该窗口会向外自动弹出。Chem3D 的自动隐藏窗口设计新颖，使用方便。

  Model Explorer（模型管理器）以纵向平铺方式同时显示分子结构层次和 3D 窗口，如图 9-26 所示。模型管理器窗口主要用于显示 3D 窗口的分子模型的结构层次。对于一个小分子，在该窗口中只显示分子及其所含的原子两个层次的信息。对于一个生物大分子，则可以分别依次显示蛋白质分子、肽链、官能团和原子等层次信息。点击"+"可扩展显示层次，点击"—"则可缩减显示层次，它类似于 Windows 中的文件夹的树状结构。用户可以根据分子模型的结构，在模型管理器窗口中选择一个或数个对象，使其在 3D 窗口中显示或者不显示，这对于显示复杂大分子的子结构带来了很大的方便。

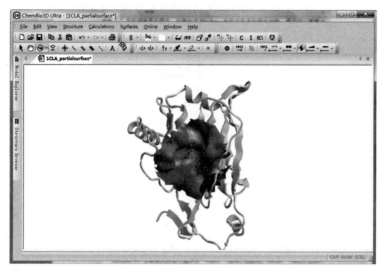

图 9-26　Model Explorer（模型管理器）显示的分子结构层次和 3D 窗口

三、分子模型的操作

1. 分子模型的平移和旋转

Chem3D 在建模工具栏中提供 "Select"（选取）工具和 "Rotate"（旋转）工具，使用这两个工具，可以对三维分子模型进行平移和旋转，使分子模型具有更好的视觉效果。

（1）对整个分子模型的平移，先用 "Select"（选取）工具，拖拉矩形框，选择整个分子，或者使用 Edit/Select All 命令（或 "Ctrl+A"）选定全部分子模型。然后在分子的任一位置上点击，用鼠标拖动，可将分子在窗口内平移。

（2）如用 "Select"（选取）工具单击原子，完成了选定后再拖拉动原子，可以实现单原子的平移。

（3）点击 "Rotate"（旋转）工具图标后，当光标处于工作区的四边时，会显示出上下左右四边区。光标在上和下边区做水平拖动时，分子图形分别沿 Z 轴（Rotate About Z Axis）和 Y 轴（Rotate About Y Axis）旋转。光标在右边区做垂直拖动时，分子图形分别沿 X 轴（Rotate About X Axis）旋转。而光标在左边区做垂直拖动时，分子图形分别绕着化学键（Rotate About Bond）旋转，但要先选定一个化学键才有效。在此四个边条位置时，光标的形状均不相同。

（4）当光标处于非边区位置时，四个边区自动隐藏，此时光标呈手形，用户可按住鼠标左键上下和左右的拖拉，使分子沿 X 轴和 Y 轴旋转。

（5）如果要进行精确角度的旋转操作，可点击 "Rotate"（旋转）工具图标右边的黑色向下三角图标进入旋转角度的转盘设置窗口。在窗口的下部有 7 个小图标，分别对应：X 轴、Y 轴、Z 轴、轨迹球、化学键、二面角（一边）、二面角（另一边）。用户要先点击某个图标，选择要旋转的对象，再拖动转盘的指针进行旋转，也可以在白色的输入框中键入具体的数值，按回车键，进行精确旋转。

（6）如果工作区内有多个分子，使用 "Select"（选取）拖拉出矩形框选定某个分子，此后的旋转操作只针对选定的分子。

图 9-27 是分子旋转操作的窗口，左边是点击 "Rotate"（旋转）工具图标的窗口，右边

是旋转角度的转盘窗口。

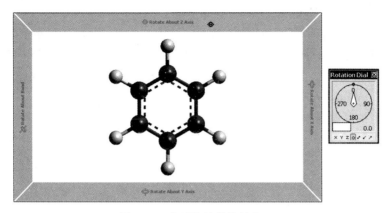

图 9-27　分子旋转操作的窗口

2．分子模型的动画

Chem3D 还有显示动画的功能，分子模型可以绕 X 轴、Y 轴和 Z 轴转动，用户可以从不同角度观看分子结构，获得更多的信息。具体的操作可在 Movie 菜单（或者 Movie 工具栏）中实现，例如 Movie/Spin About X（Y、Z）Axis 可实现绕 X、Y、Z 轴旋转。另外，还可以使用 Record（录制）功能，将屏幕最前和最后的两个图形录制为动画的两个帧，多个帧的连续播放就可构成完整的动画。在 Movie 菜单还有一些通用的播放器控制选项，利用它们控制动画的播放，观看动画的细节。Chem3D 还可将录制的动画另存为通用性很强的 AVI 视频文件，使用 File/Save as 命令，选择 Windows AVI Movie（*.avi）文件格式，并选择合适的压缩算法存储文件。

3．分子模型的显示

Chem3D 的分子模型显示模式有：Wire Frame（线状）、Sticks（棒状）、Ball & Stick（球棒）、Cylindrical Bonds（圆柱键）、Space Filling（空间充填）、Ribbons（带状）、Cartoons（动画）。带状显示是蛋白质的第二级结构显示模式，动画显示是带状结构的立体显示。使用空格键可以进行分子不同显示模式的切换。

由于 Chem3D 使用 OpenGL 三维图形应用程序接口库，如果配置了立体显示的硬件（如立体眼镜），可以观看屏幕显示的立体效果。"Stereo Pair"（立体对）显示两个具有立体效果的分子模型。"Redblue Glasses"（红蓝眼镜）显示是使用红蓝立体眼镜时的显示模式。"Perspective"（透视）显示是有距离感的显示，距离远的物体显示更小，用户可在 File/Model Settings/Stereo & Depth/Field of 调整透视比例的大小。"Depth Fading"（深度阴影）显示将距离较远的部分以深度阴影的方式表示。"Atom Label"（原子标记）可显示原子的元素符号。"Serial Number"（序号）用于显示坐标表中原子序号。

4．分子结构的输入与输出

Chem3D 支持许多分子图形软件的文件格式，也可支持一些著名的计算化学程序的文件格式，它可以为计算化学程序的运行创造友好的图形界面，具有直观和方便的效果。Chem3D 提供了计算化学程序的良好输入、输出接口，这是其显著优点之一。

Chem3D 可打开的文件格式有：Chem3D XML、Chem3D 8.0、Chem3D 3.2、Alchemy、Cart Coords 1、Cart Coords 2、CCDB、ChemDraw、ChemDraw XML、Chemical Markup Language、Conn Table、Gamess Input、Gaussian Input、Gaussian Checkpoint、Gaussian Cube、Int Coords、

ISIS Sketch、ISIS Transportable Graphics、MacroModel、MDL MolFile、mmCIF、MSI ChemNote、MOPAC Input、MOPAC Graph、Protein Data Bank、ROSDAL、SDFile、SMDFile、SYBYL、SYBYL2、Tinker MM2 Input、Tinker MM3 Input、Tinker MM3（Protein）Input 等33种。

Chem3D可存盘的文件格式除了以上33种外，还有：Bitmap、Enhanced MetaFile、GIF Compressed Picture、JPEG Compressed Picture、PNG、PostScript、QuickDraw3D Metafile、TIFF、Window AVI Movie等共42种。

5．分子模型的其他操作

Chem3D还提供了许多结构操作的功能：Measurement（度量）、Center Model（模型居中）、Reflect（反映）、Invert（反转）、Add Centriod（增加质心原子）、Overlay（重叠）、Dock（对接）等。

四、分子构建

Chem3D提供丰富的构建三维分子模型的方式。它们分别是：通过二维分子模型的转换、使用绘图工具绘制模型、使用文本构建工具构建模型、使用子结构构建模型和使用坐标表构建模型5种方式。以下介绍分子模型的构建方法。

1．通过二维分子模型的转换

ChemDraw 和 ISIS/Draw 是二维分子图形绘制软件。Chem3D可以直接读入ChemDraw和ISIS/Draw格式的文件，也可将ChemDraw和ISIS/Draw界面的二维分子图形直接拷贝到Chem3D的工作窗口，自动将二维图形转换成三维图形。Chem3D将ChemDraw整合在同一个平台上，Chem3D在工作界面嵌入了ChemDraw面板，用户可以直接在Chem3D的界面上直接进行ChemDraw的操作，而不必另外启动ChemDraw程序。

使用View/ChemDraw Panel（或Ctrl+W）命令可激活ChemDraw面板。使用鼠标左键点击ChemDraw面板内的工作区，ChemDraw面板上部呈蓝色，工作区出现蓝色边框且弹出ChemDraw绘图工具栏，表示当前的工作窗口位于ChemDraw，如要调出其他ChemDraw工具栏，可以用右键点击工作区，选择View菜单。如果ChemDraw面板没有蓝色显示，说明当前工作窗口是Chem3D。点击ChemDraw面板右上角"Auto Hide"图标，在Chem3D窗口右边的垂直列出现ChemDraw标记，此时光标位于Chem3D窗口时，ChemDraw面板会自动隐藏，光标指向ChemDraw标记时，其面板会自动弹出。

在ChemDraw面板上部有以下的工具图标（如图9-28所示）：Synchronize（同步）、Draw>3D add（将Draw面板模型增加入3D窗口）、Draw>3D replace（将Draw面板模型替换3D窗口模型）、3D>draw（将Draw面板模型转入3D窗口）、Cleanup（标准化）、Clear（删除）、Lock（锁定）。另外，也可将一个面板选定的部分模型使用左键并拖拉到另一个窗口，实现二维图形与三维图形的相互转换。Chem3D的默认值是设定3D和Draw窗

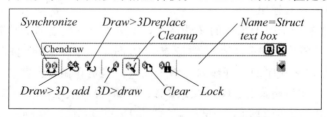

图9-28 ChemDraw面板上部的工具图标

口同步动作（Synchronize），任何一个窗口图形的变化，另一个窗口也同时具有相应的变化。图 9-29 是 Chem3D 和 ChemDraw 的窗口界面。

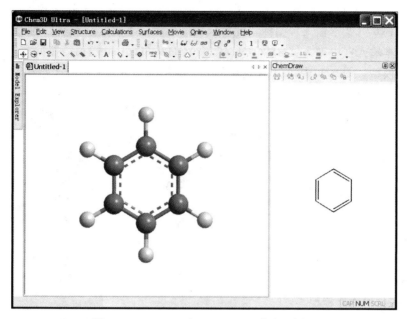

图 9-29　Chem3D 和 ChemDraw 的窗口界面

2．使用绘图工具绘制模型

利用各种化学键绘图工具可以绘制常用的简单分子结构模型。程序提供 4 种化学键绘制工具：Single Bond（单键）、Double Bond（双键）、Triple Bond（三键）、Dummy Bond（哑键）。Chem3D 默认的绘图工具是单键工具。点击工具栏上的图标后，图标工具会加亮显示，在工作窗口用鼠标左键单击并拖放，放松鼠标后，就会自动生成三维分子模型。自动加氢和建模是 Chem3D 绘图的默认设置，即在 File/Model Settings/Model Building 中设定 Correct Atom Types（更正原子类型）、Rectify（加氢）、Apply Stander Measurements（应用标准数据）、Fit Model to Window（最佳窗口位置）的选项。这种设置方式自动化程度高，在绘制小分子时较方便，但在绘制大分子时，分子模型在屏幕上的位置会有很大变化，使得操作很不方便。用户可使用 File/Model Settings/Model Building 命令关闭自动加氢和建模的功能，在完成模型绘制后再加氢和建模。先选择需要加氢和建模的分子，使用 Structure/Rectify 命令进行加氢，使用 Structure/Clean Up 命令进行建模。如果要改变某一化学键的键级，可先点击该键工具图标，使用左键点击第一个成键原子后再拖拉到第二个成键原子，也可使用右键点击某一化学键，在弹出窗口中选择"Set Bond Order"进行键级的设置。

3．使用文本构建工具构建模型

使用"Build From Text"（文本构建）工具可输入元素、原子类型、子结构、电荷和原子编号，或者进行以上各种数据的组合编辑。使用文本构建工具应注意以下事项。

（1）在工作窗口的空白位置双击左键可激活文本框。如果工作窗口中的分子模型已经选定了一个原子，则输入框中的内容会增加到选定的原子上。

（2）所输入的文本是区分大小写的。元素符号的正确写法可参照 View/Parameter Tables/Element 元素表中所列出的符号。

（3）如果要更改原子的元素符号，单击原子，在白色输入框中键入元素符号。另外，使用其他工具（例如，选择工具或单键工具）时，鼠标双击原子，在白色输入框中键入元素符号也可改变原子类型，输入数字改变原子编号。

使用文本构建工具输入分子表达式，则可以直接生成三维分子模型。例如，点击"Build from Text"（文本输入）图标，此时鼠标的形状发生改变，在空白的工作窗口双击鼠标左键，在文本输入框中键入（CH3)CH(CH3)CH2CH(OH)CH3，按回车后可得到2-甲基戊烷的分子模型。图9-30是2-甲基戊烷的分子模型的二维和三维分子结构。

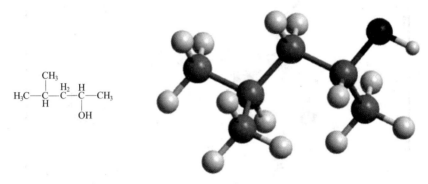

图9-30　2-甲基戊烷的分子模型的二维和三维分子结构

4．使用子结构构建模型

如果要构建复杂的大分子结构，可利用程序自带的子结构库进行组建。例如，构建蛋白质结构可由氨基酸链接生成。使用 View/Parameter Tables/Substructure 命令，将选中的子结构拷贝到工作区，然后就可以根据自己的需要编辑结构模型。Chem3D 12.0 子结构库带有 256 种常见的子结构。

5．使用坐标表构建模型

Chem3D 以 Cartesian Table（直角坐标表）和 Z-Matrix Table（Z 矩阵坐标表）两种方式显示分子结构的坐标。使用 View/Cartesian Table 和 View/Z-Matrix Table 命令可激活坐标表显示。在一般情况下，坐标表显示的是已经存在 3D 窗口分子的原子坐标。但是对于模型显示区和坐标表都是空的工作窗口，可以使用坐标表构建分子模型。用户先将文本形式或 Excel 的坐标拷贝到剪贴板，然后在坐标表窗口上点击右键，选择 Paste Cartesian，就可构建三维分子结构模型。直角坐标的数值可由 4 列构成，第 1 列为元素符号，其他 3 列分别代表相应的 X、Y、Z 坐标，各列间以空格分隔。

五、分子结构数据的测定

Chem3D 12.0 很容易地进行分子结构几何参数等数据测定，并以表格形式将结构数据列出。除了列出直角坐标表和 Z-矩阵表（内坐标）外，还可测定键长、键角和二面角等几何结构数据。

(1) 将光标指向一个原子就可以显示出原子的元素符号以及编号，将光标指向一个化学键可以显示键长和键级。如果选中 3 个成键原子，当光标指向其中一个原子时，还可以显示三个原子生成的键角。如果选中 4 个连接的成键原子，当光标指向其中一个原子时，可以显示 4 个原子生成的二面角。如果选中某一个原子，当光标指向另一个非成键原子时，可显示出两个非键原子的距离。

(2) 如果要显示分子的所有几何参数（键长、键角和二面角），可以使用 Structure/

Measurement/Bond Lengths（键长）、Bond Angles（键角）、Dihedral Angles（二面角）命令，在弹出的测量窗口上，可以显示出分子结构的几何参数。图 9-31 是乙烷分子及其键长、键角和二面角的数据。

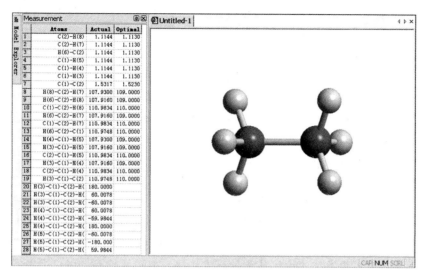

图 9-31 乙烷分子及其键长、键角和二面角的数据

六、分子的计算

Chem3D 12.0 的计算分为分子力学和量子化学两种类型。分子力学计算有 MM2、MM3、MM3（Protein）等分子力场方法，量子力学计算方法有半经验方法（Extended Huckel、MOPAC）和从头计算（Gaussian、Gamess）。Chem3D 可进行以下的计算。

（1）Extended Huckel：Extended Huckel（扩充的休克尔）是简单的半经验计算方法，使用该方法可进行电荷和表面的计算。

（2）MM2：MM2 是 Norman Allinger 及合作者开发的分子力场方法，在小分子的有机化学领域应用广泛，使用 MM2 可进行分子构型的能量优化和分子动力学计算。

（3）Compute Properties（分子性质计算）：Chem3D 12.0 可进行 50 多种分子性质的计算，有些性质是其于 MM2 和 MOPAC 计算的基础上进行的。例如，ChemPropPro 可预测 BP、MP、临界温度、临界气压、吉布斯自由能、lg$P$、折射率、热结构等性质。

（4）Gamess：Gamess 是著名的从头算计算程序。在 Chem3D 中运行 Gamess 可进行分子构型的能量优化和分子性质的计算。Chem3D 可以创建一个 Gamess 程序的输入文件，或运行一个已有 Gamess 输入文件。另外，如果在计算过程中（例如分子构型的能量优化和分子性质计算）进行了参数的设置，用户可将这些设定另存为作业文件，以后再直接运行作业文件。

（5）Gaussian：Gaussian 是著名的从头算计算程序。在 Chem3D 12.0 中运行 Gaussian 可进行分子构型的能量优化、分子性质计算（如分子轨道、电荷密度分布等）和光谱分析。Chem3D 12.0 可以创建一个 Gaussian 程序的输入文件，或运行一个已有 Gaussian 输入文件，或可运行先前存储的作业文件，为 Gaussian 程序提供了输入和输出界面，能够显示计算结果的三维分子模型。

（6）Mechanics（分子力学）：Chem3D 可进行 MM2、MM3、MM3（Protein）分子力场方法的能量优化和分子性质计算，也可以运行一个已有输入文件，或可运行先前存储的作业文件。

（7）MOPAC：MOPAC 是著名的半经验计算程序，Chem3D 可进行 MINDO、MINDO/3、MINDO-d、AM1 和 PM3 等方法的分子构型的能量优化、分子性质计算（计算焓变、溶剂能、偶极矩、点电荷、轨道密度等）、过渡态优化和光谱分析，也可以创建一个 MOPAC 程序的输入文件，或运行一个已有 MOPAC 输入文件，或可运行先前存储的作业文件。

Chem3D 程序只提供 Gaussian 和 Gamess 计算的接口，数据通过该接口转到 Gaussian 和 Gamess 程序进行真正的计算，并将计算结果返回 Chem3D 程序。因此用户需要在相同的计算机上另行安装 Gaussian for Windows（例如 Gaussian 03W）和 Gamess for Windows 程序，并指定程序所在目录位置。而 MM2、MM3、Extended Huckel、MOPAC 方法是 Chem3D 自带的，不需要另外安装，但程序不带有 MM3（Protein）力场参数。

分子模型的几何构型优化是分子模型设计的一个重要部分，它可使得分子模型更接近于真实的三维空间分子。用户可根据具体情况，选择 Chem3D 所提供的某一种计算方法进行几何构型优化。MM2 和 MOPAC 是最常用的几何构型优化方法。量子化学计算可得到分子的电子性质，半经验计算方法速度比从头计算方法快，但精度较差，用户可根据具体情况选择不同的计算方法。在使用菜单 Surface（表面）的许多命令时，先要进行某种量子化学方法的计算。如果要在 PC 机上进行较大分子的从头算，其硬件配置要很好（高速 CPU、大内存和高速硬盘等）。当进行 Chem3D 计算时，程序会将计算结果显示在 Output 窗口上，该窗口也可设定为自动隐藏方式。

七、分子表面和分子轨道图形的显示

1. 分子表面图形的显示

Chem3D 可以显示多种分子表面图形：Solvent Accessible（溶剂可及）、Connoly Molecular（Connoly 分子）、Total Charge Density（总电荷密度）、Total Spin Density（总自旋密度）和 Molecular Electrostatic Potential（分子静电势）。分子表面图形的显示模式有：Solid（实心）、Wire Mesh（网格）、Dots（点状）、Translucent（透明）。

Chem3D 还有以下 Color Mapping 的选项：Atom Color（原子颜色）、Element Color（元素颜色）、Group Color（组颜色）、Hydrophobicity（疏水性）、Partial Charges（局部电荷）、Potential（势能）、Spin Density（自旋密度）、Molecular Orbital（分子轨道）。

Chem3D 对分子表面和分子轨道图形的显示具有可调性，它可自行设置：Radius（半径）、Resolution（分辨率）、Isocontour（等高线）、Positive Color（正电荷颜色）和 Negative Color（负电荷颜色）等。

分子表面图形除了 Solvent Accessible（溶剂可及）、Connoly Molecular（Connoly 分子）外，其余的表面图形的显示都涉及分子的电子性质，都先要进行量子化学计算。先在 Calculation 菜单中选择某种量子化学（半经验方法或从头计算），并在其 Compute Properties（计算性质）中选择所需要的分子性质进行计算，然后再显示分子表面图形。例如，要显示丁二烯分子的静电势表面，先进行量子化学计算，选择 Calculation/MOPAC/Computer Properties/Properties/Electrostatic Potential（Molecular Surface）命令，再使用 Surface/Choose Surface/Molecular Electrostatic Potential 命令，然后使用 Surface/Display Mode/Wire Mesh

命令，选择显示模式，并适用调整分辨率（Resolution）和等高线的网格（Isocontour）。图 9-32 是丁二烯的静电势网格显示图形。图 9-33 是丁二烯的溶剂可及表面显示图形。

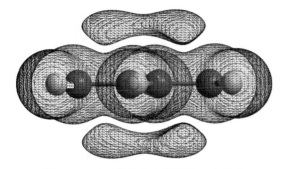

图 9-32　丁二烯的静电势网格显示图形

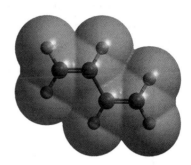

图 9-33　丁二烯的溶剂可及表面显示图形

2．分子轨道图形的显示

分子轨道图形的显示也要先进行量子化学的计算。以丁二烯为例来说明，首先画出丁二烯分子，旋转分子使其分子平面通过 Z 轴，然后使用 Calculations/Extended Huckel/Calculate Surfaces 命令进行表面计算，接着使用 Surfaces/Choose Surfaces/Molecular Orbital 命令，显示该分子的 HOMO 分子轨道图（默认值 $N=11$），如图 9-34 所示。如果要显示其他的分子轨道图，可使用 Surfaces/Molecular Orbital 命令，在分子轨道列表中选择所需要的编号。图 9-35 是丁二烯的 LUMO（$N=12$）分子轨道图。

图 9-34　丁二烯的 HOMO（$N=11$）分子轨道图

图 9-35　丁二烯的 LUMO（$N=12$）分子轨道图

第四节　HyperChem 的使用

一、简介

HyperChem 是 HyperCube Inc.（http：//www.hyper.com）公司开发的运行在 Windows 系统下的分子计算与建模软件。它可以构建复杂的分子模型，具有强大的综合计算与分析功能，是优秀的分子图形和分子设计的工具软件之一。HyperChem 自带了很多计算方法，可直接进行量子化学（半经验、从头算和密度泛函）、分子力学、分子动力学、随机动力学、Monte Carlo 模拟等计算。HyperChem 构建分子模型的能力很强，还附带了很多特殊功能的小程序，已经成为研究药物分子和生物大分子的强有力的工具。HyperChem 的使用手册很齐全和详细，适合于用户学习和使用，因此 HyperChem 既可作为教学使用，也可作为科研工作的常用工具软件。但是与其他分子图形软件相比，HyperChem 在分子数据的列表方面的功能较弱。HyperChem 的最新版本是 7.52 版，由于使用了 OpenGL 图形库，图形显示模式增多，图形显示明显质量高。HyperChem 的 30 天试用版可在其网站免费下载。本节介绍 HyperChem 7.52 的使用。

图 9-36 是 HyperChem 7.52 的图形界面。界面的最上方是菜单栏。菜单命令是 HyperChem 的主要操作方式，在菜单下面是常用工具档，最下部是工作状态栏。

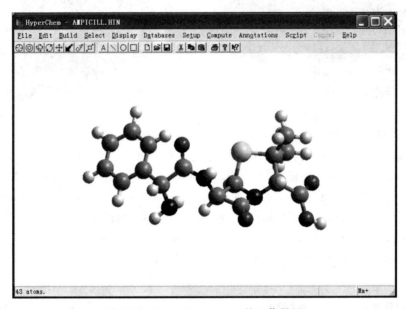

图 9-36　HyperChem7.5.2 的工作界面

二、工具栏的使用

在工具档从左开始有 12 个工具图标，当鼠标点图标之后，鼠标在工作区的形状也改变为该图标的形状。

(1) Draw（绘图），光标形状为🞕，鼠标双击该图标可直接进入默认元素周期表，选择所要绘制元素。

(2) Select（选择）光标形状为◉，鼠标双击该图标可直接进入加氢建模。

(3) Rotate out-of-plane（旋转），光标形状为🞕，也可使用键盘的上、下、左、右光标键进行相同的操作。

(4) Rotate in-plane（Z 轴旋转），光标形状为🞕，也可使用键盘的"Home"和"End"键进行顺、反时针方向的旋转。

(5) Translate（平移），光标形状为✥，也可使用键盘的"Shift"键＋上、下、左、右光标键进行相同的操作。

(6) Z-Translate（Z 轴平移），光标开头为🞕。

(7) Magnify/Shrink（缩放），光标形状为🞕，也可使用键盘的"PgUp"和"PgDn"键进行相同的操作。

(8) Z-Clipping planes（Z 轴截片），光标形状为🞕。

(9) Text Annotation（文本注释）。

(10) Line Annotation（直线注释）。

(11) Circle Annotation（圆形注释）。

(12) Rectangle Annotation（矩形注释）。

HyperChem 7.52 的操作可以使用鼠标和键盘两种。鼠标操作较为多样：左点击、右点击、左拖拉、右拖拉、左右拖拉、"Shift"键＋左点击、"Shift"键＋右点击、左双击等。一般的旋转和平移操作是使用鼠标的左键进行，当完成了某个基团、分子的选择之后，可以使用右键对所选部分进行旋转和平移操作。

三、菜单命令

HyperChem 的菜单命令很多，以下通过对 HyperChem 7.52 菜单命令的介绍并结合某些具体的操作，说明程序的主要功能和使用方法。

1. File（文件）

(1) New（新建）：创建一个新文件，此时的工作区是空白。

(2) Open（打开）：打开一个已有的分子结构文件。HyperChem 可打开的文件格式有 HyperChem（*.HIN）、Brookhaven PDB（*.PDB，*.ENT）、ISIS Sketch（*.SKC）、Cartesian（*.XYZ）、HCdata（*.HDF）、MDL MOL（*.MOL）、MOLPAC Z-Matrix（*.ZMT）、Tripos MOL2（*.ML2）和 CS ChemDraw（*.CHM）等。

(3) Merge（合并）：将另一个存盘文件合并到工作区里。HyperChem 工作区是单窗口，它只能打开一个文件，若要同时调入多个分子文件，则必须使用合并文件的命令。

(4) Save（存盘）：将工作区里的分子结构存盘，如是新文件，要输入文件名并选择文件格式。存盘文件格式与打开文件格式相同。

(5) Save As（另存为）：将工作区里的分子结构另外存储为一个文件。通过这一命令可给文件改名或增加文件的注释。文件存储的格式同上。

(6) Save As HTML（另存为 HTML 文件）：将工作区里的分子结构以 HTML 格式存盘。该文件使用浏览器调用，并在网页上对分子模型进行交互式操作（旋转、平移、缩放等）。

(7) Start Log（开始输出文件）：将 HyperChem 的输出信息存储在 log 文件中，输出文件以 log 为扩展名，它可以记录计算输出的详细信息。

(8) Stop Log（停止输出文件）：停止将输出信息存储在 log 文件。

(9) Log Comment（注释输出文件）：对输出 log 文件加入注释内容。

(10) Import（导入）：导入由 HyperChem 或其他量子化学计算程序得到分子轨道、偶极矩、紫外可见光谱和红外光谱数据。

(11) Export（导出）：导出由 HyperChem 计算得出分子轨道、偶极矩、紫外可见光谱和红外光谱数据。

(12) Print（打印）：打印工作区中的分子图形。

(13) Preferences（参数选择）：设置 HyperChem 的使用参数。当退出 HyperChem 时，系统会保存当前的设置供下次启动时调用。当前窗口的设置不会影响同时打开的其他窗口。当使用 Preferences 命令后，会弹出一个设置窗口，如图 9-37 所示。该窗口共九个可设置按钮，点击每一按钮都可进行各种选项的参数设置。参数设置有以下内容：工具图标（Tool）、键盘操作（Key）、图形的设置（Setup Image）、第二级结构颜色（Secondary Structure Colors）、应用文件路径（Paths）、网络许可（Network License）、窗口颜色

图 9-37　参数设置窗口

(Window Color)、化学键颜色（Bond Color）、被选定对象颜色（Selection Color）、等值面颜色（Isosurface Color）。

(14) Exit（退出）：退出 HyperChem，退出前要选择保存，或者放弃工作区里的分子图形。

2. Edit（编辑）

(1) Clear（删除）：删除工作区里选定的原子、残基、分子和二级结构。删除前 HyperChem 会显示确认信息。键盘上"Delete"键也具有相同的功能。

(2) Cut（剪切）：将工作区里选定的图形剪切到剪贴板。

(3) Copy（拷贝）：将工作区选择的图形复制到剪贴板。

(4) Copy ISIS Sketch（拷贝成 ISIS Sketch 格式的图形）：将工作区里选定的分子以 ISIS/Draw 的 Sketch 格式拷贝到剪贴板，以后可以粘贴到其他可接受该格式的程序中（如 ISIS/Draw、ChemDraw 和 Chem3D）。

(5) Paste（粘贴）：将剪贴板里的图形粘贴到工作区。

(6) Copy Image（拷贝图像）：将工作区分子图形拷贝到剪贴板上。图形文件的设置可使用 File/Preferences/Setup Image 命令。F9 功能键也具有相同的功能。

(7) Invert（倒置）：以选定的原子为中心对分子结构进行倒置。某原子的坐标为（x、y、z），倒置后的坐标就变为（$-x$、$-y$、$-z$）。倒置操作可用来改变手性分子的手性。倒置操作前要选定一个或多个原子作为倒置的中心，再使用 Select/Name Selection/POINT 命令，去掉所有选择后，使用 Edit/Invert 命令。

(8) Reflect（镜像）：通过指定的平面对分子结构或选择的部分结构进行镜像操作。在镜像操作前要先选择三个原子作为镜像平面，再使用 Select/Name Selection/PLANE 命令，选择需要镜像的原子和分子，最后使用 Edit/Reflect 命令。

(9) Rotate（旋转）：对分子结构或被选择的部分结构进行旋转。图 9-38 是旋转操作窗口。Rotate About 部分设定旋转轴，除了可以 X、Y、Z 轴为旋转轴外，也可指定一条直线为旋转轴。Apply To 部分有 Viewer 和 Molecules 两个选项，若选择前者，则原子坐标不发生改变，若选择后者，则改变原子坐标。在 Angle 输入框可键入精确的旋转角度。

(10) Translate（平移）：对分子结构或被选择的部分结构进行平移。图 9-39 是平移操作窗口。最上方选择平移方式 Translate Viewer 和 Translate Selection，前者不改变原子坐标，后者则相反。在下方的 dx、dy、dz 中可输入 Translate Viewer 模式下分子位移的具体数值。在 Translate Selection 选项中，可以选择移动到原点、选择的某点及自行设定坐标的其他点。

(11) Zoom（缩放）：对分子结构进行缩小或放大。对于大分子进行缩放操作时，最好选择棒式显示模式，这样操作速度会快些。

(12) Z Clip（Z 轴截面）：指定 Z 轴截面的高度和位置。图 9-40 是 Z 轴截面设置窗口中。在窗口中可以见到一个缩小的分子模型和两条直线，绿色线代表前方截面，紫色线代表

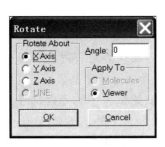

图 9-38　旋转操作窗口

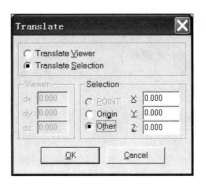

图 9-39　平移操作窗口

后方截面，用户可以移动右、左边滚动条来调整前、后截面的位置，也可以在 Slab 输入框中键入 0 到 3200 之间的数值来设定前、后截面的位置。在 System 下部还显示分子前、后末端在 Z 轴的数值。

（13）Align Viewer（排列观察者）：设置分子坐标系中的某一轴或指定的某一直线与观察者的 Z 轴方向对齐。在最初建立分子结构体系时，系统默认观察者的 Z 轴与分子的 Z 轴是对准的。如果进行旋转操作，则起始的对齐方式会丢失。

（14）Align Molecules（排列分子）：设置分子的惯性轴与观察者坐标系中相应的轴或指定的直线对齐。如果进行排列时选定不止一个原子，那么这次排列就会改变分子坐标系里所有原子的坐标。如果没有选定任何原子或分子，则排列不改变原子的坐标。在图 9-41 的窗口里，可以对一个分子体系进行一至两个排列设置。第一个排列是主要的，因为它决定某一惯性轴与某一坐标轴对齐；第二个排列是次要的，它只能使分子绕第一个排列对齐的轴旋转来实现对齐排列。

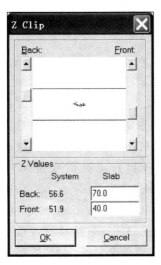

图 9-40　Z 轴截面设置

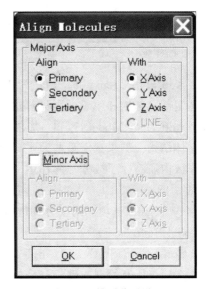

图 9-41　排列分子设置

（15）Set Bond Length（设定键长）：设定的非成环化学键的长度。在设定前，要先选定某一个化学键（或两个成键原子），并在输入框中键入新的键长数值。

（16）Set Bond Angle（设定键角）：设定的非成环键角的角度。在设定前，要先选定构成键角的两个化学键（或三个成键原子），并在输入框键入新的键角数值。

(17) Set Bond Torsion（设定扭角）：设定的非成环扭角的角度。在设定前，要先选定构成扭角的三个化学键（或四个成键原子），在输入框键入新的扭角数值。

3. Build（建模）

(1) Explicit Hydrogens（明确的氢原子）：若不选择该选项，使用绘图工具绘制化学键（鼠标左键拖拉），所绘制的原子都是默认元素原子，加氢操作要另行进行。若选择了该选项，绘制的化学键的第一原子是默认元素原子，拖拉生成第二个原子是氢原子。

(2) Default Element（默认元素）：设定使用画图工具绘制原子的元素符号，如图 9-42 所示。用户可在窗口显示的周期表中，选择需要的元素符号。另外，还有 Allows Arbitrary Valence 和 Explicit Hydrogens 两个多选框，它们分别与使用 Build/Allows Arbitrary Valence 和 Build/Explicit Hydrogens 两个命令功能相同。当完成了元素符号的设定后，绘制的原子就是所设定元素。另外，如果使用"Draw"（绘图）工具又设定了不同默认元素符号时，左键点击已有原子可以改变其元素符号。

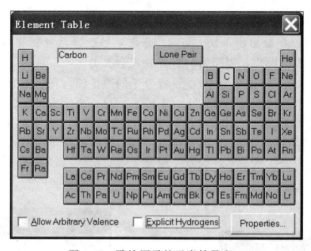

图 9-42　默认原子的元素符号窗口

(3) Add Hydrogens（加氢）：为未饱和原子添加氢原子，已经饱和的原子不受影响。如果只选定部分未饱和原子，则只对这些选定原子添加氢原子。

(4) Add H & Model Build（加氢建模）：将绘制的二维分子添加氢原子并构建成合理的三维立体结构。如果选定某些原子或分子，则只对这些选定部分进行加氢和建模，否则就会对工作区内所有原子或分子起作用。如果关闭 Explicit Hydrogens 选项，加氢和建模是同时进行的，即 HyperChem 自动加氢且设定分子的合理键长、键角及扭角。如果打开 Explicit Hydrogens 选项，则要分别进行加氢（使用 Build/Hydrogens 命令）和建模（使用 Build/Model Build 命令）。

(5) Constrain Length and Angle（固定键长和键角）：以固定数值绘制键长和键角。如果选中该选项，所有绘制的键长都是相同的，所有绘制的键角都是 30° 的整数倍。反之，如果关闭该选项，可以不受限制地绘制长短不同的键长和任意角度的键角。

(6) Allow Arbitrary Valence（允许任意化合价）：绘图时允许原子采用任意的价态。如果关闭该选项时，绘制的原子必须符合价键规则。例如，碳的最大成键数为 4，氮的最大成键数为 3，氧的最大成键数为 2 等。如果选中该选项，HyperChem 允许不符合价键规则的绘图操作，用户可绘制任意价态的原子（最高配位成键数为 12）。

(7) Set Formal Charge（设定原子氧化态）：设定原子的氧化态数值，以便在加氢和建模时构建出正确的氢原子和构型。先选定某原子，使用该命令，在弹出窗口中，设定 0、-1、+1、-2、+2、-3、+3。例如，氧化态为 0 的碳原子，加氢建模后得到 CH_4，而对氧化态为 -1 的碳原子加氢建模，得到是平面构型的 CH_3^-。

(8) United Atoms（组合原子）：将成键的氢原子与碳原子组合成一个原子基团，例如，CH_3 就可作为一个原子基团。组合后的氢原子不被显示，这种原子基团组合的方法会加快某些分子力学（例如 OPLS）的计算速度。

(9) All Atoms（独立所有原子）：将所有氢原子单独处理，已经组合为基团的氢原子作为单独原子重新显示。它是 Build/United Atoms 命令逆操作。

(10) Calculate Types（重新计算原子类型）：各种分子力学方法对原子的类型表述方式不尽相同。当改变了分子力学方法后，要进行原子类型的重新计算。原子类型的显示可使用 Display/Labels/Types。如果原子类型为＊＊，则说明该原子还未被设定类型。例如，对 Amber 分子力学方法，C 代表了 sp^2 杂化的羰基碳，CT 表示四面体上的碳等。

(11) Compile Type Rules（编译原子类型文件）：当用户改变了 chem.rul 文件中的原子类型时，需要重新编译原子类型文件，生成新的 typerule.bin 二进制执行文件。

(12) Set Atom Type（改变原子类型）：设定分子结构里或被选定部分结构的原子类型。原子类型一般都反映每一个原子所处的化学环境。每一种分子力学方法使用不同的原子类型定义。HyperChem 会自动为原子设定类型（以默认的 MM＋分子力学方法），如果改变了原子类型，加氢和建模的结果将不相同。

(13) Set Mass（设定原子量）：设定被选原子的原子量。在使用量子化学方法进行振动计算和分子动力学模拟时，正确的原子量设定十分重要。HyperChem 会自动为原子设定平均原子量，对于同位素原子，可以改变其原子量的数值。

(14) Set Charge（设定电荷）：设定被选定原子的电荷数值。原子电荷可用于分子力学中静电势能量的计算。例如：-0.20 对表示电子轻微过量，而 2.0 则意味着一个缺少两个电子的阳离子。分子力学方法不会自动给原子设定电荷，而在量子化学计算后各原子都被分配了电荷。

(15) Set Custom Label（设定自定义标记）：设定被选定的原子的用户自定义标记。用户可在弹出输入框键入自己定义的标记，自定义标记的显示可使用 Display/Labels/Custom 命令显示。

(16) Constrain Geometry（强制几何结构）：在建模时，强制限定被选定原子的周围化学键构成的空间几何构型。除非进行几何构型的强制限定，HyperChem 的建模功能根据原子类型自动确定空间几何构型。换言之，几何构型强制限定的优先于默认的建模功能，而另一些强制限定命令也会对最终建模结构产生影响。根据被选定原子的周围化学键数目，HyperChem 可强制构建以下的构型：两个键的线性（Linear）、三个键的平面三角形（Trigonal）、四个键的四面体（Tetrahedral）、四个键的平面正方形（Square Planar）、五个键的三角双锥（Bipyramidal）、六个键的八面体（Octahedral）。图 9-43 是强制设定几何构型、键长和扭角的窗口。

(17) Constrain Bond Length（强制键长）：设定建模时键长的强制方式。HyperChem 的建模功能会使用计算值自动确定键长，除非对键长进行强制限定，如图 9-43 所示。

(18) Constrain Bond Angle（强制键角）：设定建模时键角的强制方式。HyperChem 的

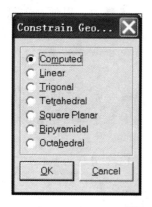 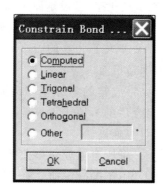 

图 9-43 强制限定几何构型、键长和扭角的窗口

建模功能会使用计算值自动确定键角，除非用户对键角进行强制限定。HyperChem 的强制键角可构建以下的构型：线性（Linear）、平面三角形（Trigonal）、四面体（Tetrahedral）、八面体（Octahedral）或其他键角数值。

（19）Constrain Bond Torsion（强制扭角）：设定建模时扭角的强制方式。HyperChem 的建模功能会使用计算值自动确定扭角，除非用户对扭角进行强制限定。HyperChem 的强制扭角可构建以下的构型：Trans（反式）、Cis（顺式）、Gauche＋、Gauche－和其他扭角值，如图 9-43 所示。

4．Select（选择）

进行 HyperChem 的选择操作时，选择单元是唯一的。换言之，用户只能在上述 4 种选择单元中使用其中一种作为默认的选择单元。

（1）Atoms（原子）：设定原子为默认的选择单元。使用选择工具进行选择操作时，选择单元是原子或化学键。当用户使用了 Multiple Selections（多重选择）后，可以选定多个原子和化学键。如果选择了某一原子，在状态栏上会显示该原子的序号、元素名称、类型、电荷、坐标。如果选定了一个化学键，状态栏会显示该化学键的键长。

（2）Residues（残基）：设定残基为默认的选择单元。使用选择工具进行选择操作时，最小的选择单元是数据库里的残基（氨基酸或核酸）。如果分子中不存在残基，则选择单元是原子。当选定一个或多个的残基时，状态栏会显示残基的序号、名称和选定的残基数目。

（3）Molecules（分子）：设定分子为默认的选择单元。使用选择工具进行选择操作时，最小选择单元是分子。当选定一个或多个的分子时，状态栏会显示分子的序号、电荷和分子量。

（4）Secondary Structure（二级结构）：设定二级结构为默认的选择单元。使用选择工具进行选择操作时，最小选择单元是第二级结构。当选定一个或多个二级结构时，状态栏会显示残基的序号、名称和选定的残基数目。

（5）Multiple Selections（多项选择）：多重选择是一个开关选项。当打开此选项时，可以使用选择工具同时选定多个单元（原子、残基、分子和二级结构）。在进行选择时，点击鼠标左键可选定某个单元，而点击右键就会取消选择。继续地左键点击可增加所选择的单元数目。如果关闭此选项，则每次左键的点击，只可选择一个单元。

（6）Select Sphere（选择球柱）：进行以某一原子为圆心的圆柱体的选择。打开此选项后，使用选择工具（以原子为选择单元）点击分子中的某一原子（作为圆心），然后同时按住鼠标左、右键从圆心向外拖拉出一个圆圈，对三维空间而言，它是进行圆柱体的选择。如果关闭这一选项，上述的同样操作是进行长方柱体的选择，而在工作区的其他位置同时按住鼠标左、右键再拖拉也是进行长方柱体的选择（在二维平面上以矩形框显示）。

（7）Select All（全部选择）：选择工作区所有可见的原子。如果在工作区的空白位置点击鼠标左键，也可实现对所有原子的选择，点击鼠标右键是取消所有的选择。

（8）Complement Selection（反选）：进行反向选择。选择了先前没有选择部分，取消先前的已经选择的部分。反向选择在某些情况下给选择操作带有很大的方便。

（9）Select（字符串和编号选择）：使用编号、字符串进行选择。HyperChem 对于原子、残基和分子的编号是自动进行的。图 9-44 是使用字符串和编号进行选择的窗口，对于 By String 选项中，可进行 Atom Symbol、Atom Name、Atom Type、Residue Name、Basis Set、Chirality、Sec. Structure 和 Name Selection 的选择。对于 By Number 选项，可进行 Atom Number、Residue Number、Molecule Number、Atomic Mass、Atomic Number、Electronic Charge、RMS Gradient 和 Spin Population 的选择，也可在 Value 输入框中键入相应的编号。

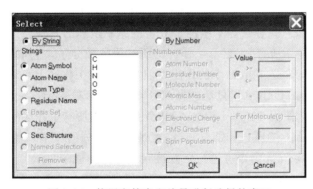

图 9-44　使用字符串和编号进行选择的窗口

（10）Name Selection（命名选择）：对一个或一组被选择的原子进行命名。HyperChem 可存储这些被命名的选择，以后现使用 Select/Select/By Name 命令读入被命名的选择。HyperChem 预先定义了十种名称可直接使用：POINT、LINE、PLANE、PLOT1、PLOT2、REACTANT、PRODUCT、GHOST ATOMS、NMR ATOMS 和 QUANTUM ATOMS。命名选择对一组经常使用的原子很有用。命名选择可应用在以下方面：对分子进行倒置或映像操作；在分子几何构型优化和分子动力学计算时加以限制；确定反应物和产物；量子化学计算时确定过渡状态；绘制一维、二维势能图形。图 9-45 是命名选择的窗口，用户可在 Other 选项的输入框中键入任意的名称。

（11）Name Molecule（命名分子）：给被选定的分子命名。该名称可以是简称，并被保存于结构文件中。

（12）Extend Ring（环状选择）：将环状结构上任意一个原子或化学键的选择延伸到整个环。该选项只对环状结构起作用。另外，使用选择工具在环状结构上任一原子或化学键双击左键，也可选择整个环状结构。

图 9-45　命名选择的窗口

（13）Extend Side Chain（侧链选择）：将链状结构上任意两个

原子的选择延伸到整个侧链。两个被选择原子构成一个化学键，侧链基团可以绕该键旋转。第二个被选定的原子决定延伸侧链的方向。另外，使用选择工具在链状结构的化学键上双击左键，也可选择侧链，延伸侧链的方向由双击化学键的偏向决定。

(14) Extend to sp³（延伸到 sp³）：将原子的选择延伸到 sp³ 杂化原子。HyperChem 可以对分子结构同时进行分子力学和量子化学组合计算（MM/QM）。即对分子的核心部分使用量子化学计算，其余结构部分进行分子力学计算，但两种计算方法的交界原子必须是 sp³ 杂化的原子。

(15) Select Backbone（选择骨架）：选择骨架。在蛋白质和核酸等大分子中，骨架是由一组原子连接生成的，它可保证结构的连续性。对于非氨基酸和核酸构成的分子，此项选择不起任何作用。

5. Display

(1) Scale to Fit（合适的显示比例）：改变工作区内所有分子或被选定部分的显示比例（达到显示窗口高度的四分之三）。使用该选项可将大分子中小基团的显示放大。

(2) Overlay（重叠）：将两个分子结构重叠，进行比较。

(3) RMS Fit & Overplay（均方根拟合和重叠）：将两个分子进行 RMS 拟合和结构重叠比较。RMS（均方根）拟合会显示出两个分子的原子坐标的差别。

(4) Show All（显示所有）：显示工作区的所有原子或分子，它取消使用 Display/Show Selection Only 和 Hide Selection 命令的作用，但只对当前工作区上可显示部分起作用。

(5) Show Selection Only（仅显示选择部分）：只显示被选定部分的原子，而其他部分的原子会被隐藏起来。使用 Display/Show All 命令可恢复所有工作区的显示。

(6) Hide Selection（隐藏选择部分）：隐藏被选定部分的原子。使用 Display/Show All 或 Display/Unhide Selection 命令可进行恢复被隐藏部分的原子显示。

(7) Unhide Selection（显示选择部分）：恢复被隐藏部分的原子显示，它是 Hide Selection 的逆操作。

(8) Rendering（显示模式）：设定分子结构的显示模式。图 9-46 是显示模式选项设置窗口。用户根据需要还可再点击相应的选项进行具体参数的详细设置，显示模式窗口还有以下的选项：Cylinders（柱式）、Overlapping Spheres（球体重叠式）、Tubes（管式）、Rendering Quality（显示质量）、Stereo（立体）、Ribbon-Like Structures（带状结构）、Rendering Method（显示模式）、Vector and Line Options（矢量和线状）和 Balls（圆球）。HyperChem 提供的显示模式（Rendering Methods）有：Sticks（棒式）、Balls（球式）、Balls and Cylinders（球柱式）、Overlapping Spheres（球体重叠式）、Tubes（管式）和 No Change（无变化）。另外还有 Add Dots（点式）的复选框。HyperChem 7.52 还增加二级结构的显示模式（Secondary Structure Rendering）：None（不显示）、Ribbon Line（线带状）、Thin Ribbons（薄带状）、Thick Ribbons（厚带状）、Beta Sheet（Plus）（β 折叠＋）、Beta Sheet（Minus）（β 折叠－）、Alpha Cylinder（α 螺旋）、Random Coil（随机盘绕）和 No Change（无变化）等。图 9-47 为 Trypsin（胰岛素）二级结构显示模式。

(9) Last Rendering（前次显示模式）：以前一次设定的显示模式进行显示。因此，可以通过该命令进行前后两种显示模式的切换。F2 功能键也具有相同的功能。

(10) Raytrace（POVRay 显示）：调用 POVRay 程序显示分子模型，POVRay 可在 HyperChem 工作区显示带有阴影的高质量的图形。图 9-48 是 POVRay 和 HyperChem 显示

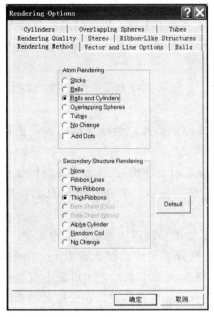

图 9-46 显示模式选项设置窗口

图 9-47 Trypsin（胰岛素）二级结构显示模式

的苯分子图形。POVRay 是免费软件，用户在安装 HyperChem 时，根据提示也要同时安装 POVRay 程序，这样才可调用 POVRay 程序显示分子模型。

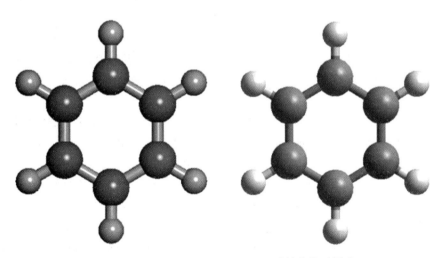

图 9-48 POVRay 和 HyperChem 显示的苯分子图形

（11）Show Isosurface（显示三维等值面）：显示三维等值面。在进行量子化学计算后，可以进行分子轨道、电荷密度、自旋密度、静电电势等的三维等值面的显示。这是一个开关命令，用于控制是否显示三维等值面。F3 功能键也具有相同的功能。

（12）Isosurface（设置三维等值面参数）：进行分子性质绘图的设定。在弹出的分子性质绘图窗口中，可设定三维等值面的显示模式、分子显示透明度和图标方式等。该选项要在完成了量子化学计算后才可使用。F4 功能键也具有相同的功能。

（13）Show Hydrogens（显示氢原子）：显示分子中的所有氢原子。如果关闭了此选项，则只显示非氢原子。

(14) Show Periodic Box（显示周期盒子）：显示 Periodic Box 矩形盒子的边框，该边框在使用 Setup/Periodic Box 命令中设定。如果关闭该选项，Periodic Box 的边框会消失。

(15) Show Multiple Bonds（显示多重键）：显示多重键，只在棒式或球柱式的显示模式有效，多重键可分为：单键、双键、三键和芳香键等。

(16) Show Secondary Structure（显示二级结构）：显示生物大分子的二级结构。例如，α 螺旋、β 折叠、翻转等。

(17) Don't Show Atoms（隐藏原子）：将所有的原子隐藏，包括选择的和非选择的全部原子。

(18) Show Aromatic Rings as Circles（将芳香环显示为环状）：将芳香环结构显示为环状结构，正常芳香环是以一根虚线和一根实线并列方式显示，而环状结构只以一根实线显示。

(19) Show Hydrogens Bonds（显示氢键）：显示分子结构或被选定原子的氢键。

(20) Recompute H Bonds（重新计算氢键）：计算分子结构或被选定原子之间的氢键。如果氢原子与受体原子间的距离小于 3.2Å 且生成的键角大于 150°时，才可能生成氢键。当原子的位置发生变化后，必须重新进行计算，判断是否可能生成氢键。在使用此选项时，必须先打开 Show Hydrogens 选项。

(21) Show Inertial Axes（显示惯性轴）：显示分子结构或被选定原子的惯性轴。惯性轴是互相垂直并相交于分子或被选定原子的以质量为中心的三条轴，惯性轴以带序号的虚线表示。如果选定了一个原子，则只显示这个原子的惯性轴。如果没有作特定的选择，则是显示整个工作区分子的惯性轴。

(22) Show Dipole Moment（显示偶极矩）：显示分子结构或选定原子的偶极矩，偶极矩是以一条两端带正负号的虚线表示，在状态栏会显示总偶极矩值及其在 X、Y 和 Z 轴上的分量。该选项只有在进行量子化学计算后（扩展休克尔法除外）才有效，并且只显示最后一次的计算结果。

(23) Labels（设定标签）：设定分子结构、选定的原子、残基和化学键的显示标记，如图 9-49 所示。HyperChem 可显示多种原子标记、残基标记和化学键标记，还可使不同原子或残基显示不同的标记。标记的显示只有在棒式显示模式下才有效。

(24) Color Atoms（设定原子颜色）：设定分子结构或选定的部分结构的颜色。HyperChem 原子颜色的默认设置是元素符号（By elements），不同元素符号显示不完全相同的颜色。用户在弹出窗口中选定某一颜色后，所有原子均以此颜色显示。如果没有进行原子选定，则颜色设置会对整个分子都有效。另外，使用 File/Preferences/Selection Color 命令可以设置选定原子的颜色。

(25) Color Secondary Structure（设定二级结构的颜色）：设定生物大分子中二级结构的颜色。

(26) Element Color（设定元素颜色）：设定所有元素的显示颜色，如图 9-50 所示。HyperChem 可选择的颜色有以下几种：Black、Blue、Green、Red、Violet、White、Cyan、Yellow，另外有 Gray、Brown、Orange、Light Blue 四种颜色是属于自定义颜色。在更改元素颜色后，如果想要恢复程序默认设置，可点击"Revert"按钮。

(27) User Colors（设定用户自定义颜色）：HyperChem 提供了四种用户自定义颜色：User1、User2、User3、User4，分别对应 Gray、Brown、Orange、Light Blue 四种颜色

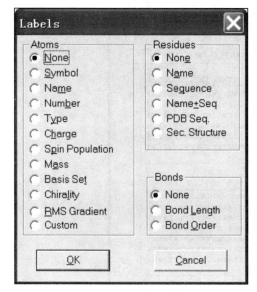

图 9-49　显示标记设置窗口

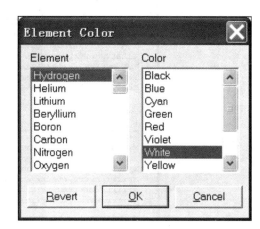

图 9-50　元素颜色设置

（默认定义），用户可在调色板上任意定义四种自定义颜色。

6. Databases（数据库）

使用 Databases 菜单里的命令，可将残基库中氨基酸和核酸以特定连接规则构建成多肽和聚核苷酸等大分子。

（1）Amino Acids（氨基酸）：使用氨基酸构造多肽。图 9-51 是构建多肽的 20 种标准氨基酸。HyperChem 提供了多种二级结构的构型选项和异构体 D 或 L 选项。按顺序连续点击氨基酸，HyperChem 会将其按设定的规则连接成多肽。

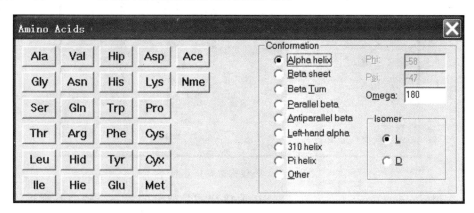

图 9-51　构建多肽的 20 种标准氨基酸

（2）Make Zwitterion（转化为两性离子）：将所有多肽或被选定的多肽转化为两性离子。两性离子是指多肽的末端基团—CO 和—NH 转化为—COO⁻和—NH$_3^+$，同时带上了正电荷和负电荷。该选项只对由数据库或 PDB 文件构成的多肽有效。

（3）Remove Ionic Ends（去除末端离子）：多肽转化为两性离子的逆过程，也就是将多肽的末端基团—NH$_3^+$ 和—COO⁻转化为相应的—NH 和—CO。

（4）Sequence Editor（序列编辑器）：调用 HyperChem Sequence Editor 程序。图 9-52 是 HyperChem Sequence Editor 程序界面。

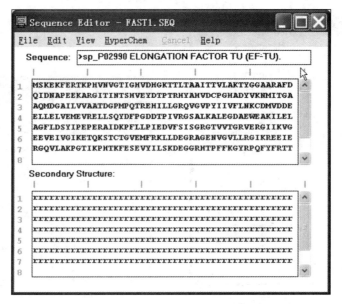

图 9-52　HyperChem Sequence Editor 程序界面

(5) Nucleic Acids（核酸）：使用核酸构造聚核苷酸（RNA 和 DNA）。在弹出窗口中有数种生成聚核苷酸的核酸，如图 9-53 所示。在设定螺旋特性和糖的结构形态时，按顺序连续点击核酸，HyperChem 会将其按设定的规则连接成聚核苷酸。

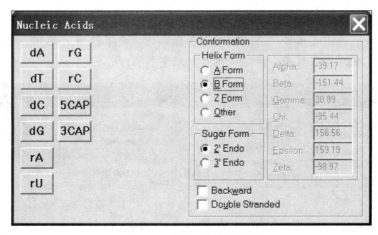

图 9-53　核酸构造聚核苷酸

(6) Add Counter Ions（添加离子）：在聚核苷酸骨架上的每一个磷酸基附近添加一个钠离子，钠离子与磷酸基上的每一个氧原子的距离都为 1.688Å。这些离子是添加在已有的残基上。

(7) Crystals（晶体构建）：调用 HyperChem Crystal Builder 程序，该程序可读入剑桥晶体结构数据库（Cambridge Crystallographic）的晶体结构文件，也可创建和显示晶体结构，晶体结构数据与 HyperChem 可相互传送，在 HyperChem 工作区显示各种模式的晶体结构。图 9-54 是 HyperChem Crystal Builder 程序界面和显示的 CaF_2 晶体结构。

(8) Saccharides（糖类构建）：调用 HyperChem Sugar Builder 子程序，可使用醛糖、酮糖类数据库构建多糖结构再拷贝回 HyperChem。

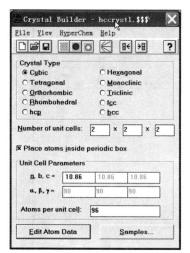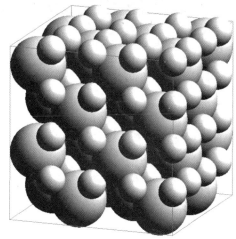

图 9-54　HyperChem Crystal Builder 程序界面和显示的 CaF_2 晶体结构

（9）Polymers（聚合体构建）：以单体构建聚合体，并将其拷贝回 HyperChem。

（10）Mutate（改变残基）：改变由数据库或 PDB 文件构建成的多肽或聚核苷酸上的残基。用户先要使用 Select/Residues 命令，以残基为选择单元，在骨架上选择要改变的残基，再使用 Databases/Mutate 命令，在弹出窗口里选择要替代的氨基酸和核酸。

（11）Replace（替换残基）：替换残基。其功能与 Mutate 类似，但可替换一组的残基系列。

（12）Invoke Database（调用数据库）：调用 HyperChem Data 程序。HyperChem Data 是一个存储化学性质、二维化学结构图形等数据的数据库程序，用户可以有效地进行分子检索，也可查找符合一定条件的分子结构。它带有简单的二维分子绘图功能，可将绘制的分子结构转入 HyperChem 进行计算，也可将 HyperChem 的计算结构存储到 Data 数据库，便于创建用户专用数据库。以数据库方式存储分子结构，为分子结构的管理提供了极大的方便。图 9-55 是 HyperChem Data 的程序界面。

7. Setup（设置）

在设置菜单的命令中可进行计算方法的选择。用户只能在分子力学、半经验量子化学、从头算量子化学和密度泛函四种方法中选择其中一种方法，Compute（计算）菜单使用的计算方法就是选中的方法。

（1）Molecular Mechanics（分子力学）：设定分子力学为默认计算方法。HyperChem 提供了四种分子力场计算方法：MM+、AMBER、BIO（+CHARMM）、OPLS。MM+多用于小分子结构，后三者适用于大分子结构。用户可根据需要选择合适的计算方法，点击"Options"按钮可进行分子力场选项的设置。点击"Components"按钮可选择构成分子力场总能量的组成部分，默认的分子力场总能量包括了：Bond（键伸缩）、Angle（角弯曲）、Torsion（扭角）、Non-Bonded（非键）、Electrostatic（静电作用）和 Hydrogen-Bonded（氢键）等。图 9-56 是分子力学方法设置窗口。

（2）Semi-empirical（半经验）：设定半经验方法为默认计算方法。半经验方法做了许多简化，其计算速度快，可以描述分子的电子性质，但计算精确度不够，适用于特定的研究对象。HyperChem 提供的半经验计算方法有：Extended Hückel、CNDO、INDO、MINDO3、

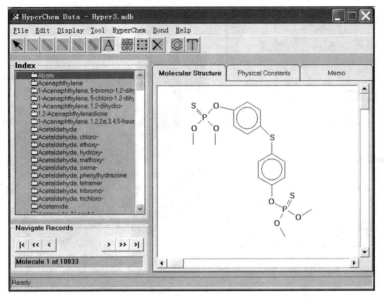

图 9-55　HyperChem Data 的程序界面

MNDO、MNDO/d、AM1、PM3、ZINDO/1、ZINDO/S、TNDO。图 9-57 是半经验计算方法的设置。点击"Options"（选项）按钮，可进行总电荷、自旋多重度、SCF 控制、自旋配对和组态相互作用等量子计算的设置。

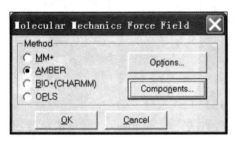

图 9-56　分子力学方法设置窗口

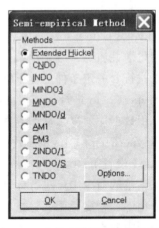

图 9-57　半经验计算方法设置窗口

（3）Ab Initio（从头算）：设定从头算方法为默认计算方法。图 9-58 是从头算方法的设置窗口。进行从头算时，首先要选择基组，HyperChem 提供了以下几种选择：No basis set、Minimal (STO-3G)、Small (3-21G)、Medium (6-31G*)、Large (6-31G**) 和 Other 等。当选择 Other 选项后，可以点击"Assign Other Basis Set"按钮，在弹出的窗口中选择其他基组。点击"Options"按钮，可进行计算的条件设置，例如，总电荷、自旋多重度、SCF 控制、自旋配对和组态相互作用等。点击"Advanced Options"按钮，可进行高级选项的设置。点击"Extra Basis Function"按钮可进行附加基组的设置。

（4）Density Functional（密度泛函）：设定密度泛函方法为默认计算方法。密度泛函方法的设置与从头算的设置基本相同，但增加了"Grid"和"Exchange Collation"的设置。图 9-59 是密度泛函方法的设置窗口。

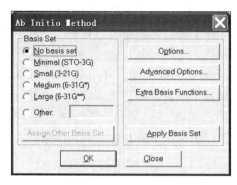

图 9-58　从头算方法的设置窗口

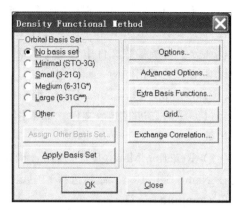

图 9-59　密度泛函方法的设置窗口

（5）Periodic Box（周期盒子）：进行 Periodic Box 的设定，图 9-60 是 Periodic Box（周期盒子）设置窗口，在窗口中输入盒子的尺寸（X、Y、Z 的数值），并设置溶剂和溶质间的最小距离（其默认值是 2.3）。计算时程序将整个分子体系放置于一个充满水分子的 Periodic Box 里，并设置好边界条件，使分子可以在恒密度的溶液环境里运动。

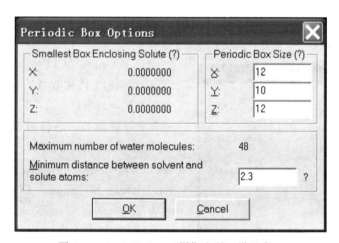

图 9-60　Periodic Box（周期盒子）设置窗口

（6）Restraints（限制）：设置计算过程中需要限制的键长、键角和扭角。用户可选择所要限制的键长、键角和扭角，使用 Select/Name Selection 命令，对被选定项进行命名，然后使用 Setup/Restraints 命令，在限制窗口里将选择的名称 Add（增加）或 Remove（除去）到限制设置中去。

（7）Set Velocity（设定速率）：设置单个原子、单个分子、原子团和分子组的速率。用户要先选定原子（可以是单个原子或工作区上所有原子），然后在弹出窗口中输入速率数值。

（8）Set Finite Field（设置电场）：设置有限的外部电场值，该电场值适用于所有的量子力学计算，包括分子动力学和振动光谱计算。

（9）Network（网络）：设置是否可以通过网络运行 HyperChem。

（10）Edit Parameter（参数编辑）：编辑参数文件，用户可交互式地编辑参数的数值，也可以增加新参数并存储。此功能只有在分子力学和半经验量子力学方法中适用，对从头算和密度泛函方法不适用。

（11）Select Parameter Set（选择力场参数）：选择已选定分子力学方法的分子力场参数。在分子力学 AMBER 和 BIO+CHARMM 分子力学方法中提供了多个可供选择的力场参数，在分子力场参数文件中包含了有键长、角度、扭角和静电作用等参数值。不同力场参数的计算结果是不相同的。

（12）Compile Parameter File（编辑参数文件）：编译参数文件。HyperChem 计算时要使用经过编译的二进制参数文件。如果用户修改或增加了参数，要重新编译参数文件，使新参数生效。

（13）Reaction Map（反应过程）：确定反应物和产物中原子的对应关系。反应物和产物要先在 Name Selection（命名选择）中定义。

8. Compute（计算）

HyperChem 根据在 Setup 菜单中所设置的默认的计算方法进行各种计算。如果要停止计算，可选择菜单栏上的 Cancel 命令。如果要储存计算结果，要在计算前使用 File/Start Log 命令。

（1）Single Point（单点计算）：单点计算，计算分子结构或被选定原子的总能量。计算的能量值（kcal/mol）和梯度值会显示在状态档上。使用量子化学计算时还会显示分子的对称性。梯度值是判断收敛的根据，它表示分子在 X、Y、Z 轴上发生位移时分子总能量的变化速率。使用量子化学计算进行单点计算后，可以进行其他后续的计算，例如绘制有关分子性质和分子轨道图形。

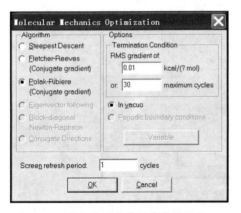

图 9-61　几何构型优化的参数设置窗口

（2）Geometry Optimization（几何构型优化）：几何构型优化收敛后可得到分子或被选定原子的局域最小点结构。图 9-61 是几何构型优化的参数设置窗口。进行构型优化可采用如下算法：Steepest Descent、Fletcher-Reeves、Polak-Ribiere、Eigenvector following、Block-diagonal Newton-Raphson 和 Conjugate Directions 等，另外还要设置 Termination Conditions（收敛条件），选择分子所处的环境：In vacuo（真空）或 Periodic boundary conditions（水溶液）。

（3）Molecular Dynamics（分子动力学）：分子动力学计算可模拟分子运动，从中可观察分子平衡特性和运动状态。图 9-62 是分子动力学选项的设置窗口。用户要在 Time（时间）选项里对 Heat time（加热时间）、Run time（运行时间）、Cool time（冷却时间）和 Step size（步长）进行合适的设置；在温度 Temperature（温度）选项里对 Starting temperature（开始温度）、Simulation temperature（模拟温度）、Final temperature（最终温度）和 Temperature step（温度步长）进行设置；在 Options 选框里设置分子所处的环境；选择数据收集周期 Data collection period 和屏幕刷新周期 Screen refresh period；如果要模拟过程的分子图形存盘，可点击"Snapshots"按钮；如果要计算平均数或绘制均值分布图，点击"Averages"按钮；点击"Proceed"按钮则开始分子动力学计算。

（4）Langevin Dynamics（Langevin 动力学）：Langevin 动力学计算可得到稳定的构型、

过渡态和热力学性质。其设置与分子动力学方法基本相同，还可以指定摩擦系数和随机数起点。

（5）Monte Carlo（蒙特卡罗法）：Monte Carlo 计算可使用分子力学或量子化学方法，它可计算被选定原子或分子的所有原子性质的整体平均值，其选项的设置与分子动力学方法类似。

（6）Vibration（振动计算）：计算原子核的振动运动，显示其单独和红外的简正振动方式。该计算可以使用除了扩展休克尔和 MP2 之外的所有量子化学计算方法。计算完成后，可使用 Compute/Vibrational Spectrum 命令显示振动光谱。

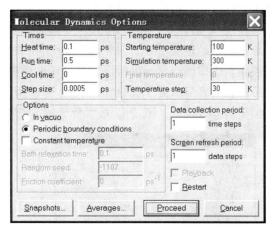

图 9-62　分子动力学选项的设置窗口

（7）Transition State（过渡态）：使用 Eigenvector-following 算法搜索和显示工作区分子的过渡态，也可搜索和显示反应物和产物的过渡态。反应物和产物要先使用 Select/Name Selection 命令进行定义。

（8）Invoke NMR（调用 NMR 程序）：调用 HyperNMR 程序，该程序可以预测分子的 ^1H、^{13}C、^{15}N、^{15}O、^{19}F 和 ^{31}P 的光谱，在其工作区可显示分子模型和 NMR 谱图，并可将 NMR 谱图拷贝到剪贴板。用户先在 HyperChem 中选择原子，使用 Select/Name Selection/NMR ATOMS 命令，再调用 HyperNMR 程序，进行谱图的计算和显示。图 9-63 是 HyperNMR 程序的界面。

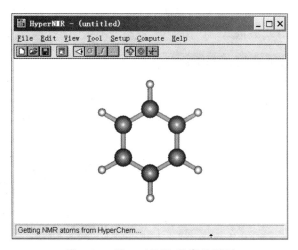

图 9-63　HyperNMR 程序的界面

（9）Properties（分子性质）：计算分子性质，包括 Total Energy（总能量）、Dipole Moment（偶极矩）、RMS Gradient（均方根梯度）等分子性质。点击"Details"按钮可显示详细的信息。使用该命令前，要先进行量子化学计算。

（10）Plot Molecular Properties（绘制分子性质图形）：在绘制分子性质图形前，先要进行量子化学计算，再进行必要的绘图设置，选择显示分子性质类型（静电势、总自旋密度或总电荷密度）；选择2D等高线或3D等值面的表现模式；设置等高线和等值线的网格数值；设置分子显示的透明度等。图9-64是分子性质绘图选项设置窗口。完成设置后，点击"确定"按钮，工作区会显示出所设置的分子性质图形。使用Display/Show Isosurface（F3）命令，可控制是否显示分子性质图形。使用Display/Isosurface（F4）命令，可重新进行分子性质图形的参数设置。图9-65是水分子的三维等值面静电势图。

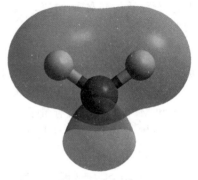

图9-64　分子性质绘图选项设置窗口　　　图9-65　水分子的三维等值面静电势图

（11）Orbital（分子轨道）：显示分子轨道图。当完成了量子化学计算后，可以进行分子轨道图的绘制。图9-66是分子轨道图的绘制窗口。窗口的左边是轨道占据图，长虚线代表零能量，绿色实线则代表被占据的轨道，紫色实线代表空轨道，使用鼠标拖拉矩形框可放大显示被选择的某些轨道，点击"Zoom Out"按钮恢复完全显示。选择Labels项可以显示轨道上电子排列情况、轨道能量和简并情况。使用鼠标点击可选定一个分子轨道（红色显示），也可以使用HOMO－、LUMO＋或Number选项的输入框键入来选定轨道，选定的轨道会显示出其能量值和对称性。选择绘图方式（2D等高线或3D等值面）后，点击"Options"按钮可以进行等高线和等值面的显示模式、网格数值和分子显示透明度等设置，点击"Plot"按钮可显示出分子轨道图。图9-67是乙烯的LUMO三维等值面分子轨道图。

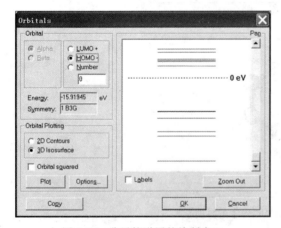
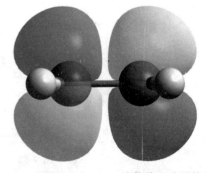

图9-66　分子轨道图的绘制窗口　　　图9-67　乙烯的LUMO三维等值面分子轨道图

（12）Vibrational Spectrum（振动光谱）：显示振动频率计算后的振动光谱。在完成了量子化学计算和振动频率计算（使用Compute/Vibrations命令）后，可使用Compute/Vibrational Spectrum命令，显示振动光谱，如图9-68所示。紫色实线表示当前选定的谱线，在窗口左下角显示简正模式、简并度、频率、强度和对称性的数值，如果选择了动画模拟

(Animate vibrations) 选项，可点击"Apply"按钮，HyperChem 的工作区会显示模拟的分子振动图形。Frame 和 Amplitude 输入框中的数值用来控制模拟振动的频率和强度。点击"Copy"按钮，可将光谱图形拷贝到剪贴板。

(13) Electronic Spectrum（电子光谱）：计算电子光谱。分子体系中价电子的能量间的差值通常对应于紫外可见光谱或电子光谱。用户要先使用量子化学方法（除了扩展休克尔法和 MP2 外），进行单激发的组态相互作用（CI）计算。在设置量子化学计算方法时，要在 Option（选项）中点击 "Configuration Interaction" 按钮，在弹出的窗口中选择 Single Excited 作为 CI 方法，再选择 Orbital Criterion 指定被占用轨道和空轨道的数目，也可选 Energy Criterion，输入最大激发态能量。图 9-69 是电子光谱显示窗口，使用鼠标左键点选光谱上的任一谱线（紫色显示），在窗口左下角会显示出简正方式、简并度、频率、强度和对称性的数值，点击 "Copy" 按钮，可将光谱图形拷贝到剪贴板。

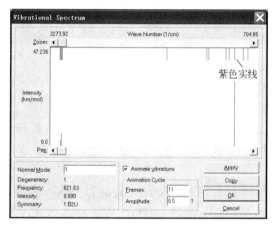

图 9-68 振动光谱的显示窗口

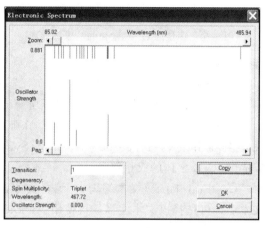

图 9-69 电子光谱显示窗口

(14) Potential（势能）：绘制势能图。对于一维势能，只要一个独立变量，独立变量取决于用户选择的情况（键长、键角或扭角）。二维势能的显示要有两个独立变量。选定了一个独立变量后，使用 Select/Name Selection/PLOT1 命令，再选定了第二个独立变量后，使用 Select/Name Selection/PLOT2 命令，最后使用 Compute/Potential 命令，在弹出窗口设定初始值、终止值、步长和能量范围。图 9-70 是丙烷的 C—C 键长的一维势能图。图 9-71 是丙烷的 C—C 键长和 C—C—C 键角二维势能图。点击 "Properties" 按钮可进行参数的设置。

(15) Conformational Search（构型搜索）：调用 HyperChem Conformational Search 程序，进行构型搜索。例如，通过变化四个原子构成的扭角，可寻找不同的低能量构型，并将这些构型拷贝到 HyperChem 的工作区。

(16) QSAR Properties（定量构效性质）：调用 HyperChem QSAR Properties 程序进行定量构效性质的计算，这些性质包括：Partial Charges、Surface Areas、Volume、Hydration energy、Log P、Refractivity、Polarizability 和 Mass 等。计算结果可以多种方式输出。

9．Annotations（注释）

(1) Delete（删除）：删除被选择注释。如文字、直线或边框等。

(2) Select Next（选择下一个）：选择下一个注释。使用选择工具点击某一个注释，可

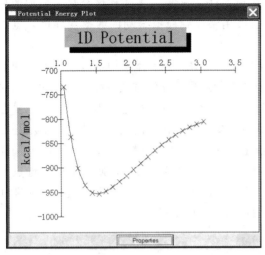

图 9-70 丙烷的 C—C 键长的一维势能图

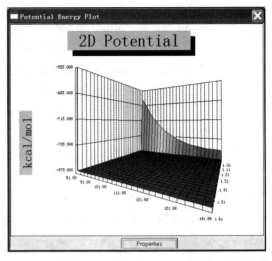

图 9-71 丙烷的 C—C 键长和 C—C—C 键角二维势能图

选择该注释。

（3）Select Previous（选择前一个）：选择前一个注释。

（4）Select All（全部选择）：选择所有的注释。

（5）Symbols（符号）：输入符号。在弹出的窗口中点击所要添加的符号，可将该符号添加到工作区。HyperChem 提供了 Symbol、Webdings、Wingdings、Wingdings 2 和 Wingdings 3 字体的大量符号。

（6）Edit Text（文本编辑）：编辑文本注释。点击"Text Annotations"工具图标输入文本后，可选择该文本注释，再使用 Annotations/Edit Text 命令编辑文本注释。图 9-72 是文本注释窗口。

图 9-72 文本注释窗口

（7）Color（颜色）：改变被选择的注释的显示颜色。

（8）Options（选项）：设置注释选项。

（9）Move Forward（向前移动）：向前移动一层，每一个注释使用一个注释层，有时前后两层的显示会重叠，选择了某一个注释后，向前移动一层命令，可使被前一层遮挡部分显示出来。

（10）Move Backward（向后移动）：向后移动一层。

10．Script（脚本文件）

（1）Open Script（打开脚本文件）：打开 Script（脚本）文件。Script 文件包括了 HyperChem 相关命令的操作，它可使用 Script Editor 编辑器编写。如果需要进行大量的重复的命令操作，使用已编写好的 Script 文件，程序会自动运行，大大地提高效率。

（2）Script Editor（编辑脚本文件）：调用 HyperChem Script Editor 编辑器。Script 的

(Animate vibrations) 选项，可点击 "Apply" 按钮，HyperChem 的工作区会显示模拟的分子振动图形。Frame 和 Amplitude 输入框中的数值用来控制模拟振动的频率和强度。点击 "Copy" 按钮，可将光谱图形拷贝到剪贴板。

（13）Electronic Spectrum（电子光谱）：计算电子光谱。分子体系中价电子的能量间的差值通常对应于紫外可见光谱或电子光谱。用户要先使用量子化学方法（除了扩展休克尔法和 MP2 外），进行单激发的组态相互作用（CI）计算。在设置量子化学计算方法时，要在 Option（选项）中点击 "Configuration Interaction" 按钮，在弹出的窗口中选择 Single Excited 作为 CI 方法，再选择 Orbital Criterion 指定被占用轨道和空轨道的数目，也可选 Energy Criterion，输入最大激发态能量。图 9-69 是电子光谱显示窗口，使用鼠标左键点选光谱上的任一谱线（紫色显示），在窗口左下角会显示出简正方式、简并度、频率、强度和对称性的数值，点击 "Copy" 按钮，可将光谱图形拷贝到剪贴板。

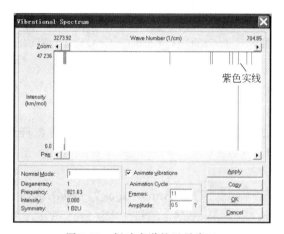

图 9-68　振动光谱的显示窗口

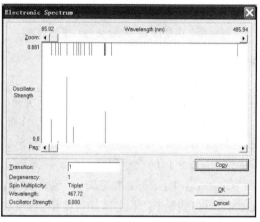

图 9-69　电子光谱显示窗口

（14）Potential（势能）：绘制势能图。对于一维势能，只要一个独立变量，独立变量取决于用户选择的情况（键长、键角或扭角）。二维势能的显示要有两个独立变量。选定了一个独立变量后，使用 Select/Name Selection/PLOT1 命令，再选定了第二个独立变量后，使用 Select/Name Selection/PLOT2 命令，最后使用 Compute/Potential 命令，在弹出窗口设定初始值、终止值、步长和能量范围。图 9-70 是丙烷的 C—C 键长的一维势能图。图 9-71 是丙烷的 C—C 键长和 C—C—C 键角二维势能图。点击 "Properties" 按钮可进行参数的设置。

（15）Conformational Search（构型搜索）：调用 HyperChem Conformational Search 程序，进行构型搜索。例如，通过变化四个原子构成的扭角，可寻找不同的低能量构型，并将这些构型拷贝到 HyperChem 的工作区。

（16）QSAR Properties（定量构效性质）：调用 HyperChem QSAR Properties 程序进行定量构效性质的计算，这些性质包括：Partial Charges、Surface Areas、Volume、Hydration energy、Log P、Refractivity、Polarizability 和 Mass 等。计算结果可以多种方式输出。

9. Annotations（注释）

（1）Delete（删除）：删除被选择注释。如文字、直线或边框等。

（2）Select Next（选择下一个）：选择下一个注释。使用选择工具点击某一个注释，可

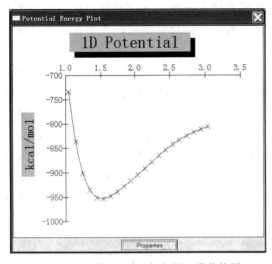
图9-70　丙烷的C—C键长的一维势能图

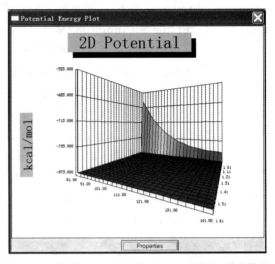
图9-71　丙烷的C—C键长和C—C—C键角二维势能图

选择该注释。

（3）Select Previous（选择前一个）：选择前一个注释。

（4）Select All（全部选择）：选择所有的注释。

（5）Symbols（符号）：输入符号。在弹出的窗口中点击所要添加的符号，可将该符号添加到工作区。HyperChem 提供了 Symbol、Webdings、Wingdings、Wingdings 2 和 Wingdings 3 字体的大量符号。

（6）Edit Text（文本编辑）：编辑文本注释。点击"Text Annotations"工具图标输入文本后，可选择该文本注释，再使用 Annotations/Edit Text 命令编辑文本注释。图9-72是文本注释窗口。

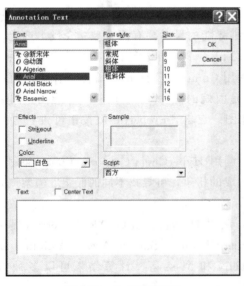
图9-72　文本注释窗口

（7）Color（颜色）：改变被选择的注释的显示颜色。

（8）Options（选项）：设置注释选项。

（9）Move Forward（向前移动）：向前移动一层，每一个注释使用一个注释层，有时前后两层的显示会重叠，选择了某一个注释后，向前移动一层命令，可使被前一层遮挡部分显示出来。

（10）Move Backward（向后移动）：向后移动一层。

10．Script（脚本文件）

（1）Open Script（打开脚本文件）：打开 Script（脚本）文件。Script 文件包括了 HyperChem 相关命令的操作，它可使用 Script Editor 编辑器编写。如果需要进行大量的重复的命令操作，使用已编写好的 Script 文件，程序会自动运行，大大地提高效率。

（2）Script Editor（编辑脚本文件）：调用 HyperChem Script Editor 编辑器。Script 的

编写要按照一定的语法规则，图 9-73 是 Script Editor 编辑器窗口。

11. Cancel（取消）

取消命令。在文件加载或计算过程中才可使用，点击"取消"可终止命令未完成的计算，也可按"Esc"键进行取消。

12. Help（帮助）

（1）Index（索引）。
（2）Using Help（使用帮助）。
（3）Tutorials（教学）。
（4）About HyperChem（版本信息）。

四、使用实例

1. NMA 和水的相互作用

以下通过氮甲基乙酰胺（N-methylacetamide，简称 NMA）和水相互作用的实例，说明在 HyperChem 的建模功能、顺式和反式的构型转换、分子的合并、多分子体系中单个分子的优化和氢键的生成等操作。图 9-74 是 NMA 与水相互作用的示意图。

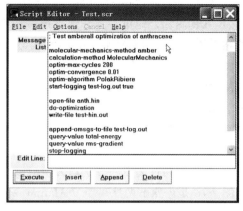

图 9-73 Script Editor 编辑器窗口

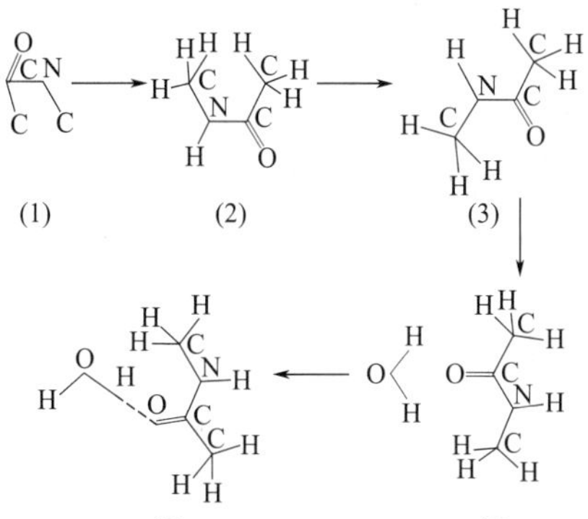

图 9-74 NMA 与水相互作用的示意图

（1）点击工具栏上"Draw"（绘图）图标，HyperChem 的默认绘图元素是碳，绘制出 5 个碳原子骨架，使用 Build / Default Element 命令（或左键双击工具栏上的"Draw"图标），将默认绘图元素改为氧，使用"Draw"（绘图）工具，左键单击上方碳的原子，将碳原子改换为氧原子，左键单击 C—O 单键，将其改变为双键。同理，将中间偏右的碳原子改变为氮原子，如图 9-74 之（1）所示。此前确认 Build / Explicit Hydrogens 开关命令是关闭的（不显示"√"符号）。

（2）使用 Setup / Molecular Mechanics / AMBER 命令选择分子力学 AMBER 方法，在 AMBER 中的"Options"选项使用默认值，如图 9-56 所示。使用 Setup / Select Parameter Set / amber3 命令选择 AMBER 的力场参数。使用 Build / Add H & Model Build 命令，或者左键双击工具栏的"Select"（选择）图标，进行加氢建模，得到顺式的 NMA（*cis*-NMA），如图 9-74 之（2）所示。根据绘制原子的顺序不同，也可能在建模之得到反式的 NMA（*trans*-NMA）。

（3）点击工具栏上"Select"（选择）图标，使用 Select / Atom 命令，以原子为选择单位，左键点击 O 原子并拖拉到与 N 连接的 H 原子上，选定 O—C—N—H 四个原子，使用 Build / Constrain Bond Torsion / Trans 命令。右键点击工作区的空白位置，去掉选择。左键双击"Select"（选择）工具图标重新建模。使用 Compute / Geometry Optimization 命令，将 RMS gradient 设为 0.01（如图 9-61 所示），进行几何构型优化，优化收敛后，得到反式的 NMA（*trans*-NMA），如图 9-74 之（3）所示。

（4）使用 File / Merge 命令将先前已经存储的水分子文件合并成工作窗口中，点击

"Select"（选择）图标，使用 Select / Molecules 命令，以分子为选择单位，左点击水分子使用。点击"Rotate out-of-plane"（旋转）、"Rotate in-plane"（Z 轴旋转）和"Translate"（平移）工具图标，使用右键分别进行被选中的水分子的 X、Y、Z 轴旋转和平移，使用水分子靠近得到反式的 NMA（trans-NMA），如图 9-74 之（4）所示。

（5）对被选中的水分子使用 Compute / Geometry Optimization 命令进行几何构型优化，优化的计算方法和参数不作改变。当优化收敛后，水分子的位置发生了变化。使用 Display / Recompute H Bonds 命令，重新计算氢键，此时屏幕上会显示出氢键的虚线表示，此前确认 Display / Show Hydrogen Bonds 开关命令是打开的（显示"√"符号），如图 9-74 之（5）所示。

2. 丙氨酸两性离子的分子动力学模拟

图 9-75 是丙氨酸两性离子（Alanine Zwitterion）的分子动力学模拟的示意图。以下通过丙氨酸两性离子（Alanine Zwitterion）的分子动力学模拟的实例，说明 HyperChem 的分子构建和编辑功能、分子力学优化、几何构型优化、使用周期性的边界条件和分子动力学优化等操作。

（1）确认 Build / Explicit Hydrogens 开关命令是打开的（显示"√"符号）。点击工具栏上"Draw"（绘图）图标，将 HyperChem 的默认绘图元素设定为碳原子，分别使用左键点击绘制出 4 个碳原子，在碳原子之间点击左键并拖拉，绘制出碳原子的成键骨架，再使用左键点击碳原子并拖拉，绘制出 9 个 C—H 键，如图 9-75 之（1）所示。

（2）使用 Build / Default Element 命令，或者左键双击工具栏"Draw"（绘图）图标，将默认元素改为氧。使用"Draw"（绘图）工具，在左方的两个氢原子上使用左键单击，将氢原子改换为氧原子，左键双击 C—O 单键，将其改变为芳香键。同理，将右方的碳原子改变为氮原子，如图 9-75 之（2）所示。

（3）点击工具栏上"Select"（选择）图标，使用 Select / Atom 命令，设定选择单位为原子。使用 Select / Multiple Selections 命令（显示"√"符号），允许使用多项选择。左键点击 N 原子，使用 Build / Set Charge 命令，在输入框中键入 1.0，为 N 原子设定 1 个正电荷。同理，为两个氧原子分别设定 -0.5 电荷。使用 Setup / Molecular Mechanics / AMBER 命令选择分子力学方法，在 AMBER 中的"Options"选项使用默认值，使用 Setup / Select Parameter Set / amber2 命令选择 AMBER 的力场参数。使用 Build / Model Build 命令，或左键双击工具栏"Select"（选择）图标，进行建模，得到丙氨酸两性离子的三维分子模型，如图 9-75 之（3）所示。使用 Compute / Geometry Optimization 命令，将 RMS gradient 设为 0.1，进行真空环境的几何构型优化。

（4）使用 Compute / Periodic Box 命令，在输入框中键入 X、Y、Z 的值分别为 12、10、10（如图 9-60 所示），点击"OK"按钮，为丙氨酸两性离子加上周期盒子，在盒子最多有 48 个水分子，如图 9-75 之（4）所示。使用 Setup / Molecular Mechanics / AMBER 命令，点击 AMBER 中的"Options"选项，将 Dielectric（介电常数）的单选项设为 Constant（常数）。使用 Compute / Geometry Optimization 命令（默认值），进行周期边界条件的几何构型优化，优化收敛后的能量值约为 -990.98 kcal/mol。使用 Compute / Molecular Dynamics 命令，在弹出窗口中设置各参数，如图 9-62 所示。点击"Averages"按钮，在弹出窗口中选择 EKIN、EPOT 和 ETOT 将其添加到 Avg. & graph 框中。点击"Proceed"按钮，计算平均数或绘制均值分布图。分子动力学模拟退火完成后，重新使用

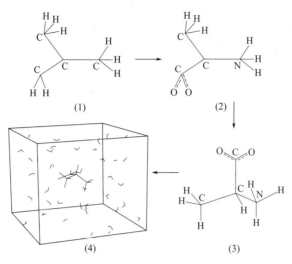

图 9-75 丙氨酸两性离子的分子动力学模拟的示意图

Compute / Geometry Optimization 命令,进行几何构型优化,可得到能量更低的构型,其能量约为 -1008.54 kcal/mol。

3. 绘制苯胺酸的 α 螺旋体结构

(1) 使用 Databases / Amino Acids 命令,在弹出的氨基酸窗口中,选择"Alpha helix"(α 螺旋)单选项,如图 9-51 所示。连续点击 8 次"Phe"按钮。使用"Rotate out-of-plane"(旋转)工具旋转分子结构,使螺旋轴方向与 Z 轴相同。使用 Select / Select Backbone 命令,选择螺旋体的骨架(粗体线显示),如图 9-76 所示。

(2) 使用 Display / Rendering / Rendering Options 命令,在弹出的显示模式窗口中,选择"Balls and Cylinders"和"Thick Ribbons"单选项,如图 9-46 所示。点击"确定"按钮,可显示苯胺酸的 α 螺旋体二级结构的带箭头厚带状显示,并进行适当的旋转,如图 9-77 所示。此前确定 Display / Show Hydrogens 开头命令关闭(不显示"√"符号)。

图 9-76 苯胺酸的 α 螺旋体结构

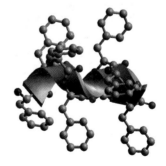
图 9-77 苯胺酸的 α 螺旋体二级结构的厚带状显示

第五节 GaussView 的使用

一、简介

GaussView 是 Gaussian 公司(http://www.gaussian.com/)的产品之一,它是一个

专门设计于著名的从头计算程序高斯配套使用的图形用户界面，可以观察、设计分子，设置和提交高斯计算任务并能够显示分子轨道、原子电荷和光谱等结果。GaussView 可以非常方便地构建高斯计算程序的分子模型和输入文件，还可读入 Chem3D、HyperChem 和晶体等诸多格式的文件，从而可以和很多图形软件兼容，大大拓宽了其应用范围。GaussView 将分子结构的构建、分析、计算融于一体，组合成完整的工作界面，特别为 Gaussian 程序提供了设置周期性体系、分配 ONIOM 层等较复杂操作，为高斯程序的使用提供良好的前后端图形界面。

目前 GaussView 的最新版本是 5.0 版。我们以下使用 GaussView5.0 为例来介绍它的用法。

二、操作界面

GaussView 5.0 的图形界面与以前版本区别不大，主要由文件菜单、工具栏和分子视窗等组成，如图 9-78 所示。

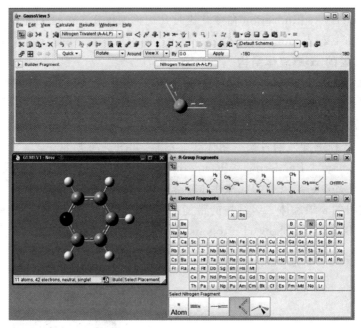

图 9-78　GaussView 5.0 的图形界面

1. 菜单栏

GaussView 5.0 的操作可使用下拉菜单中各项选项实现，程序提供了以下 8 个菜单，在某些菜单下还有子菜单，以下介绍各个菜单的选项。

(1) File（文件）菜单有：New（新建）、Open（打开）、Recent Files（最近的文件）、Related Files（相关的文件）、Refresh（更新）、Save（保存）、Save Temp files（存为临时文件）、Print（打印）、Save Image file（存为图像文件）、Save Movie（存为动画）、Preferences（参数选择）、Exit（退出）等选项。

Preferences（参数选择）是重要参数的设定选项，可以在里面改变 GaussView 5.0 默认的设置。图 9-79 是参数选择的窗口。Preferences（参数选择）窗口具有以下选项：Building（构建）、Charge Distribution（电荷分布）、Clean Controls（建模控制）、Colors（颜色）、

Desktop（桌面）、Display Format（显示格式）、File/Directory（文件/目录）、Gaussian Setup（高斯设置）、Icons（图标尺寸）、Image（图片）、Job Setup（任务设置）、Movie（动画）、Print（打印）、Vibrations（振动）、Window Behavior（窗口行为）。用户可以选择以白色背景保存模型图片；可以设置输出图片的大小，也可增大、减小图片分辨质量；可以决定是否在图形中显示球棍模型；可以设置默认的输出路径，还可以设置高斯计算的临时目录，这样为不同使用习惯的用户提供了更大的便利。

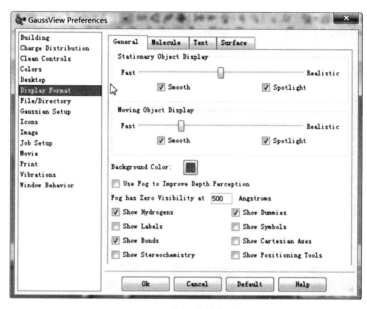

图 9-79　参数选择的窗口

（2）Edit（编辑）菜单有：Undo（撤销）、Redo（重复）、Cut（剪切）、Copy（复制）、Paste（粘贴）、Delete（删除）、Image Capture（图片截取）、Atom List（原子列表）、Redundant Coordinates（冗余坐标）、Connection（连接）、Select Layer（选择层）、Atom Groups（原子分组）、Atom Selection（原子选择）、PDB Residues（蛋白质数据库文件残基）、PDB Secondary Structure（蛋白质数据库文件二级结构）、Point Group（点群）、PBC（周期性边界条件）、MOs（分子轨道）、Symmetrize（对称性）、Reorient（重定向）、Rebond（重成键）、Clean（建模）、Mirror Invert（镜像倒反）等选项。

（3）View（视图）菜单有：Add View（增加视窗）、Center（将分子置于中心）、Builder（打开或关闭单独的构建画板）、Hydrogens（显示或隐藏氢原子）、Dummies（显示或隐藏哑原子）、Labels（显示或隐藏数字编号）、Symbols（显示或隐藏化学符号）、Bonds（显示或隐藏键）、Synchronize（同步）、Cartesian Axes（显示或隐藏坐标轴）、Stereochemistry（显示或隐藏立体化学构型）、Position Tools（显示或隐藏位置工具）、Display Format（显示形式）。

（4）Structure（结构）菜单有：Measurement（度量）、Fit（调整）、Center Model（居中模型）、Reflect（反射）、Set Z-Matrix（设置 Z-矩阵）、Detect Stereochemistry（探测立体化学）、Invert（反转）、Deviation From Plane（偏离平面）、Add Centriod（增加质心原子）、Rectify（矫正）、Clean Up（清除）、Overlay（覆盖）、Dock（对接）等选项。

（5）Calculation（计算）菜单有：Gaussian Calculation Setup（高斯计算设置）、

Gaussian Quick Launch（高斯快速启动）、Gaussian Calculation Scheme（高斯计算方案）、Current Jobs（目前的任务）等选项。

（6）Results（结果）菜单有：Summary（概要）、Charge Distribution（电荷分布）、Surfaces/Contours（表面/等高线）、Vibrations（振动）、NMR（核磁共振）、UV-VIS（紫外-可见）、Scan（扫描）、IRC/Path（反应坐标/路径）、Trajectory（轨迹）、Optimization（优化）、View File（查看结果文件）、Stream Output File（连续显示输出结果）等选项。

（7）Window（窗口）菜单有：Molecule Groups（显示模型分组窗口）、Minimize All（最小化视窗）、Restore（提升视窗）、Restore All（提升所有视窗）、Close（关闭）、Close All（关闭所有窗口）、Previous（激活上一个视窗）、Next（激活下一个视窗）、Cascade（层叠）、Tile（并排）、None（隐藏模型分组窗口）等选项。

（8）Help（帮助）菜单有：GaussView Help（GaussView 帮助）、Gaussian Help（高斯帮助）、About GaussView（关于 GaussView）、GaussView Tips（GaussView 提示）等选项。

2．工具栏

除了上述菜单指令外，GaussView 5.0 还提供了各种工具图标。在菜单栏下方共有 8 个工具图标，它们分别是：Builder（构建）、File（文件）、Molecule（分子）、Coordinates（坐标）、View（显示）、Calculate（计算）、Windows（窗口）、Fragment View-Position Tools（分子片段显示-位置工具），如图 9-80 所示。上述工具图标是默认项，用户可以使用工具快捷菜单来改变设置。在工具栏上点击右键即可出现"Tool Context Menu"工具快捷菜单，列出所有工具选项，勾选工具选项。其最后一项是默认项，默认是所有工具都选中。如果只选择几个工具项，则可点击"line up"，使工具图标连续排列。GaussView 5.0 除在菜单栏下有"Builder"工具栏外，还可出现单独的"Builder"工具栏，可以任意安排到合适的位置。

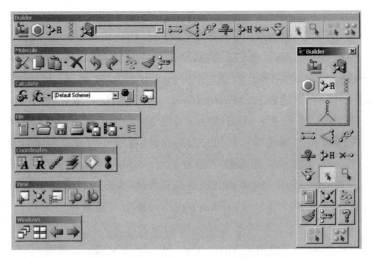

图 9-80　GaussView 5.0 的主要工具栏

GaussView 5.0 主要工具栏中的重要工具图标列在表 9-2 中，使用这些工具图标能非常方便地进行三维分子模型的操作。其中要注意以下几个要点。

（1）如果需要删除键，可以点击"Modify bond"修改键工具，将键类型设为"None"，

GaussView 5.0 还有删除原子的工具"Delete atom",该工具可应用到原子和悬挂键(dangling bond)。

(2) 如果需要查询分子模型中的原子结构信息,可以点击"Inquire",将鼠标落在原子上,视窗底部出现该原子序号和化学符号;如果点击选择原子1和原子2,则会出现键长信息;如果点击三个原子,相应出现键角信息;如果点击四个原子,相应出现二面角信息。

(3) 如要全选某一分子,可以点击"Select All Atoms",取消用"DeSelect All Atoms"。如需点击选原子,可用"Select Atom by Clicking"或"Select Atom by Rubberband"工具。这些工具也可由使用键盘控制,分别对应键盘上的 a、n、c、r 字母。

(4) 有些特殊的工具并不出现在菜单栏和工具条中,需打开工具快捷菜单使用。例如需要在一个 C_{60} 模型中其中心放一个 Ba 原子。先需要构建一个 C_{60} 分子,然后用"Element Fragment(元素片段)"工具调出 Ba 原子片段,在视窗上点击鼠标右键出现 Builder 工具菜单,选择"Placing a Fragment in a Centroid Position",就可以完成该项操作。

表 9-2　GaussView 5.0 的主要工具栏的工具图标

图标	描述	图标	描述
	Element Fragment,元素片段		New,新建或增加分子模型
	Ring Fragment,环片段		Open,打开文件
	R-Group Fragment,R 基团片段		Save,保存文件
	Biological Fragment,生物片段		Print,打印文件
	Custom,自定义片段		Save Image File,保存图片文件
	Modify Bond,修改键长		Save Movie,保存动画文件
	Modify Angle,修改键角		Preferences,参数选择
	Modify Dihedral,修改二面角		Cut,剪切
	Inquire,查看目前分子的结构数据		Copy,复制
	Add Valence,给选中的原子加个氢		Paste,粘贴
	Delete Atom,删除原子		Delete,删除
	Invert about Atom,倒置分子		Rebond,重新判定成键
	Select Atom by Clicking,点击选中原子		Clean,建模
	Select Atom by Rubberband,框选原子		Symmetrize,对称性判断
	Select All Atoms,选择所有原子		Isocontour,网格等高线
	PBC Editor,周期性编辑器		Connection Editor,连接编辑器
	MO,分子轨道		Select Layer,选择层
	Add View,增加一个新视窗		Center,居中
	View File,查看结果文件		Gaussian Calculation Setup,高斯计算设置
	Cascade,层叠		Tile,并排

三、分子模型的操作

1．分子模型的平移和旋转

GaussView 5.0 在工作窗口的上边框上增了 Positioning Tools 的工具条功能（图 9-81）。用户可使用 View/Positioning Tools 命令激活该位置工具，还可拖放到其他位置。所有窗口都具有调整位置的功能，可以用鼠标控制滑块操作，设计新颖，使用方便。使用这个工具，可以对三维分子模型进行平移和旋转，使分子模型具有更好的视觉效果。

图 9-81　GaussView 5.0 的位置工具条（The Positioning Toolbar）

（1）对整个分子模型的平移，先用"Select All atoms"（选取所有原子）工具，选择整个分子，或者先用"Select Atom by Rubberband"（选取矩形）工具，拖拉矩形框，选择整个分子模型。然后选择工具条中的第二项平移（translate），此时第三项出现沿着（along）View X、Y、Z 或 Mol X、Y、Z，选择一个方向，第四项是平移的大小，点击"Apply"，可将分子在窗口内平移。也可以利用鼠标控制滑块操作，拖拽范围从 $-180\sim180$ 之间。

（2）如用"Modify bond"（修改键）工具单击两个原子，固定一个原子，移动另一个原子，可以实现单原子或部分原子的平移。

（3）对分子模型的旋转，选择位置工具条中的第二项旋转（Rotate），此时第三项出现：围绕（Around）View X、Y、Z 或 Mol X、Y、Z，选择一个方向旋转。其中 View X、Y、Z 指的是分子图形分别沿窗口的 X、Y、Z 轴（Rotate About X、Y、Z Axis）旋转，Mol X、Y、Z 是指分子图形分别沿分子模型的 X、Y、Z 轴（Rotate About X、Y、Z Axis）旋转。同样，旋转既可以给定数量大小，也可以用鼠标控制滑块操作，拖拽范围从 $-180\sim180$ 之间。

（4）当使用位置工具条中第一项"quick"模式时，它起到让分子模型居中或分子模型轴方向沿着窗口方向排列的功能。居中可以是整体的，也可以选择 X、Y、Z 方向。

（5）如果要进行单原子或部分原子角度的旋转操作，用"Modify Angle"（修改键角）工具单击三个原子，固定两个原子，旋转另一个原子，可键入具体的数值，进行精确旋转，这样就可以实现单原子或部分原子的旋转。

2．分子模型的动画

GaussView 5.0 还有显示动画的功能，例如分子模型可以绕 X 轴、Y 轴和 Z 轴转动，用户可以从不同角度观看分子结构，获得更多的信息。具体的操作可参见对分子模型的旋转实现，例如绕 X、Y、Z 轴旋转，将每个画面保存为一个视窗（View）。这样就可以使用 File 菜单中的 Save Movie（保存动画）功能，将屏幕上图形录制为动画的帧，多个帧的连续播放就可构成完整的动画。如果用户想看高斯程序计算的优化的分子结构，可在 Open（打开）优化结果文件时勾选"Read intermediate geometries"，使用 Save Movie（保存动画）功能，将屏幕上图形录制为完整的动画。GaussView 5.0 将录制为的动画存为通用性很强的 GIF 图形文件或 MNG 图形文件，方便使用观看。

3．分子模型的显示

使用 View/Display Format 命令，可以进行分子不同的显示模式。如图 9-82 所示，GaussView 5.0 的分子模型显示模式有：Ball & Stick（球棍）、Ball & bond（球键）、Tube

（管状）、Wire Frame（线状）、None（无）。可以对 ONIOM 模型中的高、中、低层分别指定结构显示模式。

使用 Results（结果）菜单下的 Surfaces/Contours 可显示分子的表面图。表面显示方式则有"Mesh（网格）"、"Solid（实心）"、"Transparent（透明）"三种方式。图 9-83 是甲醛的最高占据分子轨道的表面图和电子密度表面图。

4．分子结构的输入与输出

GaussView 5.0 支持高斯计算化学程序的文件格式，它为高斯计算化学程序的运行创造了友好的图形界面，具有直观和方便的效果。GaussView 5.0 同时也支持其他通用的分子图形软件的文件格式，这是其显著优点之一。

GaussView 5.0 可打开的文件格式有：Gaussian Input Files（.com or .gjf）、Gaussian Output Files（.log or .out）、Cube Files（.cub）、Gaussian Checkpoint Files（.chk）、Gaussian For-

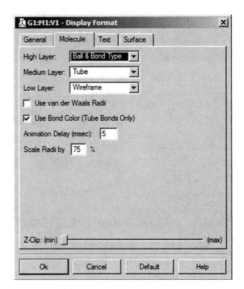

图 9-82　GaussView 5.0 的显示模式的分子画板

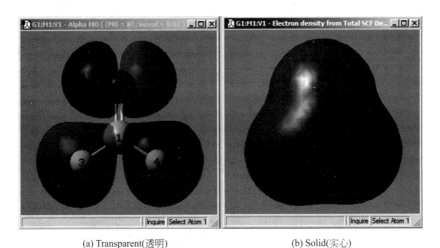

(a) Transparent(透明)　　　(b) Solid(实心)

图 9-83　甲醛的最高占据分子轨道的表面图（a）和电子密度表面图（b）

matted Checkpoint Files（.fch or .fchk）、Brookhaven PDB Files（.pdb or .pdb1）、MDL Mol Files（.mol，.rxn or .sdf）、Sybyl Mol2 Files（.mol2 or .ml2）、CIF Files（.cif）9 种。对于 PDB 等文件，还有加氢等一些文件选项供选择，如图 9-84 所示。

GaussView 5.0 可存盘的文件格式还有：JPEG、PNG、TIFF、JPEG2、EPS、Windows Bitmap、GIF、MNG 等图形文件格式。

四、分子模型的构建

GaussView 5.0 提供了方便快捷的构建三维分子模型的基本功能，初学者都非常容易上

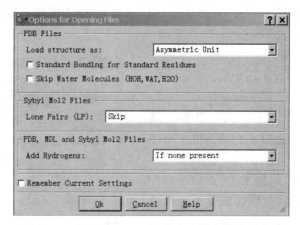

图 9-84　GaussView 5.0 打开 PDB 等文件的可选项

手,特别是一些较复杂的分子模型也能轻易构建。特别是采用了片段库的方法和对称性操作是其最重要的特点。片段库主要有:元素、环、R 基团、生物和自定义 5 种方式。以下分别通过这几种方式介绍分子模型的构建。

1. 元素片段

现以 CoF_6 为例,说明使用元素片段构建过程:(1)点击 File 菜单中的 New,"Create Molecule Group"命令创建一个新的窗口;(2)点击工具栏中元素片段工具,出现整个元素周期(图 9-85 所示),选择 Co 元素;(3)Co 片段库中包含了 Co 原子及不同杂化类型的 Co 的形式,选择"Co Octahedral";(4)点击新的视窗,在窗口出现 CoH_6 分子模型;(5)再到元素片段库中选择 F 元素,选择"Fluorine Terminal";(6)依次点击视窗中的氢原子,将氟取代六个氢原子,模型完成。

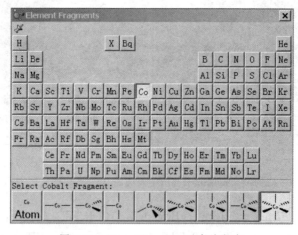

图 9-85　GaussView 5.0 元素片段库

2. 环片段

现以间氯苯乙烷为例,说明使用环片段构建过程:(1)点击 File 菜单中的 New,"Create Molecule Group"命令创建一个新的窗口;(2)点击工具栏中环片段工具,出现常用的环状官能团,如图 9-86 所示;(3)单击选中苯环,点击新的视窗,在窗口出现苯分子模型;(4)到元素片段库中选择 Cl 元素,选择"Chlorine Terminal";(5)点击视窗中的氢原子,将氯取代一个氢原子;(6)再到元素片段库中选择 C 元素,选择"Carbon Tetrahedral",点击氯的间位上的氢原子,获得一个甲基;(7)在这个甲基上再次点击氢原子,间氯苯乙烷模型完成。

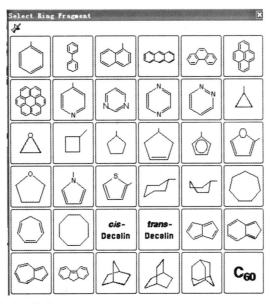

图 9-86　GaussView 5.0 常用环片段库

3. R 基团片段

现以具有 D_{5d} 点群的二茂铁为例,说明使用 R 基团片段构建过程:(1)点击 File 菜单中的 New,"Create Molecule Group"命令创建一个新的窗口;(2)点击工具栏中元素片段工具,选择 Fe 元素的"Fe Linear";(3)点击新的视窗,在窗口出现线型 FeH_2 分子模型;(4)到 R 基团片段库中选择环戊二烯基(Cp 片,)(图 9-87 所示);(5)点击视窗中的氢原子,将两个 Cp 取代两个氢原子;(6)点击 Edit 菜单的"Point group",出现点群对称性框,选择能够进行点群对称性判断,获得目前的对称性"D_5";(7)将容差值(tolerance)从缺省的 0.01 放松到 0.1,点击"Symmetrize",获得此时的对称性 D_{5d},具有 D_{5d} 点群的二茂铁分子模型完成。

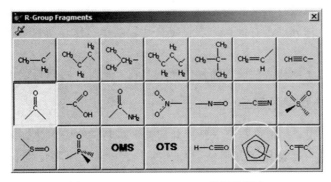

图 9-87　GaussView 5.0 R 基团片段库

4. 生物片段

GaussView 5.0 提供 3 种生物片段库:Amino Acid(氨基酸)、Nucleoside(核苷)及其他。默认的绘图工具是丙氨酸,如图 9-88 所示。现以甘氨酸为例,说明使用生物片段构建过程：(1) 点击 File 菜单中的 New，"Create Molecule Group"命令创建一个新的窗口；(2) 点击工具栏中生物片段工具，选择"Glycine"；(3) 点击新的视窗，在窗口出现丙氨酸分子模型，这时的模型是中心片段类型。如果用户只需要氨基或羧基类型，在选择"Glycine"时选择氨端基或羧端基片段即可。

图 9-88　GaussView 5.0 R 生物片段库

5．自定义片段

依靠上面几种片段可以构建许多分子模型，但是远不能满足研究特定体系的需要，特别是已构建了复杂的分子模型在以后反复需要使用。GaussView 5.0 提供了自定义片段，可以把常用的分子或官能团存在制定的文件夹内，在需要时可以直接调用（如图 9-89 所示）。例如在一个视窗中创建了分子模型，自定义片段可由此构造。

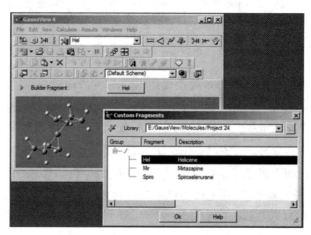

图 9-89　GaussView 5.0 自定义片段库

(1) 在工具栏上双击自定义片段工具，出现自定义片段窗口。

(2) 在窗口的空白处点击右键，出现自定义片段菜单。建立新的基团，点击左键可修改文本输入。

(3) 在新的基团下，从激活的视窗创建新的片段。同样，可以修改该片段名称和描述。

五、分子结构数据的测定

GaussView 5.0 很容易地进行分子结构几何参数等数据测定，并以表格形式将结构数据列出。除了列出直角坐标表和 Z-矩阵表（内坐标）表外，还可测定键长、键角和二面角等几何结构数据。

(1) 在工具栏中点击"Inquire"工具，将光标指向一个原子就可以显示出原子的元素符号以及编号，点击第二个原子可以显示键长和键级。如果选中 3 个成键原子，当光标指向其中一个原子时，还可以显示三个原子生成的键角。如果选中 4 个连接的成键原子，当光标指向其中一个原子时，可以显示 4 个原子生成的二面角。

（2）在工具栏中点击“Atom List Editor”工具或点击 Edit 菜单中的“Atom List”，在弹出的列表窗口上，可以显示出分子结构的几何参数。图 9-90 是原子列表编辑器界面。

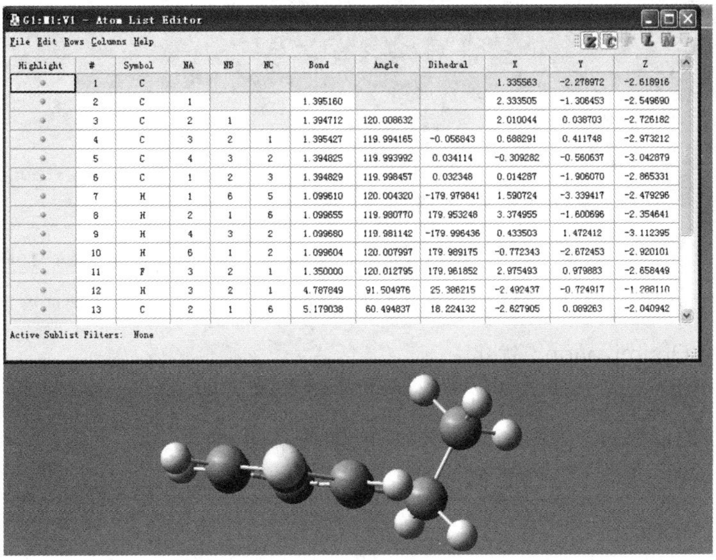

Highlight	#	Symbol	NA	NB	NC	Bond	Angle	Dihedral	X	Y	Z
	1	C							1.335563	-2.278972	-2.618916
	2	C	1			1.395160			2.333505	-1.306453	-2.549690
	3	C	2	1		1.394712	120.008632		2.010044	0.038703	-2.726182
	4	C	3	2	1	1.395427	119.994165	-0.056843	0.688291	0.411748	-2.973212
	5	C	4	3	2	1.394825	119.993992	0.034114	-0.309282	-0.560637	-3.042879
	6	C	1	2	3	1.394829	119.998457	0.032348	0.014287	-1.906070	-2.865331
	7	H	1	6	5	1.099610	120.004320	-179.979841	1.590724	-3.339417	-2.479296
	8	H	2	1	6	1.099655	119.980770	179.953248	3.374955	-1.600696	-2.354641
	9	H	4	3	2	1.099680	119.981142	-179.996436	0.433503	1.472412	-3.112395
	10	H	6	1	2	1.099604	120.007997	179.989175	-0.772343	-2.672453	-2.920101
	11	F	3	2	1	1.350000	120.012795	179.961852	2.975493	0.979883	-2.658449
	12	H	3	2	1	4.787849	91.504976	25.386215	-2.492437	-0.724917	-1.288110
	13	C	2	1	6	5.179038	60.494837	18.224132	-2.627905	0.089263	-2.040942

图 9-90　间氟苯乙烷分子的原子列表编辑器

六、 分子的计算

GaussView 5.0 中有“Clean”作为分子模型的建模重要部分，它可使得分子模型更接近于真实的三维空间分子。用户可根据具体情况，对构建分子进行 Clean 优化。其参数还可以根据用户在“Preferences”中调整。

GaussView 5.0 在完成分子构建后，可以向高斯计算程序递交计算，点击菜单栏上“Calculation”，出现计算的对话框。从所给的对话框中可以选择工作类型 Job Type（如优化、能量或频率等）；计算方法 Method（如半经验方法、HF 方法、DFT 方法、MP 方法等，还可以选定基组）；Title（对所要做的计算给一个说明，以备以后的查看）；Link 0（给检查点文件命名，还可以在此用 RWF 命令设置临时数据交换文件的大小）；General，Guess（这两个选项主要是给出体系中各原子的连接关系及如何给出初始猜测）；NBO（可在此设定 NBO 计算），PBC（可在此设定晶体的有关计算），Solvation（可在此设定溶液中的计算，除了选择溶剂外，还要选择模拟溶剂的理论模型）和 ONIOM 模型设置等内容。运行 Gaussian 可进行分子构型的能量优化、分子性质计算（如分子轨道、电荷密度分布等）和光谱分析。GaussView 5.0 可以创建一个 Gaussian 程序的输入文件，或运行一个已有 Gaussian 输入文件，或可运行先前存储的作业文件，为 Gaussian 程序提供了输入和输出界面，能够显示计算结果的三维分子模型。

七、 计算结果的显示

1. Single Point（单点）

单点计算，计算分子结构和总能量，可以获得分子的性质，如偶极矩、Mullikin 电荷分布等信息。点击 File 菜单中“Open Files”，文件类型选择高斯输出文件，图 9-91 为 GaussView 5.0 显示的 $BHCl_2$ 分子单点计算后的 Mullikin 电荷分布和偶极矩结果图。

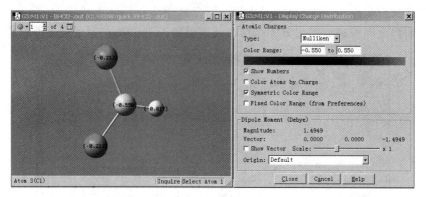

图 9-91　GaussView 5.0 显示 $BHCl_2$ 分子的 Mullikin 电荷分布和偶极矩

2. Geometry Optimization(优化)

几何构型优化后可获得分子的局域极小点结构，通过优化可获得总能量和均方根梯度变化情况。图 9-92 是甲醛分子的优化步数和总能量关系图。

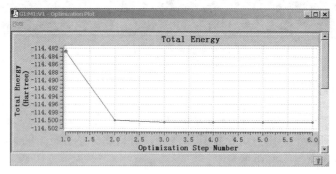

图 9-92　GaussView 5.0 显示甲醛分子的优化步数和总能量关系图

3. Vibrations(振动)

同单点和优化计算。振动分析点击 File 菜单中"Open Files"，文件类型选择高斯输出文件（频率计算结果）。点击 Results（结果）菜单中的 Vibrations（振动），出现振动显示窗口。分别列出简正模式、频率及强度大小等信息。选择第五个频率，如图 9-93 所示，可以选择动画模拟，点击 Start 开始，并可 Save Movie 保存为动画文件。点击下方的"Spectrum"还可获得其图谱标示，红色箭头即代表相应频率。

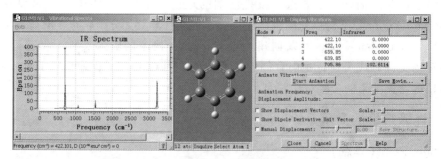

图 9-93　GaussView 5.0 显示苯分子的振动光谱

4. NMR(核磁共振)

点击 Results（结果）菜单中的 NMR，出现核磁共振光谱窗口。利用高斯程序 SCF GI-

AO（自洽场量度无关原子轨道）计算原子的 magnetic shielding（屏蔽张量）。如以 TMS 为参照，可获取相对化学位移。图 9-94 中 GaussView 5.0 显示的是溴代苯的[13]C 相对 TMS 的相对化学位移的谱图。可以预测所有分子，也可单独对[13]C、[1]H 等给出结果。

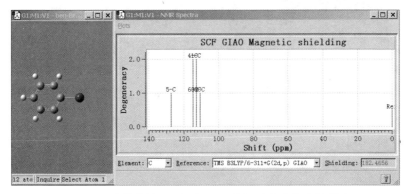

图 9-94　溴代苯的[13]C 相对 TMS 的相对化学位移的谱图

5．分子轨道图形的显示

分子轨道图形的显示也要先进行高斯程序的计算。以乙烯为例来说明，首先画出乙烯分子，然后通过 Gaussian 计算，计算完毕后打开 .chk 文件，点击 Edit 菜单中的 MOs（分子轨道编辑器），如图 9-95 所示。分子轨道编辑器用于检查计算得到的分子轨道的能量和占据情况，显示分子轨道等值面图，也可以非常迅速选择活性空间以供 CASSCF 计算使用。另外还有一种显示分子轨道的方法，打开 Results 菜单中的 Surfaces/Contours，出现表面和等高线窗口。使用 Cube actions/New Cube，将出现 Generate Cube 框，选择需要显示的轨道，例如图 9-96 所示乙烯的 LUMO（最低未占据分子轨道），文件显示为第九号轨道，点击 OK，在 Surfaces actions/New Surfaces，则显示乙烯分子的 LUMO 分子轨道图。获得分子的轨道如果要显示其他的分子轨道图，可依次进行以上过程。

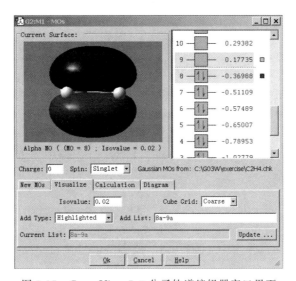

图 9-95　GaussView 5.0 分子轨道编辑器窗口界面

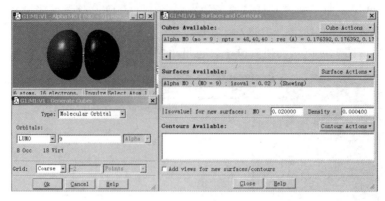

图 9-96　GaussView 5.0 Surfaces/Contours 界面和乙烯分子的 LUMO 分子轨道图

1. 使用 DS ViewerPro 绘制艾司唑仑分子（使用方法不限，二维结构见下图），在 DS ViewerPro 程序中，进行加氢、建模和分子力学优化，并将原子显示方式设为 Scaled Ball and Stick，表面显示为 VDW 和透明，图形质量设为 High，最后将绘制的图形拷贝到 Word 文档。

艾司唑仑分子

2. 使用 Chem3D 绘制出以下示意图，并将其以内嵌式拷贝到 Word 文档。

3. 使用 HyperChem 设计药物分子 Valium（安定）的结构，使用 Amber 方法和 Abmer99 参数进行几何构型的优化。以 Balls & Cylinders、白色背景和最高质量显示（Rending Quality 设为 Maximum），将图形拷贝到 Word 文档。将优化后结构以 MDL（.mol）格式存盘。使用 Chem3D 读入该文件，在 Word 文档中列表显示出七员环上七个键的实际键长、理想键长值。

4. Hyperchem 使用氨基酸数据库中构建脯氨酸（proline）结构，使用 AMBER 的缺省设置(amber3 参数),设定 10×10×10 周期盒子,将分子力学"Options"中 Epsilon 设为 Constant,再进行分子力学优化,分别将能量和 O═C—C—N 二面角的数值,填入以下表格。

Pro 在真空和水溶液盒子中的优化能量和扭角

	能量	O═C—C—N
真空		
水溶液		

5. 随着纳米科学技术的发展,作为第一代超分子主体化合物的冠状化合物,进一步以其对金属离子特殊的选择配合作用和分子组装方式而构筑的有序高级结构已成为纳米超分子化学中最重要的一个研究领域。纳米孔径的有机金属超分子配合物是一类由金属原子与非金属配体通过自组装方法构筑的孔径为纳米级的环状(笼状或其他形状)超分子化合物,使用 GaussView 对其(二维结构见图)建模,判断其最高对称性。

6. 用 Hyperchem 打开安装路径下 \Samples \PDB \PDB1XY1.ent 文件,将文件存为 1XY1.HIN。(1)将 5 号残基 ASN 用 Hip 取代;(2)执行 Monte Carlo 模拟,运行步数 10,模拟温度(Simulation Temperature)100K,将最后分子结构以白色为背景保存为图形文件后插入文档中。

参 考 文 献

[1] 徐筱杰. 化学信息学的涵义及教育. 大学化学, 2002, 17 (1): 38.
[2] 邵学广, 蔡文生. 化学信息学及其课程建设. 大学化学, 2002, 17 (3): 12.
[3] 陈泓, 曹庆文, 李梦龙. 化学信息学发展现状. 化学研究与应用, 2004, 16 (4): 453.
[4] Brown K. Annual Reports in Medicinal Chemistry, 1998, 33: 375.
[5] 约翰·加斯泰格尔等. 化学信息学教程. 梁逸曾等译. 北京: 化学工业出版社, 2005.
[6] Gasteiger J, Engel T. Chemoinformatics A Textbook. Weinheim: WILEY-VCH Verlag GmbH, 2003.
[7] 邵学广等. 化学信息学. 第 2 版. 北京: 科学出版社, 2005.
[8] 缪强. 化学信息学导论. 北京: 高等教育出版社, 2001.
[9] 沈勇等. 现代化学信息基础教程. 广州: 中山大学出版社, 2000.
[10] 李欣等. 基础化学信息学. 哈尔滨: 哈尔滨工业大学出版社, 2003.
[11] 余向春等. 化学文献及查阅方法. 第 3 版, 北京: 科学出版社, 2003.
[12] 王正烈等. 化学化工文献检索与利用. 北京: 化学工业出版社, 2004.
[13] 陈子康. 化学文献检索与应用导引. 北京: 北京师范大学出版社, 1999.
[14] 魏振枢等. 化学化工信息检索. 北京: 化学工业出版社, 2002.
[15] 潘家祯等. 科技文献检索手册. 北京: 化学工业出版社, 2001.
[16] 陈英等. 科技信息检索. 北京: 科学出版社, 2001.
[17] 何丽梅等. 实用文献文献信息资源检索. 北京: 化学工业出版社, 2002.
[18] 朱丽君. 信息资源检索与应用. 北京: 化学工业出版社, 2004.
[19] 张基温等. 大学信息检索. 北京: 中国水利水电出版社, 2004.
[20] 徐庆宁等. 信息检索与利用. 上海: 华东理工大学出版社, 2004.
[21] 孙平等. 科技信息检索. 北京: 清华大学出版社, 1997.
[22] 孙丽芳. 信息资源检索与利用. 北京: 电子工业出版社, 2004.
[23] 李谋信. 信息资源检索. 北京: 机械工业出版社, 2005.
[24] 袁中直等. 化学化工信息资源检索和利用. 南京: 江苏科学技术出版社, 2001.
[25] 赵文元等. 计算机在化学化工中的应用技术. 北京: 科学出版社, 2001.
[26] 李梦龙等. 化学软件及其应用. 北京: 化学工业出版社, 2004.
[27] 陈凯先等. 计算机辅助药物设计. 上海: 上海科学技术出版社, 2000.
[28] 袁中直等. 化学多媒体素材制作和应用. 北京: 化学工业出版社, 2004.
[29] Adobe 公司北京代表处等. Adobe Acrobat 6.0 标准培训教材. 北京: 人民邮电出版社, 2004.
[30] 莫梅琦, 张嵬. ISI Web of Knowedge 体系检索特色与应用评析. 现代图书情报技术, 2003, 98: 35.